U0105273

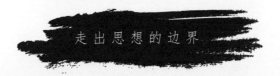
走出思想的边界

knowledge-power
读行者

成为雍正

从隐忍的胤禛到帝国权力巅峰

李正·著

岳麓書社·长沙 　博集天卷 CS-BOOKY

▲ 雍正读书像
◀ 雍正朝服像

▲ 雍正祭先农坛图卷（第一卷）局部

胤禛行乐图册（十三页）▶

01

02

03

05

04

06

07

08

09 10

11   12

13

▲ 出自康熙《御制耕织图》（康熙三十五年彩绘本）

▲ 雍正像耕织图册（第 2 开 · 耕）

上諭自古帝王之有天下莫不由懷保萬民恩
加四海膺
上天之眷命協億兆之懽心用能統一寰區垂麻
奕世蓋生民之道惟有德者可爲天下君此
天下一家萬物一體自古迄今萬世不易之
常經非尋常之類聚羣分鄉曲疆域之私衷
淺見所可妄爲同異者也書曰皇天無親惟
德是輔蓋德足以君天下則天錫佑之以爲

▲《大义觉迷录》书影（清雍正时期刊本）

第二幕
紫禁城的皇家风雨

◀◀ ▶ ▶▶

第一幕
雍正朝的群臣光影

回望历朝历代，观其臣，知其君。

拔擢大臣、贬黜官员，这既是皇帝用人好恶的体现，同样也是君主治国理政的缩影。正如雍正皇帝在雍正三年（1725）所说："朕惟治天下之道，首重用人。朕自临御以来，凡大小文武官员，俱亲加看验，考试补用。"（《清世宗实录》卷三四）每一位臣子的选拔与重用，都要经过雍正帝的亲自考察。

于是，当我们转头望向年羹尧、隆科多、张廷玉、李卫等雍正朝的文臣武将时，他们的命运起伏也为我们了解雍正皇帝打开了新窗口。

第一章　治国用人：
　　　　清世宗的偏爱与憎恶

年羹尧：外戚名将的膨胀与毁灭

雍正皇帝当皇子时虽然一直以孤臣形象示人，但他在朝中同样有着自己的政治亲信，其中最为关键的便是年羹尧。雍正帝继位之初，便靠年羹尧成功稳住了远在西北的"大将军王"皇十四子允禵；之后，雍正帝同样靠年羹尧平定了青海叛乱，稳住了西北。作为自己的得力助手，雍正帝一度感慨要与年羹尧"做个千古君臣知遇榜样，令天下后世钦慕流涎就是矣。"只可惜，雍正帝与年羹尧之间"千古君臣"的新榜样，非但没能成形，反倒是让皇帝"鸟尽弓藏"，臣子"恃宠而骄"这万世不变的戏码再度上演。

年羹尧是我们最熟悉的雍正朝武将之一，这一方面是因为 20 世纪末的影视剧《雍正王朝》的热播；另一方面是因为年羹尧的人生经历的确很传奇——46 岁平定青海，达到人生顶峰，可过了不到两年，他就被雍正帝以92 条大罪赐死。

那么，年羹尧的一生到底都经历了什么呢？

一、世代为官的开局

年羹尧生于康熙十八年（1679），年家是书香门第，世代为官。

年羹尧的祖父年仲隆是进士出身，官至和州知州；他的父亲年遐龄是笔帖式[1]出身，官至工部左侍郎、湖广巡抚。年羹尧的父祖两代人都是通过读书、科举考试步入仕途的，不仅学问好，官场经验也丰富。

在这样的家庭氛围的熏陶下，年羹尧也开启了自己的读书、科考之路。

这里我们要指出，影视剧《雍正王朝》把年羹尧设定为皇四子胤禛府里的包衣奴才，这其实是虚构的。年羹尧早年间在康熙朝的崛起，完全是靠他自己在学业上的卓越天分与勤勉。

年羹尧自幼开始读书，21岁中举人，22岁中进士。年羹尧如此的科举成绩，放在康熙朝而言，绝对称得上读书的天才。因为，在那时，哪怕是以博闻强记著称的张廷玉，也直到29岁才考中了进士，获得功名时的年纪比年羹尧获得功名时大了整整7岁。

因此，在康熙三十九年（1700），22岁便中进士的年羹尧，可以说是当时官场中相当闪耀的一位青年才俊。而年羹尧的优秀，也很快就吸引了当时朝中一位重臣的关注，这个人就是前武英殿大学士兼礼部尚书，时任内大臣的纳兰明珠。

明珠当时一眼就相中了年羹尧，还把年羹尧招为自己的孙女婿，明珠也就这样成了年羹尧的太岳丈。这里还要再多说一句，年羹尧娶了明珠的孙女，这个孙女的父亲也很有名，他就是康熙朝的著名词人纳兰性德。没错，那位写出过金句"人生若只如初见"（《木兰花令·拟古决绝词》）的纳兰性德，其实是年羹尧的岳父。

如此来看，初入官场的年羹尧，他拿到了梦幻般的开局：父亲年遐龄官居湖广巡抚，是一方封疆大吏；他的姻亲家族，又是赫赫有名的明珠家族；更关键的是，年羹尧自己不但科举成绩优秀，而且做事还勤勉扎实，他深得康熙喜爱，屡屡受到破格提拔，升官就跟坐火箭一样，这在年羹尧的履历上体现得非常明显。

我们可以来看一看年羹尧的履历：22岁中进士，任翰林院庶吉士；25岁通过考试，升任翰林院检讨；30岁升任翰林院侍讲学士；31岁升任内阁

1　负责满汉文书翻译的低级文官。——编者注（全书非引文出处的注释，若无特殊说明，均为编者注）

学士兼礼部侍郎。刚过了而立之年的年羹尧，俨然当时炙手可热的政治新星。而就在年羹尧就任礼部侍郎的同一年，他还代表中央出使了朝鲜，又因为在外交事务中展示出了不俗的能力，在回京后不久，他就被康熙外派到四川任巡抚，负责整顿当地民政，成了主政一方的封疆大吏。

然而直到年羹尧升任四川巡抚，他与皇四子胤禛，也就是未来的雍正帝，其实仍然没能建立任何政治关联。可很快，一件事情的发生，就让这两个人迅速走到了一起。

二、命运转折的巅峰

康熙四十八年（1709），就在 31 岁的年羹尧就任四川巡抚的这一年，康熙大封皇子，皇四子胤禛就此被晋升为亲王。

康熙四十八年第二次大封皇子[1]

册封皇三子多罗贝勒允（胤）祉为和硕诚亲王。皇四子多罗贝勒胤禛为和硕雍亲王。皇五子多罗贝勒允（胤）祺为和硕恒亲王。皇七子多罗贝勒允（胤）祐为多罗淳郡王。皇十子允（胤）䄉为多罗敦郡王。皇九子允（胤）禟、皇十二子允（胤）祹、皇十四子允（胤）禵俱为固山贝子。（《清圣祖实录》卷二三九，康熙四十八年十月二十一日）

此次晋升后，年羹尧所在的汉军镶白旗，也被划归到胤禛的属部。年羹尧就此和皇四子胤禛形成了一种主属关系，这也是"年羹尧是胤禛门人"这一坊间传闻的由来。

但实际上，年羹尧此时已经是封疆大吏了，所以，年羹尧起初并没有太在意自己和雍亲王胤禛之间的主属关系，他甚至压根没把胤禛当回事。一个有力的证据就是，在康熙五十八年（1719），胤禛曾写信训斥过年羹

1　题目为编者所加。

尧，其中有两句话，内容相当值得玩味，一是：

> 妃母千秋大庆、阿哥完婚之喜，而汝从无一字前来称贺。[1]

我妈过寿，我儿子结婚，你年羹尧不说随礼，居然连封祝贺信都没写！二是：

> 汝父称奴才，汝兄称奴才，……而汝独不然者，……又何必称我
> 为主！[2]

年羹尧，你爸、你哥见到我要自称"奴才"，你居然从来都只是以职位自称，你眼里到底有没有我这个主子？

年羹尧对胤禛这么不上心的原因主要有两点：一、他属于业务骨干，从来都是靠本事吃饭的，为人很骄傲，就不想在这方面动脑子；二、年羹尧真正的大靠山，从来就不是胤禛，而是康熙。

举个例子，年羹尧就任四川巡抚后，他本来是主管民政的，具体的军务应该归四川提督来管辖。但刚好当时的新提督康泰[3]水平不济，年羹尧就直接插手了四川军务。可这是绝对的越权，但康熙却表示支持。这还不算完，康熙五十七年（1718），老十四胤禵出任抚远大将军，深入西藏作战。年羹尧当时属实露了一把脸，既打前哨侦察敌情，又搞后勤押运粮草，为战争早期的胜利立下大功。而后，年羹尧居然敢直接挟功要官，他给康熙上奏，说：仗是打胜了，但四川军务问题还很多，我身为四川巡抚，名不正、言不顺，整顿起来很是不方便，您能不能给我一个总督的虚衔？我整顿一年之后，退下来便是。

> 伏祈圣主暂加臣以总督虚衔，……令臣节制各镇。一年以后，营伍必
> 当改观。俟兵马事竣，臣即奏缴虚衔，不敢久于忝窃。[4]

1　故宫博物院编《〈文献丛编〉全编》（第二册），《文献丛编》第一辑《雍亲王致年羹尧书》，北京图书馆出版社，2008，第490页。
2　同上。
3　康泰，清朝将领，曾随军出征噶尔丹，后官至四川提督。
4　《年羹尧满汉奏折译编》，《奏陈营伍积弊请暂加总督虚衔折》，季永海等翻译点校，天津古籍出版社，1995，第201页。

这还了得？地方大员敢这么跟皇帝聊天，年羹尧算是相当出格了。结果康熙当即就升年羹尧为四川总督，待一年之后，这还退什么退啊？康熙六十年（1721），年羹尧升任川陕总督，全权负责"大将军王"老十四的军事后勤问题。于是，年羹尧在43岁时，就成为清朝当时颇有权势的封疆大吏之一了。

因此，一方面，年羹尧自己的能力很强，办事可靠；另一方面，他深受现任皇帝康熙的赏识和信任。他实在没有必要在夺嫡形势并不明朗的情况下，贸然和皇四子胤禛产生过分紧密的联系。

可此后事态的发展，让年羹尧在康熙朝晚年的夺嫡政局中显得越发重要。

一是在康熙的安排下，雍亲王胤禛娶了年羹尧的妹妹做侧福晋，年羹尧摇身一变，成了皇四子胤禛的大舅哥。

二是年羹尧的太岳丈明珠其孙子永福娶了皇九子胤禟的女儿，相当于胤禟成了年羹尧老婆的兄弟的老婆的爸爸。这个亲戚关系简单来说就是，胤禟是年羹尧的姻伯父，年羹尧是胤禟的姻侄。虽然亲戚关系有些远，但两个人毕竟是产生了联系。

三是除了同老四、老九有姻亲关系之外，此时的年羹尧还是皇十四子胤禵在西北军事上的后勤助手。

此外，很多人都不曾了解，年羹尧其实也曾和老三胤祉有过联系。

那么问题来了，在如此多的关系中，年羹尧为什么会最终倒向老四呢？原因有二：一，康熙五十八年，胤禛以八旗主仆关系的名义，借口年羹尧父亲年遐龄年事已高，让远在四川的年羹尧把10岁以上的年家子侄全部送回京城去照顾年遐龄，等于扣留了一拨人质。

自今以后凡汝子十岁以上者，俱着令来京侍奉汝父！[1]

1　故宫博物院编《〈文献丛编〉全编》（第二册），《文献丛编》第一辑《雍亲王致年羹尧书》，北京图书馆出版社，2008，第490页。

二，康熙突然驾崩后，雍正借隆科多的力量，兵围畅春园，顺利登基，成了合法皇帝。年羹尧自此顺水推舟，也更轻松。至于雍正到底是怎么登基的，待后文详述。

话说回来，就在雍正登基的同一年，年羹尧在西北完美地搞定了时为"大将军王"的皇十四子允禵，让后者把大将军印交了出来，这也成了年羹尧对雍正新皇登基的投名状。雍正自然也是投桃报李，给年羹尧封爵。雍正元年（1723）二月，年羹尧被封为二等轻车都尉，三月提升为三等公，十月又升为二等公。

年羹尧一时间化身炙手可热的大贵族，背后，其实还体现了新皇帝在军事上的重要考量。

当时，青海的罗卜藏丹津叛乱，要选派一位大将去镇压。按满洲惯例，逢大战必由皇室宗亲挂帅出征。但雍正刚即位，根基不稳，皇室宗亲包括老十四在内，多是夺嫡时的政敌。因此，在雍正看来，还是自己的大舅哥年羹尧，从军事能力到政治可靠度，都更为靠谱。于是，一番包装下，年羹尧就以外戚贵族的身份，拜大将军领兵出征。

年羹尧的业务能力绝对在线，打仗完全不是电视剧中演的那样一拖再拖。年羹尧十月拜将，当月便孤军进驻西宁，以自身为诱饵，指挥各地军队合围叛军。十二月，反包围完成，开始猛攻。转年二月，大军杀到青海湖。三月，追击到柴达木盆地，彻底打爆罗卜藏丹津。只用了不到6个月的时间，年羹尧就荡平了青海。连当时清朝的官方颂文都说是：

成功之速，为史册所未有。[1]

军事上的巨大成功，彻底稳住了雍正的皇位，46岁的年羹尧也被加封为一等公，在爵位这一块，算是封到顶了。这段时间，也是雍正和年羹尧的绝对蜜月期。雍正和年羹尧说的话，肉麻得无以复加。比如年羹尧孤守西宁时，雍正给奏章的朱批是："好心疼！"（原话。）年羹尧胜利之后，雍

1　傅恒：《平定准噶尔方略》前编，卷十二，四库全书本，第14页a。

正写的是：

> 我二人做个千古君臣知遇榜样，令天下后世钦慕流涎就是矣。[1]

咱们君臣二人啊，那是千古的榜样，让后世人流着哈喇子羡慕去吧。另外还有什么"朕之恩人"之类的吹捧，暂不一一列举了。

三、恃功膨胀的毁灭

年羹尧刚平叛成功的时候，也想过自己功高震主的问题。比如青海刚刚平定之际，年羹尧就在善后事务的奏折中专门和雍正强调：

> 今军务已竣，臣无兼领大将军印信，久驻西宁之理。[2]

可见，年羹尧在平定青海，立下大功之后，心里是有功成身退的念头的。那么，既然有这份心，年羹尧为什么还是没能善终呢？这其中，很大程度上是因为雍正过于热情了，他不但继续保留了年羹尧的职位，让年羹尧继续经营西北，雍正甚至经常绕过中央六部，主动去找年羹尧商量各种中央决策。

坦白来说，我们应该相信那时的雍正是真诚的，他真是想和年羹尧做千古君臣的典范，他对年羹尧的吹捧与信任，就是想换来年羹尧的忠诚能干。可皇上这么热情，我们换位思考一下，如果自己是年羹尧，会不会膨胀？皇上不但吹捧你是自己的恩人，还什么事情都同你商量、哄着你，时间久了，绝大多数人都会渐渐迷失分寸，膨胀起来。而年羹尧接下来出现的三个问题，则让雍正真正对他起了杀心。

第一，政治站队出问题。雍正上台后，他把夺嫡时的政敌老九允禟打

1　《年羹尧满汉奏折译编》，《奏谢自鸣表折》，季永海等翻译点校，天津古籍出版社，1995，第 276 页。
2　同上书，《条陈西海善后事宜折》，第 293 页。

发到了年羹尧的帐下从军，这原本是想让年羹尧监视允䄉，可年羹尧考虑到自己和允䄉之间毕竟还有一层姻亲关系，而允䄉又是个政治上的失败王爷，所以年羹尧就没把这项监视的任务当回事。年羹尧非但没按时向雍正汇报允䄉在西北的动态，反而放任允䄉在当地做起了买卖，且允䄉的生意越做越大，以至于发展起来后，当地人还赞扬允䄉是"贤王"。最终，因为年羹尧的不在意，愣是气得雍正又派了个人去重新看管允䄉。那此时雍正对年羹尧的失望是可想而知的：朕对你这么好，你怎么能胳膊肘往外拐？

第二，班子团结出问题。年羹尧在取得军事胜利后，曾向雍正举荐了大量官员。这里面有合理的、立下军功的将士，但也有不合理的、花钱贿赂年羹尧的官员，·年羹尧则照单全收，而处于君臣蜜月期的雍正也是照单全准。但时任吏部尚书的隆科多就受不了了——一来，这违背了吏部的正常运转，隆科多相当于被年羹尧架空分权了；二来，年羹尧举荐的人也确实太多。因此，二人的矛盾也越积越深。

可雍正夹在中间就为难了，这边的年羹尧是自己军事的支柱，那边的隆科多也是让自己顺利登基的功臣。最后，雍正夹在两人中间来回和稀泥，甚至还提出要把年羹尧的一个儿子过继给隆科多，让两边亲一亲。

无奈摁下葫芦起了瓢，年羹尧和雍正最信赖的兄弟老十三怡亲王允祥又闹出了矛盾。雍正朝初期，怡亲王允祥正在负责追缴各省的财政亏空，而年羹尧以西边打仗为由，拒不缴纳，请求雍正帮忙豁免。雍正答应了之后，仍旧夹在中间和稀泥。他没事就给年羹尧寄点小玩意儿，说这都是十三爷赏的。可年羹尧并不领情，甚至后来在回京时，他还对老十三的府第出言不逊，说了些类似"金玉其外，败絮其中"的混账话[1]。和影视剧《雍正王朝》二人熟识的设定不一样，实际上，年羹尧和老十三两个人之间，就没有什么交情，雍正夹在中间可太难受了，手心手背都是肉，你年羹尧，怎么就总是让朕这么为难呢？

第三，自我定位出问题。年羹尧得胜还朝回到京城时，实在太忘乎所以了。巡抚见了要下跪，王公见了要问好，他甚至不下马。按年羹尧的说

1　原文为：怡亲王第宅外观宏广，而内草率不堪。（萧奭：《永宪录》卷三）

法，这是上任"大将军王"的惯例。可你的上任是谁啊？人家老十四那是皇子！最关键的是，别人越捧，年羹尧越飘，他不但炫耀功绩，还插手中央各方事务。一时间谣言满天飞，说年羹尧就是"隐形皇帝"，他想干什么皇上都得准奏。这话还传到了雍正的耳朵里，雍正还得专门出来，当着年羹尧和文武百官的面去辟谣。雍正说：

> 朕岂冲幼之君，必待年羹尧为之指点，又岂年羹尧强为陈奏而有是举乎？[1]

还说：

> 年羹尧之才为大将军、总督则有余，安能具天子之聪明才智乎？[2]

其实这话已经够狠了，但年羹尧还是没在意，在雍正面前照样大大咧咧地又开腿坐着，没个恭敬的样子。虽然没有影视剧中"卸甲"的剧情那般僭越，但也非常过分。（影视剧《雍正王朝》中，雍正让年羹尧的部下卸甲，但各部下直到年羹尧点头后才遵命。）雍正的心情我们可想而知：朕对你好到如此程度，你倒真是丝毫面子也不给朕留啊！

于是，一场三步走的"倒年"活动就此开始：

第一步，放风。先逐渐放风，表达雍正对年羹尧的不满，告诉大家年羹尧即将失宠。再私下通过密折诱导各省的官员参奏年羹尧。

第二步，罗织。雍正开始正式地公开表达对年羹尧的不满，闻风而来的大臣就特别"懂事"，纷纷上奏弹劾年羹尧。

第三步，换人。雍正秘密策反了年羹尧手下的大将岳钟琪，架空年羹尧，随后一道圣旨就让年羹尧去当杭州将军。接着便把年羹尧的官职、爵位，从一等公一步步削到庶民。之后将年羹尧锁拿进京，以 92 条大罪赐年羹尧自尽。雍正三年末（1726 年初），年羹尧被赐死，时年 47 岁。

1　中国第一历史档案馆编：《雍正朝起居注册》（第一册），雍正二年十一月十五日，中华书局，1993，第 371 页。
2　同上书，第 372 页。

话说回来，站在当事人的角度来看，被贬为庶民的年羹尧，就一定要死吗？其实不一定。年羹尧的贪腐问题的确严重，操作各种权钱交易，但这其实在康熙晚年间属于常态，只不过雍正决心在新朝整顿吏治，年羹尧的贪腐就显得大逆不道了。但即便如此，如果年羹尧不曾是雍正的宠臣，也不一定会死，正是因为雍正早期对年羹尧吹捧过度，满朝皆知，最后却在政治站队、班子团结等一系列问题上，惨遭年羹尧"啪啪"打脸。于是，在这位"好面子"的雍正皇帝眼里，年羹尧所面临的也自然是必死之局了。

年羹尧这一辈子，活到 47 岁，风光了几十年，最后一年突然陨落，但仍是相当充满传奇性的。如果我们的生命中有一次选择的机会，一边是平平安安地度过漫长人生，一边是像年羹尧一样大起大落，我们又该如何选择呢？

在封建社会，当下属的，不管功劳再大、领导再喜欢自己，还是得恪守人臣本分，才能善终。正如孔子说的那样，中国自古就"事君数，斯辱矣"（《论语·里仁》）。臣子和君主走得太近，日后倘若翻脸，前者的下场是会比旁人更加悲惨的。

张廷玉：清朝太庙的唯一汉臣

雍正皇帝一生里有过很多大臣。但是在中央，陪伴雍正帝走完整个13年执政周期的，其实只有张廷玉一人。最终，雍正帝也在遗诏中宣布让张廷玉配享太庙。然而，雍正帝身为清朝皇帝，让张廷玉这一位汉臣配享太庙，这在当年还是引发了一些争议。只能说，或许在雍正眼里，张廷玉才是一位大臣最应该有的样子。

张廷玉身为汉臣，死后能进清朝太庙，继而受享皇家香火这件事，说起来还是挺奇怪的。首先，在清朝配享太庙的王公大臣一共有26人，其中23人是满人，2人是蒙古贵族，进太庙的汉人，就只有张廷玉。不仅如此，在26人中，有23人都是战功赫赫的。剩下的3人，一个是雍正挚爱的亲弟、雍正朝的"常务副皇帝"老十三怡亲王允祥，另一个是晚清时皇族的"大咖"、洋务运动的主心骨恭亲王奕䜣，最后一个，就是张廷玉。

所以，张廷玉配享太庙这件事，从民族上讲，他是汉臣，很特殊；从功绩上讲，他是文官，没有战功，仍旧很特殊。

张廷玉纵横官场，跨越了康雍乾三朝，他到底凭什么进太庙？又为什么说他的结局不算善终呢？

一、勤学苦干地崛起

张廷玉生于康熙十一年（1672）。他父亲张英不但是当时的文华殿大学士，而且曾被康熙指定为皇四子胤禛的汉学老师。因此，张廷玉从小耳濡目染，他所接受的教育，其实都是皇家水平的。此外，张廷玉自己的科举之路，也可以说非常顺利。

张廷玉16岁中秀才，25岁中举人，29岁中进士。康熙三十九年（1700），29岁的张廷玉在考中进士后，被选为翰林院庶吉士。在翰林院学习的日子里，与周围人都钻研四书五经不同，张廷玉对满语产生了极大的兴趣，用他自己的话来说就是：

> 研究清书，几忘寝食。[1]

到了康熙四十二年（1703）的翰林院散馆考试时，张廷玉凭借着自己御试满文"一等第一"的成绩，升任翰林院检讨。一个汉人，考了满文考试的"一等第一"，张廷玉的学习能力可见一斑。并且，张廷玉也因此引起了康熙皇帝的注意。

仅仅一年后，康熙四十三年（1704），张廷玉就被安排去南书房[2]值班，这里是康熙朝的决策中心；同年，他还兼任了康熙的日讲起居注官[3]，负责服侍康熙并记录康熙的日常言行。都是康熙钦点的。康熙能看中张廷玉这个翰林院小官，极可能是因为以下两点：一是因为张廷玉苦学满文，这会让身为满族皇帝的康熙有极大的好感；二则是因为张廷玉的父亲张英在康熙朝始终以老成持重著称，很受康熙器重。两点叠加，才让年纪轻轻的张廷玉早早进入南书房，常伴御前。

久居权力中心的张廷玉后来的仕途也是扎扎实实地一步一脚印：康熙五十一年（1712），升任翰林院修撰；康熙五十四年（1715），升任翰林院

1　张廷玉：《张廷玉年谱》，戴鸿义点校，中华书局，1992，第6页。
2　清内廷机构之一。原为康熙帝读书处，后选翰林文人才品兼优者于此办事，主要负责代拟谕旨，以备咨询，讲求学业。
3　康熙九年（1670）设置，负责记录皇帝言行，修撰起居注，并为皇帝讲读经史。

016

侍讲学士；康熙五十五年（1716），升任内阁学士兼礼部侍郎；康熙五十九年（1720），转任刑部左侍郎，这一年，张廷玉49岁。

张廷玉的为官风格虽然在大体上和他的父亲张英如出一辙，始终秉承着谨小慎微的原则，但张廷玉也时常能在关键时刻展现出自己的魄力与决断。

比如，康熙六十年（1721），当时在山东有盐贩和生员以"宗教"的名义聚众闹事，而当地官员为了邀功，将犯人的活动夸张地定性为"谋反"，做成了一桩株连了150多人的大案。于是，张廷玉以刑部左侍郎的身份，代表中央巡视山东，确认案情。彼时的张廷玉"穷日夜之力，捡阅卷案"[1]，最终扛着"包庇汉人谋反"的政治压力，将案件改判为"盗窃罪"而结案，并把判死刑的人数压到了7个，成功平息了当地民怨。

对于这个结果，康熙也很满意，当年就将张廷玉从刑部侍郎平调为吏部侍郎，又因为时任吏部尚书的富宁安[2]在新疆驻兵，张廷玉就成了吏部实际的控制者。就任后，张廷玉开始整顿风气、打击贪腐。取得的效果很理想，时人称张廷玉为"伏虎侍郎"。"打老虎"的反腐先锋，也成了张廷玉在康熙朝的最终形象。

转年，康熙驾崩，雍正上位，张廷玉迎来自己人生的第二阶段。

二、君臣相伴的典范

在康熙驾崩后的第二个月，51岁的张廷玉就被雍正委派了两个官职：一、礼部尚书；二、《圣祖仁皇帝实录》副总裁官。也许有人会觉得礼部尚书是从一品、正部级官位，显然是更重要的，但其实，后者这编纂《圣祖仁皇帝实录》的官职才是关键所在。

1　张廷玉：《张廷玉年谱》，戴鸿义点校，中华书局，1992，第16页。
2　富宁安，满族镶蓝旗人，富察氏。康熙朝曾参与平定准噶尔的战事，在雍正朝官至武英殿大学士。

因为，康熙作为清朝政权的实际巩固者与版图的实际确立者，与清朝历代君主的实录册相比，《圣祖仁皇帝实录》的内容实在是太简洁了，而且对比原始档案，《圣祖仁皇帝实录》明显有着非常多的删改痕迹。目前学界几乎公认，这多半是雍正授意的，为了掩盖"九子夺嫡"的部分真相，从而对政敌的负面评价添油加醋，对自己的阵营则尽量维护。

举个冷门的例子：康熙一废太子时，曾有一篇罗列胤礽罪行的口谕长文，这一记录就在《圣祖仁皇帝实录》里被删改了。而如果查阅当时的大臣回奏的满文记录，却能发现其中有一条极为关键的信息，那就是老二年轻时曾经暴打过老四，以致把老四踢到昏死，直接从台阶上滚下去了。存在着诸如此类的黑历史的前提下，雍正将讳莫如深的宫廷档案交给张廷玉去修纂，足见他们君臣二人之间早已存在的信任与默契。

在张廷玉出色地完成任务后，君臣关系开始持续升温。其实，这放在今天也一样，下属替领导做多少件公开的好事，都不如替领导做一件私密的坏事。

于是，在雍正朝的前6年，张廷玉的工作履历看起来很有意思。他几乎主管过清廷所有的核心部门：雍正元年（1723），52岁的张廷玉任都察院左都御史，监察全国各省和在京百官；同年，又改任翰林院掌院学士，兼任户部尚书，握住了全国的钱袋子；雍正三年（1725）升大学士；雍正六年（1728）兼任吏部尚书，这一年，张廷玉57岁，说他一句"门生故吏遍布朝堂"，毫不夸张。但雍正始终很放心，因为张廷玉他既不结党，也不营私。

先说不结党。除了雍正的口谕和奏折，张廷玉从没以私人名义给任何一位官员写过哪怕一封信，

　　无一字与督抚外吏接。[1]

用一句话来形容，张廷玉的为官之道就是"万言万当，不如一默"（黄庭坚

1　李元度：《国朝先正事略（一）》卷十三，《名臣》，易孟醇校点，岳麓书社，2008，第409页。

《赠送张叔和》）。

再说不营私。张廷玉几乎不收礼，

> 凡馈礼值百金，辄峻却之。[1]

礼物但凡贵重一点，就严词拒绝。张廷玉的生活之清苦，甚至连雍正都看不下去了，有一次决定赏他两万两白银以补贴家用，张廷玉一开始拒绝了，表示臣不需要。后雍正坚持才收下，但他又拿出部分钱给老家的人和族人用。

张廷玉除了用清廉自守换得了雍正的绝对信任之外，他也靠自己的勤政和付出，成了雍正离不开的"贴身秘书"。根据《清史列传·大臣画一传档正编十一·张廷玉》的记载，雍正的口谕需要张廷玉拟旨时，后者便"述旨信无二，万言顷刻成"，简直如语音输入一般又准确又快。

如果说康熙是真正奠定清朝统一版图的皇帝，那么雍正就是正式确立清朝国家制度的皇帝。像是军机处的设立，以及那些为清朝强行续命的改革，如"摊丁入亩""火耗归公""官绅一体当差，一体纳粮"，甚至是"改土归流"，这些制度与政策能成功推行，除了依赖雍正本人近乎偏执的勤政之外，也离不开雍正破格选拔重用的一系列重臣。而这些重臣，如果说在地方的代表是非科举出身、忠心耿耿的李卫与田文镜，那在中央的代表，就只能是清廉能干、勤勉当差的张廷玉了。雍正几乎所有的制度建设与改革政策，都是由张廷玉草拟的。换句话说，雍正是改革方案的设计者，张廷玉是改革内容的宣讲者。就像雍正在遗诏中对张廷玉的评价：

> 每年遵旨缮写上谕，悉能详达朕意，训示臣民，其功甚巨。(《清世宗实录》卷一五九，雍正十三年八月二十三日）

而雍正对张廷玉的喜爱与依赖，几乎到了他自己想想就很开心的地步。比如，张廷玉曾有几日病了，没上班，直到老张身体好了后，雍正才突然

1　李元度：《国朝先正事略（一）》卷十三，《名臣》，易孟醇校点，岳麓书社，2008，第409页。

和身边的人说：

> 朕股肱不快，数日始愈。[1]

朕的这胳膊和大腿啊，其实已经疼了好几天了，直到最近才感觉好了一些。此话一出，周围的侍从就很慌张，皇上胳膊和大腿疼？我们这些做奴才的怎么都不知道啊！接着就是阵阵赔礼道歉，请罪道是自己没有伺候好圣上。但雍正却哈哈一笑说：

> 张廷玉有疾，岂非朕股肱耶？[2]

而此种依赖在雍正八年（1730）以后，更上一层楼。那一年，雍正帝最得力的助手，老十三怡亲王允祥去世了，此后，除了必须由满人出面的事情，张廷玉几乎扮演了允祥生前的所有角色。雍正身体抱恙时，就曾指定由张廷玉来办理一切事务。而谨小慎微、勤勤恳恳地服侍了雍正半辈子，几乎所有事上都和雍正坚定地站在一起的张廷玉，也换来了他的巨大回报。雍正十三年（1735），雍正驾崩前留下了遗旨，着张廷玉配享太庙。

在清朝，这对一个汉臣而言，是无上的光荣，这意味着此后历任清朝皇帝祭祀祖先时，还要一起拜一拜张廷玉。

可一朝天子一朝臣，雍正临终前的好意，却让张廷玉在晚年备受折磨。

三、配享太庙的风波

雍正十三年八月二十三日凌晨，清世宗雍正皇帝驾崩。皇四子弘历继位，成了我们熟悉的乾隆皇帝。

说起来，乾隆最初对张廷玉还是不错的。不但在继位之初就给张廷玉

1 　昭梿:《啸亭杂录》卷一,《宠待大臣》,中华书局,1980,第9页。
2 　同上。

加封了伯爵，让张廷玉成了自满洲入关以来，第一个获封伯爵的汉臣，乾隆还公开承诺会继续保留张廷玉配享太庙的资格。而张廷玉对乾隆也很忠诚，在乾隆推行各项政策时，自己都表示支持；而等到乾隆想安排讷亲、傅恒等新人取代自己在军机处的位置时，老张也同样很知进退，选择了接受。

但这其中还是存在着一个尴尬的问题——虽然说，让张廷玉配享太庙这是白纸黑字写在雍正的遗诏中的，但真要较起真来，这纯粹是雍正仗着自己的个人喜好胡来，朝堂上对此的非议始终是很多的。

道理很简单，在张廷玉进太庙之前，清朝太庙里一共有 19 位大臣，其中 18 位都是立有军功的。包括乾隆朝早期两个有资格进太庙的，一个是主持西南各省"改土归流"的鄂尔泰，一个是镇守西北的"超勇亲王"策凌，两个人都战功赫赫。而那时，太庙里唯一一个没有军功的，还是雍正的亲弟弟，老十三怡亲王允祥。张廷玉只是一个汉臣，能跟允祥比吗？显然是不能的。以至于在乾隆即位后不久，就有人对张廷玉进太庙这件事提反对意见，比如史部尚书史贻直[1]，就带头反对过。乾隆自己说：

> 史贻直久曾于朕前奏，张廷玉将来不应配享太庙。(《清高宗实录》卷三五四，乾隆十四年十二月十四日)

而乾隆对此的反应是：

> 而彼时，朕即不听其言也。(《清高宗实录》卷三五四，乾隆十四年十二月十四日)

可见，在早期，面对其他大臣对张廷玉配享太庙的质疑时，乾隆还是一度选择保护张廷玉。只不过，"章总"（因喜好在字画上盖章，乾隆被戏称为"章总"）也是太过在意张廷玉配享太庙这件事了。

乾隆十三年（1748），77 岁的张廷玉提出要告老还乡时，乾隆说的第

1　史贻直，清朝官员，历仕康雍乾三朝，官至文渊阁大学士。

一句话就是：

> 卿受两朝厚恩，且奉皇考遗命，将来配享太庙。岂有从祀元臣归田终
> 老之理？（《清高宗实录》卷三〇七，乾隆十三年正月二十九日）

张师傅，您将来可是要进太庙、在京城享受皇家香火的人，您怎么能回家
养老呢？这一年，乾隆 38 岁。这句话听着像是乾隆在刁难张廷玉，但也能
听出来乾隆对张廷玉的承诺仍在，至少乾隆此时还是认为张廷玉是能配享
太庙的。那在这里，乾隆的话或许还有另一层意思，就是：以你张廷玉的
功劳，配享太庙本来就有很大争议了，倒不如留在京城，死在京城，一辈
子鞠躬尽瘁，这样，你进太庙也更名正言顺一些。

此时的乾隆，其实是在对张廷玉释放善意的。

我们再来看一份比较冷门的史料，就是乾隆十四年（1749）十一月
十六日，宫廷御医刘裕铎的一份对张廷玉的诊断报告：

> 奉旨看得大学士张廷玉，系心脾虚弱，胃经微受客寒，以致腹胁作
> 胀，夜间少寐。[1]

很明显，这是乾隆派御医给张廷玉看病去了。那时的张廷玉不但肠胃不好，
还经常失眠。之前一直拒绝张廷玉告老还乡的乾隆，在收到这份报告后不
久，就批准了张廷玉的退休请求。而且，乾隆还专门召集百官开了一次大
会，以表彰张廷玉过往的付出，同时，乾隆在会上还对他们君臣的未来展
开了美好的畅想：

> 至朕五十正寿，大学士亦将九十。轻舟北来，扶鸠入觐，成堂廉盛
> 事。（《清高宗实录》卷三五三，乾隆十四年十一月二十三日）

待朕 50 岁生日时，张师傅您那会儿也快 90 岁了，到时咱们君臣再会，必
定会是一桩佳话呀！

1　陈可冀主编《清宫医案研究：横排简体字本》，《大学士张廷玉用加味异功汤案》，中医
古籍出版社，2003，第 283 页。

故事到了这儿，是不是看上去一切都特别美好？可接下来就出事了。

张廷玉自己先犯嘀咕了，他想起去年申请退休时，乾隆不但没答应，还说配享太庙的大臣就不该告老还乡。于是，张廷玉就开始担心，如今圣上倒是允许自己告老还乡了，那会不会就不让自己配享太庙了呢？接着，张廷玉就突然跑进宫中，一把鼻涕一把眼泪，非要乾隆给他写个字据，承诺哪怕自己告老还乡了，在他死后也仍然能配享太庙。

一个大臣，要当朝天子给自己立字据，这太过分了，有失体统。

乾隆考虑到多年的感情，还真就硬着头皮答应张廷玉了。你不是要字据吗？行，那朕就写首诗给你当字据：

> 造膝陈情乞一辞，动予矜恻动予悲。
> 先皇遗诏惟钦此，去国馀思或过之。[1]

放心吧老张，父皇在遗诏里说好的事，朕一准儿答应你。

其实这时候，乾隆已经有些动怒了，可如果一切到此为止，余地是尚且还有的。但在此之后，意外却接踵而来。

领到字据后的张廷玉先是无比开心，熬夜写了一宿的谢恩折子。可转天这 78 岁的老头却怎么也起不来床了，既然自己无法亲自到宫中谢恩，张廷玉就让二儿子[2]替自己进宫谢恩。终于，乾隆在应付完张廷玉的二儿子后，转头就天威震怒——要恩典时，亲自来，拿了恩典，就派儿子来打发，你眼里还有没有朕这个皇帝？"章总"此时会生气，其实还是有一定道理的，毕竟老张你想要退休，人家不但批准了，甚至还开大会来表彰你这一生的功绩；你要立字据，人家也给你立了，让你吃了定心丸。可在人家都做到位之后，你却派儿子去答对，你到底懂不懂感恩呢？

可更大的意外还在后面。张廷玉也意识到了自己的行为有问题，于是，转天一早就飞奔进宫，亲自去谢恩，但却谢出了大罪过。乾隆说，昨天朕骂你的时候，你儿子早已经走了，你怎么知道朕生气了？你是不是在朕身

1　张廷玉：《张廷玉年谱》，戴鸿义点校，中华书局，1992，第 115 页。
2　指张若澄，大学士张廷玉次子，在乾隆朝官至礼部侍郎。

边安插了眼线？于是，乾隆越想越气，最后便以"结党"为名，革除了张廷玉的伯爵之位。

可即便如此，乾隆还是保留了底线，他并没有废掉张廷玉配享太庙的待遇。

乾隆十五年（1750）年初，张廷玉刚收拾完家当，准备回老家，结果却碰上了乾隆的皇长子永璜意外病逝。皇室发丧，张廷玉动身不成了。永璜的丧期是三月二十三日结束的，张廷玉在三月二十五日就去找乾隆了，问道，既然皇长子的丧期已经结束了，臣这会儿是不是就能撤了呢？此时的乾隆还沉浸在巨大的丧子之痛中，张廷玉来了这么一出，乾隆终于无法再忍了，他正式组织群臣讨论，取消了张廷玉配享太庙的待遇。这不就是你一直心心念念的吗？你还让朕给你立字据？那这回，朕还真不给你了。

直到张廷玉死后，乾隆才恢复了他配享太庙的待遇，以表示自己对雍正遗诏的尊重。只是，此时的张廷玉，他已经什么都不知道了。而张廷玉的晚年，则是在一无所有的情况下，带着无限的遗憾去世的。

可故事到这儿就结束了吗？没有。

张廷玉去世30年后，乾隆五十年（1785）时，乾隆74岁了。他在翻阅档案的时候，突然看到了一篇自己年纪轻轻刚即位不久时张廷玉所写的文章《三老五更议》。张廷玉在文中既讲了臣子该如何恪守本分，又讲了君主该如何保持威仪。此时已逾古稀之年的乾隆，读着读着，可能是想起了自己年轻时对张廷玉所做的事，忽然感慨道：

> 夫廷玉既有此卓识，何未见及朕之必不动于浮言，遵皇考遗旨，令彼配享太庙？而临休致归里时，乃有求入庙之请。此所谓老衰而戒之在得乎？朕又以廷玉之戒为戒，且为廷玉惜之。（《清高宗实录》卷一二二四，乾隆五十年二月初七日）

唉，张廷玉当初为什么就不相信朕一定会让他配享太庙呢？临了，还非要朕给他写个字据，最后平白无故牵扯出那么多的事来。

此时的"章总"是在猫哭耗子假慈悲吗？还真不是。

因为在此之后，乾隆对张廷玉的后人都是照顾有加的。像是张廷玉的小儿子张若渟，当初没考上科举，最后靠纳捐买的官，所以仕途一直不顺。于是，乾隆五十四年（1789），乾隆就下旨说：

> 张若渟虽非科甲，但尚谨慎，且系大学士张廷玉之子，特加擢用，以示朕眷念旧臣之意。（《清高宗实录》卷一三四一，乾隆五十四年十月二十四日）

张若渟这小伙子虽然科举没考上，但他毕竟是张廷玉的儿子，还是要好好培养的，朕也是个念旧情的人。于是，在那年，张若渟就从内阁学士升为工部侍郎。在嘉庆朝时，张若渟还升为了兵部尚书。不管是出于怀念，还是出于愧疚，如果不是因为对张廷玉还存有感情，乾隆是没必要特别优待张若渟的。

不仅如此，乾隆对张廷玉的孙子张曾谊也很关照。当时，张曾谊在乾隆的关照下，短短几年时间，就从山西平阳府知府升为了浙江按察使。而且，70多岁的乾隆还专门召见过张曾谊，并嘱咐他说：

> 汝曾祖英，汝祖廷玉皆为贤相，汝家世受国恩，非他臣可比。……汝好好居官，还要大用。[1]

你爷爷张廷玉当年是非常优秀的大臣，你们家和其他人家是不一样的，你要以你爷爷为榜样，好好努力，做个好官，将来朕还要重用你的。

也许在脾气上来的时候，乾隆真的就是个不讲情面的政治动物，他对晚年的张廷玉的各种折腾，也难免让人觉得有些吹毛求疵。可看他自己晚年对张家后人的重用与栽培，我们其实也很难说他是个不念旧情的冷酷之人。只能说，人生在世，年纪越大，才越能感受到自己年轻时所做过的每个选择背后的得与失吧。

1　见国家图书馆藏《张氏宗谱》卷之七，《世系第二之六》，清嘉庆十九年刻本，第46页。

隆科多：从拥立之功到圈禁至死

对于如何用人，雍正似乎始终都有一种"*爱之欲其生，恶之欲其死*"的冲动。不仅对年羹尧是如此，雍正对隆科多，亦是如此。当雍正信任隆科多时，会曾赞扬他是"当代第一超群拔类之希有大臣"；而当雍正怀疑隆科多时，又会以雷霆之势将隆科多迅速圈禁。于是，隆科多的命运起伏，是继"年羹尧案"之后，雍正在执政时期升黜大臣的又一经典案例。

从历史的角度而言，隆科多是雍正继位的最大功臣，甚至没有之一。在康熙驾崩的那一夜，时任九门提督的隆科多是现场除皇子之外唯一的异姓大臣，并全权负责雍正的个人安保工作，保证皇权顺利交接。雍正继位后，隆科多迅速成为当朝的政治明星，位高权重，但仅仅5年后，隆科多就十分狼狈地死在了北京畅春园外的一间小房子里。

隆科多究竟是如何崛起的？在康熙驾崩的那一夜，隆科多到底干了什么？作为拥护雍正继位的从龙之臣，隆科多最终又为何会陨落呢？

一、满门勋贵的家世

隆科多，尽管生年不详，但毫无疑问，他出身于一个十分显赫的家族。因为隆科多能在康熙朝崛起，简单来说就是一句话——靠爹、靠姐、靠姑妈。

首先得明确一个小背景，隆科多其实不姓"隆"，他姓"佟佳"，全名是佟佳·隆科多。在清朝早期，有两位赫赫有名的佟佳氏皇后。第一位是顺治的孝康章皇后[1]，她生下了一个宝贝儿子——爱新觉罗·玄烨。这位孝康章皇后，就是隆科多的姑妈。第二位佟佳氏则是康熙的第三任正宫娘娘，孝懿仁皇后[2]，这位是隆科多的亲姐姐。所以，从姑妈的角度讲，隆科多是康熙的表弟；从姐姐的角度讲，隆科多又是康熙的小舅子。

介绍完女士们之后，我们再来看看隆科多的父亲——佟国维，也就是影视剧《雍正王朝》中的那位议政大臣，只不过在剧中，佟国维被改编成了隆科多的六叔，这一下子，儿子就变成侄子了。像这样改编倒影响不大，历史上，隆科多和佟国维在政治站队上，的确产生了比较大的分歧。佟国维是典型的"八爷党"，隆科多本人并没有参与其中。

话说回来，因为姐姐和姑妈这两位佟佳氏皇后以及父亲佟国维的影响力，隆科多所在的佟佳氏家族当时是绝对的权贵家族。按《满族姓氏综录》（辽宁民族出版社，2012）的说法，佟佳氏是"满洲八旗中，皆有其人。"其家族的大量成员在朝为官，且职衔普遍不低，以至于佟佳氏家族在康熙朝获得了一个响当当的称号——"佟半朝"。

而出身于权贵家族的隆科多，他的官场生涯走了典型的旗人武官升职路线。自康熙二十七年（1688）起，隆科多就在康熙的身边任一等侍卫、銮仪使。此后，隆科多又升任镶白旗汉军副都统、正蓝旗蒙古副都统。

但人生偏偏有的时候，选择比努力更重要。尤其是一个权贵家族，其兴衰终究离不开政治斗争中的站队。

而隆科多的第一次站队，显然是失败的。很多人不知道的是，隆科多最早是老大胤禔的人。转折点则发生在康熙四十七年（1708），当时，太子胤礽第一次被废，老大胤禔因为魇镇太子、图谋不轨，被削爵囚禁，隆科

---

1 孝康章皇后，佟佳氏。初为顺治妃嫔，康熙即位后尊其为皇太后，死后加谥为孝康章皇后。
2 孝懿仁皇后，佟国维之女，孝康章皇后的侄女，康熙二十八年（1689）病重时册封为皇后。

多也因此受到批评。他从此在政治站队上愈发谨慎，并由此躲过了一次重大灾祸。

这次重大灾祸，就发生在太子第一次被废的那年冬天。当时，康熙要群臣推举新太子，老八胤禩的众望所归严重挫伤了康熙对控制朝堂的自信。转过年来，本已退休的佟国维被康熙视为串联"八爷党"的罪魁祸首之一，佟佳氏家族遭受了一次全面且沉重的打击。

但佟国维的儿子隆科多在此期间始终没有表态，且隆科多和拥护老八的所有皇子也都保持了一定距离。于是，这场政治风波过后，保持中立且谨慎的隆科多，很快就迎来了自己高升的机会。

康熙五十年（1711），时任九门提督的托合齐[1]的"结党饭局"曝光，这再次引发了康熙强烈的不安。简单介绍一下，托合齐是胤礽复立之后"太子党"的核心人物，常年以组织饭局为由拉帮结派。而在这场顶级的政治饭局中，除了托合齐这位掌握京师军事力量的九门提督之外，还有时任刑部尚书和兵部尚书的两位高级干部。最邪门的是，康熙的贴身太监梁九功[2]也在其中。

这相当于"太子党"利用托合齐和梁九功的职务之便，可以监视在京的大小官员的一举一动，甚至也能监视康熙。康熙在惊恐与震怒之余，当即以雷霆手段掀起了一波镇压与杀戮。

处死了托合齐之后，康熙的当务之急就是要挑选一位新任九门提督，此时的任职条件也开始产生了变化。这个人选除了要是武官出身之外，还必须要满足两点：一是绝对可靠、值得信任；二是不能和任何皇子有瓜葛。再看隆科多，一方面，他身为康熙的表弟兼小舅子，自少年时起便做着康熙的贴身护卫，自然值得信任；另一方面，自老大胤禔被囚禁以后，隆科多始终洁身自好，远离政治站队，完全符合条件。

最终，在康熙五十年，犹如天上掉馅饼一般，隆科多成功担任步军统

1　托合齐，早年间为内务府包衣，于康熙四十一年（1702）出任步军统领，康熙五十一年（1712）因"结党会饮"案被惩治。

2　梁九功，也称梁九公，康熙朝时曾任太监总管，因"托合齐案"被囚禁，雍正即位后自缢。

领一职。步军统领，也就是我们常说的九门提督，相当于卫戍部队司令员，掌握了京师几乎全部的军事力量。

遭受打击后又突然崛起的隆科多，开始进入他人生中最为谨慎、沉稳的阶段。一方面，他同所有皇子都保持着明面上的绝对距离，另一方面，他绝对效忠于康熙，始终将京师各方的动态情报第一时间上报，逐渐获得了康熙的信任。康熙五十九年（1720），隆科多在兼任九门提督的同时，升任理藩院尚书，成了康熙晚年间炙手可热的政治新星。这所有的一切，仿佛都是为了给康熙驾崩于畅春园的那一夜做铺垫。

二、从龙保驾地腾飞

康熙六十一年（1722）十一月十三日，康熙皇帝驾崩，雍正上台。

根据《清圣祖实录》的记载，康熙驾崩时，在畅春园现场的主要人物，除了皇族的众位皇子之外，大臣只有隆科多一人。而人们在谈到这段历史的疑惑之处就在于，隆科多他只是理藩院尚书兼九门提督。论文职，他上面有大学士和六部尚书；论武职，他上面还有领侍卫内大臣。从任何一个角度讲，隆科多似乎都没有资格出现在当时那种特殊场合之中。

然而这背后的原因，我们今天已无法揣测。但当天夜里隆科多做了什么，我们还是比较清晰的。首先，隆科多组织武力对畅春园进行戒严；之后，隆科多与老十三允祥一同领兵，护送雍正返回了紫禁城；最后，隆科多还派兵彻底封锁了京城整整 6 天，对所有王公大臣都实行了布控，以确保雍正顺利登基。

并且，在未来半年多的时间里，隆科多都是雍正人身安全的第一负责人。这一方面是因为隆科多对雍正的忠诚，另一方面也是因为雍正对隆科多的信任。自此，隆科多开始被人视为雍正的绝对死忠分子。

那么，隆科多，这位长期与皇子们保持距离的"孤臣"，到底是什么时候选择站队雍正的？这是没有任何档案记载可以查询的，因而成了悬案。人们的普遍有两种推测：一、隆科多只是在坚定地履行康熙的意志；二、冷热灶理论。如果烧势力庞大的"八爷党"的热灶，那隆科多不过是众多从龙之臣中的小字辈，并不会有太大的收益，但如果烧老四胤禛这位"孤臣皇子"的冷灶，那他就可以成为重要的砝码，并获得巨额回报。

事实也证明，隆科多这一次豪赌获得了空前巨大的成功。雍正继位没多久，隆科多就升任了总理事务大臣，兼吏部尚书，承袭一等公爵。

隆科多所获得的回报还不止如此。雍正对中央许多大臣都表态说过，隆科多的亲姐姐孝懿仁皇后是他的养母，所以隆科多就是他的亲舅舅。于是，雍正下了一道在清朝前无古人、后无来者的命令，他命内阁以后书写公文时，凡遇到隆科多的名讳，一定要写作"舅舅隆科多"——

> 谕内阁：隆科多应称呼"舅舅"，嗣后启奏处，书写"舅舅隆科多"。
（《清世宗实录》卷一，康熙六十一年十一月二十五日）

这一下，隆科多哪里只是雍正的舅舅，倒成全国人民的舅舅了。

此外，在待遇上，雍正对隆科多也是好得邪门，什么双眼孔雀翎、四团龙补服、黄带、鞍马紫辔等，通通赏赐，跟亲王一个待遇。要知道，在大臣之中，能让雍正这么宠的，除了隆科多，那恐怕只有年羹尧了。只可惜，年羹尧膨胀了。隆科多呢？嗯，也膨胀了。比起在表哥康熙打压下的谨小慎微，在外甥雍正吹捧下的隆科多，实在是有些忘乎所以了。

> 此人真圣祖皇考忠臣、朕之功臣、国家良臣，真正当代第一超群拔类之希有大臣也！[1]

于是乎，隆科多在雍正朝仅仅崛起了 5 年，便迅速坠落。

1　故宫博物院编《〈文献丛编〉全编》第二册，《掌故丛编》第十辑《年羹尧折》，北京图书馆出版社，2008，第 426 页。

三、轰然崩塌地落幕

比起张廷玉的谨小慎微，出身权贵、一辈子没遭过罪的隆科多，实在活得太过跋扈了。他主管吏部时，吏部几乎成了他的私人领地，官员任命被他大肆干涉。时人将隆科多所选的官员均称为"佟选"，这在雍正朝初期与年羹尧的"年选"如出一辙。

结党问题则是隆科多失宠的主因。隆科多因佟佳氏一族而起，也因佟佳氏一族而落。当年，在族人几乎全体站队老八时，他因中立而崛起；但等到他成了佟佳氏的顶梁柱时，他又开始庇护那些曾经表态效忠老八的族人。这相当于隆科多不单单是结党，还包庇了雍正昔日的诸多政敌。因此，从雍正三年（1725）正月开始，隆科多便逐渐失宠。其实，在雍正二年（1724）年底，隆科多为了试探，也可能是为了自保，曾主动向雍正请辞九门提督的职位。结果他的诉求被立即准奏，雍正还安排了隆科多的对头巩泰[1]来接替他。

大概从这时起，隆科多就已经意识到了，他的外甥雍正尽管说话比表哥康熙好听，但翻脸之后的手段，可是要狠辣得多。于是，隆科多就逐渐开始牢骚满腹、胡说八道，他的牢骚中最有名的有两句。其中一句是：

> 白帝城受命之日，即是死期已至之时。（《清史列传·大臣画一传档正编十·隆科多》）

这句话的含义相当值得玩味：隆科多自比季汉的托孤大臣诸葛亮，那康熙是刘备，雍正不就成了乐不思蜀的刘禅了吗？至于后半句的"死期已至"，不就是指责雍正忘恩负义吗？表达得如此直白，都不需要专业的"文字狱人士"来罗织罪名，因为我们根本解读不出其他意思。而另外一句则是隆科

---

1 巩泰，也称衮泰，满洲人。原为著护军统领，在隆科多后接任九门提督，后参与了平定准噶尔的战争。

031

多夸耀他在康熙驾崩的那一夜——

> 一呼可聚二万兵。(《清史列传·大臣画一传档正编十·隆科多》)

这种话，一旦说出来，那对雍正继位的合法性的打击可就太大了。你隆科多夸耀自己在那一夜的武力，到底是在炫耀拥立之功，还是在暗示雍正是靠武力夺权的，继位的合法性不足呢？

一旦对皇权的合法性产生了威胁，那隆科多的死亡就只是时间问题了。雍正也想避免落得一个"飞鸟尽，良弓藏"的杀功臣的恶名，于是，雍正玩了一手借刀杀人的把戏。

隆科多的人缘很差，一是因为他没有科举身份，科甲出身的官员都看不上他；二是作为"全国人民的舅舅"，隆科多自恃皇亲国戚的身份，又有拥立之功，多年来飞扬跋扈，四处树敌。于是，雍正处理起来也很是轻松，他先是公开收回隆科多的种种"亲王级"待遇，继而在大会小会上，没事就点名批评两句，明确表态隆科多失宠了，朝野上下立刻心领神会，参隆科多的折子像雪片一样纷纷飞落至雍正的案前。

最终，雍正合理合法地把隆科多送进了监狱，定了41条大罪，判了个无期徒刑。值得玩味的是，雍正给隆科多选的幽禁地点居然紧挨着康熙驾崩之地——畅春园。服刑中的隆科多看着畅春园，想起自己5年前在这里的意气风发，又对比此刻牢狱中的狼狈之相，没过多久，他就精神失常了，变得疯疯癫癫。一年之后，一命呜呼。

隆科多的一生，是典型的外戚权贵的灭亡之路。出身好便自恃皇亲国戚，赌对了一件事便忘乎所以，最后失了身份，自取灭亡。《清史稿·列传八十二·胡期恒》中对隆科多的定论，说得也是相当直白：

> 当其贵盛侈汰，隆科多恃元舅之亲，受顾命之重；……方且凭借权势，无复顾忌，即于覆灭而不自怵。臣罔作威福，古圣所诫，可不谨欤！

从被赐自尽的年羹尧，到晚年一地鸡毛的张廷玉，再到吞下无期徒刑恶果的隆科多，他们似乎都在警戒着我们"伴君如伴虎"这一道理。可帝王温情的一面，难道就没有人能够看到吗？

田文镜：大器晚成的"天下第一巡抚"

雍正 13 年的执政生涯，其实就是一部改革史。改革，既需要中央朝堂的设计，也离不开地方督抚的支持。雍正最得力的改革先锋，正是主管河南一省的田文镜。可田文镜在历史上的评价却是相当两极分化的：雍正夸他是"天下第一巡抚"，河南士绅骂他是严苛酷吏。这种两极化的评价，后来也同样出现在雍正本人身上。因此，在某种程度上，田文镜的命运起伏，也为我们近距离地观察雍正以及他的改革，提供了一个全新的视角。

田文镜，这是一位在清朝连举人都没考中，最后却一路升至河东总督的传奇官员。

在讲述田文镜的故事之前，我们先要思考一个问题——田文镜的一生，究竟是以康熙朝为主，还是以雍正朝为主？和我们习惯的认知不同，田文镜活了 70 年，有 60 年都活在康熙朝，只有最后 10 年活在雍正朝，但我们往往会认为田文镜是一个典型的雍正朝大臣。可能在很多时候，我们生命的存在感，并不在于数量，而在于质量，这对古人也是一样的。相信即使让田文镜本人回答自己是康熙朝的人还是雍正朝的人这一问题，他的答案也一定会是后者。

一、蹉跎半生的转折

田文镜出生于康熙元年（1662）。从小就读书的他，偏偏在考试方面能力一般。科举制发展至明清时期，具体形式已经变为八股取士。可田文镜怎么也学不会写八股文，每次考试都考得一塌糊涂，总是名落孙山。最后他还是花钱买了学历，也就是所谓的"监生"，跟秀才的档次差不多。接着，田文镜22岁时，他又花钱买了个官，也就是福建长乐县的县丞，是个八品官。

由此我们大概可以看出，田文镜不但考试能力一般，而且家里的经济实力也有限。因为，同样是买官，作为富二代的李卫，起步就买了个五品官（从五品的员外郎），田文镜与之相比就差得多了。

在康熙朝当时的环境下，科举考试不行，家族实力也一般，又没有能逆天改命的婚姻，按常理，田文镜的一辈子可能就这么交代了，但老田偏偏是个对命运不服输的人，工作起来异常努力。在22岁出任福建长乐县丞后，田文镜30岁前后升任山西宁乡知县，44岁升任直隶易州知州，45岁升任吏部员外郎。

我们仔细观察田文镜的履历就能发现：他干了八九年的八品县丞，才升到了七品的知县，可见，他真没有什么政治资源可以依仗。可之后，他又能从七品的知县，升迁为易州知州，进而升迁为吏部员外郎，很快又历郎中，授御史。我们可以大胆推测，田文镜在地方政务的治理上一定相当有才干，且政绩突出，以至于能有像这样持续的升迁。

只可惜，此后田文镜升迁之路陷入停滞。直到他55岁，他仍然只是一个小小的御史，只不过在这一年，他意外接到了一个小任务——到天津的长芦盐场收税，结果他立刻就发现了当地连续几年的巨大亏空，并拟出了具体的解决方案，上报给了康熙。

这个历史细节虽小，我们能推测出的事情却很多。首先，田文镜必定拒绝了盐商的巨额贿赂，否则，为什么前几年来收税的官员都没能发现如此巨大的亏空；其次，20多年的基层治理经验，让田文镜在面对地方官吏的小伎俩时能游刃有余；最后，田文镜办事情很妥帖，他不仅能发现问题，还能连带着提出解决方案，一起上报给上级。

果然，在田文镜巡盐后的第二年，他就升任了内阁侍读学士，这是一个从四品的京官。但苦于没有政治资源和依仗，田文镜的仕途也就仅此而已了，很难再继续升迁。直到康熙驾崩那一年，田文镜还在原地踏步。这一年的他，61岁。

面对此前与自己并无交集的、继位时时年45岁的雍正皇帝，田文镜大概率会觉得这辈子也就如此了，出头无望。但正是在雍正朝，蹉跎了半生的田文镜，终于迎来了自己人生的重大转折。

这一切还要从一件小事说起。

雍正元年（1723），新皇正式登基，田文镜代表中央前往华山祭告山神，途中经过山西。而此时的山西正在闹灾，陕甘总督年羹尧奏报，请求赈灾，但山西巡抚德音[1]却表示没有灾情。所以，等田文镜回京觐见时，雍正就向他询问情况，田文镜对答如流，十分详尽，明确了山西百姓所经受的让他们流离失所的严重灾情。

这一次对话，让田文镜在雍正那里拿了高分。一方面是因为田文镜汇报得很清晰；另一方面，雍正料定田文镜一定是心中装着百姓的，所以他才能对沿途灾情有颇多关注。

于是，田文镜就被雍正安排去山西赈灾，最终，他在全省统筹兼顾，出色地完成了任务。雍正很开心，当即升田文镜为山西布政使，从二品官。转年，雍正又升他为河南巡抚。60多岁的田文镜，两年不到，便从一个从四品的普通京官，成了主政一省的封疆大吏。

对于田文镜晚年间突然蹿升的原因，史学界的推测有很多，可以总结出三个核心原因：

一、田文镜的确才干好，能做出政绩，能力强永远是下属被领导重用的基础条件。

二、田文镜做事的风格雷厉风行，偏严酷，这与康熙晚年间官场"你

1　德音，满洲正白旗人。康熙朝官至山西巡抚，在任期间多行腐败之事且隐匿灾情，雍正元年四月被革职，由诺岷接任山西巡抚一职。

好我好大家好"的松弛、宽仁的政治氛围格格不入，但这却恰恰符合励精图治，准备改革，力行新政的雍正的需要。

三、田文镜此前没有科举功名，缺乏可靠的政治资源，这虽然对田文镜个人是不利的，但雍正很喜欢：因为如此一来，田文镜的政治背景就显得十分干净，没有结党的可能性；而且，在缺乏政治资源的情况下，雍正的出手相助，会让田文镜形成一种巨大的报恩心理。

二、奋勇不懈地改革

基于自己治理能力出色、办事风格严厉、政治背景清白，田文镜开始走入雍正的核心政治圈，并向雍正表达了自己高度的忠诚，就连写奏章说的话都是一片感激之词。

> 臣一介庸材（才），至愚极陋。[1]

> 圣主天高地厚之恩至深至渥，即鞠躬尽瘁亦难以报效，惟有矢此血诚，不敢一毫怠惰。[2]

从此，抱着知遇之恩的田文镜，瞬间就成了雍正朝的改革急先锋，不管脏活、苦活、累活，这个60多岁的老头都第一个冲锋在前。雍正的四大改革政策——"摊丁入亩""火耗归公""官绅一体当差，一体纳粮""清补亏空"，田文镜都以雷霆手段迅速推展。

什么叫雷霆手段呢？

雍正刚即位时，国库空虚，源头就是地方各级官员的贪污和挪用公款。田文镜在河南时，一上任就发通知，凡是有亏空的各级官员，要么趁早补上，要么抓紧时间自首。这种通知放在过去肯定是不会有人搭理的，所以

1　田文镜：《抚豫宣化录》，张民服点校，中州古籍出版社，1995，第35页。
2　《朱批谕旨》卷一百二十六之一，《朱批田文镜奏折》，四库全书本，第4页。

田文镜就把但凡能查到有亏空的官员全都抓到了省城，并迅速开始审问。至于具体的审问手段，大家可以自行想象。接着，他就总结陈词，你们这些官员都要回家进行资产拍卖，就是把祖宅卖了也得把欠朝廷的钱给补上。最后，田文镜在河南到任的第一年，就把河南府库的亏空补齐了。尽管河南官场早已骂声一片，但雍正却表示：嗯，干得漂亮。

再比如，推行"火耗归公"。所谓"火耗"，简单来说就是朝廷官方征收赋税银两，在把征收上来的百姓的碎银子用火烧铸成银锭的过程中会有损耗，于是，各级官员就借口再多收百姓一笔钱，称为"火耗"。之前，各地官员完全按自己的意思去拟定火耗的数额，随意盘剥百姓。而田文镜，他再次力行了雍正的意志。他先以省政府的名义向河南各级政府明确了火耗的税率，任何人不能随意加派；之后，又将火耗收归省管，进行公用分配。这一系列动作就是"火耗归公"。尽管河南官场再次骂声一片，但田文镜还是凭靠自己的威权，把这棘手的差事给办成了。雍正会心一笑，再一次表示：嗯，干得漂亮。

不仅是对官场同僚，对地主士绅，田文镜也采取了一系列硬手段。在"摊丁入亩"的推进上，还是老套路：明确按土地征收人丁费，先清查士绅的实际使用田地数量和登记在册的税收田地数量是否匹配；然后发布通知，隐匿田地者早早自首，坦白从宽，凡是抗拒、隐瞒不报的地主士绅，或者从中包庇的官员，只要查到了，就通通抓起来。不到一年，田文镜就查出了隐匿的田地 2500 余顷。

事到如今，田文镜已经把河南上下的官员、地主，全得罪了个遍。但田文镜仍旧挺着一把老骨头，强硬地给河南的地主科普了一下什么叫"官绅一体当差"。河南自古处在黄河中下游，河患严重，需要修河堤。照惯例，这种苦活只能是老百姓来干，地主旁观就行了。但"官绅一体当差"的意思就是，地主家也得出人，全都下到泥里当河工去。政令一出，河南上下，从官员到地主，全都炸了锅。但田文镜亲自下场督工，不仅让工程顺利推进，且这一次的黄河堤坝还修得相当好，汛情来临，当地百姓的生活几乎未受影响，当年秋收时，还迎来了大丰收。

得知消息后，雍正的内心相当激动，在内阁和中央各部大臣面前，他难掩喜悦。你们经常有人说朕的新政有问题，那这次河南改革的效果怎么样？还有说朕用人有问题的，你们看看，田文镜干得怎么样？最后，雍正还自问自答了一番，称赞田文镜道：

> 整饬河工，堤岸坚固，河汛安澜，年岁丰稔；绅衿畏法，正巳率属，地方宁谧，而每事秉公洁己，谢绝私交，实为巡抚中之第一。[1]

所以，雍正的确给人封过"天下第一巡抚"的称号，只不过给的不是影视剧《雍正王朝》中的诺敏[2]，而是田文镜。

三、君臣相惜地落幕

然而田文镜雷霆手段加持下的改革，得罪的人实在是太多了，最终，一场雍正朝有名的"督抚互参案"爆发了。

雍正四年（1726），时任广西巡抚的李绂[3]升任直隶总督，他在路过河南时同田文镜爆发了冲突。起因是田文镜在暴烈的改革过程中，打击了大量的官员和士绅。李绂听到诸多乡绅的抱怨后，就指责田文镜这是自己考不上科举，便有意作践读书人，还说田文镜重用的官员尽是泼皮无赖，表示要参奏田文镜。打人不打脸，李绂如此挖苦田文镜，田文镜也只好说，好，你参，那我也参。田文镜在奏折中说李绂包庇罪犯、结党营私。

一边是直隶总督，一边是河南巡抚，两份折子就这样放到了雍正的面前。于是，雍正派人调查，发现田文镜的手下居然真的有问题。可雍正最后还是一边准了田文镜此前弹劾官员的奏折，另一边又处罚了田文镜的手

1　见《世宗宪皇帝上谕内阁》卷五十一，四库全书本，第 13 页 b。
2　指诺岷，满洲正蓝旗人。雍正元年任山西巡抚，为官清廉，在雍正三年（1725）因病请辞。
3　李绂，康熙进士，雍正四年授直隶总督。因参劾田文镜贪虐事获罪革职，在乾隆朝重新被起用。对理学深有研究。

下官员，算是各打了五十大板，但雍正却又公开表示：

> 闽省之广，属员之众，焉得人人不谬？[1]

意思是说，田文镜管一个省，手底下有一两个恶劣的官员隐觅其间，没被人发现，这不是很正常吗？然后，雍正为了安抚田文镜，还赐了他一筐荔枝，让老田同学别灰心，继续努力。这的确属于皇帝明目张胆地护犊子。

非但如此，转年雍正就又给田文镜升职了，且硬造了一个叫"河南总督"的官，田文镜还是管河南，但职位从巡抚升级成了"总督"。可只是这样还是不够，雍正又给田文镜加了个"兵部尚书"的虚衔，以凸显田文镜的地位。又过了一年，雍正琢磨道，还是不够，单管一个省，算哪门子总督呢？就把山东划给了田文镜，再次创造了一个独属于田文镜的官职，叫"河南山东总督"，简称"河东总督"，

> 今思山东民俗官方，宜加整理。河南与山东地界相连，以田文镜之精神力量，办理两省之事，绰然有余。著将田文镜授为河东总督，管理二省事务。（《清世宗实录》卷六九，雍正六年五月二十五日）

雍正为什么就这么喜欢田文镜呢？原因大概有三点：田文镜忠诚地贯彻了雍正的执政思路，使他几乎成了雍正新政的化身，所有对田文镜的攻击，都会被雍正当成对新政的攻击；田文镜也的确能力过硬，尽管他办事风格激烈，容易出格，但他为官清廉、勤政，始终没有致命的黑点；同时，最重要的是，60多岁的田文镜做官太懂得分寸了，即便雍正对他这么好，他从来都没主动提过任何过分的要求。

田文镜是汉军正蓝旗出身，属于下五旗[2]，他想让自己的家族被抬进上三旗，可思前想后就是不敢和雍正提出请求。还是有一次，田文镜和出身

1　《朱批谕旨》卷一百二十六之八，《朱批田文镜奏折》，四库全书本，第26页b。
2　八旗制度。自顺治朝起，上三旗为正黄旗、正白旗、镶黄旗，下五旗为正红旗、正蓝旗、镶白旗、镶红旗、镶蓝旗。

正白旗的下属杨文乾[1]聊天时，感慨过自己这一想法，此后，等杨文乾升任广东巡抚，进京述职时，杨文乾才和雍正说了田文镜的心愿。雍正知道后，很快便给田文镜写信，责问他为什么不以实相告——咱俩谁跟谁，为什么不直接和朕说啊！最有意思的是，雍正还在奏折里写了一句"朕甚嗔汝！"[2]人家生你气了！不过生气归生气，雍正批折子前就已经把田文镜一家从镶蓝旗抬进了正黄旗。

可戏码如果重演一遍，田文镜就敢直接跟雍正提要求了吗？想必他还是不敢的，这就是田文镜的分寸感——皇帝可以赏我，但我绝不能主动去要。

所以，尽管田文镜晚年时犯过一次非常严重的错误——他隐匿了河南的灾情，但雍正却表示，田文镜只是年纪大了，被手下人蒙蔽了而已，他是决不会主动欺瞒朕的。但时年已经70岁的田文镜，也的确觉得自己身体不行了，就申请退休。雍正写信安慰他说，好好养病，先别提退休的事，问题不大，总督的职位朕会一直给你留着的。在雍正十年（1732），71岁的田文镜再次上奏，表示自己的身体实在不行了，请求退休。雍正没办法，只能嘱咐田文镜好好休息，工作上的事安排给副总河孙国玺协助处理。由此，田文镜处于一种停工不停薪的半退休状态。此外，值得一提的是，为了让田文镜的身体尽快恢复，这一年的十月初，雍正还专门送了田文镜一颗名为"既济丹"的丹药，说是这东西能补元气，对身体好。没想到，田文镜服药后，仅过了一个多月便过世了。只不过，在这里我们其实没必要有过多的恶意揣测，毕竟雍正也实在犯不上毒死70多岁的田文镜。这可能纯粹是因为田文镜年纪大了，加之他常年劳累，身体不好，或许也确实因为雍正的炼丹技术颇为一般，才导致意外发生。

而且，雍正送药这件事，与其说是早有预谋的暗害，不如说它体现着某种帝王温情。毕竟，得知田文镜的死讯后，雍正是非常伤心的，他立刻

1　杨文乾，汉军正白旗人。雍正朝初期任河南布政使，后升任广东巡抚。为官勤政强干，死后赐祭葬。

2　《朱批谕旨》卷一百二十六之十一，《朱批田文镜奏折》，四库全书本，第4页a。

要求河南当地必须建立专门的祠堂祭祀田文镜。河南的贤良祠也必须放上田文镜的牌位。尽管在雍正死后，继任者乾隆因为早年间喜欢以宽大示人，所以他始终对田文镜的暴烈改革横挑鼻子竖挑眼。但毕竟田文镜人已经死了，所以死后的毁谤他也已经听不到了，这也算是死得早的一种别样幸福吧。

而且，我们应该相信，田文镜在临终前，应该还是很开心自己能在人生的最后10年，有机会去燃烧、战斗一番的。尽管雍正施行新政的目的是为了维护清朝的统治，田文镜的勤政可能也更多是为了自身在政治上的追求，但不得不说，他们君臣的改革，在客观上，的确在某种程度上改善了当时底层人民的生活处境。

每当谈及清朝时，人们总会有很多的争议，甚至还会出现给在清朝做官的汉臣扣各种帽子的极端言论，但我们应该跳出历史的局限性去看问题，我们不能要求古人去做在大环境中他做不到的事情，比如田文镜，在彼时的环境下，他只能去给清政府当官，没有第二个选择。不能因为"田文镜们"做了清政府的官，就否定他们所发挥的积极作用。因为从一出生就恰逢清朝鼎盛时期，他们也需要顺应时代，谋求自身的发展。所以，他们所做的选择和明末清初的"冬泳健将钱谦益""松山殉难洪承畴"之流是不一样的。

田文镜的人生得到了完美收官，张廷玉还在埋怨一万年太久，那有没有人在乾隆朝仍旧能安享晚年呢？

李卫: 锦衣卫后人的手段

　　雍正用人，常常不拘一格。李卫的办事风格，正是雍正手下诸多臣子中最具江湖气的。李卫没有功名，雍正却让他先后出任了浙江与直隶两省的总督。在李卫任职期间，这两地的经济开发与社会治安均提升到了全新的高度。可以说，雍正对李卫的重用，是他在调教官员时所创造的又一经典案例。

　　因为早年间《雍正王朝》与《李卫当官》两部影视剧的热播，李卫几乎成了雍正朝最出名的臣子。只不过，在这两部剧中，年轻时的李卫都被描绘成了一个乞丐、一个小混混，但历史上的李卫却是一个家大业大的超级富二代。可最后，李卫偏偏放着享福的日子不过，花了一大笔钱买了个官，然后废寝忘食地勤政了一辈子。李卫这么做的动机到底是什么呢？他又怎样度过了一生呢？

一、捐纳官身的开局

　　如前文所提的，同样是没考中科举，以监生的身份去买官，田文镜起手只买了个正八品的县丞，23 年后才升为吏部员外郎，而李卫起手直接买了从五品的兵部员外郎。对田文镜和李卫而言，真是应了那句话——条条大路通罗马，但有的人一出生就在罗马。

只是，李卫此次捐纳所买到的从五品的兵部员外郎，到底花了他多少钱呢？据《六部则例全书·户部下·捐叙》[1]的记载，在康熙朝，一个监生若想当上知县，花销大概是：

> 未经考职者，纳银一千七百两，俱准以知县用。

而从知县升至六部员外郎，又要再花上2160两。考虑到李卫没有考过科举，他最初的监生身份也是花钱买的，并且，他最后是直接到六部任职的，没有经历过中间的候补和等待，所以整体估算下来，李卫直接买下这个从五品的兵部员外郎，要花费他4000两以上的白银。那么这个价钱，在当时又是个什么概念呢？

在康熙朝，一位一品大员在纸面上的俸禄，一年也只有180两。这相当于李卫用一位一品大员20多年的工资买了个官。于是，两个问题由此浮出水面：李卫家的钱是从哪里来的？影视剧为什么要把这么一位超级富二代改编成小混混呢？

这是因为李卫家世特殊。在我们的印象中，古代的富人大多都是地主，而地主群体主又通常是读书考科举出身。但李卫的家族不一样，他出身于明朝的锦衣卫世家，家族子弟非但不读书，还很重视习武。所以，从出身上看，李卫来自一个已经累积了百年的地主世家，他很有钱；从性格、习惯上看，他自幼热衷于习武，不爱读书，是一个刚直勇猛、又头脑灵活的江湖派。既然是江湖派，影视剧将他的出身设定为在底层摸爬滚打的乞丐，更容易让人理解李卫充满江湖气的行事风格，也增添了一定的戏剧张力。

此外，在影视剧中，除了李卫的出身，还有另外一处对史实的改编，就是影视剧往往都将李卫设定为雍正潜邸的奴才，这也是不对的。李卫是在康熙五十六年（1717），趁着朝廷即将对青海用兵需筹集军费时，才纳

1　《六部则例全书》是康熙朝官员鄂海编纂的法律文献，规定了六部官员的办事规程及违制的处罚办法等。

捐买官的，并没有证据表明李卫此时和老四有过任何的联系。他此时和皇十三子胤祥倒是极有可能已经相识，并且，老十三对李卫还有某种知遇之恩。

李卫是在康熙五十六年入仕的，买下了兵部员外郎，两年后，也只是升任了户部郎中，这只能算一个不入流的京官。在雍正朝，李卫之所以会突然崛起，正是因为怡亲王老十三允祥的举荐。

当时的情况是，雍正刚即位，国库空虚，而国库空虚的源头是康熙朝晚年的政务松弛，各种税款都收不上来，这其中最典型的就是盐业。它明明是个暴利行业，各地却屡屡出现亏空。各地的具体官员，不是乱发盐引[1]，与盐商三七分账，就是在发现盐井后，隐匿不报，据为私有。由此便导致在雍正初年，仅云南一省，盐业的亏空居然就有 11 万余两。正当雍正一筹莫展之时，老十三举荐李卫南下查盐。

李卫走马上任云南驿盐道开始查盐，背靠着怡亲王允祥这棵大树，李卫做事雷厉风行，在追查盐业亏空时，尽显锦衣卫世家的风采。他起手就是两步：

第一，先把所有已经查明存在贪污的官员都抓起来。

第二，李卫公开对这些官员摊牌，明确了摆在他们面前的只有两条路：第一条路，你们几个贪污犯，财政亏空差多少，你们几个就平摊多少，把亏空补上，谁说没钱，那就抄谁的家；第二条路，你们赶紧供出其他人，这样就可以让更多人一起平摊，借此减少损失。

最后拔出萝卜带出泥，在不到 8 个月的时间里，李卫不但把云南账上的 11.9 万两亏空给追回来了，甚至还赢利了 3 万余两。尽管云南的官场都在骂李卫不守规矩，但雍正却很兴奋，他鼓励李卫，叫李卫一切尽管放胆去做，出了事自有朕来做主！

最终，在各种复杂的声音之中，在雍正的力保之下，李卫南下查盐一年后，就升任了云南布政使。再转年，雍正三年（1725），李卫升任浙江巡抚，主政一省，成了封疆大吏，继续主抓江南盐业，并再次扭转局势，解

---

1 由政府印制，发给商人用来支取及运销食盐的凭证。民间商人持有盐引，方可贩盐。

决了江南的盐业税收问题。所以，为什么影视剧里总是上演李卫和盐商交谈的桥段呢？因为他就是靠治盐起家的。

二、废寝忘食的督抚

不过我们也不能就因此仅仅把李卫看成一个逢迎君主、暴烈行政的官员。作为雍正朝的地方三大督抚之一（另外两位是田文镜和鄂尔泰），李卫在具体的行政层面，很多时候他也都是顶着压力实心办事的。比如在浙江巡抚的任上，至少有两件事，李卫做的都是对底层百姓有好处的。

第一件事，推行"摊丁入亩"。

其实我们很清楚，所有改革的本质都是治理方式的重新改变与利益资源的重新分配。"摊丁入亩"说到底，就是消除人头税，增加土地税。推行它所带来的结果，必然是地多人少的大地主反对，而地少人多的小地主和底层农户支持。

在李卫之前，上一任浙江巡抚佟佳·法海[1]也想过推行摊丁入亩，但遭到了地主士绅围攻巡抚衙门的示威，没能推行下去。究其原因，就是法海太过怯懦，被吓到了。而更深层次的原因则在于，法海是隆科多的堂兄，属于佟佳氏家族，他和浙江出身的官员往来很多，所以在面对浙江士绅时，顾虑也就多了。

官场中的关系向来盘根错节，本就复杂，而一旦改革者自己的利益关系是你中有我、我中有你的，那改革必然失败。

可李卫在接任浙江巡抚后显然是没这个顾虑的，因为他的头上只有两朵云：一朵是皇帝雍正，一朵是怡亲王允祥。

李卫在浙江着手推行"摊丁入亩"之后，地主士绅别说要闹到省政府了，光是到钱塘的县政府去闹事，就全被李卫下令抓了。杀鸡儆猴，扫清障碍。最后，李卫非常迅速地就成功推行了"摊丁入亩"的新政策，既缓

1　佟佳·法海，满洲镶黄旗人，康熙朝进士，官至广东巡抚、浙江巡抚。

解了国家的财政压力，又缓解了底层民众的纳税压力。

在浙江的利民领域，他做的第二件事就是开发玉环岛。

自康熙末年起，浙江的人地矛盾愈发尖锐。人多地少，粮食不够吃。在浙江临海的地方，有一座方圆700多里的玉环岛，虽然可以种地，但却没人开发。按照前任闽浙总督满保[1]的说法，他不开发的理由有两个：一是玉环岛临海，军事上有防范海盗抢劫的压力；二是玉环岛缺乏基础设施。

我们当然都清楚，这两个理由不过都是搪塞。不开发的本质原因仍旧是当地官员懒政，他们想的是即便粮食出问题，老百姓吃不饱，那就再苦一苦百姓好了，回头找朝廷赈灾，还能再赚一笔。可李卫上任后立刻就去啃了玉环岛这块硬骨头，他写了一整套开发方案，上奏雍正。简单总结，就是三步走：修筑防御工事，派兵上岛；就近招募愿意开荒的农夫；派文官负责收税。

雍正在见到奏折后，甚是激动，便直接批复：

> 好事，好事，此等是览而不嘉悦者，除非是獣（呆）皇帝也。好的，好的，如此方不愧封疆之任。[2]

只有傻子皇帝才会不同意这个方案呢！可雍正自己也清楚，这件事的难处不是决策，而是执行。

最后，李卫亲自登岛，从周边的县级人事安排开始指挥，不但开发出了10万余亩农田，还把玉环岛建成了浙江的海防堡垒，另外，玉环岛每年还为国库增加了2.5万石粮食的稳定税收。直到今天，玉环岛都是浙江省的第二大岛。

但勤政的代价就是李卫铁打的身体也熬不住了，他曾经病重到咳血，

1　满保，满洲正黄旗人。康熙五十四年（1715）任浙闽总督，全面整顿海防，雍正三年死于任上。
2　台北故宫博物院藏《宫中档雍正朝奏折》第六辑，雍正四年十一月二十日，第901页。

雍正心疼得从京城直接送药过去，并安抚道：

> 闻汝因过劳吐血，此则大谬。嗣后慎勿复尔。诸凡量力而为，不可
> 勉强。[1]

工作是国家的，身体是自己的，你不要逞强，凡事量力而为。

与此同时，自幼习武的李卫除了改革新政、搞经济建设，他还肃清了浙江的土匪，保民安定。

此后，李卫更是一路高升：雍正五年（1727），李卫升任浙江总督；雍正七年（1729），加兵部尚书衔；雍正十年（1732），署理刑部尚书；同年，出任直隶总督。

三、刚正爱民的督抚

当李卫离开浙江时，百姓夹道送别，场面令人动容，按时任苏松总兵的李灿[2]的说法：

> 督臣李卫于十一月二十五日启程，老幼百姓拥挤道旁，目击人情
> 正切。[3]

因为，所有人都知道，在封建制度下，一个地方治理的好坏，不是靠制度，而是靠那一两个心系百姓之人。事实上也的确如此，李卫走后，浙江官场的风气再次恶化，以至于后来李卫以直隶总督的身份回到浙江视察海塘时，当地百姓还以为李卫又回来任官了，愣是奔走相告、夹道欢迎了几十里路。

且李卫作为封疆大吏，其对亲属的约束也让人无可指摘。比如李卫在

1　《朱批谕旨》卷一百七十四之二，《朱批李卫奏折》，四库全书本，第57页b。
2　李灿，清朝官员，曾任江南崇明总兵官，在雍正九年（1731）继李卫后任浙江总督。
3　台北故宫博物院藏《宫中档雍正朝奏折》第十九辑，雍正九年十二月初七日，第
　　231页。

浙江当总督时，他两个堂弟在老家生事，其实二人还未违法，仅仅是作威作福，就被李卫派人抓到了浙江，动用家法圈禁了一年。而此后，李卫在直隶当总督时，他又有两个堂弟在老家强行兼并农民的土地，并动手打人，甚至打起了"我哥是李卫，你们随便告"的旗号。气得李卫直接派人把两个堂弟给绑了，大义灭亲地上奏雍正请求按法律严惩。但李卫又怕年事已高的堂叔承受不住刺激，一命呜呼，遂额外请求雍正，能不能把他堂叔一个在甘肃任官的儿子，平级调回老家，好让父子团聚以示抚慰。雍正感动于李卫的公私分明，就准奏了。

因此，我们不难看出，李卫做事以国法为重，同时也颇为细心。而这种细心，不只是对家里人，对百姓也一样。在他做直隶总督时，查到了信徒众多的大型邪教，邪教严重影响了社会安定，必须要严厉打击。但当时正值年末寒冬，李卫心怀慈悲，他说：

> 若目前一时举动，即止于查拏首犯，而入教人众，惊惶疑惧，轻生逃窜事所必有，现在将届岁暮，倘使无知愚民流离失业，亦所不忍。[1]

这些信邪教的人啊，大多是身处社会最底层的无知百姓，因为走投无路才误入歧途，若打击得太猛烈，这寒冬腊月的，让他们流离失所，我实在是不忍心。

于是，李卫玩了一把"无间道"。他先安排精干的手下作为卧底进入邪教，在锁定各级头目的行踪后，立刻进行秘密抓捕。之后，李卫又下令在直隶各级各地张贴告示，由政府背书，讲述邪教存在的种种问题，厘清利害关系，并以政府的名义做担保，只要百姓们退出邪教、烧毁经书、改过自新，此前的种种事端，便概不追究。这种打法，算是既维护了治安，又稳定了局面。

以上，不难看出李卫的办事水平还是很在线的。但不知道是李卫有意为之，还是性格使然，李卫和同僚的关系非常不融洽，甚至经常找碴儿和同僚吵架，像田文镜、鄂尔泰，二人都被李卫挑些鸡毛蒜皮的事情怼过，

---

1 《朱批谕旨》卷一百七十四之十四，《朱批李卫奏折》，四库全书本，第39页a。

他仿佛跟谁的关系都不好。以至于雍正驾崩，李卫奔丧时痛哭流涕，甚至当场哭晕了过去，醒来便哀叹自己的一生竟如此结怨招尤、孤立无援，唯一的靠山就是雍正，现在他还先走了。可新皇帝乾隆听了却很激动，他跟李卫说，这敌人多也不要怕，父皇是走了，但朕还在啊，朕来当你的靠山。

最终，李卫不但在乾隆朝安享晚年，还被赐了四团龙补服以示嘉奖。最后，在乾隆三年（1738），李卫病逝在了直隶总督任上。按乾隆的旨意，李卫被风光大葬，谥号"敏达"，入了贤良祠，享受百姓祭祀。

但这件事还有后续。后来乾隆下江南，巡行浙江时，他发现西湖边上有一座花神庙，有庙不算什么，只是庙里花神的相貌却跟李卫本人无比相似。史书有过这样一处记载：

> 李敏达督浙时，自塑其像，厕花神中。[1]

也就是说，这尊神像还是李卫自己做的。可能在工程大建之时，李卫还是想烙下一些个人印记吧。只是李卫给自己做神像这件事，浙江百姓虽然没多在意，多年来花神庙的香火也不错，但乾隆一看就火大了——你李卫是神，那朕成什么了？于是，乾隆立刻叫人把庙拆了，塑像、神牌也全部毁掉，他还发飙道：

> 李卫于督抚中并非公正纯臣，在浙江无甚功德于民，闻其仰借皇考恩眷，颇多任性骄纵之处。（《清史列传·大臣画一传档正编十·李卫》）

大意就是，李卫就不是个好大臣，他当官对百姓根本就没有什么功德可言，而且朕还听说他仗着父皇喜欢他，飞扬跋扈，人际关系也是糟糕得一塌糊涂啊。总之，"章总"对李卫进行了一番全面否定。

当然，此时李卫已经去世40多年了，他自然是听不到这些牢骚了，且即便听到了，李卫想必也不会在乎。当一回官，谁能管得了身后的名声呢？倒是回看李卫生前在直隶赈灾时曾说过的一句话，颇有意味。彼时很

1　杨钟羲:《雪桥诗话》卷第七，吴兴、刘承干参校，北京古籍出版社，1989，第324页。

多官员都在抱怨赈灾工作不好干、压力大，李卫却在一旁开导说：

> 不过一番心思，耳目之劳，而小民免于贱粜贵籴，钱粮不损分毫，仓储可冀渐得充裕。[1]

其实，自古至今都是一样的，封建官僚也好，当代官员也好，本质上都是手握公权的人。只消多花些心思，多看多听，可能就会保住许多家庭活下去的希望。

忠君爱民确实是个技术活，但说到底是个良心活。

1　转引自宋媛媛：《直隶总督李卫与京畿治理研究》，硕士学位论文，河北大学历史系，2014，第28—29页。

鄂尔泰：满洲寒门的坚守与回报

雍正在执政后曾提拔过很多官员，其中提拔速度最快的人就是鄂尔泰。雍正在自己即位不到一年的情况下，就将鄂尔泰由从五品的内务府员外郎，连升六级，提拔成了从二品的江苏布政使。雍正这番知遇之恩，也自然换来了鄂尔泰的涌泉相报。雍正朝最大的地方改革政策之一"改土归流"，便是由鄂尔泰主持完成的。可以说，雍正在年羹尧身上没能打造的"千古君臣"新榜样，在鄂尔泰身上，总算是得到了完美的实现。

西林觉罗·鄂尔泰，这是一位在康熙朝摸爬滚打几十年无所成就，却突然在雍正朝崛起，并在乾隆朝到达人生巅峰的三朝老臣。在雍正朝，鄂尔泰可能是除了雍正本人之外，朝廷里最重要的一个人了。

尽管今天的影视剧中似乎并没有多少鄂尔泰的经典形象，甚至他本人的知名度也远低于张廷玉、田文镜、李卫这些我们耳熟能详的雍正朝宠臣，但实际上，历史上的鄂尔泰绝不"冷门"，他非常受雍正喜欢。雍正喜欢他到什么程度呢？雍正即位后，曾对鄂尔泰说：

> 朕临御四载，亦只得卿与怡亲王二人耳。[1]

1　北京图书馆编《北京图书馆藏珍本年谱丛刊》（第 91 册），《襄勤伯鄂文端公年谱》，北京图书馆出版社，1999，第 526 页。

朕当了这么多年皇帝，真正的贴心人，也只有你和怡亲王啊。雍正能把鄂尔泰和老十三允祥相提并论，这绝对不是一般的喜欢。

鄂尔泰究竟做过什么，才会让心胸"开阔"的雍正如此喜欢他？而他历经三朝，在面对心胸更加"开阔"的乾隆时，又会有怎样的结局？答案就隐藏在鄂尔泰这"冷门"且大器晚成的一生中。

一、负重前行的低谷

鄂尔泰出生于康熙十九年（1680），满洲镶蓝旗人，西林觉罗氏。

不过，与大多数在骑马射箭、嬉戏娱乐中长大的满洲子弟不同，鄂尔泰的童年是在无穷无尽的读书与学习中度过的。究其原因，还是在于他有一位极其特殊的父亲——西林觉罗·鄂拜。

说起来，鄂拜也真是个硬骨头。鄂拜的父亲，也就是鄂尔泰的亲爷爷图彦突，早年间曾跟着多尔衮南征北战，那也是打过山海关、追过李自成，屡屡立过战功的。最后，图彦突官封正五品的户部郎中。这虽然不是什么大官，但至少能保证一家人衣食无忧。可遗憾的是，顺治元年（1644），就在鄂拜两岁时，父亲图彦突去世了，就此家道中落。而小鄂拜为了改变家族命运，就此发奋读书，《八旗满洲氏族通谱·卷之十七·鄂拜》[1] 有记载：

> 幼好读书，稍长，即嗜正学（儒学），……岁读一两周，自元旦至除夕不少辍。

一年里，他每天都在学习，从来没有中止过。最终，鄂拜凭着自己的这一身学识，在康熙朝做官做到了从四品的国子监祭酒。国子监，就是当时全国的最高学府；祭酒，则是最高学府的总负责人。因此，鄂拜的身份，就类似今天的北大校长。

1　《八旗满洲氏族通普》成书于清朝前期，是鄂尔泰等人奉敕撰修的谱书，也是记录满洲姓氏的官方文献，于乾隆九年（1744）成书。

从两岁丧父到成为国子监祭酒，鄂拜的一生不能说不成功。只是，一个靠自己的真本事，疯狂学习而爬上来的人，他的生命中难免会形成一个深刻的思想烙印——只相信正义与努力，坚持君子不党。《八旗满洲氏族通谱·卷之十七·鄂拜》又有记载：

> 平生耿介，以义命自安，不妄交一人，尤严于权要。

这鄂拜，一辈子耿直、刚正不阿，做事只求问心无愧，不但交友谨慎，还从不攀附权贵。

在中国古代，父亲的气质往往会影响儿子的一生。因此，鄂尔泰的童年在某种程度上就是鄂拜的翻版。你爷爷死得早，咱们家虽是满洲出身，但比不了那些名门望族，想活下去，不靠别的，只能靠读书。于是，鄂尔泰6岁上学时就被鄂拜要求日夜背诵四书五经；8岁开始学习儒家义理和写作，阐述圣贤理念。可以说，在"鸡娃"这件事上，鄂拜可能是比康熙折腾老二胤礽还要激进的。

大家可能不了解，鄂拜其实是有6个儿子的，鄂尔泰排行第四。但很可惜，鄂尔泰前面的3个哥哥，二哥夭折，大哥和三哥又不是读书的料，天分有限。于是，鄂尔泰就必须加倍努力，一方面是为了自己能出人头地，另一方面也是为了给后面的两个弟弟树立榜样。接着，鄂尔泰的童年生活就变得"从不知有嬉戏事，自幼言笑不苟"[1]。虽然只有短短十几个字，但我们完全可以想象，鄂尔泰从一出生开始，便背负着异于常人的压力和负担在学习和拼搏。

而鄂尔泰的努力和付出，不能说是没有回报的，因为他的儒学功底真的很深厚，甚至要超过很多同龄的汉族学生。在康熙三十七年（1698），也就是鄂尔泰19岁那一年，时任顺天府学政的李光地在考查学子功课时见到

1　北京图书馆编《北京图书馆藏珍本年谱丛刊》（第91册），《襄勤伯鄂文端公年谱》，北京图书馆出版社，1999，第455页。

了鄂尔泰的卷子，说他未来必会成为国家重臣——

> 李文贞公科试，得公卷，大加称赏。……语竟日，以国器目之。[1]

"语竟日"，就是说李光地夸鄂尔泰夸了一整天。而鄂尔泰也确实争气，一年后，年仅20岁的鄂尔泰就考中了举人。然而，就在人们以为前途无量的鄂尔泰未来会继续读书，日后考进士、入翰林的时候，一个意外却发生了。

21岁时，鄂尔泰突然放弃了学业，进宫当了一名正五品的三等侍卫，直接断送了自己的前程。史书中并没有记载出现这次变故的原因。一个猜测是，出现这个变故很有可能是因为鄂尔泰的父亲鄂拜在这一年去世了，家里失去了经济来源。于是，在这个时候，就必须要有一个人去挣钱养家。而出于照顾弟弟的需要，鄂尔泰被迫放弃学业，通过清朝针对满洲官宦家庭的特殊政策，谋了个小侍卫的差使来挣钱养家。

可鄂拜生前没有攀附过任何达官显贵，鄂尔泰本人也一直在闷头读书，所以他们一家是不具备任何政治资源和官场靠山的。以至于，鄂尔泰一个20岁就中举的满洲学霸，最后却在只要是个满洲子弟就能干的三等侍卫的职位上，待了整整16年。从21岁到37岁，鄂尔泰生命中最宝贵的时光，就这样在日复一日的巡逻与站岗中蹉跎过去了。如此16年，毫无疑问是鄂尔泰人生的最低谷了。只是，有时往往越是在低谷，越能看出一个人的品质。那鄂尔泰在当侍卫时，他都干了些什么呢？

> 公侍卫时，每直内庭，时出怀中所携古文、时文各一册，手不释卷，竟夜忘寝。[2]

哪怕我永远都只能当个侍卫，我也不会放弃读书这件事的，因为这是我唯一的希望。

1　北京图书馆编《北京图书馆藏珍本年谱丛刊》（第91册），《襄勤伯鄂文端公年谱》，北京图书馆出版社，1999，第458页。
2　同上书，第459页。

而这 16 年间，最能够慰藉鄂尔泰心灵的大概就是在他的供养下，五弟鄂尔奇成功考上了举人，接着考上了进士，也进了翰林院。说实话，鄂尔泰和弟弟早年间的生活是颇为惨淡的，即便后来鄂尔泰位高权重的时候，他也一直嘱咐弟弟，不能忘了他们曾经的苦日子：

> 汝记我兄弟无屋居祠堂时耶？[1]

永远不能忘了我们兄弟穷得连房子都没有，只能赖在祖宗祠堂里的那段日子啊！

多说一句，鄂尔泰这一辈子，不管是在最初的低谷，还是在之后的巅峰，从没纳过妾。鄂尔泰有 6 个儿子，2 个女儿，他的身体没问题。但他只有过两任老婆，原配夫人难产过世后，才娶第二任，之后便再没和其他女性有任何关系。这在中国古代官员中，实属难得。因此，哪怕仅就家庭而言，鄂尔泰也足以称得上一个重感情的好男人，更不消说他那憨憨的不苟言笑的性格，以及他所取得的政治成就了。

至此，年近四十，眼看着大半辈子已经过完了的鄂尔泰，他到底该如何走出自己生命中的低谷呢？

二、柳暗花明的逆袭

首先，机会确实是留给有准备的人的。但是，瞅准时机、果断出手也非常关键。鄂尔泰人生的第一个契机出现在康熙五十五年（1716）。

那一年的八月，康熙心血来潮去了翰林院，说想出道题，让大家写文章来比一比文采和想法。结果，那天恰好赶上鄂尔泰当差值守。鄂尔泰就赌了一把，说：皇上我也想参加这场比试。康熙一听很是开心，朕的侍卫都敢和全国最顶尖的翰林比文采了！于是，康熙就让鄂尔泰领了一份纸笔

1　陈康祺：《郎潜纪闻三笔》卷十二，《鄂文端公戒弟俦泰之先见》，中华书局，1984，第863页。

作答。写毕，交上去，康熙拿到手一读，特别开心，便和周围的人说：

> 朕见其所作，跃跃不能自掩。其仍以文员擢用。[1]

哎呀，朕开心得恨不得跳起来了，这样的文章才华，在朕身边当个侍卫实在是可惜了，鄂尔泰，你还是去当文官吧。

那此刻鄂尔泰就时来运转了吗？没有！鄂尔泰当时只是转岗，并没升官。他从正五品的三等侍卫，被调成了从五品的内务府员外郎。非但没升官，在品级上还降了半档。

不过，鄂尔泰新去的这个部门很关键，他去的是内务府的慎刑司，主要负责对内务府管辖内的上三旗满洲权贵的违法行为进行司法审判。在这种衙门当差，摆在 37 岁的鄂尔泰面前的，就只有两条路：第一条，万事以和为贵，只消睁一只眼闭一只眼，判案时稍微放放水，自然能结交不少达官显贵；第二条，处处秉公执法，但这就注定会得罪不少天潢贵胄、权贵显要了。

鄂尔泰会往哪条路走呢？没错，就是第二条，且对他来说，根本就没有别的选项。我当了 16 年的侍卫都没张口求过人，说给换个工作，现在你让我去赔笑脸、放水，怎么可能？鄂尔泰在慎刑司办公期间，

> 王侯公主之家，有过必惩，有善必显。……法之所在，威武不能夺，势力不能摇。[2]

总之一句话，谁来了我这儿，都得照法律办事。

最终，鄂尔泰在慎刑司朋友没交几个，得罪的人却越来越多。其中最有名的是一位郡王，他实在受不了鄂尔泰的不讲情面，你一个芝麻大的官，在这儿装什么大尾巴狼？于是，这位王爷就拉了一帮人，叫嚣着要打鄂尔泰。但别看鄂尔泰只是一个从五品的员外郎，他居然敢和这位王

1　北京图书馆编《北京图书馆藏珍本年谱丛刊》（第 91 册），《襄勤伯鄂文端公年谱》，北京图书馆出版社，1999，第 730 页。

2　同上。

爷动刀。

> 公袖匕首见曰:"士可杀,义不辱。"[1]

意思很简单,鄂尔泰从袖子里掏出匕首,说:王爷您今天要是够硬气,就一刀捅死我,不然这案子我该怎么判就怎么判。这王爷就是再虎,也不可能在内务府随便杀人,最后,他赔了不是,骂骂咧咧地离开了。这里多说一句,尽管史料中没说这位王爷是谁,但考虑到这件事发生在康熙五十五年以后,且生事者还是位郡王,那人非常可能是我们无比熟悉的老十敦郡王胤䄉。

总之,鄂尔泰铁面无私、不近人情的名声算是传出去了。人们对他的看法,也由此分成了两类。绝大多数人对他避之不及,生怕和他走近了,再得罪了别人;而有的人对鄂尔泰却十分欣赏,甚至还有点喜欢。其中最欣赏鄂尔泰的,不是别人,正是当时同样以铁面无情著称的老四雍亲王胤禛。当时的老四是非常有礼貌的,派人专门去请鄂尔泰,说本王想和你见一面。结果,鄂尔泰不但当场回绝,还让送信人捎话回去:

> 皇子宜毓德春华,不可交结外臣。[2]

您身为皇子,应该好好修养德行,不能老想着结交外臣。

伸手不打笑脸人,老四好心好意去请你,不答应也就算了,竟然还给人家上上课了。鄂尔泰为什么会这样呢?一方面是因为鄂尔泰从小受的教育就是这样的,做人要刚正不阿;另一方面也可能是鄂尔泰觉得自己年纪大了,四十了,这辈子大概只是个从五品的郎官了,没必要牺牲自己坚守了半辈子的道义,去做一些有损自己人格的事情。康熙六十年(1721),42

---

1   袁枚:《小仓山房文集》卷八,《武英殿大学士太傅鄂文端公行略》,见《小仓山房诗文集》,周本淳点校,上海古籍出版社,1988,第1337页。
2   昭梿:《啸亭杂录》卷十,《宪皇用鄂文端》,中华书局,1980,第366页。

岁的鄂尔泰自己在诗里都曾感慨说：

> 看来四十犹如此，便到百年已可知。[1]

我这一辈子啊，也就这样了，不争了，累了。

可连鄂尔泰自己都没想到，恰恰就是他的这种道德坚守，最后给他的人生带来了一次巨大的逆转。

康熙六十一年（1722），鄂尔泰 43 岁，康熙驾崩，皇四子胤禛继位，成了我们熟悉的雍正皇帝。雍正刚继位，就说要专门召见鄂尔泰。当时，鄂尔泰家里很多亲戚都在担心，说这雍正是不是记仇啊？鄂尔泰你不会连这个内务府的郎官都保不住了吧？结果，雍正见到鄂尔泰之后，说的却是：

> 汝以郎官之微而敢上拒皇子，其守法甚坚。今任汝为大臣，必不受他人之请托也。[2]

当初你连朕都能拒绝，未来也一定不会受他人的贿赂或威逼。如今朕非但不罚你，反而要重用你。因为朕要的就是像你这样能不畏权贵、坚守法律底线的真汉子、硬骨头！

于是，43 岁的鄂尔泰，就此迎来了他人生中柳暗花明的逆袭。升迁速度快得不可思议，基本上就是"三级跳"。

康熙六十一年年底，鄂尔泰被雍正任命为云南乡试的副主考。一般情况下，乡试副主考应该是翰林或者进士出身，而鄂尔泰能以举人出身的内务府员外郎的身份去担当重任，这很明显就是一次特殊任用。而更令人震惊的是，鄂尔泰在云南的招生工作刚结束，人还没回京，雍正元年（1723）的三月，第二道圣旨就到了：

> 擢内务府员外郎鄂尔泰为江南江苏布政使司布政使。（《清世宗实录》卷五，雍正元年三月二十二日）

1　鄂尔泰：《写怀八首·其一》，见《鄂尔泰文学家族诗集》，《文蔚堂诗集》，上海古籍出版社，2018，第 87—88 页。
2　昭梿：《啸亭杂录》卷十，《宪皇用鄂文端》，中华书局，1980，第 366 页。

这一年的鄂尔泰44岁，他直接由一个从五品的内务府员外郎，连升六级，成了一个从二品的江苏布政使，主管一省的行政与财政，算得上名副其实的一方大吏了。

关于鄂尔泰这次的超级升迁，主要有三点原因：

一、在执政初期，雍正他缺乏可靠的政治班底。雍正当皇子的时候，比起受满朝拥戴的老八，他在朝堂上几乎无人问津，始终是以"孤臣"自居的。以至于他继位后，除了怡亲王允祥之外，几乎无人可用，他必须要拉拢、培养一批自己的人才行。

二、雍正在培养官员时，始终都有两条标准。第一，这个人必须在康熙朝处于低谷，这样雍正重用他时，知遇之恩的效果才明显；第二，这个人最好是非科举出身，这样他才会更倚仗皇帝的信任，而不是结党的同僚，并且在日后雍正的改革触及乡绅利益时，用起来也更方便。如此一来，举人出身、长期处于低谷的鄂尔泰，几乎完美符合了雍正的用人标准。

三、鄂尔泰是一个满洲人。雍正即位后，内用张廷玉，外用年羹尧，在雍正元年，全国18个省的巡抚，有16位都是汉人。因此，哪怕只是单纯为了平复满洲贵族的情绪，雍正都有必要专门重用一名满人。鄂尔泰是满洲人，道德品格过硬，政治关系简单，没有任何权贵背景。在雍正眼里，鄂尔泰几乎就是一个完美的提拔对象。而对雍正而言，现在唯一的悬念就是：鄂尔泰的个人能力到底怎么样？他到底能不能担得起自己的信任？而就任江苏布政使这个职位，就是雍正给鄂尔泰出的第一道考题。

接着，我们再站到鄂尔泰的角度去看看这次超级跃升。鄂尔泰6岁能背四书五经，20岁中举人，最后却当了16年的宫廷侍卫，即便转岗到内务府，也只是微末小吏，被人呼来唤去。如今，他终于有机会主政一方时，我们其实很难想象，44岁的鄂尔泰此时的内心会是多么五味杂陈。但有一点似乎可以肯定，他一定是有着强烈的报恩心态的：他既要对得起死去的父亲，也要对得起自己多年读的圣贤书，更要对得起眼前这位赏识自己的雍正皇帝。要知道，鄂尔泰到了江苏之后，是发表过一段政治宣言的，那段话即使放到今天来看，仍旧颇具借鉴意义。

> 国家设官分职，凡以利民耳。……薄务虚名，不以民事为事，不以民心为心，固未有能奏效者，恐廉吏与贪吏罪相等。[1]

国家设置官员，是用来造福百姓的。一个官员如果只顾虚名，什么都不敢管，不能造福百姓，那么你即便廉洁，也和那些贪官污吏一样有罪。因为你对不起你父母官的身份。

而鄂尔泰所做的，也完全对得起他的宣言，他对自己这次的执政做了充足的准备。在鄂尔泰刚到江苏的第二天，他立刻发布了十大禁令[2]，条条都是奔着解决江苏的现实问题去的。比如，那时江苏的有钱人多，贫富差距大，赌博、攀比之风盛行，有权有势者欺压平民百姓的现象更是屡见不鲜。而在鄂尔泰的十大禁令中，最典型的四条就是"禁赌博""禁婚嫁逾制""禁土豪""禁游民"，桩桩件件都在保护穷人、约束富人、打击恶人。

没有不起冲突的改革，只可惜这些地头蛇遇见的是鄂尔泰。鄂尔泰当年在内务府当差时，只是个从五品的郎官，就连王爷都不怕，如今主政一方，又怎么会怕几个土豪劣绅呢？总而言之，鄂尔泰就一句话——谁违反禁令就抓谁。哪个衙役兵丁不敢去抓，就地开除编制，换个敢抓的、能办事的人来。相当于鄂尔泰一边扫黑除恶，一边推动政府换血。最终，鄂尔泰主政江苏不到半年的时间，当地便民风大改。

这对雍正而言，莫过于天大的惊喜。当时，雍正就忍不住夸奖鄂尔泰说：

> 鄂尔泰自到江苏，声名甚好，毫不负朕恩，是天下第一布政。[3]

按理说，鄂尔泰这该算是平步青云了吧？连皇上都说你是"天下第一布政"

---

1 北京图书馆编《北京图书馆藏珍本年谱丛刊》（第91册），《襄勤伯鄂文端公年谱》，北京图书馆出版社，1999，第480页。
2 江苏十禁：禁打降、禁唆讼、禁赌博、禁土豪、禁游民、禁赛会、禁婚嫁逾制、禁丧葬违礼、禁妇女入庙烧香、禁游方僧道。
3 《朱批谕旨》卷一百二十五之一，《朱批鄂尔泰奏折》，四库全书本，第6页b。

了。但此时的鄂尔泰，却陷入了一种深深的自我怀疑之中。

他读了这么多年的书，始终都没做成什么事业。如今被皇上提拔，立刻就能主政一方，造福于民。鄂尔泰开始怀疑自己过去是不是太傻了，如果早些拥有一些政治关系，早些提升官位，岂不是早就能展现自己的才华了吗？世间道理就是如此，人在穷困的时候还能坚守本心，发达起来之后，就会觉得曾经的自己像个笑话。于是，鄂尔泰也开始和隆科多、年羹尧这些雍正初年的宠臣交往，让他们多在雍正面前替自己美言几句，说些好话来增加自己的政治资本。

雍正捕捉到鄂尔泰这种变化之后，特别担心他会误入歧途，便立刻下旨，让时任江苏巡抚的何天培[1]去喊醒鄂尔泰，让鄂尔泰别去想那些乱七八糟的。

> 鄂尔泰可惜将自己的好，反算别人的，乱跑门路，寻倚仗，到（倒）误了自己的进路了。……凡人求人不如求己，无能的人，尚不肯求人，何况如他如此人材（才）学问之人乎？是其自取，错认门路也，可惜朕恩，教他着实勉力做好官。[2]

雍正虽然与鄂尔泰差不多大，但两个人的人生经历天差地别。鄂尔泰是在底层待了好多年的政治白纸，雍正却是在顶层斗争中厮杀出来的夺嫡冠军。因为雍正知道一个人在最迷茫时的样子，我们应该相信此时的雍正是真心喜欢鄂尔泰这个小老弟，才会说出这些肺腑之言，去敲打鄂尔泰的。

鄂尔泰在收到何天培的传信后，当即叩头忏悔说：

> 尔泰惶恐无地，感激泣下，遵旨不敢具折，伏乞代奏，叩谢天恩。[3]

鄂尔泰吓得连奏折都不敢给雍正写了，只得拜托何天培替他上奏。

鄂尔泰此时肯定是非常痛苦的，毕竟他父亲鄂拜一生都不曾结交权贵，

1　何天培，汉军正白旗人，清朝将领，雍正元年起署理江苏巡抚。
2　中国第一历史档案馆编《雍正朝汉文朱批奏折汇编》（第四册），《署江宁巡抚何天培奏代藩臣鄂尔泰叩谢谕训折》，江苏古籍出版社，1991，第142页。
3　同上。

鄂尔泰自己在前半生也从未结交权贵，他这辈子第一次对信仰产生动摇，却招来了最赏识他的雍正的训导与失望。而就在鄂尔泰惶恐不安的时候，雍正的旨意又一次到了。雍正三年（1725）十月，雍正下旨，擢升"鄂尔泰为云南巡抚，管总督事"（《清史稿·本纪九·世宗本纪》）。这一年，鄂尔泰46岁，名为云南巡抚，实为云贵总督，成了清朝顶级的9位封疆大吏之一。

鄂尔泰在收到圣旨的那一刻，他会想些什么？雍正的那句"着实勉力做好官"，想必鄂尔泰会记在心里一辈子吧。

接着，鄂尔泰从江苏启程到京城谢恩，雍正还留他在宫里住了5天，并且，在鄂尔泰前往云南的临别之际，又专门送了他一顶轿子，让他安心赴任。而随着46岁的鄂尔泰一路向南奔赴，他也将在云贵总督的任上完成自己一生中最伟大的事业——"改土归流"。

三、配享太庙的相国

鄂尔泰可能真就是个一生都不太擅长社交的人。小时候不苟言笑、不爱嬉戏，当侍卫就一个人闷头看书，被王爷胁迫就以死相抗，让雍正训斥了几句，愣是吓得连奏折都不敢回了。鄂尔泰好像始终都缺乏和人进行密切交流的能力。包括这次远赴云南，也许是在京城时，有些话鄂尔泰当着雍正的面说不出口，总之，在雍正三年年底，鄂尔泰刚到云南就给雍正写了一封奏折，倒也没什么大事，就只是报平安。可鄂尔泰却在这篇奏折里，第一次把雍正比作了慈父：

> 皇上天高地厚之恩，训诲俨若严师，矜怜宛如慈父。臣口不能述，心实难安，纵使竭尽驽骀，断不能少酬万一，若复甘自暴弃，稍易初心，……皇天后土亦必不容臣负背至此也。[1]

1　《朱批谕旨》卷一百二十五之一，《朱批鄂尔泰奏折》，四库全书本，第23页b—24页a。

字里行间无不透露着真挚，确实颇令人感动。而此后，鄂尔泰在云南，也真是为了能做出一番事业几乎要把命搭上了。

当时，中国西南地区最大的难题就是土司问题。因为，西南地区自古以来就是我国少数民族分布最广的地区，考虑到民族与文化差异，同时为了避免冲突，中国古代的中央政府表示，只要各地的少数民族首领愿意称臣纳贡，便可以始终以世袭的方式长期统治该民族所在的区域。而这些世袭的少数民族首领，作为世袭的土著首领，被称为土司，或者土官。

土司制度，往好听了说，这是中央政府利用地方土司实行间接统治；往难听了说，这可就是地方的半分裂半割据。而且这些土司在自己的辖区内可以说是称王称霸、胡作非为，他们在自己的统治范围内实行的都不能叫封建制度，那得叫奴隶制度。土司不但随意盘剥本族平民，甚至连杀人都要找死者的家属要钱，还美其名曰"砧刀银"，不给钱？那就一刀刀片，折磨死者。当时有记载，在土司治下的平民百姓，生存状态是：

> 无官民之礼而有万世奴仆之势，子女财帛，总非本人所自有。[1]

老婆、孩子、房屋、土地，你什么都保不住。

其至，在康熙朝，当土司区域内部的阶级矛盾超越民族矛盾时，有很多少数民族的百姓主动申请让中央政府派官取代当地土司。但康熙当时的答复是：

> 控制苗蛮，惟在绥以恩德，不宜生事骚扰。（《清圣祖实录》卷一二四，康熙二十五年二月十六日）

意思就是，不管，朕怕折腾。上面尚且是这个态度，地方官员在面对辖区内的土司时，更是放任不管，且生怕惹上是非、空耗心神。这相当于，在西南地区始终都有一个明摆着的问题。但因为处理起来太复杂、太困难，最后从中央到地方，全都没人想管。

1　蓝鼎元：《鹿洲全集》（上册），《鹿洲初集·论边省苗蛮事宜书》，蒋炳钊、王钿点校，厦门大学出版社，1995，第38页。

而此时，身在云南的鄂尔泰，内心只有一个念头，就是要对得起雍正的信任。于是，雍正四年（1726），鄂尔泰上奏雍正，主动请缨，要在西南各地全面实行"改土归流"。换句话说，就是把西南各地的世袭土司全部废除，改为由中央统一任命的流动官员。如此一来，既能加强中央集权，又能巩固国家统一，同时新管理的土地还能增加中央的财政收入。但鄂尔泰也表示：

欲改土为流，非大用兵不可。[1]

要知道，鄂尔泰小时候一直忙着读书，身体一直很弱，十几岁时连弓都拉不开。可现在年近五十，他居然准备领兵上战场了。彼时的朝堂之上，听到鄂尔泰的奏报后，大臣们都觉得他疯了，"盈廷失色"[2]，雍正力排众议，道：

卿，朕奇臣也。此天以卿赐朕也。[3]

你可真是上天赐给朕的好大臣。

于是，雍正不但正式封鄂尔泰为云贵总督，还特加兵部尚书衔。之后更是连广西也给鄂尔泰了，让他成了西南三省的总督，为的就是让鄂尔泰放手一搏，完成伟业。而鄂尔泰做事也是步步为营的，概括来说仍旧是"三步走"：

第一步，杀鸡儆猴。先发兵突袭，解决最开始就不服管教的几个刺头土司。

第二步，宣布区别处理。他给各地的土司两条路：一是配合政府工作，把土司的位置交出来，朝廷会保留你的现有财产，并另外委任你新的官职，让你继续有官当、有钱领；二是若继续负隅顽抗、对抗政府，那么到时候就大兵压境，不但你自己小命难保，全家的财产也要被通通没收。降，则

---

1   袁枚：《小仓山房文集》卷八，《武英殿大学士太傅鄂文端公行略》，见《小仓山房诗文集》，周本淳点校，上海古籍出版社，1988，第 1337 页。
2   同上。
3   同上。

以礼；战，则以兵。考虑到最开始的武力威慑，所以到区别处理时，相当一部分的土司就主动投降了。

第三步，迁移土司。命令所有的土司远离属地，避免死灰复燃，因为每个土司毕竟都经营故地多年，树大根深。远离本土，以弱根基。

这"三步走"，我们此时总结起来很简单，但其实桩桩件件处理起来都无比复杂。以至于鄂尔泰一个年近半百的人，每天都要在云南、贵州、广西三省上下翻飞，真是铁打的身子也能给折腾散了。

而远在京城的雍正，听闻后就又心疼又着急。一边给鄂尔泰送药，一边找人打听鄂尔泰的身体状况，怕他自己不说实话。一听说鄂尔泰身体不好，雍正就写信慰问祈福，说：

> 思卿之劳，实令至于不忍。……惟秉一诚，默祝上苍厚土、圣祖神明，令我鄂尔泰多福多寿多男子，平安如意耳。[1]

好家伙，一个皇帝，祈求上天保佑自己的大臣长寿多子。这种事，古往今来，怕是也只有雍正能干得出来。另外，听闻鄂尔泰身体状态良好时，雍正也会写信说：

> 来往人朕备细访问，知卿精神起居甚好，实如获珍宝之喜。[2]

最有意思的是，雍正过完五十大寿之后，还把吃过的剩饭，千里迢迢地给鄂尔泰寄去了，说这样就相当于咱们君臣一起吃过饭了：

> 诸王大臣因朕五十大寿，恳请备宴。……念卿在远省，未得入座，特留数种朕亲尝食物，寄来卿食，此如同君臣对面宴会也。[3]

皇天不负有心人，雍正九年（1731），西南三省的"改土归流"终于全部完成。中央政府的实际控制土地，仅在贵州一省就扩张了近3000里，此

1　《朱批谕旨》卷一百二十五之四，《朱批鄂尔泰奏折》，四库全书本，第48页a。
2　同上书，第26页。
3　同上书，卷一百二十五之五，第3页。

外实际控制人口也增加了4万户。用今天的话来说，鄂尔泰推行的"改土归流"极大地巩固了中国作为统一的多民族国家的发展。而当时，远在京城的雍正也再难掩"相思之情"，让鄂尔泰完成善后工作后，火速回京觐见。这里有个小插曲，就是鄂尔泰在临行之前，把自己在西南主政多年所攒下的2万多卷书，都捐给了云南的五华书院。

> 与我家子孙读，何如与万户子孙读也！[1]

随后，鄂尔泰挥别西南，启程返京。这一年，他52岁。

鄂尔泰进京后，雍正开始无底线地封赏他。首先，官位加封为保和殿大学士、首席军机大臣。接着爵位升一等伯，署理镶黄旗满洲都统，政治地位直接封顶。最有意思的是，雍正封赏完后还跟鄂尔泰说：

> 卿勿还旧居，可赴新居。[2]

那什么，你一会儿回家了别走错路，朕给你置办了一座新宅子。说完，雍正还拿出了一块他自己亲笔书写的"公忠弼亮"的匾额，让10个大内侍卫捧着，跟着鄂尔泰一起回家，说是到新宅时，就直接挂到府门上去。从宫里到家里，这一路上得多少人看着，多少人眼红啊。

遗憾的是，他们君臣相聚的缘分，到这时也只剩三四年而已。雍正十三年（1735），雍正驾崩，先走了一步。但他也在遗诏中专门嘱咐乾隆说：

> 大学士鄂尔泰，志秉忠贞，才优经济。安民察吏，绥靖边疆，洵为不世出之名臣。……朕可保其始终不渝，将来……配享太庙。（《清世宗实录》卷一五九，雍正十三年八月二十三日）

既让鄂尔泰当了辅政大臣，又让鄂尔泰配享太庙。这一年，鄂尔泰56岁。

1　北京图书馆编《北京图书馆藏珍本年谱丛刊》（第91册），《襄勤伯鄂文端公年谱》，北京图书馆出版社，1999，第695页。
2　袁枚：《小仓山房文集》卷八，《武英殿大学士太傅鄂文端公行略》，见《小仓山房诗文集》，周本淳点校，上海古籍出版社，1988，第1339页。

当臣子当到这份上，鄂尔泰绝对是光宗耀祖的，西林觉罗氏到他这儿，算是到了巅峰。只可惜，少年时不曾攀附权贵的鄂尔泰，如今自己成了权贵，却没能拒绝底下人的攀附。或许是因为自己多年处于低谷而怀才不遇，鄂尔泰始终有着越级提拔人才的冲动。张广泗本来只是个知府，就凭着曾和鄂尔泰一起推行"改土归流"，在鄂尔泰的推荐下一路高升，没几年就登上了总督的高位。还有哈元生，本来只是个把总[1]，也在鄂尔泰的推荐下官至"扬威将军"。再加上鄂尔泰既是满人，又好儒学，满汉通吃，于是，越来越多的人汇集在了鄂尔泰的周围。即便鄂尔泰并没有结党营私的想法，也没有越界干政的行为，但他这股强大的政治势力也足够让乾隆忌惮了。

最终，在乾隆七年（1742），鄂尔泰63岁时，他遭到了一次突然的政治打击。有人举报说，鄂尔泰的门生仲永檀[2]在给乾隆上密折前，曾经和鄂尔泰的儿子鄂容安[3]商量过奏折内容。于是，乾隆逮住机会，不由分说直接就把两个人全抓了。审问的核心就一点——你二人的密谋，鄂尔泰有没有参与？结果，无论是各方人员的口供，还是侦查得来的证据，都不能证明鄂尔泰有参与密谋。可乾隆却认为，没证据也没事，反正鄂尔泰曾经举荐过仲永檀，如今他犯事了，鄂尔泰就有连带责任。

> 以仲永檀如此不端之人，而鄂尔泰于朕前屡奏其端正直率，则其党庇之处，已属显然。（《清高宗实录》卷一八一，乾隆七年十二月十八日）

不过乾隆最终也只是将鄂尔泰降两级调用，没有做太大的处罚，毕竟鄂尔泰是将来要配享太庙的重臣，不可能因为举荐有误就大加处罚。

只是，63岁的鄂尔泰，看着学生和儿子被抓，自己也被论罪，他很清楚，自己终究是老而不死、树大招风，被乾隆厌烦了。在64岁那年，鄂尔泰还摔了一跤，把脚给摔坏了，自此走路就始终一瘸一拐的，于是他还写

诗自嘲：

> 登楼人不少，终恐笑蹒跚。[1]

也不知鄂尔泰的这句诗，感慨的究竟是自己的腿，还是他晚年的境遇。总之，这位宦海浮沉 40 余年，杀伐决断，改制三省的满洲重臣，晚年在乾隆朝彻底消沉、不问政事了。最终，乾隆十年（1745），鄂尔泰走到了生命的尽头，寿终正寝，享年 66 岁。

想来，鄂尔泰死前应该还是比较安详的，因为他知道，他马上就可以进太庙和雍正一起同享香火，光耀门楣了。

这一辈子，走过低谷，看过高峰，他不亏。

1　鄂尔泰:《桐城太保和余朝罢诗二章用元韵奉报·其二》，见《鄂尔泰文学家族诗集》，《文蔚堂诗集》，上海古籍出版社，2018，第 70 页。

鄂张党争：前朝旧臣的落幕

三个人，一台戏。

三个人，即青年君主乾隆和两位老臣鄂尔泰、张廷玉；一台戏，也就是发生在他们三人之间的乾隆朝早期的经典政治事件——鄂张党争。

那么，此前在雍正朝一向忠心耿耿、不喜结交大臣的鄂尔泰与张廷玉，为什么会在乾隆朝开始"党争"了呢？而在面对心胸更加"开阔"的乾隆时，他们二人又会迎来怎样的结局呢？

好的，让我们再次请出鄂尔泰和张廷玉。

一、"压力山大"的新君

说起来，"鄂张党争"这件事的根源既不在鄂尔泰，也不在张廷玉，更不在乾隆，而是在雍正。原因有二：一是雍正生前对皇子们的教育，太特殊；二是雍正死后留下来的遗诏，太致命。

雍正生前为了避免皇子们重演"夺嫡斗争"的惨剧，是把弘历和弘昼两个人都严格限制在宫里读书的，既不让他们参与政务，也不让他们结交大臣。由此便导致乾隆刚继位时，别说掌控政府，就连朝堂上的官员，他都不能认全。因此，当时乾隆为了完成权力的平稳过渡，保障政府的日常运行，就必须依靠前朝旧臣的力量。而这也把鄂尔泰和张廷玉两个人的政治地位推向了顶峰。

与此同时，再看雍正的那份遗诏，可以说，雍正对鄂尔泰和张廷玉实在太好了。在遗诏中，不但让二人做了辅政大臣，还让二人配享太庙。更关键的是，雍正遗诏中还有这样一句话：

　　此二人者，朕可保其始终不渝。(《清世宗实录》卷一九五，雍正十三年八月二十三日)

潜台词就是，除非有极特殊的情况，否则鄂尔泰和张廷玉，他们在政治上是不可能倒台的。因为他们得到了雍正的担保。于是，问题来了，假如朝堂上有两个大臣，他们权力大、地位高，并且几乎不可能倒台，那么，无论在哪一个朝代，结党都会是一件必然发生的事情。甚至，即便他们本人没有结党的意愿，下面的官员也一样会扑上来，躲都躲不开。因为他们已经身处那个关乎权力命门的位置上了。

所以，雍正对皇子的特殊教育和对鄂、张两人的过度信任，就使得"鄂张党争"成了一件无法避免的事情。

不过，乾隆同鄂尔泰和张廷玉之间的君臣关系，在最开始还是非常好的。他们君臣之间从亲密无间到彻底破裂，为我们诠释了什么是官场里的"七年之痒"。

乾隆登基后的两三年，是他们君臣三人关系最亲密的时期。

乾隆一上位，除了恪守父亲雍正的遗诏，封鄂尔泰和张廷玉做辅政大臣，且承诺他们未来一定能配享太庙之外，还额外加恩，封了他们俩一人一个三等伯爵。面对乾隆此时的封赏，鄂尔泰和张廷玉是非常开心的。

鄂尔泰开心是因为，在雍正的遗诏里，辅政大臣的顺序本来是张廷玉在前，鄂尔泰在后的。可等乾隆任命军机大臣时，顺序却反了过来，把鄂尔泰放在张廷玉之前，这显然就是一种特殊重视了。

而张廷玉也很开心。因为在这一轮的封赏过后，他就成了自满洲入关以来，第一个封伯的汉族文臣，并且，只要他未来能安稳地配享太庙，他就将一举超越范文程[1]，成为清朝历史上地位最高的汉族文臣。这对张廷玉一个老人而言，诱惑可就太大了。

于是，在这种情况下，无论是鄂尔泰还是张廷玉，这两把老骨头在工作中都异常卖力气，成功帮乾隆稳住了执政初期的朝堂局面。

可很快问题就来了。鄂尔泰和张廷玉，俩人越卖力气，插手的事务就越多。与此相应，聚集在他们周围的人，也就越多。

当时与鄂尔泰关系亲近的，就有户部尚书海望、工部尚书史贻直、河道总督高斌、云贵总督张广泗等一大拨中央官员和地方督抚；甚至连老十六庄亲王允禄也和鄂尔泰结成了儿女亲家。按理说，鄂尔泰的这股势力实在是令人惊恐，可张廷玉那边也不遑多让。张廷玉是从康熙朝末期开始主管吏部和翰林院的，门生故吏遍布朝堂，甚至张廷玉的老乡在当时都被评价为：

> 桐人之受国恩，登仕籍者甲于天下。[2]

在全国各地，当官最多的就是张廷玉他老家桐城的人。

因此，单看他们二人周围的政治势力，不管谁来当皇帝，那都是会忌惮的。于是，在乾隆三年（1738），乾隆就对鄂、张二人搞了一次"钓鱼执法"。

中国古代有种传统礼仪叫"三老五更"[3]，就是选两个德高望重的大臣，一个当"三老"，一个当"五更"，然后由皇帝对这两个人行跪拜礼，以展示国君尊养老人的姿态。这套礼仪在汉朝时最兴盛，待宋朝以后就没什么人搞了。结果，在乾隆三年，乾隆突然问鄂尔泰和张廷玉：朕哪，一向崇尚中原儒学，准备恢复"三老五更"，二位觉得如何？

当时的鄂尔泰可能真的比较单纯，就说，嗯，倒也不是不行。结果，

1　范文程，明生员，明末投靠后金政权，在清军入关后提出了多项政策被采纳，前后历仕太祖、太宗、世祖、圣祖四朝。
2　张廷玉：《张廷玉年谱》，戴鸿义点校，中华书局，1992，第47页。
3　儒家崇尚的最为隆重的敬老礼仪。此礼汉初创立，通常设"三老""五更"各一人，国君尊之以重礼，以示孝悌。随着皇权不断加强，该礼仪渐渐废止。

张廷玉听了后十分惊讶，鄂尔泰老弟你这不是缺心眼吗？你就这么着急配享太庙？直钩钓鱼你都能咬钩？张廷玉不但当场断然拒绝，还连夜写了一篇文章，叫《三老五更议》，反复论证为什么不能实行这套礼仪。这件事在史书上的记载是：

> 事在乾隆戊午（乾隆三年），……曾向军机大臣等，谈及三老五更，而咨其可行与否。彼时鄂尔泰依违其间，张廷玉则断以为不可。(《清高宗实录》卷一二二四，乾隆五十年二月初七日）

此番事出之后，乾隆看鄂尔泰就甚是不爽：

> 盖鄂尔泰固好虚誉而近于骄者。(《清高宗实录》卷一二二四，乾隆五十年二月初七日）

意思就是，鄂尔泰你这个人太骄纵了，什么事都敢当真？朕就是跟你说说，你倒也真敢答应。

　　而另一边，张廷玉的谨慎就给乾隆留下好印象了吗？也没有！因为张廷玉太完美了，办什么事都不留一点破绽，以至于坊间就兴起了一条政治流言：

> 阁老张廷玉负天下重望，……彼人皆以为张阁老在，天下无事云。[1]

此话一出，别说乾隆受不了，换了谁当皇帝都受不了。有张廷玉在，就天下无事，那皇上不就成摆设了吗？在这种尴尬的局面下，28岁的乾隆又该如何破局呢？

1　吴晗辑《朝鲜李朝实录中的中国史料》（下编），《李朝实录》卷八，《英宗一》，中华书局，1980，第4489页。

二、"腹黑"、拱火地突袭

在鄂尔泰和张廷玉之间，其实是有一些小矛盾存在的。究其原因，大概就是雍正十年（1732）的时候，鄂尔泰从西南一回来，就抢了张廷玉军机处首席大臣的位置。资历更深、年纪更大的张廷玉，心理上自然是不太好接受的。不过他二人的矛盾想来也不会特别大，因为今天我们翻遍史书，能找到的鄂尔泰和张廷玉之间唯一一次直接交锋，其实就是一次耍嘴皮子的开玩笑。

乾隆即位后某年夏天，鄂尔泰和张廷玉在军机处上班。因为天气太热，办公室又太小，鄂尔泰就把官帽摘了，并问周围的人说："此帽置于何所？"——还不赶紧来个会办事的，帮我把帽子接过去放好。结果拍马屁的官员还没伸手，张廷玉的嘲讽就先过来了：相国，您的红顶子还能在自己的脑袋瓜上顶着，这就不错了。（"公徐笑曰：'此顶还是在自家头上为妙。'"）于是，"鄂神色不怡者数日"。鄂尔泰被气得脸色难看了好几天。[1]

这件事说到底，无非是俩老头在斗嘴。而且，考虑到他们在雍正朝时，二人的政治见解经常是保持高度一致的，所以，他二人之间的矛盾，起初就没多深，甚至细品起来还让人觉得有点可爱。

真正始终在暗地里拱火的，那还得是乾隆。故事要从雍正十三年（1735）讲起，当时，贵州发生了苗疆叛乱。雍正安排了刑部尚书张照南下查案。只不过很可惜，张照做了一个错误的判断。大家都知道贵州是鄂尔泰的大本营，如今贵州出事，雍正没派鄂尔泰自己去解决，而是另寻他人，难不成是雍正想整鄂尔泰，君臣二人打算翻脸了？于是，张照的调查报告就说此次叛乱完全是由鄂尔泰当年"改土归流"操作过激导致的，应由鄂尔泰负全责。

结果张照的报告刚打上去，雍正便驾崩了。鄂尔泰摇身一变，成了新朝的辅政大臣。

1　昭梿：《啸亭杂录》卷六，《张文和之才》，中华书局，1980，第 183 页。

张照立刻就被乾隆抓了。按鄂尔泰当时的意思，张照必须死，我这辈子最大的功绩就是"改土归流"，张照居然敢说我有问题？可最终，谁也没想到乾隆居然出面了，强行保了张照一命。

> 鄂尔泰欲置伊于死地，朕若听信其言，张照岂获生全？（《清史列传·大臣画一传档正编十六·张照》）

可乾隆为什么要保张照？表面上的说法是乾隆标榜"宽仁治国"，轻易不斩朝廷大员。可实际的原因，却是乾隆到晚年才透露的：

> 盖照即张所喜而鄂所恶者，……余非不知。[1]

嗯，朕当年就知道张廷玉喜欢张照，而鄂尔泰讨厌张照，在这种情况下，只要留张照活着，鄂尔泰和张廷玉之间的关系就只会恶化，不会好转。

在乾隆的期待下，鄂尔泰和张廷玉的关系还真就朝着对立的方向发展了。

> 上之初年，鄂、张二相国秉政，嗜好不齐，门下士互相推奉，渐至分朋引类，阴为角斗。[2]

就这样，在鄂、张两人没有直接交锋的情况下，他们下边的人倒是有了分组对抗的感觉了。此时的乾隆，心情舒畅，毕竟大臣之间的矛盾越大，作为最终裁判的皇帝的权力才越稳固。

时间慢慢来到了乾隆五年（1740）。

这一年，乾隆30岁。去年，他通过一场"弘皙逆案"解决了宗室内部的不安定因素。此外，"章总"还把握各种时机，完成了官场的大面积轮岗与换血。

与乾隆元年（1736）相比，到乾隆五年的时候，全国的7个总督已经

1　弘历:《五词臣五首·故刑部尚书张照》诗注，见《御制诗四集》卷五十九，四库全书本，第4页b。
2　昭梿:《啸亭杂录》卷一，《不喜朋党》，中华书局，1980，第20页。

换了 6 个；17 个省的巡抚换了十几个；至于中央的六部尚书，更是挨个儿换了一茬儿，其中最重要的吏部，乾隆还交给了自己的嫡系讷亲[1]。

至此，在朝堂秩序日益稳固的同时，鄂、张这两位前朝旧臣，也逐渐由乾隆执政的辅政者变成了绊脚石。一场政治打击，在所难免。

乾隆五年四月，在一场御前会议上，乾隆突然抛出了一枚重磅炸弹：

> 无知之辈，妄行揣摩，如满洲则思依附鄂尔泰，汉人则思依附张廷玉。不独微末之员，即侍郎尚书中，亦所不免。(《清高宗实录》卷一一四，乾隆五年四月初四日）

乾隆既说了鄂、张二人有结党的嫌疑，同时又把这件事和"满汉之分"的民族问题绑在了一起。

乾隆这个做法，于他个人而言，真是非常高明。

这件事本来和民族问题是没关系的。比如鄂尔泰，他虽然是满洲人，但从小熟读四书五经，始终都对读书人礼敬有加。所以，像杨名时、方苞[2]、李绂、蔡世远这些康雍乾时期的汉族文人，和鄂尔泰的关系一直都很亲密。且蔡世远是乾隆的老师，杨名时、李绂都是乾隆亲自提拔的大臣。因此，乾隆知道鄂尔泰和汉人的关系是很好的。

那乾隆为什么还要挑起满汉的对立呢？原因很简单。因为乾隆此话一出，满洲大员肯定不敢和鄂尔泰走太近了，怕惹上朋党之嫌；而汉人官员也一样没办法和鄂尔泰走太近了，走太近就会被其他汉族人嫌弃。反过来，这对张廷玉的人际关系的影响也是一样的。乾隆的一句话，如一顶帽子般扣了下来，"鄂张党争"抱团对抗的局势，就此便给遏制住了。"章总"绝对是玩人的天才。

可光靠嘴说还不够，还得见血才行。乾隆即位之初始终标榜"宽仁"，他连一个朝廷大员都还不曾杀过。这皇帝不杀人，威慑力始终就感觉有所

1　讷亲，满洲镶黄旗人，钮祜禄氏。乾隆朝官至保和殿大学士，后征讨大金川土司无功，被勒令自尽。
2　方苞，清官员，安徽桐城人。康熙朝曾因事受牵连入狱。乾隆初年擢内阁学士兼礼部侍郎，在乾隆七年（1742）辞官。

欠缺。很快就有一个人撞枪口上了，这个人就是时任兵部尚书兼九门提督的鄂善。鄂善虽然名字里有个"鄂"字，但他既不是鄂党，也不是张党，是一个满洲中立派。与其杀鄂、张任何一边的人，燃起另一方的嚣张气焰，倒不如先挑个中间派动手，这可以同时震慑鄂、张二人，让他们知道，朕也是会杀人的。

事情的起因是在乾隆六年（1741）三月，鄂尔泰的学生御史仲永檀举报鄂善受贿。仲永檀此举的最初目的应该很简单，就是想把鄂善从兵部踢出去，以扩张鄂党势力。但谁也没想到，鄂善最终会死。鄂善被捕之后，对受贿一事始终是死不承认的，而官员们也没打算好好审，本准备以"下人受贿，鄂善管教不严"的罪名，稀里糊涂地结案就完了。可关键时刻，乾隆突然表示，自己要单独提审鄂善。而这一套审案过程看下来，令人毛骨悚然，没有任何的大刑伺候，纯粹就是心理战。

乾隆提审时和鄂善说的第一句话就是"此事汝家人及过付之人，皆已应承"。鄂善啊，你家里人和中间人都已经招了，你就承认了吧。可此时的鄂善根本不信，也是不可能承认的。接着，乾隆又说："汝能保汝家人舍命为汝，而自认此赃为己吞乎？"鄂善，你觉得你家里人会连命都不要了，来替你背这口黑锅吗？他们真的已经把你供出来了，你就招了吧。而就在鄂善动摇的一瞬间，乾隆又开启了更大的忽悠模式，说"汝一身之事，所关甚小。而朕用人颜面，所关则大"。你的命其实不值钱，朕的面子才是更重要的，大家都知道朕是个好面子的人，鄂善，你是朕所重用的人，你就是朕的面子。接着便说："汝若实无此事则可，若有，不妨于朕前实奏，朕另有处置。而谕此数大臣从轻审问，将此事归之汝家人，以全国家之体。"你要没受贿，那皆大欢喜，但假如你真受贿了，可得如实跟朕说，到时朕会让他们把所有的罪责都推给你家里人，这样你既能保住官位和性命，朕也能保全自己的脸面，两全其美。千万别搞得你家里人都招了，人证物证俱全，你自己却不说实话，到时朕就是想保你，也保不了啊。（见《清高宗实录》卷一三九，乾隆六年三月二十五日）

到这里，不知道大家有没有在生活中遇见过像"章总"这样撒谎如喝水一般坦然的领导，假若遇到了，可一定要小心，不然可能就会像鄂善一样下场悲惨了。"鄂善熟思，乃直认从家人手中得银一千两是实。"鄂善在深思熟虑之后，承认自己的确受贿了1000两银子。接着，"章总"立刻就上演了经典川剧艺术——"变脸"，瞬间一副痛心疾首的样子，鄂善啊鄂善，朕一直很信任你，甚至包括朕的父亲，先帝世宗宪皇帝那也是很信任你的，你怎么真就受贿了呢？接着，乾隆便说："以皇考及朕平日深加信用之大臣。而负恩至此。国法断不可恕。"即便朕想放过你，国法也不能放过你，组织可是有纪律的。最终，乾隆宣布："尔罪按律应绞，念尔曾为大臣，不忍明正典刑。然汝亦何颜复立人世乎？汝宜有以自处也。"鄂善你本来应该被施以绞刑，但毕竟咱们君臣一场，朕一向宽仁，心有不忍，可即便朕不杀你，你自己应该也没脸活着，所以，你还是自杀吧。（见《清高宗实录》卷一三九，乾隆六年三月二十五日）

于是，鄂善就这样成了乾隆朝第一个被杀的一品大员。最有意思的是，乾隆骗杀鄂善的全过程，最后是自己当着满朝文武的面，亲口说出来的。真是杀人诛心。乾隆不但真敢骗，也真敢杀。之后，乾隆更是让自己的两个亲信舒赫德[1]和哈达哈[2]，分别接管了兵部尚书和九门提督的职务，紧紧地攥住了京城内部的情报系统和军事力量。

到了这个时候，朝堂的局面几乎是一边倒地靠向了年仅31岁的乾隆。

三、双面打击的终章

在乾隆朝，鄂、张两拨人虽然看着势力强大，但实际上他们是没有任何擅权僭越的行为的。鄂尔泰和张廷玉两个人在历史上的退场，也都是很有意思的。

乾隆六年年底，时任左都御史的刘统勋突然上书乾隆，要弹劾张

1　舒赫德，满洲正白旗人，舒穆鲁氏。乾隆朝历任御史、兵部尚书等职，官至武英殿大学士兼军机大臣加太保。
2　哈达哈，满洲镶蓝旗人，瓜尔佳氏。曾因军功授领侍卫内大臣，乾隆二十二年　　　　　　　　　　　　　　　　　　　　因罪被夺爵罢官，发配热河。

廷玉：

> 大学士张廷玉历事三朝，遭逢极盛，然晚节当慎。……窃闻舆论，动云"张、姚二姓占半部缙绅"，张氏登仕版者，有张廷璐等十九人，……今未能遽议裁汰，惟稍抑其迁除之路，使之戒满引嫌，即所以保全而造就之也。请自今三年内，非特旨擢用，概停升转。（《清史稿·列传八十九·刘统勋》）

张廷玉作为三朝老臣，一辈子够光荣了，晚年该更加慎重才是。尽管他什么错都没犯，但考虑到他家里当官的人实在太多了，为了防止张家盛极而遭人非议，建议若无特旨，张家所有人三年之内一律不准升官。

对于刘统勋这次的突然上奏，人们始终有两种猜测：第一种，刘统勋是乾隆的老师，他是在乾隆的授意下故意上奏打击张廷玉的；第二种，刘统勋是雍正二年（1724）的进士，而张廷玉恰好是那一年的主考官，所以刘统勋是张廷玉的门生，这次上奏其实是他和张廷玉的合谋，想用最小的代价，让70岁的张廷玉尽快退出官场，平稳落地，安度晚年。不论刘统勋的动机是怎样的，总之，在他这次上奏后，张廷玉就逐渐不问政事，大隐隐于朝了。

不过比起张廷玉的主动消失，鄂尔泰的退出就多少有些狼狈了。前文也讲过。

当时是乾隆七年，乾隆收到举报说鄂尔泰的学生仲永檀在给乾隆写密折之前，是曾和鄂尔泰的儿子鄂容安商量过的。于是，乾隆立刻逮捕了二人，要求严加审问。但因为他二人身份特殊，所以官员一开始审案时只是打算以泄密罪处理。但乾隆说不行，要按"结党"罪处理，并且将背后主谋直接指向鄂尔泰。于是，待官员再次审问时，一上来就进行了有罪推定，说仲永檀和鄂容安是：

> 意则当将参之时，必先告知鄂尔泰；既参之后，必即将所奉谕旨告知鄂尔泰。[1]

1　见《奏为遵旨严审仲永檀鄂容安结党营私一案按例定拟事》（乾隆七年），中国第一历史档案馆藏，《朱批奏折》，档号：04-01-30-0075-062；转引自张一驰：《京官社交网络与盛清政治——以乾隆初年许王猷、仲永檀系列事件为例》，《史学月刊》2017年第6期。

意思是说，一切都是鄂尔泰在幕后主导的。最终，官员们就强行以"结党包庇"的罪名结案，并申请逮捕鄂尔泰。可问题在于，这个罪名既没有物证，也没有人证。于是，乾隆最终以"举荐仲永檀有误，识人不明"给鄂尔泰定了罪，并做降两级处理，未严加处罚。

从此之后，鄂尔泰就和张廷玉一样，很识趣，再也不问政事了。他们三人之间的"七年之痒"也就此结束，而所谓的"鄂张党争"，就这样退出了历史舞台。

可或许，"鄂张党争"本来就不曾存在。

因为回望过去的 7 年，这老哥俩之间其实是没有过任何正面冲突的。即便说他们各自周围聚集了很多人，但乾隆也没能从法律上找到他俩任何结党营私的证据。更令人没想到的是，本来在军机处会闹别扭不说话的鄂、张两人，淡出官场之后，反而会主动在一起吃饭、喝酒、吟诗、唠嗑。

乾隆八年（1743），已经被边缘化的二人有一回一起吃饭。鄂尔泰感慨自己最近脚崴了，走路都不利索了，结果张廷玉还安慰他说：

神明松柏茂，何惜小蹒跚。[1]

西林相国，像你这样光芒万丈的人，即便走路费力了一些，但它并不会影响到你光辉的人格，不要太在意。

而等到张廷玉哀叹自己 70 多岁，想退休回家养老却始终张不开口时，鄂尔泰则反过来安慰张廷玉道：

七十古稀有，如今数校宽。
那能返初服，适得谢朝官。[2]

张太保，你就别想了，咱俩这都当一辈子官了，宦海浮沉，这身官袍子，是想脱就能脱的吗？最后，等俩老头都喝多了，连走路都打战的时候，鄂

1 张廷玉：《和西林相国朝罢元韵二首》，见《澄怀园载赓集》卷四，清乾隆十三年刻本，安徽省图书馆藏，第 2 页 b；转引自严萍：《张廷玉晚节考》，《安徽史学》2020 年第 6 期。
2 鄂尔泰：《桐城太保和余朝罢诗二章用元韵奉报·其一》，见《鄂尔泰文学家族诗集》，《文蔚堂诗集》，上海古籍出版社，2018，第 70 页。

尔泰还跟张廷玉说：

> 与公计奔走，同是一蹒跚。[1]

哎！咱老哥俩一起走路，怎么就老打晃呢？而今天的我们，既不知道那一年 72 岁的张廷玉和 64 岁的鄂尔泰到底喝了多少，也不知道他们俩的关系，究竟是好是坏。

两年后，乾隆十年，66 岁的鄂尔泰先一步去世了，配享太庙，乾隆的心腹讷亲成了新一任的军机处首席大臣。鄂尔泰得到了荣誉，乾隆得到了权力，每个人都得到了自己想要的。只有 74 岁的张廷玉，还默默活着，并期待着实现他人生最后的两个梦想：落叶归根，他想再回老家看看；配享太庙，真正成为清朝的第一汉臣。

可他的梦想最终实现了吗？实现了，也没实现。作为伺候了康雍乾三代皇帝的张廷玉，晚年可以说非常凄凉。

乾隆十一年（1746），张廷玉的长子张若霭病逝，75 岁的张廷玉白发人送黑发人，之后伤心欲绝，申请退休，结果被乾隆无情拒绝：你不能走。几年后，乾隆十五年（1750），79 岁的张廷玉再次申请退休，不过因恰逢乾隆皇长子永璜病逝，乾隆认为张廷玉急于返乡是对皇家不忠，所以，尽管批准了张廷玉的退休请求，但取消了张廷玉配享太庙的资格。79 岁的张廷玉奋斗了一辈子的人生梦想，就此破灭。然而，这还不是张廷玉晚年最痛苦的时刻。不久后，乾隆找碴儿，肆意发难，不但把张廷玉家里的各种御赐之物全部没收，还要额外罚款 20 万两白银。最终，当了大半辈子国家高级领导人的张廷玉，因为生前太过清廉，没有多少积蓄，只得到处筹钱，愣是熬了半年多，四处求人，才在 80 岁的时候，给乾隆交上了这笔罚款。乾隆二十年（1755），84 岁的张廷玉终于在一地鸡毛中寿终正寝，结束了

1　鄂尔泰:《桐城太保和余朝罢诗二章用元韵奉报·其一》，见《鄂尔泰文学家族诗集》，《文蔚堂诗集》，上海古籍出版社，2018，第 70 页。

自己的一生。而直到张廷玉死后，乾隆才恢复了他配享太庙的资格。

> 皇考之命，朕何忍违？（《清高宗实录》卷四八六，乾隆二十年四月初九日）

只可惜，那时张廷玉已经过世了，他到死都不知道自己能配享太庙，他是带着无限的遗憾去世的。

也许，我们今天会说张廷玉就是清朝第一汉臣，但实际上，张廷玉在临终前应该会觉得自己的这一生就像一个笑话吧。如果说张廷玉晚年的悲剧还有什么作用的话，那可能就是他用自己的悲惨衬托出了乾隆至高无上的皇帝权威，此后，再也没有任何一个大臣敢招惹、触怒乾隆了。

第二幕
紫禁城的皇家风雨

▶ ▶▶

常有人说，无情最是帝王家。这话在雍正帝听来，或许既对，也不对。

说对，是因为雍正皇帝登基前，经历了清朝历史上最残酷的夺嫡斗争，父子反目、手足相残的戏码，屡见不鲜；说不对，则是因为雍正帝与弟弟怡亲王允祥，两人之间的手足情深，纵使时隔三百年，读来依然令人感动。

与此同时，聚焦康熙朝的皇家宗室，我们也会发现，除了赫赫有名的"九子夺嫡"的参与者之外，还有许多未参与夺嫡之争的阿哥，以及不受人关注的公主，他们的命运也一样被紫禁城的皇家风雨裹挟着，难以自拔。

第二章　萧墙夺嫡:
四阿哥胤禛的登基之路

老十三胤祥：
从"不大忠孝"到"宇宙全人"

在影视剧《雍正王朝》中，胤祥的一生已然是敢爱敢恨、大起大落的，而在真实的历史上，胤祥的一生更加命运多舛。

一年之间有春夏秋冬四季，但胤祥的人生，却注定要分成五季。

一、暖春入冬的沉寂

康熙二十五年（1686），胤祥出生。这是他人生之春天的开始。

胤祥的母亲章佳氏虽然只是一个内务府包衣出身的嫔妃，并非影视剧中描绘的蒙古公主，但她深受康熙喜爱。胤祥小时候上学时，兄弟间也是兄友弟恭的。学不会数学时，四哥胤禛就手把手一点点地教他。父母亲爱，家庭和睦，这就是胤祥的童年。

胤祥人生中的第一个节点出现在他 14 岁时，那一年，母亲章佳氏去世了。按惯例，出身低下的章佳氏死后只能葬在妃园寝，但她最终却被康熙破例葬在了自己帝陵 [1] 的地宫边上（琉璃花门之内），毕竟地宫内只有皇后才能进入，这已经足以显示出康熙对胤祥母亲的偏爱了。当然，待雍正登

1　康熙二十年（1681）时，康熙就将自己的帝陵（景陵）提前修好了。

基后，雍正就立刻把章佳氏连跨两级追封为皇贵妃，移进了地宫。毕竟这可是他十三弟的母亲。

在丧母后，胤祥得到了父亲康熙更多的关注，他的人生也来到了那个最炽热的夏天。无论是外出巡游还是木兰围猎，康熙都会把胤祥带在身边。胤祥也是少年英才，能文能武；不但擅长书法、吟诗、作画，更精于骑射，能百步穿杨。年不满二十，胤祥就被康熙派往盛京、泰山，独自代表皇家进行祭祀。此时康熙对胤祥的父爱，不可谓不深。

不过，此后康熙的一项安排，却严重影响了他们父子之间的感情，那就是康熙让胤祥去辅佐太子胤礽。康熙不但外出时经常只带胤礽与胤祥两人，更是在处死了"太子党"的权臣索额图后，安排胤祥迎娶了索额图的姻外孙女兆佳氏，有意让他接管索党的残余势力。

然而这就是父亲康熙与儿子胤祥之间最后的温情了。随着康熙四十七年（1708）太子胤礽第一次被废，那个炽热的盛夏就结束了。年仅23岁的胤祥要开始面对他人生中的萧瑟深秋了。

没人能说清在康熙四十七年，胤祥与康熙之间到底发生了什么，因为几乎所有相关的史料都是空白的。史学家普遍推测，所有不利于胤祥的记载，应该都被雍正删除殆尽了。所以，今天的我们只能从边边角角的史料中，一点点拼凑出胤祥在康熙朝末期的生存状况。

康熙四十七年九月，胤祥与皇太子胤礽、皇长子胤禔一同被圈禁。但不到一年，史料中又出现了胤祥陪驾出巡的记录。只不过，老十三被圈禁又被释放的理由，在史书上也都是空白的。但胤祥失宠后，其地位一落千丈却是肉眼可见的。

康熙四十八年（1709），老皇帝复立太子，为了安抚其他皇子，对他们大加封赏。在12个成年皇子中，老二是太子，老三、老四、老五被封为亲王，老七、老十被封为郡王，老九、老十二、老十四被封为贝子。而在没受封的3个人中，老大已经被定调是"丧心病狂之人"；老八则是因为"群臣拥立八阿哥事件"而失宠（见下文），但此前已经被封为了贝勒。活着的、享有自由的成年阿哥中，只剩下老十三胤祥仍是个没有任何爵位的平头阿哥。

一年后，康熙四十九年（1710），25岁的胤祥遭受了精神与肉体的双重打击，人生步入了寒冬。

精神上的打击来自康熙四十九年六月，胤祥同老三、老十四一起向父亲康熙递请安折子，但康熙却公开批复说：

> 胤祥乃不大勤学忠孝之人，尔等若放任之，必在一处遇着他，不可不防。[1]

今天我们实在难以想象，胤祥到底做过什么事情，竟能让康熙厌恶他厌恶到这种程度，以至于进行如此狠辣的公开批评。甚至，我们有理由怀疑这并不是康熙对胤祥唯一的批评，因为这只是一封满文奏折上的批复，被雍正忽略了，才没被销毁。

也同样是在这一年，胤祥的腿上突然生了毒疮，并且他还可能患上了结核性膝关节炎，一病就是两年，从此身体便时好时坏，这也为他未来壮年而逝埋下了伏笔。

同时，此时的胤祥在经济上也是极不富裕的。康熙五十一年（1712），老皇帝曾有一次大赏宫廷的撒钱活动，不用说亲王，连御前侍卫都能领到币，但偏偏把老十三胤祥给跳了过去。要知道，老十三没有爵位，俸禄本就低于其他兄弟，各种赏钱活动又惨遭忽略，经济上的窘态可想而知。

在精神、肉体、物质上都活得极为痛苦的胤祥，逐渐开始变得谦卑、暗淡，再没了前半生那光彩照人的样子。我们可以看看胤祥在这一阶段所写的诗句：

> 虚廊宴坐夜沉沉，偶得新诗喜独吟。
> 万籁无声风不动，一轮明月印波心。[2]

一股寂寞、消沉的气息，扑面而来。

1　中国第一历史档案馆编译《康熙朝满文朱批奏折全译》，《胤祉等奏请万安折》，中国社会科学出版社，1996，第683页。
2　胤祥：《月夜》，见故宫博物院编《清世宗御制文》附《交辉园遗稿》，海南出版社，2000年，第361页。

二、父死兄继的转折

痛苦之余，他唯一的慰藉大概就是自己与四哥胤禛的手足之情依旧。雍正曾感慨，在康熙朝末期，十三弟经常给他写诗，每一首他都倍加珍惜。老十三前后写了共计 32 首诗，雍正如数家珍。

老四和老十三的感情甚至好到于家人面前都毫不避讳的程度。康熙五十八年（1719），胤禛的五儿子弘昼病重，多亏老十三四处奔波、寻医访药，才救下弘昼一条命。以至于胤禛感动之余，当场勒令弘昼以后见到胤祥不要叫"叔叔"，直接喊"爸爸"。

只不过老四与老十三的关系虽亲昵，但在康熙朝末期，他们也是秘密来往的，二人的关系并不为外人所知。

影视剧中胤祥的那句"无情最是帝王家"，虽是改编，但大概也是那时的胤祥内心的真实写照：曾经与自己亲密无间的皇阿玛，转眼间就变得冷若冰霜；曾经的兄友弟恭，也一去不返；就连与四哥的交往，也只能暗通书信，或是寻医问药时才能顺理成章地流露真情。

但就事论事，纵览胤祥一生的种种作为，我们实在难以把他和"大逆不道"四个字联系在一起。考虑到胤祥并未像老大一样被治罪，胤祥的罪过极有可能是没有实质证据的，而他与康熙之间关系的骤然转变，更多可能是源于某种误会，只不过，这种误会被康熙朝末期的夺嫡斗争无限放大了。

终于，康熙六十一年（1722）十一月十三日，康熙驾崩了。而那一夜，正是胤祥亲自护送四哥胤禛从畅春园前往紫禁城，继承大统。父亲去世，四哥上位，在通往紫禁城的那一路上，胤祥的心里会想些什么？但我们可以相信，在经历了康熙朝的大起大落后，胤祥一定很清楚，从这一晚开始，从这一刻开始，他身旁的四哥就再也不是四哥了，而是新君雍正皇帝。

随着雍正的登基，胤祥迎来了人生中的第 5 个季节——寒冬后的暖春。

雍正继位之初就立刻任命老十三允祥为总理事务大臣，加封怡亲王。

同时大手一挥，就要赏给他 23 万两白银去补贴家用。但允祥当即拒绝，最终在雍正的强烈要求下，他收下了 13 万两。可雍正觉得还不够，之后又提出要隔代给允祥的儿子封郡王，但因为在清朝历史上从来没有过一门双王的先例，允祥又是坚决拒绝。最终，雍正以高风亮节为名，又给允祥每年涨了 1 万两的俸禄。

当然，恩赏远远不止在爵位和金钱上，在权力上，老十三在雍正朝的地位更是远超大多数人的想象。大家戏称老十三为"常务副皇帝"，这个说法绝不夸张。用雍正的话说就是：

> 至于军务机宜，度支出纳，兴修水利，督领禁军，凡宫中府中，事无巨细，皆王一人经画料理。（《清世宗实录》卷九四，雍正八年五月初四日）

这话是什么意思？意思是老十三当时差不多行政、军事、财务一肩全挑。

此外，雍正不爱出门，连木兰围猎这种用于联络蒙古王公的、此前必须由皇帝亲临的重大活动，也都交给老十三全权操作。以至于"副皇帝"这种说法，都不用等到今天，雍正朝当朝，在朝鲜人留下的记载中就有类似的说法：

> 十三王，全管天下事，凡干机务，尽许裁决，各寺皆待令其第，胡人（满人）畏之，过于皇帝云矣。[1]

可以说，雍正对老十三是能给的全都给了。而雍正这种不加掩饰、违背祖制、近乎疯狂的恩赏与重用，如果对象换成一般人，那可能早就膨胀了。只不过，在冬天待久了的人，是不敢享受春天的。经历过与父亲之间关系的大起大落后，也许雍正还把允祥当成自己的十三弟，但允祥却永远都只能把四哥当皇上了。

允祥几乎所有的治国建议，都是私下和雍正说的，他从不公开表达。

---

[1] 见《承政院日记》，戊申（雍正六年）四月初四日申时条。

在允祥死后的碑文上，有一句话描述得非常精妙：

> 祇慎而不宣于众，退谦而恐居其名。

名声功劳都是皇上的，我什么都不要。其实很多臣子或下属，只要能做到这点，大概率是能安享晚年的。

老十三的谦卑还不止于此，大臣给他写的信件，他一字不落地全拿给雍正去看；大臣给他送的礼物，他也全都拿去让雍正先随意挑选，雍正没看上的，老十三则再一律退回。

三、忠敬勤廉的落幕

权力大，还一心谦卑，更重要的是，老十三还是雍正执政的最大倚仗，尽管没有像影视剧中所演的阻止"八王议政"[1]那种力挽狂澜的传奇事件，但在当时的朝堂，老十三绝对起到了定海神针般的作用，甚至在某种程度上还推动了历史的发展。

很多人不知道的是，我们今天一提清朝就会说，"海禁""闭关锁国"等愚昧政策导致了近代中国的空前落后，但清朝的"海禁"其实是从康熙朝晚期才开始的，到了雍正五年（1727），"海禁"被老十三允祥力排众议给解除了，这一举措推动了中国沿海的对外贸易发展。只可惜，到了乾隆朝，"海禁"又被恢复了，这才有了后续所谓的"一口通商"（清朝中后期，只开放广州作为通商口岸），中国这才正式进入"闭关锁国"的年代，直到1840年鸦片战争爆发，才再次打开国门。

在日常政务中，老十三也几乎是不顾身体地拼命工作。我们知道，自康熙四十九年他的腿生毒疮以来，老十三的身体就一直时好时坏。雍正四年（1726），老十三生过一场长达 4 个月的重病，雍正急得每天在宫里焚香

1 　影视剧《雍正王朝》中，允禩勾结隆科多，逼迫雍正恢复"八王议政"的祖制，提前得到消息的怡亲王允祥暗中擒拿了隆科多手下的带兵提督，化解了危机。

祈祷。但即便这样，这4个月中，老十三还是先后完成了地方州府划分、全国军队整顿、云南盐务清查、福建赈灾、勘探河道等一系列常人根本无法想象的繁重任务。老十三的儿子弘晓后来回忆说，父亲当年每日回家"手不停披"[1]，始终在工作。更夸张的是，雍正七年（1729），老十三本就腿有旧疾，在身体状况已经严重堪忧的情况下，为了帝陵的建造，他还翻山越岭，亲自勘察地形。雍正劝不住，最后愣是把太医院的一个太医封为户部侍郎去贴身伺候老十三，生怕弟弟出事。

但最终，雍正八年（1730）五月初四，恶病缠身的老十三在繁重的政务压力下，壮年而逝，享年45岁。

我们可能也会问，老十三这么拼命到底图什么？我们今天在评价一个政治人物时，都喜欢谈一些利益和资源的纠葛、权力斗争的考量。但对于老十三，我们不妨考虑得单纯些，他也许只是想洗刷自己的污名，他就是要做出个样子，让人看到他不是"不大勤学忠孝之人"，他是一个有治国安邦之才的好人。而且老十三对雍正的谦卑与忠诚，大概也是想保住他和四哥之间最后的亲情吧。允祥14岁丧母，23岁父子反目，他也是人，可能他后半生唯一的念想就是，哪怕再苦再累，也不能再让自己和四哥有朝一日也同样反目成仇。帝王家，也是该有些温情在的。

大概也正是老十三夙兴夜寐地勤勉工作，雍正才有足够的精力在紫禁城的深宫之中，去放心谋划他那一项项精巧的改革举措。实话说来，像老四和老十三这样的君臣兄弟组合，恐怕翻遍史书都难得一见。也难怪雍正对十三弟的评价更是高得无以复加，他管年羹尧叫"恩人"，管张廷玉叫"股肱"，管隆科多叫"全国人民的好舅舅"，但他给老十三的评价是：

> 王固建不朽之盛烈，称宇宙之全人矣！[2]

朕的十三弟，就是全宇宙最好的好人！

1　弘晓：《明善堂文集》卷之三，《怡仁堂诗稿跋》，第32页b。
2　胤禛：《和硕怡亲王诔并序》，见故宫博物院编《清世宗御制文》，海南出版社，2000年，第240页。

老十三连他人生的弥留之际都在忙着画自己陵墓的规格图，并告诫家人，必须要严格按图安葬自己，不能因为有皇上的恩宠就僭越规制。可死讯传来，看着十三弟亲手画的陵墓图，雍正悲伤过度，不能自已，哪里还能管得了这些？他愣是给允祥盖了一座远超规制、纵观整个清朝历史也是最大的一座亲王墓园。且之后雍正为老十三举办的丧礼，也远超规格。老三允祉只是在丧礼上面无哀色，便被极度哀伤的雍正革去了亲王爵位，拘禁到景山反省去了。

不仅如此，雍正还将老十三的名字复为"胤祥"，不必避皇帝名讳。另外，还定胤祥的谥号为"贤"，并在谥号前追加了"忠敬诚直勤慎廉明"八字，同时，让没有军功的老十三配享太庙更是毫无悬念。可以说，以上这些，雍正在胤祥死后的无论哪一个做法，都绝对是违背清朝祖制的，但他就是这么干了。这可是朕的十三弟啊，是全宇宙最好的人啊！胤祥在临终前大概隐隐猜到了四哥可能会有的一系列做法，才会去画那张陵墓图吧。

在失去父爱后苦了半生的老十三，终于还是保全了他和四哥胤禛之间一辈子的手足情谊。

老二胤礽："四十年太子"的立与废

这是中国最后一位皇太子。

如果说有的人是出道即巅峰，那胤礽就是出生即巅峰。康熙十三年（1674），胤礽出生。转年，他就被立为太子，一人之下，万人之上。

一、天生富贵的皇储

为何不到两岁的胤礽会被康熙早早立为太子呢？简单来说就是4个字——形势所迫。

胤礽出生时恰逢"三藩之乱"时期。等他一岁多时，三藩势力已经席卷了半个中国，清王朝朝不保夕。此时的康熙，一方面必须要提前立储，安定人心，预防不测；另一方面也必须要立嫡长子胤礽，表明自己尊重儒家的传统政治秩序，以寻求汉族官员和士大夫的支持。

于是，尚在襁褓之中的胤礽，凭借着母亲孝诚仁皇后赫舍里氏的地位，早早成了康熙朝的太子。可能很多人不了解的是，其实胤礽从被立为太子的那一刻起，就面临着一群隐性敌人，即满洲的军功贵族集团。

这里展开说说当时的背景。在清朝前期的历史中，除了太祖努尔哈赤是自立为汗的，后面的皇太极和顺治，其实都是由满洲的军功贵族共同推选出来的君主，即所谓的"八和硕贝勒共议国政"[1]。即便后来顺治因感染天花而死，军功贵族不得不接受能免疫天花的康熙，还是出现了四大贵族代表辅政的局面。四大贵族代表即正黄旗的索尼、正白旗的苏克萨哈、镶黄旗的遏必隆与鳌拜。

康熙趁乱立胤礽为太子，某种程度上，也是削弱军功贵族权力的一种手段。谁当继承人，朕说了才算。这就致使小胤礽刚一岁多就已经陷入政治斗争的旋涡中了，这不能不说是一种苦难。

而为胤礽少年时期保驾护航的，主要有三个人——父亲康熙、曾祖母孝庄太皇太后、叔姥爷索额图。母亲赫舍里氏在生他时已经因难产过世了。

必须要提及的是，胤礽的母亲赫舍里氏是索尼的孙女、索额图的侄女，并非如影视剧中所演的那样是索额图的女儿。赫舍里家是清朝早期少有的依靠文治起家的非军功集团的贵族。赫舍里家崛起，源于索尼早期对孝庄的绝对忠诚。因此，索尼死后，康熙又重用索额图是有两层考虑的：一是为了给胤礽找一位官场上的支柱，二是为了进一步压制军功集团的膨胀。

在三位长辈的呵护与溺爱下，少年时代的胤礽过得顺风顺水。读书，满汉文字无所不识；习武，骑马射箭无所不通。论脸蛋，一表人才；谈地位，东宫储君。只是，有时人生得意得太早，并非好事。一路坦途的胤礽，其性格飞扬跋扈，既不谦逊，也不礼貌，一言不合便对周围的人拳脚相加。

用康熙的话来说：

> 如平郡王讷尔素、贝勒海善、公普奇，俱被伊殴打。大臣官员以至兵丁，鲜不遭其荼毒。（《清圣祖实录》卷二三四，康熙四十七年九月初四日）

单看这串文字，那真是皇亲国戚、大臣将军、仆从小兵，只有想不到的，没有太子胤礽打不到的。

1　八王共治制度，由清太祖努尔哈赤设立，从天命七年（1622）开始推行，雍正年间军机处成立后此制遂废。

于是，本就对胤礽不满的军功贵族，开始暗中聚集在另一位至少看上去谦逊礼貌的皇子周围，形成了一股反太子势力。胤礽的政治形势更加艰难了，但他的应对办法却是更加倚重叔姥爷索额图，这就进一步放大了自己同官场其他大臣间的矛盾。

然而真正让胤礽出现人生危机的，不是他在性格上的暴躁与政治上的拙劣，而是他在亲情上的麻木。自幼丧母、缺乏母亲教导的胤礽，就像我们今天见到的那些在溺爱的环境下长大的熊孩子一样，他对父亲康熙也缺乏感恩之心，觉得自己拥有一切是理所应当的。

康熙二十六年腊月（1688年1月），孝庄太皇太后去世。失去祖母的康熙，在伤心之余，开始更加重视对孩子的感情培养。

但偏偏康熙二十九年（1690），胤礽17岁时，康熙病倒了，胤礽奉诏侍疾。这本该是父慈子孝的大好场景，但伺候康熙时，胤礽却心不在焉，而且脸上也毫无忧伤之色，甚至看上去有点不耐烦，气得康熙当时就把胤礽轰走了。康熙的心情，其实我们也可以理解，康熙早早立胤礽为太子，之后更是胤礽要什么就给什么，谁知道胤礽最后是这样的反应，任谁是父亲都会很伤心。只是可惜17岁的胤礽还没能察觉到父亲康熙这些细微的感情变化，而等他有所察觉时，为时已晚。

二、父子相疑的悲剧

康熙三十五年（1696），康熙亲征噶尔丹。23岁的胤礽以太子身份留在京城监国。不得不说，胤礽还是有一定政治才华的，史书称其监国期间：

> 居京师办理事务，如泰山之固。[1]

但胤礽此时最大的错误就是他仍然没有选择好好维护他与父亲康熙之间的感情。

1　温达:《平定朔漠方略》卷三十三,四库全书本，第30页b。

当时，远征塞外的康熙思念儿子，就疯狂给胤礽写信，而且遇到的大事小事全都写。旁人问康熙，皇上您这是不是写得太频繁了一点？康熙还说他怕太子太想他。结果胤礽一封信也没回。最后气得康熙直接写信训斥胤礽：

> 皇太子好吗？朕因遥遥恐皇太子惦念，……为何与朕无一复信，缮写如此多之书信亦有毫不辛劳之理乎？[1]

难道给你爹写封信，还能累到你这个监国太子不成？

更要命的是，比起胤礽，反倒是反太子势力先察觉到了康熙心态上的变化，参胤礽的密信，雪花般纷纷飞至康熙面前。最后，康熙回朝后，接连三板斧，直接把胤礽给砍蒙了。

康熙三十六年（1697），康熙下令处死了胤礽身边三个亲密的侍从，胤礽感受到了父亲的愤怒与力量；康熙三十七年（1698），康熙第一次大封皇子，老大、老三封郡王；老四、老五、老七、老八封贝勒，胤礽感受到了兄弟们的崛起。

康熙三十七年第一次大封皇子[2]

> 封皇长子胤禔为直郡王，皇三子胤祉为诚郡王，皇四子胤禛、皇五子胤祺、皇七子胤祐、皇八子胤禩俱为贝勒。（《清史稿·本纪七·圣祖本纪二》）

康熙三十九年（1700），康熙借索额图在家中妄议朝政为由，说他怨恨皇上，让索额图退休。三年后，康熙又以索额图意图谋反为罪名将其拘禁，并赐死。胤礽失去了在官场中的最大依靠。

显然，康熙四十二年（1703）索额图的死，是30岁的胤礽人生旅途中的重大分水岭。此前的胤礽是飞扬跋扈的天之骄子，此后的胤礽却变得极

1　中国第一历史档案馆编译《康熙朝满文朱批奏折全译》，《皇太子胤礽奏为各部所奏折》，中国社会科学出版社，1996，第 121 页。

2　标题为编者所加。

度敏感不安、患得患失。人生在世，很多时候最难挨的其实不是失败后的日子，而是担心自己失败的那段日子。那源于一种对未知的巨大恐惧。可越担心失败，也往往越容易失败。康熙四十七年（1708），35岁的胤礽迎来了自己人生中的最大打击。

那一年，康熙带着8位皇子（老大、老二、老十三、老十四、老十五、老十六、老十七、老十八）巡幸塞外，但任谁也不会想到，这8位皇子，有4人是一死三圈禁的惨淡结局。

九月，先是意外染病的小十八病重，康熙心急如焚。可本就对亲情麻木，后来又精神高度紧张的胤礽，实在是对这位比自己小了近30岁的十八弟没什么感情，一副事不关己，高高挂起的样子。可能是胤礽的态度再度勾起了康熙某种不好的回忆与联想，于是康熙对胤礽痛加责骂。

影视剧中对这一阶段的胤礽的演绎还是较为真实的，当了30多年太子的胤礽，见了康熙仍然像耗子见了猫一样，被责骂一番过后，胤礽就变得更加精神恍惚、行动异常，以至于做出了在九月初三夜里偷窥康熙帐篷的行为。我们今天以客观的角度看，这可能只是被吓破了胆的胤礽想要去了解父亲康熙的情绪状态。但在老大胤禔添油加醋的告发下，康熙做出了判断——这是胤礽被责骂后要铤而走险、行刺谋逆的征兆，他是想为索额图报仇。

康熙越想越伤心，自己最器重的儿子居然要杀自己，内心的忧愁和烦恼可想而知。结果第二天一早，便收到了十八阿哥病逝的消息，康熙罕见地情绪崩溃了。他召集诸皇子大臣，一边痛哭流涕，一边指责胤礽：

> 允（胤）礽不法祖德，……暴戾淫乱，朕包容二十年矣。……朕不卜今日被鸩、明日遇害，……似此不孝不仁，……朕所治平之天下，断不可付此人！（《清史稿·列传七·理密亲王允礽》）

从前朕生病时，胤礽就漠不关心，平日里，他还会无端殴打兄弟、大臣，现在更是胆敢谋逆了，朕一整晚都在担心自己到底是会被毒死还是会被捅死，祖宗的江山社稷绝不能交在胤礽这种不忠不孝的人手中。

到最后，康熙越说越伤心，甚至跌倒在地。他正式下令将胤礽抓起来，并在回京后，正式祭告天地，宣布太子胤礽被废，将胤礽圈禁至咸安宫。而负责看押胤礽的，正是老大胤禔。那么，考虑到老大胤禔早就看胤礽不爽了，这段被拘禁的日子里，胤礽所承受的苦难可想而知。

举一个简单的例子，胤礽被拘禁时，是尝试过真情辩白的。当时，胤礽请求看管他的人代奏：

> "皇父若说我别样的不是，事事都有，只是弑逆的事我实无此心，须代我奏明。"[1]

然而，胤礽的这次喊冤，却被他大哥胤禔严密封锁了消息。最后，同样负责看管胤礽的老四胤禛，对老大胤禔的所作所为实在是看不下去，进宫把二哥胤礽的这番话禀报给了父亲康熙。

康熙冷静下来后，也感觉到胤礽说的应该是实话，便安排人去通知胤礽，让他在拘禁期间不必戴枷。

虽然康熙的冷静与心软让胤礽的处境有所改善，但无法改变胤礽被废的事实。没想到，接下来发生的两件事，却让"废太子风波"迎来了一次重大反转。

三、二次被废的晚年

一是胤禔丧心病狂地想杀死胤礽。胤礽被废后，胤禔错误地判断了形势，居然对康熙说出了"今欲诛允（胤）礽，不必出自皇父之手"（《清圣祖实录》卷二三四，康熙四十七年九月二十五日）这样毫无手足之情的混账话，并且他魇镇太子的事情也被曝光。这可以说是"神助攻"了，这就给胤礽的诡异行为找到了最佳的借口。因为，康熙在某种程度上也是很相信魇镇这类东西的。

---

[1] 故宫博物院编《〈文献丛编〉全编》（第三册），《文献丛编》第三辑《允禩允禟案续》，北京图书馆出版社，2008，第136页。

二是群臣拥立八阿哥事件。说到底，胤礽从接近帐篷窥视到被康熙当众废掉，前后连12个小时都不到。情绪逐渐稳定下来的康熙，也开始意识到自己的确冲动了，胤礽尽管举止怪异，但也绝无谋逆的可能。反而是其他借此机会蠢蠢欲动的儿子更为危险。因此，康熙决定复立胤礽为太子。只是金口玉言，如何收回呢？

康熙自己谋划得很好，一边提议让大臣们推举新太子，另一边暗中叫来既在官场有威望，又支持立嫡长子传统的汉人大臣李光地疯狂进行暗示，让李光地去联络大臣们复立太子，康熙的理由也很直白——胤礽之前行为不端是因为有疯病，现在他已经好得差不多了。但李光地估计是想明哲保身，最后愣是揣着明白装糊涂，完全没按康熙的意思去办。结果，在推举现场就发生了军功集团集体拥立八阿哥胤禩的意外情况，而且，在康熙已经表露出不满之后，军功集团继续施压，认为储君除了老八无人可选。逼得康熙不得不凭着自己多年的威望借口孝庄托梦，才强行复立了胤礽。

兜兜转转，仅仅被废半年后，胤礽就被恢复了太子之位。这一年，也就是康熙四十八年（1709），胤礽36岁。

也就是在这一年，康熙开启了疯狂的和稀泥模式，三管齐下，先让群臣把"废太子"的事情忘掉，继续尊重胤礽；再劝胤礽把群臣举荐老八的事情忘掉；然后又第二次大封皇子以安抚其他阿哥，还专门跳过了老八胤禩。

但是覆水难收、破镜难圆，"废太子"的经历对胤礽而言到底意味着什么呢？首先，父亲康熙真的说翻脸就翻脸；其次，原来手足兄弟也真的恨不得除去自己而后快；最后，朝堂的大臣也的确大多是反对自己，更加支持老八的。

所以，当看到影视剧中胤礽复立后报复群臣的画面，可能我们都会吐槽他心胸狭隘，没有人君的器量和智慧。可易地而处，假若我们是胤礽，我们就真能做到对拥立老八的群臣既往不咎吗？这实在是太难了，尤其是身处那种你死我活的政治斗争之中的情况下。

于是，胤礽就开始专注培养忠诚于自己的官员小圈子，只是这次胤礽玩大了。

胤礽的新班底，是由索党的残余势力与时任九门提督的托合齐共同组成的。该圈子拉帮结派的方式就是以托合齐为核心的饮酒聚会。但"托合齐酒局"的名单很快就被"八爷党"的官员捅给了康熙。这间接导致了胤礽二次被废。

名单上不但有九门提督托合齐，还有兵部尚书耿额[1]、刑部尚书齐世武[2]，以及伺候康熙起居的太监总管梁九功。康熙的情报头子和贴身管家都成了太子一党，这无论是想突然逼宫，还是给皇帝下毒，都轻而易举。此时的胤礽，不管他有没有谋逆的心思，至少都已经具备了谋逆的能力，再加上这一阶段胤礽那句"古今天下，岂有四十年太子乎？"[3]的狂悖之语，空前警觉与愤怒的康熙，再次展示了自己的雷霆手段。

托合齐死后被挫骨扬灰，齐世武被以铁钉钉在墙上活活疼死，耿额被处以绞刑，梁九功被终身监禁。在转年的康熙五十一年（1712），康熙第二次废除了胤礽的太子之位。只是这一次，康熙的情绪就稳定多了，也看开了，他自己就说：

> 前次废置，朕实愤懑，此次毫不介意，谈笑处之而已。（《清圣祖实录》卷二五一，康熙五十一年十月初一日）

并且郑重声明，自己决不会再次复立胤礽。

不仅康熙是"谈笑处之"，对39岁的胤礽而言，这次被废也同样是一种解脱。当了近40年的太子，也在政治旋涡的风口浪尖站了近40年的胤礽，终于能卸下重担歇一歇了。尽管胤礽后来也曾试图复出，但他的主要精力还是放在家庭上了。而且，在胤礽被废后的日子里，他只是被限制了自由，生活待遇还是很优越的，在他最后被圈禁的11年中，一共生了6子7女，13个孩子，可谓儿孙满堂。

1　耿额，满洲正黄旗人，康熙朝官员。曾任刑部尚书，在康熙四十六年（1707）调兵部尚书，后因"托合齐案"获罪，处以绞刑。

2　齐世武，康熙朝官员，曾任川陕总督，康熙四十八年（1709）调刑部尚书，因"托合齐案"获罪被处以极刑。

3　吴晗辑《朝鲜李朝实录中的中国史料》（下编），《李朝实录》卷六，《肃宗四》，中华书局，1980，第4322页。

到了康熙六十一年（1722），康熙驾崩了。这一年，胤礽49岁，被幽禁在咸安宫，外面新朝的号角已经吹响。曾经被自己拳打脚踢的老四胤禛成了新的一国之君；曾跟着自己一起遭罪受苦的老十三胤祥也成了总理国务的怡亲王。此时的胤礽又会想些什么呢？但经历了人生的大起大落之后，大概此时的他早就释然了吧。而且雍正在登基后，对胤礽非但没报复，反而照顾有加。

两年后，胤礽病重去世，享年51岁。临终时，胤礽托人向雍正带去了自己人生的最后感言：

> 臣当日与皇上虽无好处，亦无不好处。臣得罪皇考，系大不孝之人，应将臣弃置不问，乃蒙皇上种种施恩甚厚，臣实感戴靡涯。臣今福薄，病已至此，安敢虚言。前若赐臣二寸白纸一条，岂能延至今日乎？识者自必知之。荷蒙圣恩，别无他愿，冀得生存而已。[1]

皇上，咱哥俩当年的关系一般，虽说谈不上好，倒也谈不上坏。我当初对不起父亲，是大不孝的罪人，按说您该将我置之不理的，可是承蒙您的照顾，我这两年的日子过得不错，我很感激。如今我病成这样，也没必要说好话哄骗您，我们都知道，您登基之后若是想杀我，我绝活不到今天。不多说了，谢谢了，老四。

胤礽死时，正值寒冬。雍正不顾部分大臣的反对，冒雪前去祭奠胤礽，还追封胤礽为理亲王。此后，雍正确立了秘密立储制度，清朝再无皇太子。中国历史上最后一位太子，就此离场。

1　中国第一历史档案馆编《雍正朝起居注册》（第一册），雍正二年十二月十五日，中华书局，1993，第396—397页。

老大胤禔：庶长子的妄想悲剧

首先我们思考一个问题，康熙帝的皇长子爱新觉罗·胤禔，他的影视形象我们其实并不陌生，在《康熙王朝》中他又帅又猛，在《雍正王朝》中他又蠢又坏，可这两版康熙的皇长子，谁又更符合历史上真实的胤禔呢？

其实，比起《雍正王朝》中"傻笨憨呆蠢"的老大，历史上的胤禔，应该是更贴近《康熙王朝》这一版的。因为根据当时供职于清廷的法国传教士白晋（Joachim Bouvet）的记载，皇长子胤禔十分英俊聪明，并且"有很多优良品质"[1]。

一位如此优秀的皇长子，为何沦落成我们今天在影视剧中看到的那个飞扬跋扈的"蠢猪"了呢？

一、长子的悲喜

胤禔自幼年时期，就经历了一喜一悲。

康熙十一年（1672）出生的胤禔，其实是康熙的第 5 个儿子，但因为前 4 个都夭折了，没能进入皇子的排序，胤禔这才成了真正的皇长

1　白晋：《康熙皇帝》，赵晨译，刘耀武校，黑龙江人民出版社，1981，第 58 页。

子。更重要的是，在连续遭遇 4 次丧子之痛后，康熙给予茁壮成长的胤禔极大的宠爱。《清史稿·列传七·贝子品级允禔》的记载是：

> 上有巡幸，辄从。

从老大胤禔幼时起，康熙每次外出活动都必定带着他一起去，父子关系融洽。

然而，皇家后宫，不仅母会凭子贵，子也会以母为贵。胤禔的母亲惠妃纳喇氏，其家族并不显赫，纳喇氏并非影视剧中所演的纳兰明珠的妹妹，纳喇氏的父亲索尔和只是一个内务府的小官。因此，纳喇氏就只能升到妃位，老大胤禔也只能是庶长子。但老二胤礽就不一样了，他的母亲赫舍里氏是皇后。在老大 3 岁多时，不到两岁的老二就以嫡长子的身份被立为皇太子。对于老二胤礽被立为太子这件事，其实其他阿哥心理上都是比较容易接受的；但对老大胤禔而言，感觉就非常拧巴了，因为他是哥哥，却要反过来向弟弟行礼。

这种自童年起就存在的落差，也许就造成了老大对老二产生的最早的嫉妒与怨恨。然而把这颗充满矛盾的种子浇灌长大的，不是别人，正是康熙自己。

按理说，中国历史上"立子以贵不以长"（《春秋公羊传》）是个老传统。一般情况下，皇帝都会在太子名分确定后，尽量树立太子的权威，以免其他皇子对皇位产生觊觎之心。但康熙不这样，他对所有皇子都尽力培养，并且幻想当他的儿子个个都能独当一面后，就能更好地去辅佐老二胤礽。然而，这实在是康熙一厢情愿，在政治游戏中，皇子们是很难禁受住权力的诱惑的。

康熙二十七年（1688），当时清政府刚刚结束与俄国的雅克萨之战，两国要商讨签订《中俄尼布楚条约》。于是，康熙就派出了以领侍卫内大臣索额图和镶黄旗汉军都统佟国纲为首的豪华外交团北上谈判。

可在送外交使团离京的关键仪式上，康熙不但本人没有出席，甚至也没有让早已是储君的老二胤礽出席，反而是让当时才 17 岁的老大胤禔代表皇家前去送行。老二只比老大小两岁，两个人在年纪上没差多少。但最后在盛大的欢送仪式中，只有老大胤禔一个人全程站稳"C位"，索额图和佟国纲一左一右紧随其后。甚至在临别时，这两位朝廷大员遥遥对着皇宫三拜九叩了一番之后，还转过身来，对着老大胤禔跪下拜谢，进行辞别。

如此场景，任何一个17岁的少年恐怕都难忍激动。干掉太子二弟成为下一任新君的想法就越来越真切，真切到令胤禔以为它就是可以实现的。所以说，老大胤禔的野心在某种程度上是被康熙一点点培养出来的，而且在不久的将来还会被进一步放大。

二、军旅的荣光

康熙二十九年（1690），年仅19岁的老大胤禔以前军副将的身份随父亲康熙亲征噶尔丹。康熙当时很激动，提笔赋诗：

> 武略期无敌，王师出有名。
> 亲藩分铁钺，长子拥麾旌。[1]

而老大也对得起康熙的期待，第一场仗便武力值拉满，旗开得胜。只可惜，胤禔当时毕竟年轻，听信了手下人的挑唆，和主将福全产生了矛盾，于是，康熙便下令让胤禔撤回京城反省。但事后胤禔并没有遭到康熙进一步的处罚，因此这次撤回的命令与其说是责罚，不如说是一种训导和保护。果然，6年后，康熙三十五年（1696），康熙二次征讨噶尔丹，25岁的胤禔这次不仅担任了前军统帅，还扮演了军队参谋长的角色，最终清军大获全胜。班师回朝之前，康熙还委派胤禔代表自己犒劳三军，慰问有功将士。

就这样，在胤禔的青年时代，他宛如一颗在军界冉冉升起的新星。而

1　玄烨:《命裕亲王福全、皇长子允禔帅师征厄鲁特锡之以诗》，见《圣祖仁皇帝御制文第二集》卷四十四,四库全书本，第10页b。

且当时的军方，也可以说是遍布胤禔的亲信，

> 鄂伦岱、隆科多、顺（舜）安颜，与大阿哥相善，人皆知之。（《清圣祖实录》卷二三六，康熙四十八年二月二十八日）

在老大早期的支持者中，除了比较出名的镶黄旗汉军都统鄂伦岱、正蓝旗蒙古副都统隆科多，当时清朝东北地区的八旗各级军官中，也有不少人是胤禔的拥趸。

更重要的是，就在前线老大陪父亲征战沙场时，另一边，在大后方监国的太子胤礽却相当缺乏政治敏感度，对征战在外的康熙不闻不问，招致了康熙的严厉斥责，并最终导致身边三个亲密的侍从被处死。

后来，在康熙三十七年（1698）大封皇子时，老大胤禔就因军功赫赫，和老三一同成了当时仅有的封王的皇子，老大封直郡王，老三封诚郡王。甚至更巧的是，康熙三十八年（1699），老十三胤祥的母亲章佳氏过世，老三胤祉却在丧礼未超百天的情况下，未请旨便在家中把头给剃了。康熙知道后，怒斥老三不遵礼法、不守孝道，就直接把老三从郡王降成了贝勒。于是，在一旁看戏的老大就成了当时唯一享有王爵的皇子。

因此，站在康熙三十八年这个时间节点上，太子胤礽失宠，而28岁的胤禔呢？论年纪，是皇长子；论能力，军功赫赫；论爵位，又是唯一一个可称"王爷"的皇子。如此大好的政治形势，不管是谁处在老大的位置上，恐怕都会有干翻胤礽，取而代之的冲动。

只是胤禔还不明白，这世界上，有些事是不能强求的。

三、夺嫡后毁灭

终于，在夺嫡形势一片大好的情况下，胤禔却做出了一个极为错误的政治判断。他觉得只要能干掉老二胤礽，自己就一定会是新太子。此时，那个常年征战沙场的老大，开始展现出自己狠辣的一面。他对太子以言语中伤、以魇镇暗害，无所不用其极。

假如我们很难想象出一个身处权力和政治旋涡中心的人到底能扭曲成什么样的话，那胤禔就是最好的答案。人近中年，本快到"四十不惑"的人生阶段，但他却变得愈发短视、贪婪、凶狠。

康熙四十七年（1708），胤禔37岁。当时，在京城内有个混迹于王公贵族间的道士，叫张明德。他利用当时的满族勋贵对太子胤礽的不满，口出狂言，说自己有16个本领高强的兄弟，能刺杀胤礽。这番话，张明德一共对两位皇子说过，一位是老八胤禩，一位是老大胤禔。老八轰走了张明德，但老大却和张明德认真地谋划起了刺杀行动。

> 张明德供：由顺承郡王长史阿禄，荐于顺承郡王，及赖士公、普奇公，由顺承郡王荐于直郡王。我信口妄言，皇太子暴戾，若遇我，当刺杀之。又捏造大言云，我有异能者十六人，当招致两人见王，耸动王听。（《清圣祖实录》卷二三四，康熙四十七年九月二十五日）

只不过，刺杀行动还没开始，太子胤礽就被废了。

康熙四十七年秋天，康熙带着8位皇子巡幸塞外，老大和太子都在其中。因为太子胤礽对突然患病的十八阿哥漠不关心，招致了康熙的激烈斥责。于是，精神高度紧张的胤礽变得进退失据，还在半夜偷窥了康熙的帐篷。

> 近复有逼近幔城，裂缝窥伺，中怀叵测之状。（《清圣祖实录》卷二三四，康熙四十七年九月二十四日）

看这"裂缝"二字，极可能是指胤礽当时是用刀划破帐篷，从而向内偷窥的。拿刀，这性质就十分恶劣了。那康熙是怎么发现的呢？根据此事后续的发展来看，最大的可能就是由负责保卫工作的老大胤禔发现后，添油加醋、夸张、放大地传达给了康熙，最终达成了他想废太子的目的。

但如愿以偿看到太子被废的胤禔，可能是由于表现得太过亢奋且志在必得，一番上蹿下跳之后，就引起了康熙的高度警惕。毕竟，比起一个拿刀的太子，这位多年领兵的老大，好像看起来更危险。康熙立刻就做了两项部署：安排老大胤禔负责看管废太子胤礽，体现对老大的信任；公开表态称老大胤禔不会成为新任太子，敲打胤禔，告诉他不要胡作非为。康熙当时是这样说的：

> 允（胤）禔秉性躁急、愚顽，岂可立为皇太子？（《清圣祖实录》卷二三四，康熙四十七年九月初四日）

其实，如果那时的老大胤禔能表现出温顺与忠诚，以他的年纪、资历与爵位，将来未必是没有机会上位的。但可能由于老大的心中对胤礽的怨念太深了，彼时已经 37 岁的胤禔却像个傻子一样，发动了在整场"九子夺嫡"的大战中，最为"蠢猪式"的一次政治进攻。

老大胤禔向康熙表态，如果他不能当皇太子，那他愿意推荐老八来当，并给出了推荐理由和对废太子胤礽的处理意见：

> 术士张明德尝相允（胤）禩必大贵。如诛允（胤）礽，不必出皇父手。（《清史稿·列传七·贝子品级允禔》）

暂且先不说这话把老八坑得有多惨，关键是这句话彻底敲响了老大走向败亡之路的丧钟。

首先，康熙立刻就意识到，老大会威胁到老二胤礽的生命安全。因此，他立刻叫来老四胤禛和老大一起看管废太子。而此时老四登场，究竟是来盯老二，还是来盯老大的呢？恐怕两者都是有的。随后，康熙又要求时任九门提督的托合齐立即逮捕那个叫张明德的道士，务必审问清楚他到底跟皇子们都说过什么。

我们此时再回到老大的视角，当他看到老四出现的那一刻，但凡有一丝敏感，他都该立即收敛起对废太子的怨恨。可是老大仍然在疯狂输出，完全没把老四当回事，他不但折磨并裁撤了废太子胤礽周边的仆人，还堵塞了胤礽的申冤渠道，并到处散布谣言攻讦、诽谤胤礽。此时老大的目的只有一个，就是让胤礽彻底死透，无法翻身。但殊不知，危机已经从他的身后悄然而至了。

刑部那边已经将张明德案审理清楚，并向康熙报告了老大和老八两个人的罪行，一个铤而走险，一个知情不报。老四胤禛这边也向康熙秘密报告了废太子胤礽的艰难处境与冤屈。康熙对老大胤禔的不满逐渐升级。谁料，老三胤祉也在这个节骨眼上献上了"神助攻"，他上奏康熙，说发现老大通过蒙古喇嘛巴汉格隆等人，在魇镇废太子胤礽！非但如此，就在康熙派人调查魇镇案的过程中，还发现有个名叫布彦图的知情人，在他准备自首时，竟被杀人灭口了！不得不说，反动势力实在太过嚣张，目无王法。

在康熙的心中，大清国是决不允许这么嚣张的人存在的。康熙迅速就成功抓捕了蒙古喇嘛巴汉格隆，并在胤禔家中查出了魇镇的罪证，

> 巴汉格隆等供，直郡王欲咒诅废皇太子！（《清圣祖实录》卷二三五，康熙四十七年十月十五日）

人赃并获，康熙立即下令革除了老大胤禔的一切爵位，永久圈禁，不得释放。

曾经的乖儿子老大此刻在康熙心目中的形象已经不再只是莽撞、暴躁这么简单了，而是冷血、阴狠、危险。甚至在转年，康熙四十八年（1709），康熙帝要巡行塞外，仍然担心自己离京后，常年带兵的老大会趁机在京城生事造反。不仅如此，康熙还担忧若是真出了特殊情况，自己其他的儿子都是胤禔的弟弟，恐怕是没办法制服那个暴躁的大哥的。于是，康熙下令，一共安排了17位王公和八旗将军轮流领兵，监管胤禔。但康熙的担忧，实话讲，真是既高估了老大的造反能力，又低估了那些看起来人畜无害的宝贝阿哥们的手段。

不过，康熙晚年对老大胤禔不只是行为上严加防范，心里也的确是厌恶透顶了。康熙曾评价老大胤禔说：

> 大阿哥为人下贱无耻。不堪之处，大臣侍卫等，无不知晓。但不出诸口耳，心实恶之。（《清圣祖实录》卷二三六，康熙四十八年二月二十八日）

之后的老大胤禔，在其长久的圈禁生活中，也逐渐开始认命，把生活的重心放在了生育上。自康熙四十七年起，在26年的圈禁中，老大胤禔一共生下了11个儿子，9个女儿，其中最小的儿子，还是他61岁时的老来得子。最终在雍正十二年（1734），胤禔在圈禁生活中郁郁而终，终年

63 岁。

而新皇帝雍正也算是对得起他的大哥了。雍正下旨：

> 谕内务府：大阿哥允禔薨逝，著照贝子之例办理。(《清世宗实录》卷
> 一四九，雍正十二年十一月初一日）

> 谕宗人府：大阿哥允禔之子弘昉，著封为镇国公。(《清世宗实录》卷
> 一四九，雍正十二年十一月初二日）

雍正将被废除爵位的老大胤禔硬提了一格，按贝子的级别置办了丧礼。在老大去世的第二天，雍正就封了老大的儿子弘昉为镇国公。以老大的罪过来看，雍正的处理可谓极为宽仁。

老大胤禔的一生大起大落，青年风光，中年阴狠，晚年落寞。人有时候越是志在必得，就越容易适得其反，非但看不清前路，还容易走上邪路，最后大梦一场空。想来，晚年被圈禁的胤禔也只能是在梦中，才可回到青年时他驰骋过的辽阔草原吧。老大不值得任何人可怜，但他的一生也的确足以令人唏嘘。

老八胤禩：勋贵拥戴的贤名困局

这是一位曾经在"九子夺嫡"之争中最受众人拥戴的阿哥，同时，他也是程序员的噩梦、康熙帝的"bug"、老四雍正的"阿其那"。没错，他就是爱新觉罗·胤禩。

提起老八胤禩，许多人首先想到的很可能是影视剧《雍正王朝》中那位城府极深的阴谋家。但在真实的历史中，胤禩却更像是一个命运多舛的苦命人。

我们今天就来展现八爷一生的全景。

一、黎明的开始：从出身低微到满朝拥戴（0—28岁）

相比起后宫中那些动辄就是满蒙王公、达官贵人之女的妃子，胤禩的母亲卫氏，只是内务府辛者库[1]中一个包衣仆人的女儿。所以，在康熙二十年（1681），胤禩一出生就过上了寄人篱下的生活。他被安排给皇长子胤禔的母亲惠妃抚养，与生母卫氏从此聚少离多。

是的，老八胤禩的童年是和老大胤禔一起度过的。只不过虽然在同一屋檐下，胤禩却活得就像一个外人。彼时小胤禩的人生目标大概只有两个，

1　满语音译，清代旗籍奴隶名。

一是谦逊谨慎地获得周围人的青睐；二是努力精进自己，以改变母亲卫氏在后宫中的地位。

不得不说，胤禩做得非常好。在每天都上蹿下跳、犹如风口上的飞猪一般的老大胤禔的衬托下，谦逊守礼的胤禩就显得非常可靠了，所以他自幼便有贤名。

不仅名声好，胤禩做事也很妥帖。康熙三十五年（1696），年仅16岁的胤禩陪同父亲康熙亲征噶尔丹，同时承担并出色地完成了看管营地的任务。康熙当时就写诗进行了表扬：

> 戎行亲莅制机宜，栉沐风霜总不辞。
> 随侍晨昏依帐殿，焦劳情事尔应知。[1]

可见16岁的少年胤禩在艰苦的军旅生活中勤勉敬业、不辞辛苦。这为他在康熙的心中赢得了不少加分。

两年后，康熙三十七年（1698），康熙帝大封皇子，表现出色的胤禩成了当时最年轻的贝勒，才18岁。又过了两年，母以子贵的卫氏也被册封为良嫔，这一年胤禩20岁，他与母亲卫氏终于苦尽甘来。

而在兄弟们的衬托下，20岁的胤禩进入了他在政治上的快速成长期。

彼时，胤禩的7位兄长，老大、老二都暴躁成性；老三孤僻，不爱说话；老四胤禛喜怒无常；老五、老七天资平平，在夺嫡的过程中始终只是看客；老六早早夭折了。至于胤禩的那些弟弟，不但年纪尚小，而且都没有爵位。

对比下来，年纪轻轻的贝勒爷胤禩，待物接人谦逊有礼，在家对母亲恪守孝道，在外对工作尽心尽责，而且朝中不管是科举文臣还是军功贵族，凡是和胤禩共事过的，都对胤禩的为人赞赏有加。因此，本就对太子胤礽的飞扬跋扈有所不满的军功贵族就开始簇拥在胤禩周围，形成了一个反太子的夺嫡集团，也就是所谓的"八爷党"。

1　玄烨:《赐皇子允禩》，见《圣祖仁皇帝御制文第二集》卷四十六，四库全书本，第5页b。

毕竟在贵族群体看来，清朝的历史上，皇太极、顺治，甚至包括当朝天子康熙，不都是大家开会选出来的吗？而且，嫡长子立皇太子，那是汉人的传统，可不是我们满人的规矩。况且事实也证明，这个嫡长子如今也的确存在着严重的性格缺陷。

因此，基于胤禩的个人素质、太子胤礽的失德表现，以及清朝贵族商讨推选新君的传统，胤禩最终成功完成了从出身低微、无人问津到受众臣拥戴的华丽转身。

至于"八爷党"，又由哪些人员构成呢？按《清史稿·列传七·允禩》的说法，"八爷党"最核心的人物有四位——阿灵阿、鄂伦岱、揆叙和王鸿绪。

阿灵阿，康熙初年辅政大臣遏必隆的儿子，时任理藩院尚书，钮祜禄氏的核心人物。

鄂伦岱，佟国纲的儿子、佟国维的侄子，时任领侍卫内大臣，属于号称"佟半朝"的佟佳氏的核心人物。

揆叙，纳兰明珠的儿子，时任工部右侍郎，纳喇氏的核心人物。

王鸿绪，科举榜眼出身，时任户部尚书，汉人士大夫群体的代表。

同时，在"八爷党"中，还有大家都熟悉的老九、老十、老十四三位皇子。

不说胤禩有多么大的野心，单看这个豪华阵容，换了谁都可能起取代太子的念头。从夺嫡之念产生的那一刻起，胤禩与康熙的关系就注定会破裂。

二、命运的转折：从父慈子孝到恩断义绝（28—42岁）

事情的起因就是康熙四十七年（1708）太子胤礽的第一次被废。按理说，这本该是胤禩的天赐良机，但最终却成了他人生的滑铁卢。

最初的形势，对胤禩非常有利。

太子胤礽于九月初四被废，三天后，老八胤禩就被任命为内务府总管事，可见此时的康熙仍然是非常信任胤禩的。但仅仅过了两周，胤禩的大好局面就被他的猪队友全毁了。这个猪队友就是他的发小儿，好大哥胤禔。

最开始，就在胤礽被废的同一天，看着眼前那个上蹿下跳的胤禔，康熙就明确表示过："允（胤）禔秉性躁急、愚顽，岂可立为皇太子？"这算是封死了胤禔当太子的可能。如果这个时候胤禔能悬崖勒马、学会闭嘴，那么一切都是可控的。

但没过多久，胤禔的一番发言直接毁了他和胤禩两个人的前途。胤禔对康熙说，假如他不能当太子的话，那么他愿意推荐老八来当。理由是，此前有一个叫张明德的相面术士，曾说老八有大贵之相。并且，胤禔紧接着就表示："如诛允（胤）礽，不必出皇父手。"

也许在胤禔的猪脑子里，会觉得自己这话是一番无比有善意的发言。但站在康熙的角度来思考，这段话透露出的信息则是：老八和老大是一伙的；老八也想当太子；老大和老八，这二人居然还想合谋杀死胤礽！

于是，胤禩在康熙心目中的评分一落千丈。可怜的胤禩，此时他完全不知道，自己就这么被大哥胤禔给坑了个结结实实。

康熙召集众皇子，当众怒斥胤禩"柔奸性成"，竟然胆敢谋害太子胤礽，并决定要锁拿胤禩。结果"八爷党"中的老九、老十四觉得这是康熙在冤枉胤禩，公开反抗康熙的旨意，气得康熙当场就拔出佩刀要活劈了老十四。关键时刻还是老五胤祺扑通一声跪在地上，一把抱住康熙，加以劝解，这才缓和了局势。

最终，事态以康熙革除了老八胤禩的爵位而告终，这一天是十月初二。而胤禩从九月初七主管内务府，到被革除贝勒爵位，前后连一个月都不到，胤禩就这样从蜜罐子跌到了苦坛子里。

从审理的结果来看，胤禩的确是冤枉的。那个相面道士张明德是由镇国公普奇[1]带到胤禩家中的，张明德对胤禩说的也只是些"福寿绵长"之类的客套话；至于图谋行刺太子，那更是老大胤禔一人的谋划，胤禩并未参

---

1 普奇，满洲贵族，康熙二十四年（1685）封镇国公，康熙四十七年缘事革退，康熙五十一年（1712）复封镇国公。

与。可此时康熙仍决意将胤禩革爵，因为他还有另外一层考虑——要为复立胤礽铺平道路。

但接下来发生的事，毫无疑问大大出乎了康熙的预料。在已经将胤禩革爵的情况下，康熙鼓动群臣推选太子，群臣仍然反对胤礽，支持胤禩。

群臣的态度使康熙感到震惊，他不顾父子、夫妻之情，明确地说：

> 八阿哥未尝更事，近又罹罪，且其母家亦甚微贱。尔等其再思之。
> （《清圣祖实录》卷二三五，康熙四十七年十一月十四日）

胤禩刚犯了大错，他母亲卫氏更是出身低微，请文武大臣务必重新考虑。可结果呢？第二次投票还是老八胤禩当选。最后康熙没办法，当场宣布退朝，今天太晚了，你们都回去休息吧，明天咱们再接着投。结果第二天也没投票，康熙借口"孝庄托梦"的故事，直接强行复立了胤礽。并在当月月底恢复了胤禩的贝勒爵位，算是对众臣的安抚。毕竟根据审判结果来看，胤禩本就没有明显的过错。

只是纵观这次废立太子的风波，表面上看，康熙依然乾纲独断；但深入思索，对康熙而言，这是一个非常可怕的政治信号。朝堂里的大臣们居然真的愿意、真的敢为了一个年纪不满三十的皇子和已经当了40多年皇帝的康熙公开对抗。群臣的态度其实很好理解，一是他们的确觉得谦逊的胤禩比暴躁的胤礽更加贤能，这是在为国举贤；二是他们也会考虑到胤禩若成了皇帝，以他的性格，未来必然会对官僚集团有更多的妥协。

但无论如何，从这一年起，康熙对皇子们的态度就由早年的爱，转变为了晚年的猜忌与提防，其中最为提防的就是老八胤禩。然而这还未到胤禩与父亲康熙关系中的冰点，之后发生的两件事，更是加速了他们父子之情的持续下滑。

第一件事：康熙五十年（1711），胤禩的母亲卫氏去世。

当时，卫氏病重，却拒绝服药。原因不难想象，卫氏想死——原本地位低微的她，好不容易因为儿子胤禩的出色表现而翻身，不承想，刚过了几年好日子，自己却又成了丈夫打压儿子的理由。因此，卫氏大概早就想了结自己这饱受折磨的一生了。在卫氏临终前，也许康熙实在于心不忍，便加封其为妃。至于老八胤禩，看到母亲因自己而死后便整日号啕痛哭，甚至百天之后，他走路都还需要周围的人搀扶。

数来数去，从康熙三十七年胤禩被封贝勒，再到康熙四十七年的"废太子事件"，胤禩与母亲卫氏，母子二人一共也就过了10年的好日子。很难讲康熙与胤禩此时的父子关系到底是怎样的，胤禩会怨恨康熙吗？康熙会不会觉得胤禩在怨恨自己呢？总之，这是让他们父子关系开始恶化的第一件事。

第二件事：康熙五十三年（1714），胤禩实名送了康熙两只将死之鹰。

当时，康熙正在外出巡视，要求胤禩陪驾。但恰逢胤禩母亲卫氏的祭日，于是，胤禩决定前去祭奠母亲，另外，他将两只猎鹰进献给康熙表达歉意。但是，这两只猎鹰被送到康熙面前时，却是奄奄一息的。

父子间的误会一瞬间就被放大了，康熙觉得这是胤禩在诅咒自己，一时间脏话满天飞，痛斥胤禩为"辛者库贱妇所生！"，这就连着胤禩的母亲都一起骂了。而且，他还对自己和胤禩的关系下了总论断："自此朕与允（胤）禩，父子之恩绝矣。"同时，他还给胤禩的政治生涯宣判了死刑："因不得立为皇太子！"（见《清圣祖实录》卷二六一，康熙五十三年十一月二十六日）

可我们静下心来一想，"毙鹰事件"显然太过不可思议了。因为胤禩再弱智，再对康熙不满，他也不可能实名送两只将死之鹰去激怒康熙。最为合理的解释就是，两只猎鹰的状况的确是意外。并且，根据事后康熙并没有进一步处罚胤禩来看，这件事的最终定性其实就是"意外"。但无论如何，胤禩与康熙的父子关系到此是彻底恩断义绝，再无回旋的余地了。

一路走下来，胤禩到底做错了什么呢？错就错在，在皇权政治的旋涡中，是容不下第二个政治权威的，哪怕是亲儿子也不行。在群臣保举胤禩为太子的那一刻起，胤禩的政治生涯就已经在康熙的心中提前终结了。

当然，同样，这也为胤禩在雍正朝的遭遇埋下了重要的伏笔。

三、最后的归途：从廉亲王到"阿其那"（42—46岁）

康熙六十一年（1722）十一月十三日，康熙驾崩之夜，隆科多传口谕让四阿哥胤禛继位。面对这个意外的结果，胤禩并没有如影视剧中所演的进行那么激烈的反抗，他只是走到畅春园院子里的树下低头沉思，最终在和老三胤祉私语几句之后，选择了接受老四的登基。

雍正登基之初，对允禩这位"第二政治权威"还是很照顾的。他先是把允禩直接从贝勒加封为廉亲王，任命他为总理事务大臣，排位甚至还在老十三之前。之后雍正又将允禩母亲卫氏的家族全家抬旗，由内务府辛者库的户籍转为了正蓝旗世袭佐领，自此便再没人能说允禩出身低微了。

说不定，雍正此时是对自己和允禩的兄弟关系心存幻想的。我们可能不知道的是，在允禩母亲过世时，允禩守孝百天，一共有4位皇子轮流给允禩送饭，除了老九、老十、老十四，还有一位就是老四胤禛。但雍正对两人关系的幻想毫无疑问是脆弱的。毕竟允禩不是允祥，他是一个党羽众多的政治权威，一丝丝的风吹草动都会引起雍正的警觉。

其中，典型事件有三例：

第一，允禩受封亲王后，人们到府上祝贺，允禩的福晋乌雅氏当众抱怨说：

> 何贺为？虑不免首领耳！（《清史稿·列传七·允禩》）

有什么可祝贺的？谁知道这个亲王我们能当几天？这话很快就传到了雍正的耳朵里，一片好心被当成了驴肝肺。

第二，老十四自西北回京后大闹了一通，雍正的圣旨他是一个字也不听，可等老八允禩出来打圆场时，老十四秒跪。这在雍正看来，意味着在"八爷党"的眼中，大清的皇上是另有其人的。

第三，自雍正继位起，到处都是政治谣言，最出名的就是那句：

十月作乱，八佛被囚，军民怨新主。[1]

"八佛被囚"，言辞极为露骨。这个谣言是谁散布的不重要，重要的是雍正会觉得这是谁散布的。尽管事实上，这事大概率是老九的人干的。

最终，雍正继位不到半年就公开抱怨说：

外间匪类捏造流言，……（朝内佞臣）朋比为奸，摇惑人心。（《清世宗实录》卷四，雍正元年二月初十日）

在外有小人捏造流言诽谤朕，朝中奸臣则结党以蛊惑人心。朕自继位以来，派人外出，你们说我是打击报复；提拔重用，你们说我是私心收买。合着朕里外不是人了？

如此一来，那本就脆弱的幻想被一触即碎，雍正决心坐稳位置，他一定要灭掉允禩的"八爷党"。

雍正二年（1724）三月，年羹尧取得青海大捷，因为年羹尧赢得太快、太漂亮了，雍正彻底在朝堂站稳了脚跟。之后，雍正便对满朝文武进行了一次公开的叫板：

尔诸臣内，但有一人或明奏，或密奏，谓允禩贤于朕躬，为人足重，能有益于社稷国家，朕即让以此位，不少迟疑！[2]

但显然，青海大捷之后，朝野已经没人敢去挑战雍正的权威了。

转年，雍正三年，雍正开始整治允禩。简单来说，就是利用君主权威对允禩进行花样找碴儿，宗人府与部分官员也都迎合雍正，屡屡进行参奏，把允禩折腾得那叫一个不行。

最典型的就是，雍正四年（1726），雍正要允禩交出康熙当年给他写的御批，结果允禩不给，说自己不小心给烧了。可雍正是不会相信这个说法

1　雍正三年（1725），天津州民人郭允进将该话语写成传单。
2　中国第一历史档案馆编《雍正朝起居注册》（第一册），雍正二年四月初七日，中华书局，1993，第205页。

的，最后允禩被逼急了，说道："若有虚言，一家俱死！"（《清世宗实录》卷四〇，雍正四年正月初五日）这话说完，雍正立刻就攥住了把柄，朕和你也是一家，爱新觉罗的子孙谁和你不是一家？你这是在诅咒皇家，是自绝于列祖列宗。

于是，雍正借此将允禩革去亲王爵位、开除宗籍，并交宗人府圈禁。既然要开除宗籍，那就要改名，雍正让允禩自己起名，允禩答道，那就"阿其那"吧。这里辟个谣，满语里的"阿其那"并不是"狗"的意思，当然也不是"猪"的意思，而是"夹冰鱼"，即待宰的鱼，这也算是老八对自己处境的一种自嘲吧。同年六月，雍正就公布了老八的罪状共40条。三个月后，被圈禁的老八意外死亡。

很多人说老八是被雍正下毒而死的，但其实未必，此时的老八已经被雍正彻底击倒，杀死他对雍正没有任何好处，只会让雍正背上"屠弟"的骂名。而至于老八的死，可能有以下两方面的原因：下面的人为了迎合雍正，虐待了老八；老八的人生走到今天这一步，他大概也像母亲卫氏在临终时一样，已然一心求死。

其实允禩在雍正朝并没搞过什么恢复"八王议政"祖制的阴谋，也没犯过什么大错。包括雍正给他定的40条大罪，大多是硬凑数的，极为空洞。甚至连母亲过世，允禩哀号百天都成了罪名。

> 阿其那母妃丧时，凡事逾礼，欲沽孝名。[1]

理由是这体现了允禩的虚伪。如此无厘头的罪名都能在40条大罪中高居第十四位，那这40条大罪整体的风貌，我们也都可想而知了，可以说是欲加之罪，何患无辞。最后，还是乾隆出来表了态：

> 皇考晚年屡向朕谕及，愀然不乐，意颇悔之。（《清史稿·列传七·允禩》）

对于"阿其那"等人的遭遇，父皇晚年也是后悔的，觉得是做得有些过了。

1　见《世宗宪皇帝上谕八旗》卷四,四库全书本, 第48页a。

所以，由乾隆重新恢复了允禩等人的名字与宗籍。

所以，允禩最后被打击的原因其实很简单，你曾是政治权威，你于皇权而言就是个威胁，这和你具体有没有做错什么并无太大关系。

说起来，老八这一辈子，童年起便寄人篱下，好不容易让自己和母亲都翻了身，品德与能力得到了周围人的认可，却又因为和皇权之间的巨大冲突，让自己在废立太子的风波中得罪了父亲，政治生涯提前终结。至于母亲卫氏，不但因自己而死，还受两只将死之鹰的无端牵连，在亡故后仍要被康熙大骂为"贱妇"。在雍正朝，已经接受了现实的允禩，却还是因为自己巨大的政治威望，成了雍正维护君主权威所必须要踢掉的政治路障。穷途末路时的一句赌咒发誓，竟让他最后只能带着"阿其那"这样一个屈辱的名字了却残生。

的确，他只是一条待宰的鱼。

胤禩这个影视剧《雍正王朝》中最大的反派人物，他的人生可能是"九子夺嫡"选手中最悲惨的。试问，有谁想这样活一辈子呢？你可能做对了所有的事，但你还是赢不了。甚至还要在许多年后被人当成大反派，一再被提及。人生之中，许多事终究是不能强求的。也许，胤禩临终前会觉得自己的一生就像是个笑话，充满了遗憾，但他终究还是会为自己让母亲翻身封嫔，至少过上了10年风光的好日子而感到欣慰吧。

老九胤禟:
"我们兄弟没有争天下的道理！"

提起老九胤禟，我们脑海中的印象大多可能就是影视剧《雍正王朝》中那位一心辅佐老八胤禩上位的好弟弟。但事实并非如此。

历史上的老九也曾想自己当太子，只不过因为没什么希望，才转而辅佐老八的，而且之后他又去支持老十四，政治投机的意味非常浓。只可惜是"机关算尽太聪明，反算了卿卿性命"（《红楼梦·第五回》），最后落了个一地鸡毛。

这位在"九子夺嫡"中因颜值而惨遭淘汰的可怜人，是如何一步步把自己逼上了通往"塞思黑"的绝路的呢？

一、群嘲与光亮

先来看看老九的童年。

胤禟出生于康熙二十二年（1683），他的母亲是在康熙朝非常受宠的宜妃郭络罗氏。按理说，母亲受宠，胤禟的童年应该会过得非常幸福，但胤禟是在一片嘲笑声中长大的。原因很简单，胤禟长得不好看。用雍正的话来说就是：

> 塞思黑乃系痴肥臃肿，……皇考从前不比之于人数，弟兄辈亦将伊戏谑轻视。（《清世宗实录》卷四四，雍正四年五月十七日）

从父亲康熙到手足兄弟，大家都不太瞧得上老九，还经常拿他开玩笑。这话听上去虽有些夸张，但与现实其实也相差无几。素有贤名的老八可能是当时为数不多没嘲笑过老九的人，因此他们兄弟二人日后才异常亲近。

如果说胤禟被嘲笑的童年中还有一丝光亮的话，那就是他 10 岁时的"因病得福"。

当时，小胤禟的耳朵上长了一个脓包，使他高烧不退，几乎命悬一线。太医院的中医治不了，最后是两个西洋大夫给他做了外科手术才治好的。胤禟也因此在日后颇亲近洋人。

但真正的光亮之处是，此时正在塞外打猎的父亲康熙得知儿子死里逃生，大喜过望，就让刚刚痊愈的小胤禟赶紧出来一起玩。这是自胤禟出生以来，康熙第一次带他外出，年仅 10 岁的小胤禟，起手就射中两头小鹿，得到了父亲康熙的赞许。只可惜，这份赞许在胤禟的童年中宛如流星般一闪而过。此后，少年时代的胤禟始终处于幽暗的角落中，无人问津。毕竟康熙在看待儿子这一方面，是个"颜控"。

不过，康熙还是给过胤禟一次机会的。胤禟 20 多岁时，康熙安排了出身江南书香世家的秦道然[1]到老九家里做教书先生。其实康熙的潜台词很明显，这就是在劝胤禟要精进学业。但胤禟却没能领会父亲的意图，终究把路给走歪了。

1　秦道然，宋代词人秦观的后人。康熙四十二年（1703）时受康熙赏识被带回京城，后指派给皇九子侍读，雍正即位后受牵连入狱，乾隆元年（1736）被释放。

二、糊涂与投机

尽管胤禟从小就饱经来自兄弟的嘲笑，也缺乏父亲的宠爱，但他还是经常幻想自己能一步登天。

比如，他曾通过编瞎话对自己进行了一番"造神运动"。他说起自己童年时那次耳朵痛，本来他病重昏迷了，结果忽然看到天花板神光大作，殿梁间全是"大罗金仙"，于是醒来后他的病就好了。

> 我幼时耳后患痛，甚危。已经昏迷，忽闻大响一声，我开眼时，见殿梁间金甲神围满，我的病就好了。[1]

此外，老九还对人说过，母亲宜妃怀他时本来也生病了，结果梦中忽然来了一位菩萨，喂了她一块红饼，于是母亲醒来后便百病全消。

> 妃娘娘怀娠之日，身子有病，病中似梦非梦，见正武菩萨赐以红饼，状如日轮，令妃娘娘吃了，果然病愈胎安。[2]

这种暗示"自己是天命所归"的说法，除了胤禟自己和他身边的几个傻瓜太监之外，基本没人信。康熙晚年间，胤禟派人给时任四川巡抚的年羹尧送礼，送礼的人就说，您别看皇九子虽是个胖子，但这相貌其实有大福气，皇九子将来是必定要做皇太子的。结果年羹尧把礼收下之后，幽幽地来了一句：我怎么听说前两天皇上刚把九贝子臭骂了一顿呢？

> 年羹尧向我说："皇上把九贝子很骂了一顿。"[3]

年羹尧这个态度，可以说是康熙朝全体官员对老九的态度的一个缩影了，嗯，就是不大瞧得上。官员之所以瞧不上老九，主要还是因为胤禟贪财，显得他的个人形象太差了。我们今天的影视剧也好，网络上的吐槽也

1　故宫博物院编《〈文献丛编〉全编》（第二册），《文献丛编》第一辑《允禩允禟案》，北京图书馆出版社，2008，第503页。
2　同上。
3　同上书，第493页。

好，经常会说胤禟是"八爷党"的"财神爷"。历史上的胤禟也的确很有钱，但他的钱主要来自敲诈和走私，取财之道相当丢人。

我们可以看一下胤禟早期的敲诈记录：

正蓝旗都统满丕 [1]，银 800 两；吏部郎中陈汝弼 [2]，银 600 两；内阁学士宋大业 [3]，银 500 两；河南知府李廷臣 [4]，银 120 两。

这其中的陈汝弼是当时有名的清官、老实人，敲诈他完全属于霸凌、欺负人；再看李廷臣，一个皇子为了区区 120 两银子，竟然就敲诈了一个知府。如此这般，真是相当没水准。所以汉人大臣普遍对胤禟处事的观感较差。

另外，满人这边对他也没什么好印象。胤禟的女儿嫁给明珠的孙子永福时，明珠已经过世，但家产还在，于是，胤禟就以岳父的身份对着永福连哄带骗，愣是敲诈出了 30 万两白银。转年，胤禟又找到了永福的哥哥永寿的老婆瓜尔佳氏，让瓜尔佳氏认自己为干爹，随后就又以干岳父的身份，敲诈了永寿 8 万两白银。这吃相属实太难看了，逮着明珠家一只羊薅到底。可能在胤禟的心里，纳喇氏和瓜尔佳氏两个大家族加一起，也就只值 40 万两吧。

非但如此，胤禟还搞走私。清朝东北地方的物产，尤其是人参，那都由皇帝的内务府具体经办，是要进皇帝个人的小金库的。胤禟可倒好，直接搞出了一场"大清版三角贸易"：派人去东北，满洲的龙兴之地挖人参；把挖好的人参运到江南高价卖掉，换成丝绸；再把丝绸运到北方卖掉，换取暴利。这当儿子的胤禟，为了钱财，竟连亲爸爸的钱都要抢。如此一来，当时的清廷官场上下，从汉人到满人，从文臣到军功勋贵，大家又会怎么看老九呢？

1　满丕，满洲正蓝旗人，伊尔根觉罗氏。康熙三十五年（1696），因军功被授予云骑尉世职，康熙四十一年（1702）授正蓝旗蒙古都统。
2　陈汝弼，康熙十八年（1679）进士，官至吏部郎中。为人刚直而遭忌恨被弹劾，后被革职返乡。
3　宋大业，康熙进士，初为翰林院编修，累迁内阁学士。康熙四十七年（1708）自认受贿被查处。
4　李廷臣，监生出身，任河南知府期间因私派滥征等罪拟斩监候。

不过，老九也会花钱去收买人心，可基本上，大家的态度就都跟年羹尧一样，钱我们是喜欢的，但你这个人，我们属实看不上。最终，走上歪路、无法回头的胤禟，无奈之下只能对自己的兄弟进行政治投资。

他的第一个投资对象就是老八胤禩。这一方面是出于童年的友谊，另一方面也是出于老八的庞大势力。胤禟对老八不可谓不尽心竭力。胤禩说没钱了，胤禟转身就是大手一挥，这一万两八哥你先拿去花，问题不大。

只可惜，胤禟的支持偶尔还会起些反作用。康熙四十七年，受老大胤禔的连累，老八胤禩惨遭革爵拘禁。老九就拉着老十四一起去找康熙抗议，并在御前当面顶撞。气得康熙破口大骂：你们两个这是在指望他做了皇太子，日后登基好封你们两个当亲王吗？你们说你们有义气，都是好汉？可在朕看来，这只是梁山泊的义气！康熙的这番盛怒表明，其实已然轮不到后来"群臣拥立八阿哥事件"的刺激，因为从这一刻开始，老八的夺嫡之路就已经断了。

就在抗议的当天，老十四差点挨砍，老九胤禟也是结结实实地挨了两耳光，直到散朝回家后脸还肿着，这大概就是"大清第一巴图鲁[1]"的掌力吧。而胤禟这次失败的抗议，甚至还导致在第二年大封皇子时，连弟弟胤禵都被封为了郡王，自己却仍只受封了个最低等级的贝子。

从结局来看，胤禟的第一次政治投资可以说是极其失败的。

不过等到康熙五十七年（1718），老十四胤禵被封为抚远大将军后，胤禟就火速开始了自己的第二次政治投资。这一次的胤禟更加不惜血本，在老十四出征时，他就先送了一万两银子助兴，而后又送了数万两，此外还有各种衣物和礼品，不计其数。比较有意思的是，胤禟还专门动手画了一张新式战车的设计图送到前线去了，不过这应该没用上。而且在康熙六十年（1721）胤禵中途回京述职时，胤禟甚至还专门提前翻修了一遍胤禵府上的花园。

转年，胤禵再次出征，两人在临别时还相互嘱托。老九这边就是：十四弟好好干，立下不世之功，回来你就是太子了！老十四这边则是：请

1　在满语、蒙语中，"巴图鲁"的意思是"勇敢""勇士"。

九哥务必关注好皇阿玛的身体变化！

结果，老十四这边仗还没打完，康熙就驾崩了，老四雍正闪亮登场，胤禟的第二次政治投资彻底失败。

而就在康熙驾崩、雍正登基的那一夜，胤禟的表现相当不正常。当天晚上，年纪最长的老三胤祉并没什么太大的反应，威望最高的老八也只是在院里发呆。偏偏老九胤禟气愤不已，又开腿，鼻孔朝天坐在老四面前，毫无恭敬之意。此外，允禟的母亲宜妃在给康熙奔丧时，是坐着软榻奔赴灵堂的，搞得自己比雍正的亲妈德妃的排场还大，要知道德妃此时还跟在后面走着。甚至在见到雍正时，宜妃还以先帝的宠妃自居，就好像自己才是皇太后一样。

可为什么胤禟会如此气愤？

尽管在影视剧《雍正王朝》中，老四和老九几乎是毫无交集的，但在历史上，他二人的关系却相当"不正常"，或者说，他们曾经很是亲近。比如康熙四十七年，当时太子胤礽被废，惨遭圈禁，老四胤禛和老大胤禔负责对其进行看管。此期间恰好赶上太子胤礽要向康熙申冤，一心想取而代之的老大自然拒绝上奏，并且要求老四和他统一战线。然而令人意想不到的是，在这个关键时刻，没有邬先生（邬思道）的老四胤禛是去找老九胤禟商量这事该怎么办的，而胤禟的答复是：

> 此事关系得大，似乎该奏。[1]

最后，老四听从了老九的意见，而为废太子胤礽上奏申冤的老四不但得到了康熙的赞赏，还在转年被加封为了亲王。此外，康熙五十年（1711），在老八胤禩的母亲卫氏过世时，又是胤禟带头叫老四胤禛来为胤禩轮流送饭的。

因为史料不足，我们很难进一步去分析他们二人之间的关系，但一个合理的推测就是：老四胤禛应该是为了了解"八爷党"的政治动向，长期

1　故宫博物院编《〈文献丛编〉全编》（第三册），《文献丛编》第三辑《允禩允禟案续》，北京图书馆出版社，2008，第136页。

"扮猪吃老虎"，接近老九是为了拿他当作突破口。而向来不太清醒的老九应该也是会错意，还真就误把老四胤禛当成自己的"小弟"了。最终，直到胤禛获胜的这一刻老九才发现自己被耍了，于是异常气愤。

三、赌气与归宿

面对允禟这对母子的态度，雍正做出了回应。在康熙驾崩连一个月都不到的情况下，雍正就下旨将宜妃身边的和允禟身边的一共 3 个贴身太监，分别发配到了新疆、云南、黑龙江，并且雍正还表示：

> 如不肯远去，即令自尽。……仍将骨头送至遣发之处。[1]

你们任要是不想去，可以就地自尽，朕之后会找人把你们的尸骨送过去的。

紧接着转年二月，康熙驾崩刚过百天，雍正就把允禟直接送到了西北的西宁，让他在年羹尧的眼皮底下好生待着。允禟越想越气，于是就开始了自己的赌气之旅。他先是和周围的人发牢骚：

> 不料事情竟至如此，我辈生不如死。[2]

后来，他开始在西北撒钱，收买人心。他的家人在当地市集购物时，从不还价，为的就是让人们夸他好，从侧面来衬托雍正欺负人。之所以说允禟是在赌气，是因为当时真有人相信雍正在欺负他，写信劝允禟要造反时，允禟又答复道：

> 我们兄弟，没有争天下的道理。(《清世宗实录》卷四五，雍正四年六月)

可是，在政治斗争中，要么开打，要么认尿，越赌气拧巴，往往越没

1　萧奭:《永宪录》卷一，中华书局，1959，第 63 页。
2　胤禛:《大义觉迷录》卷三，哈佛大学汉和图书馆藏本，第 52 页 b。

1　萧奭:《永宪录》卷一，中华书局，1959，第 63 页。
2　胤禛:《大义觉迷录》卷三，哈佛大学汉和图书馆藏本，第 52 页 b。

有好下场。雍正三年（1725），允禟的下人在当地闹事，雍正派钦差去找允禟，结果允禟直接当面撑钦差：

> 上责我皆是，我复何言？我行将出家离世！（《清史稿·列传七·允禟》）

皇上批评的都对，我就这样了，没什么可说的！我这就准备出家了。

允禟既不造反，又不认怂，没事还给雍正上上眼药。于是，雍正四年（1726），在雍正向"八爷党"发起总攻时，允禟的结局就注定很凄惨了。要知道雍正找碴儿定罪的能力，可以说是亘古无双的。我们举三个例子：

一、西北当地有人传颂允禟是"九贤王"，雍正便抓住了由头。你一个贝子竟然也敢称王？这不是僭越是什么？于是革除了老九的爵位。

二、允禟为了防备雍正找碴儿，专门学习了如何用拉丁文字母来拼写满语，愣是创造了一种除了他和他的亲信之外谁都看不懂的文字。结果信件被雍正搜出来了，内容看不懂没关系，看着这满是用西洋字母拼写的信件，雍正说胤禟必定是要里通外国，这是叛国。

三、雍正发现老九的儿子弘晸在给老师佟保[1]的信中写道：

> 余尊敬师父，就似遵照阿玛之旨意一样。[2]

你这话是什么意思？允禟说的话要是旨意，那朕的话成什么了？这是谋逆！

好，在凑齐了僭越、叛国和谋逆的罪名后，允禟就被削除宗籍，逮捕回京了。削除宗籍就得改名字，老八给自己改了个"阿其那"，那赌气小王子允禟就不一样了，似乎因为允禟给自己改的名字都过于不正经，最后由老三允祉拍板，给老九起了个名字叫"塞思黑"，这个也不是"猪狗"的意思，而是"讨厌的人"，雍正看后很是满意。

最终，雍正又给允禟定了28条大罪，让允禟带着"塞思黑"这个名字

---

1   佟保，跟随允禟在西宁的笔帖式，将允禟教给他的自创文字教给弘晸。
2   见弘晸满文书信，雍正朝（无具时），中国第一历史档案馆藏；转引自郑小悠、橘玄雅、夏天：《九王夺嫡》，山西人民出版社，2021，第 201 页。

死在了直隶的大牢里，享年 44 岁。至于允禵的死因，至今都是个悬案。史书说他是腹痛而死的，所以很多人都推测允禵是被雍正毒死的，但没有实证。其实，雍正毒死胤禵，着实没必要。不过，时任直隶总督李绂百分之百是虐待过允禵的，至于是雍正授意，还是李绂自己揣摩上意进行逢迎而为之，这可就不好说了。

总之，允禵这一辈子可谓生得难受，活得糊涂，死得痛苦。参与夺嫡缺乏能力，政治投机又缺乏头脑。估计允禵到死都没能想明白自己到底活成了个啥。小时候是哥哥们嘲笑的"讨厌鬼"，临终前则是个没人疼爱的"塞思黑"。相比太清楚自己想要什么而只落得悲惨结局的老大，允禵这一辈子则始终搞不清楚自己想要什么，最终在糊涂赌气之中惨淡收场。

老十胤䄉：母族显贵的搅局者

老十胤䄉的历史形象和影视形象，二者的反差非常大。

影视剧中，老十看起来特别不着调，大街上摆摊，朝堂里放屁，不但借钱修戏园子，没事还满嘴脏话，活脱脱一个莽撞的草包。但这些编排其实都是毫无史实依据的。恰恰相反，历史上老十在康熙的心目中非但不是草包，反而是以"厚道"著称的。

在真实的历史上，老十胤䄉的一生可谓是高开低走。

一、显赫的背景

康熙二十二年（1683），老十胤䄉出生了。之所以说老十背景显赫，主要是基于他母亲温僖贵妃钮祜禄氏身上的两点要素。

第一点，后宫地位显赫。在"九子夺嫡"中，除了老二太子胤礽的生母赫舍里氏是皇后以外，就只有老十的母亲钮祜禄氏是贵妃，其他参与夺嫡的皇子，他们的母亲都只是妃、嫔，甚至贵人。"妃"和"贵妃"，看似只有一字之差，但在皇宫中意味着天壤之别。

第二点，强大的家族实力。在夺嫡的皇子中，老二和老十的母亲的家族实力处于绝对领先地位。因为，比起其他皇子的母亲大多是内务府官员女儿出身，老二胤礽的母亲赫舍里氏是康熙初年辅政大臣索尼的孙女，老

131

十胤䄉的母亲钮祜禄氏则是康熙初年另一位辅政大臣遏必隆的女儿。尽管从个人地位上而言，索尼高于遏必隆，但从家族实力上来看，钮祜禄氏家族是要高于赫舍里氏家族的。

这里展开说一下钮祜禄氏家族的背景故事。

遏必隆的父亲，也就是老十胤䄉的太姥爷，叫额亦都，这是真正的满洲第一代巴图鲁，同清太祖努尔哈赤一起起兵，是当时的议政五大臣之一。而且，额亦都本人不仅在战场上十分勇猛，在家里也是一样，他一共生了16个儿子，遏必隆排第十六。更重要的是，额亦都的儿子们大多骁勇善战。总而言之，额亦都这一大家子全是清朝初建时期的开国元勋，家族里的人所担任的官职包括但不限于：议政大臣、领侍卫内大臣、兵部尚书、吏部尚书、工部尚书、户部尚书、刑部尚书。

而且在清朝政权建立之初，战争频繁，皇家为了维护自身的统治，也会极力拉拢军功家族，典型的手段就是联姻。于是，额亦都本人先后娶了努尔哈赤的堂妹和女儿；而额亦都这边，也有一个女儿嫁给了皇太极，三个孙女嫁给了康熙。在这三个孙女中，就有一位是老十胤䄉的母亲温僖贵妃。所以，爱新觉罗皇族和钮祜禄氏家族在清朝初期可以说是联姻最频繁的组合之一了。

什么叫权贵？钮祜禄氏家族，就是清朝初期最正经八百的权贵。但有意思的是，在康熙朝，一共有三个钮祜禄氏后妃，但只生下老十胤䄉这么一个皇子。所以我们完全可以想象，老十童年时，他的待遇绝对称得上众星捧月。再看康熙本人，他既看重出身，又有拉拢钮祜禄氏一族的现实需要，所以对老十也宠爱有加。

最能证明其宠爱的就是，康熙在老十胤䄉17岁时，专门安排他迎娶蒙古乌尔章噶喇普郡王的女儿博尔济吉特氏。要知道，其他阿哥大多娶的是朝廷官员的女儿，老十却娶了一个蒙古王爷的女儿，这放在当时康熙朝所有的皇子中，都是独一份的，但这也成了老十胤䄉人生悲剧的一个巨大伏笔。这个伏笔后文会详述，目前的问题则是：这样一位自出生就有着显赫背景的皇子，他为什么会高开低走，以至于在整场"九子夺嫡"的斗争中，都显得有些碌碌无为呢？

二、注定的失败

所谓"成也萧何，败也萧何"，老十因为显赫的背景在获得了康熙宠爱的同时，也注定了他难以夺嫡成功。因为，无论是康熙本人还是其他朝臣，应该都不会愿意看到钮祜禄氏一家独大的局面，尤其是在国家统治日趋稳定的情况下。所以，老十在夺嫡游戏中看似强势，其实隐性的制约也更大，夺嫡在大概率上是会失败的。

再看老十胤䄉本身，他能力平庸，才干有限，也很难服众。我们可以看看雍正在翻脸后对老十的评价：

> 允䄉卑鄙性成，行止妄乱。文学武艺蒙皇考训谕数十年，终于一无所成。平生无一事可以上慰皇考圣心。（《清世宗实录》卷一八，雍正二年四月初八日）

这老十，学东西学了几十年，最后干啥啥不行、做啥啥不成。可能有的读者会认为，雍正和老十关系对立，所以他的评价肯定不真实，不能以此作为老十能力平庸的证据。但我们要知道，老四这个人虽然说话容易夸大其词，但他很少会凭空捏造。他在打压自己的那些兄弟时，骂起人来都是有的放矢的。比如，批评老三"王口钝"，说老三表达能力不好；批评老九则是"痴肥臃肿"，说人家胖、长得难看。唯独到了老十这里，雍正直接一棒子打死，"一无所成""平生无一事可以上慰皇考圣心"，可见老十大概率是真的才能平庸。甚至包括钮祜禄氏家族自身，都没有坚定地支持老十夺嫡。

比如老十的亲舅舅，领侍卫大臣、刑部尚书钮祜禄·阿灵阿就选择了支持老八，而且成了"八爷党"当时的核心领袖。钮祜禄氏之所以选老八，道理也很简单，眼见着老十没有希望，在横向对比其他那些或暴躁或喜怒不定的阿哥后，显然只有皇子中脾气最温顺且久负贤名的老八才会是成为新君后最容易向勋贵家族妥协的那一个。

于是，一方面因为家族的裹挟，另一方面也可能是因为年龄相近，老八又待人谦和，所以相对平庸的老十自然也就成为"八爷党"的一员了。但老十也绝对不是影视剧中所演的成了"八爷党"的核心成员。证据就是在康熙四十七年（1708）老八获罪时，老九和老十四冲出来作保，可老十并没有参与此次行动。而且，在转年的康熙四十八年（1709）大封皇子时，在老八保留贝勒爵位，老九和老十四仅封了贝子的情况下，老十是直接被封为郡王的，在爵位上仅次于老三、老四、老五这三位亲王。

因此，很明显，老十的封王，一方面有康熙拉拢钮祜禄氏家族的考虑，但另一方面也体现出，康熙眼中的老十并不属于"八爷党"的核心人物，老十也就没有受到牵连。而且，哪怕在老九胤禟的眼中，老十似乎也离"八爷党"很远。因为，就在老十获封郡王后，老九曾对身边的人发牢骚道：

> 将我们降一等，他们升一等。[1]

从这句话不难看出，老九显然是没把老十当自己人的。

多说一句，康熙给老十的封号叫"敦郡王"。"敦"，也就是厚道，我们既可以理解成"憨厚"，也可以理解成"单纯"，或是解读成其他类似的含义。总之，观察康熙朝的史料后可得知，老十应该只是"八爷党"的边缘人物。

那如此一个可能比较憨厚，又只是"八爷党"边缘人物的老十，他到底犯了什么错而惨遭雍正拘禁呢？

三、被误会的结局

老十在雍正朝挨整这件事，充满了意外因素。

故事的起因要从一个大家不太熟悉的人讲起——丹巴罗桑丹贝坚赞，这位是蒙古黄教[2]当时的活佛。为什么要从他讲起呢？因为这位大师曾于

---

1 故宫博物院编《〈文献丛编〉全编》（第三册），《文献丛编》第三辑《允䄉允禵案续》，北京图书馆出版社，2008，第136页。
2 即格鲁派，藏传佛教教派之一。清顺治时期，达赖五世活佛受册封，此后格鲁派在藏蒙等地区广泛流传。因该派喇嘛戴黄帽，俗称"黄教"。

康熙二十七年（1688），在蒙古面对噶尔丹的进攻时，成功劝说蒙古喀尔喀部归顺清朝。而投桃报李，康熙也封大师为蒙古呼图克图大喇嘛，之后，大师在京城讲学了十几年，和康熙缔结下了深厚的友谊后才返回了蒙古。

于是，康熙六十一年（1722），远在蒙古的大师听到老友康熙驾崩的消息后，不顾自己 88 岁的高龄，非要来京城给康熙吊丧。最后，果然不出所料，因为年事已高，受不了舟车劳顿，就在雍正元年（1723），大师到北京不久后就去世了，享年 89 岁。但这就留给了雍正一个烫手的山芋——蒙古活佛在你这儿圆寂了，为了满蒙团结和宗教稳定，朝廷必须要派一位高级宗室出面把大师的遗体送回蒙古。

那派谁去呢？雍正左看右看，于公于私，都只有老十最合适。于公，在爵位上，老十是王爵，够分量；于私，在亲情上，老十是蒙古女婿，这在当时的诸多兄弟中，也是独一份的。此时，不管谁是皇帝，老十都会是首选。

但老十本人是非常不想去的，原因有三个：

一、此时，康熙的丧期还未满百天，出于孝道，老十不愿意动身。

二、老十可能也不太喜欢蒙古。老十共有 9 个子女，只有一个是他的蒙古大老婆所生，另外 8 个都是他两个小妾所生，那他婚后和谁更亲近也一目了然。偏偏这大老婆又是蒙古王爷家的女儿，目前虽没有史料可以佐证，但老十婚后和蒙古那边的关系大概率不是很和谐。

三、老十到底是"八爷党"的成员，尽管是非常边缘的成员，但老十和雍正也是对立关系。老十觉得雍正在故意挤对他走。

结果，屋漏偏逢连夜雨，起初就不愿意动身的老十走了没多远，出了北京后刚到张家口就病了，然后就不想动了。别人催他，他却说皇上有旨意，要召他回去：

> 允䄉托疾不行，旋称有旨召还，居张家口。（《清史稿·列传七·辅国公允䄉》）

可雍正根本没下旨，这只是他拖延的借口。雍正起初也确实没太搭理老十，

135

姑且就让他先养着吧。之后歇得差不多了，就有人继续催老十赶紧上路，这大师的遗体还在棺材里躺着呢。可老十还是在张家口赖着不愿意动，就想着若是能把这事拖黄了，就让雍正把他召回京了事。

不过这可能吗？雍正不要面子吗？而且老十的这一连串行为属于先假传圣旨，再懒政抗旨，都不用雍正找碴儿，一顶"破坏满蒙团结"的帽子，就能轻松地扣在他脑袋上。

不过，真正惹恼了雍正的还是老十在生病期间不问医生问鬼神，搞了个祭祀祈福的仪式。按说这也没什么，可坏就坏在老十的祷告文里写了"雍正新君"四字。不称"皇上"已经是不敬了，偏偏还在祭祀鬼神的时候反复念叨雍正的名字，谁知道你这是在祈福还是在魇镇？再加上他之前一连串的失礼行为，也许老十只是无心之失，但在雍正看来，老十这绝对是在挑衅君主权威且已有图谋不轨的倾向了。

偏偏老八当时正担着理藩院尚书的差事，专管维护满蒙关系的业务，雍正就下令让老八胤禩去查办老十。这出"权力的游戏"，算是让雍正玩明白了。

老八一开始还好心地写信，劝老十赶紧去蒙古。结果雍正大怒，你这是什么意思？朕的圣旨还不如你老八的书信管用？咱俩到底谁是皇上？蒙古这边朕现在也不用他老十去了，朕现在就找你老八问话，老十如此抗旨不遵，破坏满蒙团结，到底该怎么定罪？没办法，老八最终给出的处理结果是：

> 应革去多罗郡王，撤其所属佐领，没入家产解回，交宗人府永远禁锢。（《清世宗实录》卷一八，雍正二年四月初八日）

雍正看后则表示很伤心，说朕也是重感情的人，老十也是我们的手足兄弟，但既然廉亲王你都这么说了，国法无情，朕也只能照准了。

> 虽系兄弟，亦难顾惜。……或照允禩所议治罪。（《清世宗实录》卷一八，雍正二年四月初八日）

于是，雍正二年（1724），老十就这样成了"八爷党"中第一个被革除爵位、惨遭拘禁的皇子。可能是考虑到老十背后的钮祜禄氏家族的影响力，比起后来在圈禁当年就被折磨致死的老八、老九，老十尽管被圈禁了13年，却始终安然无恙。最终他熬到了乾隆二年（1737），被乾隆放了出来，并封了个辅国公的爵位。但此时的老十已经深感自己与世界格格不入，最终在乾隆六年（1741）撒手离世，享年59岁。

不知道老十这高开低走、略显窝囊的一生，算不算得上善终。

老三胤祉：年长位高的落寞亲王

我们印象中的老三仿佛始终是"九子夺嫡"之争中的一个边缘人物。但在真实的历史中，老三既是康熙的皇子中最早封郡王的，又是最早封亲王的。在康熙晚年间，他也曾是皇位的有力竞争者之一。可老三又为何最终会在夺嫡斗争中功亏一篑，并在雍正朝屡屡惨遭打击呢？

老三的一生痛苦又无奈，虽然贵为皇子，但颇让人感到同情。

一、命运的起点

康熙十六年（1677），胤祉出生了。

老三命运的悲剧属性仿佛从他出生起就注定了，因为老三非常有可能存在先天性的语言障碍，也就是我们俗称的"磕巴"。证据有两条：雍正八年（1730），老四与老三彻底撕破脸时，雍正就挖苦老三道：

> 年至六岁，尚不能言。[1]

这话也许有点夸张，但按雍正换着花样找碴儿的本事来看，这应该并非空

---

[1]　见《世宗宪皇帝上谕旗务议覆》卷八，四库全书本，第8页a。

穴来风；雍正四年（1726）时，雍正也损过老三：

> 王口钝，著缮文具奏。[1]

意思是听老三你说话可真是费劲，你还是回去写个折子给朕看吧。这一年，老三已经50岁了，他大概率一辈子都会在语言表达上存在某种缺陷。

但如果说上天为你关上了一扇门，那必定还会再为你打开一扇窗，而上天则为老三打开了10扇窗。受表达天赋的限制，老三从小就一门心思扑在学习上，而且他的学习天赋极高。因此，单论个人能力的话，老三恐怕是康熙众皇子中最强大的那一个，是一个标准的"六边形战士"。

胤祉不仅国学功底很好，而且写得一手好书法，今天如果我们到北京广济寺去，仍然能看到老三亲笔题写的碑文。除了书法，老三还知天文、懂历法，曾筹划让康熙朝7个省的天文台测量北极高度与日影，以编修历书。此外，老三还学过《几何原理》，可谓"文理双修"。甚至，大家可能想不到的是，不同于影视剧中的书生形象，老三的武艺也很高，出塞围猎时，在骑射方面，老三是能与老大并驾齐驱的顶级选手。所以，单看老三的个人能力，论文化，中西通吃；论武艺，弓马娴熟。如果老三参与的不是夺嫡的政治游戏，而是比拼个人能力的大奖赛，估计老三能拿奖拿到手软。但很可惜，他没那个命，生在帝王家，注定逃不脱政治斗争的巨大旋涡。

不过，老三胤祉也很清楚自己在人际交往方面存在的缺陷，所以早期的胤祉并未参与夺嫡，而是一个坚定的"太子党"。康熙活着，就忠于康熙；若康熙没了，那就忠于太子胤礽。这似乎是一个看起来几近完美的方案，但无奈的是，他的兄弟们没有一个是省油的灯。

1　中国第一历史档案馆藏满文朱批奏折，允祉奏，无朝年，第212号；转引自杨珍:《满文密折所见诚亲王允祉与雍正帝胤禛》，载中国社会科学院历史研究所、日本东方学会、大东文化大学编《第一届中日学者中国古代史论坛文集》，中国社会科学出版社，2010，第443页。

二、错入的迷局

老三之所以会被卷进夺嫡的旋涡中，本质上还是因为他自身那遮掩不住的优秀才能。

康熙三十二年（1693），曲阜孔庙落成，作为皇子中文化水平最高的，年仅17岁的老三便代表皇家前去祭孔。同行的两个跟班分别是老四和老八。

康熙三十五年（1696），作为皇子中武艺水平最高层次的，年仅20岁的他就统领了镶红旗大营，随父亲康熙亲征噶尔丹。当时，老大胤禔是前军统帅，但史书上并没记载胤禔的作战方略，却完整地留下了一份老三胤祉所做的军事行动方案。在一次军事会议上，他先是有理有据地否定了时任抚远大将军的费扬古[1]的行动方案，强调了兵贵神速的重要性，之后又拟订出了大军两面合围进行突击的新方案。最终，康熙被说服，采取了老三的方案。

> 统领镶红旗兵皇三子允（胤）祉、领侍卫内大臣公福善等议：臣等以为大将军伯费扬古奏称，迟延五六日，初八日出翁金口东。今噶尔丹，见在巴颜乌阑近处，若待伯费扬古兵至，时日稍迟，恐贼闻风逃窜，亦未可知。即以中路大兵剿灭贼寇，未为不足。既已近抵克鲁伦河，似应一面移文，催西路之兵；一面使贼不及为备，前往击之。（《清圣祖实录》卷一七二，康熙三十五年四月二十三日）

不得不说，老三这一套方案看起来简单，但背后展现出的却是老三对当时双方兵力对比、敌情心理分析、军事地理概况等多方面要素的精准把控，同时还有他在关键时刻敢于表态的决断能力。且那时老三才20岁，假如康熙朝再动荡一些，战事再多一些的话，老三或许是能成为一代名将的。只不过当年康熙就取得了昭莫多大捷，西北基本平定。

1　费扬古，满洲正白旗人。曾参与平定吴三桂的叛乱，在康熙三十四年（1695）任抚远大将军，次年随康熙征噶尔丹，在昭莫多（位于今乌兰巴托东）大败准噶尔军。后还京师，进一等公。

尽管老三没能成为名将，却也因为军功在两年后被封为了诚郡王。康熙三十七年（1698），这一年，老三22岁，他和27岁的老大成了当时（仅有的两个）封王的皇子。很可惜，他这个王爷只当了一年零几个月。在老三封王的第二年，康熙的宠妃敏妃，也就是老十三的生母章佳氏过世了。就在章佳氏过世未满百天的情况下，胤祉在家里偷偷把头给剃了，这是绝对违背丧礼规定的。而自幼父母早丧的康熙又非常重视亲情和孝道，于是，康熙不但把胤祉严厉地训斥了一番，还把老三从郡王降成了贝勒。

　　当然，这次事件对老三人生的影响绝不仅仅是丢了王爵这么简单。更要命的是，老三成功地让当时年仅14岁的老十三胤祥彻彻底底地恨上了他。侮辱亡母，不共戴天。这可以算是老三即将在雍正朝走向悲惨结局的人生伏笔了。

　　说回来，尽管老三丢了王位，但他能力依然突出，还是很受父亲康熙的喜爱。康熙在各地巡游时，也仍然愿意带着老三。

　　而到了康熙四十七年（1708）太子胤礽第一次被废时，老三完成了一次人生的大逆转。正当太子被废、老大胤禔兴奋得像风口上的飞猪一般上蹿下跳之际，老三出面指控老大收买蒙古喇嘛巴汉格隆，欲图魇镇太子。这不但直接将老大一击必杀，还为康熙复立胤礽找到了绝佳的理由，即此前废太子胤礽的古怪行为都由老大魇镇所致。

　　相信许多看过影视剧《雍正王朝》的人，应该还对剧中老三举报老大，然后其他所有阿哥异口同声惊讶地喊出"魇镇！"的画面有印象。仿佛这件事除了老三，其他人都不知道。在历史上，这件事还真是只有老三才知道。因为替老大胤禔魇镇太子的蒙古喇嘛巴汉格隆，其实最早是老三手底下的人。而且，老三还一直都知道巴汉格隆会诅咒人性命的魇镇之术，于是在巴汉格隆被老大请走后，便派人一直紧盯着，并得到了后续的消息。

　　所以，老三举报老大魇镇这件事，细想起来对老三来说还是挺有风险的。因为康熙但凡多一点怀疑，就冲巴汉格隆同老三过往的关系，老三的政治前途兴许就被毁掉了。

　　针对老三冒险举报老大这件事的原因，人们往往有两种推测：一是老三心思缜密，富贵险中求，力争一口气送走老大，干掉一个夺嫡对手；二是老三心思单纯，他就是想为太子鸣不平，甚至冒着把自己搭进去的风险也要把二哥胤礽保出来。

纵观老三一生的命运轨迹，后者的推测似乎更为合理。

因为老三这一生在人心算计上的水平是很差的，而且老三能主动同康熙坦白自己与巴汉格隆的关系，也证明老三此前从未借助巴汉格隆进行过魇镇，更有可能的是学霸老三压根就不相信魇镇这类东西，毕竟"子不语怪、力、乱、神"（《论语·述而》）。因此，老三这次举报老大，力保老二，应该还是在固守他年轻时那个"康熙活着就忠于康熙，康熙没了就忠于太子"的既定思路。

而且从结果看，康熙的最终判断似乎也是认定老三的目的就是单纯地保太子，所以他才会在转年将老三胤祉直接晋升为亲王，没有做任何处罚。封王那一年的胤祉33岁。

故事发展到此，这样一个看似与世无争的老三，究竟又如何卷进了"九子夺嫡"的乱局中了呢？

这里主要有三个原因：

第一，康熙五十一年（1712），太子胤礽再次被废，并且康熙郑重声明决不会复立胤礽。在康熙的诸多皇子中，老大、老二全被圈禁出局，老三则成了夺嫡选手中年纪最大的皇子，且他还是亲王爵位，能力又拔得头筹。即便老三本来不曾想参与夺嫡，可气氛都烘托到这儿了，他怎么也得琢磨一下自己有没有机会继承皇位。

第二，康熙对老三异常亲近。根据《清圣祖实录》的记载，康熙晚年间，康熙先后去老三家里吃饭的次数达18次，是皇子中最多的；排在第二的老四只有11次。要知道以雍正修改史料的"良好习惯"，能出现这样一组数字对比，那康熙大概率真的去过老四家11次，但康熙去老三家很可能不止18次。父亲的特别亲近自然也会助长胤祉的野心。

第三，老三开始有了自己的夺嫡班底，而且草创团队还都是康熙给的。康熙朝中后期，康熙陆续安排了许多学者到老三的门下同老三一起编书。在这些学者中，最出名的是陈梦雷，他是康熙朝早年间的进士，此外，还有不少翰林院的官员，如魏廷珍[1]等。甚至在康熙五十二年（1713），康熙还专门让老三在畅春园开了个叫"蒙养斋馆"的编辑室，专门负责编书。

老三当时主要编了两部书，第一部叫《律历渊源》，内容涉及音乐、历法、数学等多个方面。这部书的规模比较小，在康熙朝就编完了。

这第二部书就厉害了，叫《古今图书集成》，是中国古代现存规模最大的类书，直到康熙驾崩都没编完。也就是在编这部书的过程中，老三大量吸纳各种文人进入他的图书编辑室里，此外还有一些官员就干脆把这条路线当成自己晋升的捷径。用当时的人的话说就是：

> 王总裁集成馆书局，延揽名流，游其门者通显可立致。[2]

所以此时的老三，年纪、爵位占优，又有了一票自己的班底，因此，很多官员也自然在观望，老皇帝到底会不会把大位传给老三呢？甚至在这期间，还出现了一起特别有意思的诈骗案。

康熙五十五年（1716），有个叫孟光祖的人，他自称是老三胤祉的门人，到处招摇撞骗，去找各省的督抚索要钱财。有的督抚发现了他是骗子，可也不敢上奏，因为怕得罪老三，让老三觉得他们是故意泼脏水；而有的督抚则是宁可信其真，还真就给了他一些礼物。于是，孟光祖就这样一路骗到了直隶，才被当地官员给举报了。

我们可以猜猜接到举报后的康熙是什么样的反应呢？震怒吗？不，是对老三无比爱护。

当时康熙一边叫刑部严加审问孟光祖，另一边则叫来和老三一起编书的翰林院官员说明情况，并明明白白地告诉与老三相处时间最长的魏廷珍：

> 每日与三阿哥一处修书，若有此事，即当以身命保之。[3]

三阿哥的为人你最清楚，即便这事是真的，你也要去写折子以身家性命来

---

1 魏廷珍，康熙五十二年进士，授编修，后官至工部尚书。
2 见《博野县志》卷六，《儒林》，新华出版社，1996，第 9 页 a。
3 中国第一历史档案馆整理《康熙起居注》，康熙五十六年三月初五日，中华书局，1984，第 2365 页。

保全三阿哥。这件事的结局就是，康熙把孟光祖和那些受了骗的有意结交皇子的督抚都惩治了一圈，老三本人是一点事也没有。

非但如此，老三在康熙晚年间所受的恩宠还在不断上升。比如康熙五十八年（1719），老三曾代表康熙前去祭天；康熙五十九年（1720），老三的嫡长子弘晟又被康熙加封为世子。

然而，这些种种巨大的优势就能证明康熙有意传位给老三吗？还真就未必，康熙应该是没这个打算的，因为老三的缺陷也是非常明显的。他与人打交道的能力已经差到了几乎难以参与到政治游戏之中的地步。

而且，老三虽然有了自己的班底，但他的政治班底其实仍约等于零。我们可以捋一捋朝廷内的几股势力：首先，朝内的满洲勋贵仍然是力挺"八爷党"的，老八不行了，就挺老十四，反正没来老三这边；其次，早期可以和满洲勋贵掰手腕的"太子党"残余势力全被老十三胤祥接收了，并暗地里转到了老四胤禛的手中；最后，老三本来最有可能笼络的汉人官僚，又因为老三的亲信陈梦雷和汉人官员领袖李光地是死对头，导致老三连这最后一股势力也没笼络到。老三若是想靠书馆里那几个编书的去争天下，那简直是天方夜谭。

最关键的是，老三连这几个编书的都没能控制好。比如陈梦雷，此人虽是老三的亲信，但其实是个首鼠两端的货色。陈梦雷在康熙晚期就托人做了个"天降大位"的祥瑞牌位，然后居然把牌位的名字空了出来，没写。等雍正登基之后，陈梦雷转手填了个雍正的名字就给进献上去了，并说这是新发现的祥瑞。不过雍正心里清楚得很，谁不知道你陈梦雷是三哥的人，拿这么个东西哄傻小子呢？雍正在收到礼物后，甚是"满意"，当即就把陈梦雷抓起来给发配了。

所以，一个连自己的编辑室都管不好的人，又怎么能把江山托付给他呢？这一点，康熙应该比我们看得更清楚。其实老三自己也很清楚，于是，在康熙驾崩的那一夜，听到老四继位的消息后，他在和老八密语几句之后，便率先跪下给老四雍正磕头了。只是老三没想到，他的低姿态并没能换来一个好结局。

三、挣扎的迷雾

雍正继位之后，送给老三的下马威必不可少，"三板斧"这就接连砍来了。

第一，打压政治地位。雍正先封了老八、老十三为亲王，并且任命两人为总理事务大臣。让两人不但从爵位上同老三持平，甚至还在行政上压了老三一头。更绝的是，雍正还专门安排老三先行去给康熙守陵，暂时把他踢出了权力中心。

第二，拆散政治班底。雍正立刻就把老三从还没编完的《古今图书集成》的编辑室给踢了出去，转而安排了亲信蒋廷锡去接班。并且，雍正还把自陈梦雷以下，和老三有关系的人都给处理了，重新安排了新的翰林院官员去接手相关工作。

第三，敲打家庭成员。借助一起常见的敲诈案，雍正直接革除了老三长子弘晟的世子身份，把他降成了闲散宗室。

雍正的"三板斧"砍下来，直接把老三给砍蒙了，本就不擅长搞人际关系的他，这下子更是不知道自己该怎么和这位皇上四弟相处了。

老三一到雍正朝就惨遭打击的原因，主要有以下两方面：

第一，老三对老四有法理上的威胁。比如，老四自己成功继位的优势是年纪大、爵位高，但老三在这方面的优势更大，老三的存在本身就是对雍正继位的合法性的重大威胁。同时，老三还有自己的政治势力，但是又偏弱，所以他不像同样是威胁的老八，老八因为势力庞大，雍正就只能先拉拢试试看。老三则实力有限，当然一开场就得敲打住。

第二，这大概率是因为老三年轻时得罪了老十三。侮辱亡母，老十三肯定是一直记恨老三的。十三弟的仇人，自然就是老四的仇人了。所以即便是为了安抚老十三的情绪，也得收拾老三。

然而老三的人生悲剧，还不止于此。

雍正四年（1726），当时雍正已经干翻了老八，就问老三该怎么给老八定罪。可是，这种问题你让老三怎么回答？作为兄长，难道要说杀了老八吗？他说不出口。可若是定得轻了，谁知道你雍正到底想怎么样？然后老三就迟疑了，而就在短暂的犹疑之间，雍正的脸色瞬间就不好看了。

老三回去之后越想越怕，极为担心自己这位多疑的皇上四弟，怕不是把自己也当成了老八的同党了吧？于是，老三连忙上奏雍正，至于这折子里的内容，那真是卑微到尘埃里了，开篇就是：

> 臣允祉谨奏……臣未奏明实情，未尽竭诚之心，至使主子怀疑，乃是背离主子，忤逆上苍之人。[1]

最后收尾又是：

> 臣允祉乃一奴才，忝为人兄，竟敢如同主子之手足。主子如何想，谕旨如何言，我就如何遵照而行。此外再无他言。伏乞主子阅讫批还。若无主子圣明奇恩，我岂能存活至今。[2]

老三毕竟是哥哥，他这么卑微地跟雍正说话，我们旁人读着就已经相当难受了。

可再看一下雍正的回复，我们可能更能感受到帝王的凉薄。雍正的答复先是：

> 朕含泪阅之，大为赞赏。[3]

看着还不错是吧？但之后雍正又挖苦老三道：

> 只是阿哥原本善于说谎哄人。[4]

最后，雍正还扬扬得意地总结陈词说：

> 欣喜阅之，畅快之至，感激不尽！[5]

1　中国第一历史档案馆藏满文奏折，允祉奏，无朝年，第212号；转引自杨珍：《满文密折所见诚亲王允祉与雍正帝胤禛》，载中国社会科学院历史研究所、日本东方学会、大东文化大学编《第一届中日学者中国古代史论坛文集》，中国社会科学出版社，2010，第443页。
2　同上书，第444页。
3　同上。
4　同上。
5　同上书，第445页。

我们也不知道雍正是怎么做到在含泪的同时又欣喜畅快的，总之，这里的雍正是不厚道的，这就是在肆意侮辱老三。雍正自己也曾评价说他三哥是个"心胆尚小"[1]的人。那雍正明知道人家心胆小，还如此欺辱，多少有些过分了。

这还只是雍正四年的事，两年后，到了雍正六年（1728），老三就更惨了。老三早年间辛苦编纂的《古今图书集成》，到了这一年终于刻印完毕。一共刻印了两个版本，高级版是用绵纸印的，有19套；低级版是用竹纸印的，有45套。结果，雍正把高级版送给了老十三、老十六、老十七，还有张廷玉、岳钟琪等人，甚至连年仅8岁的福惠阿哥[2]都有一套高级版；轮到老三就只送了一套低级版，这可是老三耗费多年的心血，最后也是敷衍了事。

就在这个当口，老十七允礼跑来查老三的账了。他说老三曾勒索过手下的门人，气得老三破口大骂，连你老十七都欺负到我脑袋上了？我不只是你老十七的三哥，我还是当今皇上的三哥呢！老十七，你休要欺人太甚！如此一来，老三是骂痛快了，可他就没想过，这老十七敢来查他，肯定是背后有人撑腰的。而这个人不是别人，正是"常务副皇帝"老十三。于是，老十三直接上奏参了老三一本：

> 自称皇上之兄，狂肆无礼。又将办理公务之王、大臣痛加诃诋，毫无忌惮。悖理营私，罔顾大义，请敕下宗人府严加议处。[3]

老十三状告老三，我们拿脚都能想出来雍正会怎样进行裁决。果然，雍正宣判老三的亲王爵位降成郡王，比老十七都矮了一截。

但不久后却有一个意外情况出现，就是宣传雍正弑父杀弟的"曾静案"[4]爆发了。彼时雍正的心思就全扑在洗脱自己的污名上了，在雍正七年

---

1 "允祉从前过恶多端，不可枚举。但因其心胆尚小，未必敢为大奸大恶之事。"（《世宗宪皇帝上谕八旗》）
2 雍正皇帝第八子。
3 中国第一历史档案馆编《雍正朝起居注册》（第三册），雍正六年二月初二日，中华书局，1993，第1761页。
4 秀才曾静读吕留良遗作，深受反清复明等思想的影响，反对清朝的统治。雍正六年，曾静派门人投书川陕总督岳钟琪，劝其造反，被岳告发下狱。审问后，雍正将该案相关上谕、曾静的口供及忏悔之言集为《大义觉迷录》，并将曾静免罪释归。

（1729）他还出版了清朝名著《大义觉迷录》来为自己的种种传闻进行解释说明，同时为了配合《大义觉迷录》的出版，雍正还在当年恢复了老三允祉的亲王爵位，以此来表示自己对兄长还是很不错的。

可好景不长，雍正八年（1730）二月，老三允祉的爵位刚被恢复，老十三就在五月份去世了。雍正受不了打击，痛哭流涕。可老三允祉却不一样，他和老十三本来就是对头，因此老三不但在丧礼上面无哀色，而且在丧期内还经常迟到早退。最终，雍正在盛怒之下，也管不了自己在社会上的名声了，当即发布长文，历数老三从小就说话费劲等种种"罪过"，之后又命令宗人府的全体王公属员以最高级别的标准，加班加点地开会给老三定罪。最后，就在老十三去世的当月，雍正就定出了老三的 10 条大罪，并在夺去了老三的爵位后，圈禁他到景山反省去了。

两年后，雍正十年（1732），老三死在了景山，终年 56 岁，总算是结束了他自己这别别扭扭的一生。之后，在乾隆二年（1737），乾隆宣布恢复他三大爷允祉的亲王爵位，还给了一个颇有意味的谥号——"隐"。老三胤祉若是泉下有知，会想着自己这一辈子若是真能"隐"起来就好了。可惜一身的才华最终也躲不开政治旋涡的诱惑与冲击，他的人生，总归是以悲剧收尾的。

老十四胤禵：一母同胞的最终角逐

老十四是"九子夺嫡"选手中年纪最小的阿哥，但他的形象却似乎相当成熟、复杂。在长期以来的政治传说中，人们经常说他才是康熙真正属意的继承人，可他最后不但丢了皇位，还惨遭圈禁，是个典型的悲剧人物。影视剧《雍正王朝》塑造的老十四又颇有些胆大且"腹黑"的阴谋家的味道。

这些对老十四的不同理解，其实都有待商榷。历史上的老十四，更像是一个经历了意外的崛起后，却最终在一场夺嫡的迷梦中逐渐失去自我的人。

老十四胤禵，这位清朝唯一的"大将军王"，他的一生颇为迷幻。

一、背向而行的兄弟

众所周知，老十四胤禵和老四胤禛都是德妃乌雅氏的儿子，是"九子夺嫡"中唯一的一对亲兄弟。可老十四最终却以"八爷党"的身份，站到了亲哥哥老四的对立面。为什么会出现这种局面呢？一切都要从老十四的童年说起。

康熙二十七年（1688），老十四胤禵出生了。乌雅氏一共有三个儿子，但只有老十四和她的感情才是最深的。

乌雅氏的大儿子就是老四胤禛，但因为乌雅氏当时刚入宫不久，地位较低，所以老四刚满月就被送到了贵妃佟佳氏的宫中，由后者抚养长大，这便导致老四与乌雅氏母子间的感情很淡。而乌雅氏的二儿子，也就是老六胤祚，在6岁时就夭折了，乌雅氏对老二在感情上更多的应该是伤心与遗憾。而就在胤祚夭折三年后，老十四出生了。因此，老十四不但是乌雅氏经历了丧子之痛后一个全新的精神寄托，更是乌雅氏唯一亲自养大的孩子。在这样的背景下，老十四从小就享受着母亲的无限溺爱与偏心。

以老四的"心胸开阔"，眼睁睁看着母亲偏心眼，他的心里是不可能不嫉妒的。尤其在老四小时候，他还曾被康熙批评"喜怒不定"。

> 原有幼年微觉喜怒不定一语。(《清世宗实录》卷四九，雍正四年十月初八日)

因此，在老十四的童年记忆中，多半有着一个温暖的母亲，一个威严的父亲，还有一个脾气古怪的哥哥。所以便不难理解，他们兄弟二人注定是会有隔阂的。

不过老十四为什么又会和老八走到一起呢？这其中他们母辈的缘分可谓是妙不可言。

很多读者不了解的是，乌雅氏和老八的母亲卫氏，以及老十二的母亲万琉哈氏，三个人是同一天进宫的。这种特殊的缘分，就使得她们姐妹间的关系非常好，她们的孩子们自然也会经常在一起活动。此时换位思考，假如我们是老十四，面对自己从小就常见到的三位哥哥，一位是喜怒不定的老四，一位是素有贤名、待人和善的老八，还有一位是相对平庸的老十二，我们会更亲近谁呢？毫无疑问是老八。

除了胤禵童年时的兄弟关系，再看他自身，老十四胤禵的个人能力应该也是很强的，虽然不知为何历史上没有留下直接的史料证据，但有两项侧面的证据，可供我们做出判断。一是老九胤禟曾评价过老十四：

> 才德双全，我弟兄们内皆不如。[1]

1　故宫博物院编《〈文献丛编〉全编》(第二册)，《文献丛编》第一辑《允禩允禟案》，北京图书馆出版社，2008，第507页。

二是根据《清圣祖实录》的记载，自康熙三十八年（1699）起，康熙外出时都会频繁地带着老十四，他随圣驾出行的次数不仅远超过没有参与夺嫡的老五、老七和老十二，还超过了老九、老十这两个夺嫡的边缘人物。如果老十四能力不济的话，以他当时的年纪，应该是很难受到康熙如此多的宠爱的。

同时，在母亲乌雅氏的溺爱下，胤禵还养成了一种率真、愣头愣脑的直脾气，特别像满人的传统脾性。总而言之，聪明伶俐、心直口快，这就是老十四在历史上初登场的样子。

那他又是怎样一步步地迈上了夺嫡之路的呢？

二、机缘巧合地崛起

此处要特别说明下，康熙四十五年（1706）前后，老十四胤禵应该改过一次名，改叫"胤祯"，和"胤禛"同音不同字。雍正登基后，出于避讳的需求，就把老十四的名字又改回了"禵"字，他自此便就是允禵了。具体的史料考证大家可以参见冯尔康先生的《康熙十四子胤禵改名考释》。而在文中，我们仍继续称呼他为老十四胤禵。

老十四的崛起，其实主要围绕两件事：康熙四十七年（1708）的废太子风波，康熙五十七年（1718）的抚远大将军选拔。

康熙四十七年时，胤禵21岁，当年的"废太子事件"起初可以说是和老十四毫无关系的，但经老十四一番操作之后，却让自己收获颇丰。

"废太子事件"整体可以分成三个阶段：第一阶段，老大举报老二半夜偷窥康熙帐篷，间接导致老二的太子之位被废；第二阶段，老大的亢奋招致了康熙的怀疑与打压，康熙宣布不会立老大为太子；第三阶段，老大发表了著名的"蠢猪讲话"，要保举老八为新太子，并表示自己可以出面杀了老二，这最终导致老大、老八双双获罪。

而在听闻老八获罪的消息后，老十四主动去找老九，提议一起去担保老八无罪。老十四这一大胆的提议，甚至连老九都没想到，老九直接感慨道：

> 十四阿哥甚有义气，八阿哥为相面的事得罪，要约我同保，救他。[1]

于是，在康熙当众宣布要锁拿老八时，老十四和老九就出面顶撞康熙，保起老八来了。当时老十四说的是：

> 八阿哥无此心，臣等愿保之。（《清圣祖实录》卷二三四，康熙四十七年九月二十九日）

但老十四实际上的言辞一定比这句话要激烈得多，因为事后老九曾和别人回忆当时的情境说：

> 十四阿子立起誓来，言语举动甚是不好。[2]

连老九都觉得不妙，可见当时老十四赌咒发誓时的言辞一定是相当过分的，以至于老父亲康熙当场就抽出佩刀要活劈了老十四，多亏老五胤祺连忙跪下抱住康熙，其他阿哥在一旁磕头如捣蒜，这才控制住了场面。最后，老十四被康熙下令拖出去打了二十大板，这场闹剧方正式结束。

只不过，老十四这二十大板倒是没有白挨。

康熙四十七年九月，老十四挨了板子，同年十月，就在下令抓捕老大胤禔后，康熙将老大属下的上三旗佐领及人口一半转交给了老十四。转年康熙大封皇子时，老十四也被册封为了固山贝子，是当时受封年纪最小的阿哥。

康熙褒奖老十四的原因其实也不难理解。站在一个父亲的角度来看，同样是惹父亲生气，老大想的是手足相残、杀害老二；老十四想的却是手足相亲、保护老八。两相对比，放在一向重视亲情的康熙眼中，孰优孰劣一目了然。因此，生完气后的康熙事后再回想起来，对老十四这个重情义

1　故宫博物院编《〈文献丛编〉全编》（第三册），《文献丛编》第三辑《允禵允禟案续》，北京图书馆出版社，2008，第137页。
2　同上。

的儿子多几分欣赏与欣慰，也是很正常的。

除此之外，老十四借此还加深了自己与老八的情谊。

老八被抓，老十四挺身而出，这幅画面还是相当打动人的。今天或许有的人会喜欢大谈阴谋论，认为老十四挺身而出是为了拱火、踩老八一脚。但实际上，九子之中，老十四当时年纪最小，没有爵位，在毫无夺嫡可能性的时候，他根本犯不上去踩一脚那个和他从小玩到大的八哥。更何况，天威难测，要是弄巧成拙，被康熙视作结党谋逆，老十四更是会前途尽毁的。所以，在康熙、老八这些当事人的眼中，老十四就是一个冲动且重感情的小弟弟，他的目的或许根本就没有后人所解读的那么复杂。

而之所以说废太子风波后老八和老十四的关系变得更亲近了，是因为有一件很不寻常的事发生了。康熙四十八（1709）年，老十四在三月被封为了贝子，同年四月，康熙巡幸塞外，带了老八随行，并没有带老十四。可老十四却乔装打扮成商贩，一路尾随其后，甚至夜里还到老八的帐中整夜密语。通过这种罕见的行为，足可见当时两个人的关系是异常亲密的。

也就从此时起，"八爷党"的夺嫡重心逐渐转向了支持老十四，而老十四自己也开始有意地接触各类文臣士人，正式参与夺嫡。比如，他曾热情款待汉人官僚领袖李光地的门人程万策[1]。

> 即如李光地之门人程万策者，闻十四王爷见彼，待以高坐，呼以先生。[2]

朝堂上下也开始有了"十四王爷虚贤下士"的政治传言。这一时期，积蓄力量的老十四，就只差一个机会来展现自己的才华与能力了。

这个机会很快就来了。康熙五十四年（1715）的冬天，噶尔丹的侄子策妄阿拉布坦起兵入侵西藏。康熙紧急派出西安将军额伦特[3]领兵出征，结

---

1 程万策，清初数学家，康熙五十七年进士，康熙朝末年任翰林院编修，雍正朝升至侍讲学士。
2 故宫博物院编《〈文献丛编〉全编》（第三册），《文献丛编》第三辑《戴铎奏折》，北京图书馆出版社，2008，第129页。
3 额伦特，满洲镶红旗人。曾任西安副都统，康熙五十五年（1716）授西安将军，康熙五十七年秋，在与准噶尔军交战过程中阵亡。

果却因为准备得太仓促，几乎全军覆没。于是，康熙调动甘肃驻防八旗、川陕绿营以及蒙古部队等诸多军队，合计10余万人，齐聚西线，力争一举收复西藏。但军队来源复杂，为了避免各部队各自为战，必须要有一位皇家宗室担任大将军进行各方统筹才行。

这个大将军的位置最终是如何落到老十四身上的呢？其实我们挨个儿看一下当时的候选人就会一目了然——老大、老二已被圈禁，老八、老十三双双失宠，老五心善，老七拘谨，老九贪财，老十和十二又相对平庸，老四的军事才能有限。以上全都很难称得上是带兵之人的良选。实际上，老十四的竞争对手就只有42岁的老三胤祉。但考虑到青藏高原的特殊气候以及老三的年龄与身体状况，老十四当选几乎是必然的。

康熙五十七年，31岁的老十四正式被任命为抚远大将军，享王爵礼仪，康熙亲口称其为"大将军王"。此时，太子之位虚悬，老十四出任抚远大将军，这被很多人当成老十四要被立为太子的重要信号，而老十四自己也对此有很大期待。毕竟此时的他明面上深受康熙信任，手握重兵；背后又有"八爷党"的支持，夺嫡的希望空前地大。

于是，老十四开始陷入自己即将被立为太子的迷梦中。他一到西北就派人找到当地有名的算命先生张恺，来给自己测算八字。张恺提前拿到了八字，其最初的评价是"假伤官格，可惜身弱了些"，但他立刻被人提醒，这可是十四王爷的八字，一会儿见了王爷，你必须要说是"元武当权，贵不可言"才行。之后，张恺面对面见到老十四时，不但说了已经被交代要说的话，还奔着"将来定有九五之尊"的话头又吹嘘了一番。老十四听完之后就表示，嘿，你小子算得还挺准啊！一高兴，赏了张恺20两银子。[1]

可见，当时的老十四已经深深陷入某种玄学的幻想之中了，并且十分相信自己能承继大统。可老十四到底是不是康熙晚年心中的那个唯一的继承人呢？

1　见《允禵允禟案·张恺供词》，出自故宫博物院编《〈文献丛编〉全编》（第二册），《文献丛编》第一辑，北京图书馆出版社，2008，第508—509页。

三、迷梦破碎的晚年

说实话，老十四领兵西征，这在军事上的难度其实是不怎么高的。清军这边集结了 10 多万人，而策妄阿拉布坦在西藏的叛军总兵力连 1 万都不到。十比一的比例，那真是"优势在我"。

老十四带兵也的确很有章法，赏罚分明。康熙五十八年（1719），老十四抵达西宁前线，他当年便杀伐决断，处理了一批贪官污吏，整顿军纪，并统筹粮草运输，保障后勤。最终在康熙五十九年（1720）四月正式出兵，5 个月便收复了西藏。老十四"大将军王"的称号，就此名震西北。康熙也是大喜，立刻叫人撰写碑文，要赞颂老十四的丰功伟绩。

可这就能够说明康熙有意传位给老十四吗？非也。关键节点在于老十四曾在康熙六十年（1721）有过一次回京述职，而这次返京过程中的诸多细节，都值得我们仔细推敲。先交代一下背景，尽管老十四在康熙五十九年收复了西藏，但叛军首领策妄阿拉布坦逃回了新疆的伊犁。如果此时进攻伊犁的话，补给线又过长，于是，清军被迫暂停了行动，康熙也下令召回老十四，好进一步商量接下来的作战计划。最终，在康熙六十年十一月，老十四返回京城。

老十四的这次返京，其实恰恰体现了他并非康熙心中属意的那个继承人。理由有三：

第一，康熙对老十四的态度是不坚定的。比如老九胤禟对康熙召回老十四的判断就是：

> 皇父明是不要十四阿哥成功，恐怕成功之后，难于安顿他。[1]

不管老九的判断对与错，从他产生怀疑的那一刻起，就至少证明了在那时，康熙与老十四的父子关系并非如许多人渲染得那样亲密。因为老九作为老十四最坚定的支持者之一，他从老十四那里获得的消息应该是相对全面而

---

[1] 故宫博物院编《〈文献丛编〉全编》（第二册），《文献丛编》第一辑《允禩允禟案》，北京图书馆出版社，2008，第 504 页。

准确的，因此他的怀疑颇具参考价值。

第二，在收复西藏后，康熙并没有给老十四实质性的爵位封赏。要知道，"大将军王"这个称号只是特例，整个清朝的宗室，也只出了老十四这一个特例，并不属于当时常规的正统爵位。而康熙年间，按照正常皇子爵位的排序，由高到低应该是——和硕亲王、多罗郡王、多罗贝勒和固山贝子。而老十四的爵位，始终都是排在最末的固山贝子，排在他之前的有6个人——老三、老四、老五三个亲王，老七、老十两个郡王，还有老八一个贝勒。因此，假如康熙有意传位给老十四的话，凭借他收复西藏的功劳，至少应该给他封个郡王吧？但很可惜，康熙连个贝勒都没给封，老十四只是个贝子。年纪小，爵位还低，这是老十四在夺嫡之争中绝对的硬伤。

第三，康熙对阿拉布坦的最后处理意见是和平招抚，并非用军事手段解决。可已决定和平招抚，康熙仍然要求老十四返回前线。雍正后来也说起过，父亲康熙当时年事已高、身体虚弱，如果他真有意传位给老十四，怎么可能在这个时候还派他出军千里之外呢？雍正这个说法其实是有一定道理的。尽管有后世的学者认为康熙当时的身体还不错，他应该只是没想到自己那么快就会驾崩，所以才派老十四出去了，但我们其实还是应该更重视当事人的判断，因为就在老十四离京前，他曾专门嘱咐过老九胤禟：

　　皇父年高，好好歹歹，你须时常给我信息。[1]

这意思已经很明显了，连老十四自己对康熙的身体状况都是很不放心的。

果然，康熙六十一年（1722）四月老十四返回西部前线，当年十一月康熙就驾崩了，随后便是老四胤禛继承了大统。此刻远在前线的老十四，皇帝迷梦彻底破碎。这一年，他35岁。

此刻，手握重兵的老十四，显然也成了新皇雍正心中最大的威胁。于是，在康熙驾崩后的第二天，雍正就下诏书让老十四交出大将军印信，火

1　故宫博物院编《〈文献丛编〉全编》（第二册），《文献丛编》第一辑《允禵允禟案》，北京图书馆出版社，2008，第500页。

速返回京城奔丧。

也许有人会问，老十四可以不交印，直接起兵造反吗？答案显然是否定的，因为军队是朝廷的军队，不是老十四的私人武装，面对敌人时大家听你指挥，可造反这种会被杀头的罪过，谁愿意跟你蹚这种浑水呢？尤其是负责西路军务粮饷的川陕总督年羹尧，他此时已经明确倒向了妹夫雍正。老十四若是此时造反，可以说是毫无胜算的。于是，老十四遵旨交出了印信，启程返回京城。

但迷梦破碎的老十四返回京城后，他实在是无法接受自己的失败，于是就有了所谓的"大闹灵堂事件"。说实话，按史书的记载，实际的场面是比影视剧《雍正王朝》的戏份还要过分的。当时，老十四赶到灵堂，一眼就望见了雍正，可老十四不愿向雍正行礼，就远远地跪下磕头，既不请安，也不祝贺。大家甚至分不清他是在拜雍正，还是在祭康熙，场面一度十分尴尬。最终还是亲哥哥雍正在已经继位了的情况下，率先妥协，上前走了两步。可老十四十分不给面子，还是一动不动，场面更加尴尬了。于是，侍卫拉锡[1]连忙过去拉了老十四一把，劝他上前，不承想老十四一下就火了，暴跳如雷，怒道：

> 我是皇上亲弟，拉锡乃掳获，下贱。若我有不是处，求皇上将我处分；若我无不是处，求皇上即将拉锡正法，以正国体。（《清世宗实录》卷二九，雍正三年二月二十九日）

场面混乱不堪。

之后，康熙安葬景陵时，老十四又闹了一出。他拒不接受雍正的圣旨训诫，恰好老八也在现场，待老八开口一劝，老十四扑通就跪下了。此刻老十四的潜台词清楚分明——我八哥的话，比你雍正的圣旨都好使。什么是挑衅？这就是赤裸裸的挑衅。不过，不得不说，面对自己的亲弟弟时，雍正难得有了充足的耐心与忍让。雍正元年（1723），在德妃乌雅氏去世

1　拉锡，蒙古正白旗人，清前期测绘学家。康熙朝任一等侍卫，曾参与探视黄河河源等考察活动，在雍正朝升为议政大臣。

157

后，雍正还宣布册封了老十四为郡王，但老十四的反应却是：

> 并无感恩之意，反有忿怒之色。(《清世宗实录》卷四五，雍正四年六月初三日)

也许按照老十四自己心中的逻辑，他本该是皇上，如今雍正只封了他一个郡王，这简直就是侮辱他。

但政治游戏有时就是这样，输了就要认。实在不认，那也要卧薪尝胆，积蓄力量，待他日卷土重来。单纯"头铁"，毫无意义。尤其对老十四而言，他四哥的心胸他又不是不了解，可无奈这老十四偏偏也是个不肯低头的主儿。

雍正四年（1726），在雍正全面打击"八爷党"的同时，他也以14条罪行将老十四革除了爵位，囚禁到了景山。这一关，就是近10年。直到雍正驾崩，乾隆继位，新皇才下令把老十四放出来。尽管乾隆也给了老十四不少赏赐，甚至还把老十四的爵位又重新一路封到了郡王。但老十四早已万念俱灰，就像变了个人一样，十分自闭，终日不与人来往，顶多偶尔同和尚、道士聊聊天，参禅论道。最后，在乾隆二十年（1755），这位昔日的"大将军王"寿终正寝了，享年68岁。放在那时，也算得上高寿了。

话说回来，老十四这一辈子，其实在某种程度上，他就是败给了自己的性格。母亲乌雅氏的溺爱，让他养成了直脾气，这种脾气好的时候可以说是率真，但坏的时候就是"头铁"了。关键老十四早年间也没怎么吃过亏，那次当面冲撞康熙，虽然差点被砍死，但也让老十四趁机崛起，这就使得他更学不会低头了。这种性格，带兵打仗或许是个好手，但当皇帝，就太容易被负面的情绪操控。因此，即便他真的像历史的传言中一样是康熙真正属意的继位人，但真要把老十四放在皇帝的位置上，他大概率不会比雍正做得更好。

"九子夺嫡"至此，8位阿哥都已经陆续出局了。胜利者老四，已经在向我们招手了。

老四胤禛：后来居上的胜利凯歌

我们很少见到有哪个皇帝能像雍正这样，无论生前还是死后都流言蜚语缠身。生前被人说是篡位，死后被人说是让吕四娘[1]割了脑袋。最有意思的是，目前唯一明确记载了"雍正篡位"事迹的相关原始文献，还是他自己亲手执笔的清朝名著——《大义觉迷录》。一部本想澄清黑历史的作品，反倒成了黑历史本身。

老四胤禛的一生到底都经历了什么呢？皇四子胤禛又到底是个怎样的汉子呢？我们"九子夺嫡"的压轴人物，终于登场了。

一、锲而不舍的少年

康熙十七年（1678），老四胤禛出生了。小胤禛的生母是当时尚无封号的乌雅氏，养母则是皇贵妃佟佳氏。清朝培养皇子大多是生母、养母并存的模式。其目的就是避免母亲家的亲戚干政，有血缘的母子不亲近，亲近的母子又没有血缘，外戚的崛起就会受到压制，皇权也会更加稳固。

小胤禛的运气是非常好的，因为他的大哥胤禔、三哥胤祉都是被宫外

1　吕四娘，民间传说人物。相传，她是明末思想家吕留良的后代，善于拳脚，江湖人称"女侠吕四娘"，为报家族之仇刺杀雍正帝。

的官员家庭抚养长大的，而他则是由皇贵妃抚养长大的。究其原因，应当在于佟佳氏深受康熙喜爱，且又长期没有子嗣，老四的出生恰逢其时，才有了这段养母养子间温馨的亲情关系。

这份出生时便携带而来的运气，对小胤禛来说意义巨大。

胤禛的生母乌雅氏出身不高，其父亲只是个护军参领，而其祖父只是个厨子。所以乌雅氏最初在后宫的地位是比较低的，连她德嫔的封号都是在老四出生一年之后才获封的。但胤禛的养母佟佳氏的地位可就要高得多了，佟佳氏的父亲佟国维是康熙朝的议政大臣，祖父佟图赖是皇太极一朝的正蓝旗都统。她所属的佟佳氏家族，在清朝前期就出了 108 位中央官员和 577 位地方官员，以至于有人戏称佟佳氏一族为"佟半朝"。

生母地位低，但养母地位高，小胤禛的童年生活应该还是很优渥的。

佟佳氏有个弟弟，也就是老四胤禛的舅舅，佟佳·隆科多，这可是未来帮助老四顺利继位的最大功臣。隆科多未来能够坚定地支持老四的原因一定是很复杂的，但这层甥舅关系，所起到的作用是不容忽视的。

待小胤禛快乐地长到 6 岁时，他开始进入上书房和兄弟们一起学习。大概是从上学阶段开始，小胤禛和其他兄弟们的成长轨迹开始不一样了。皇子们上学和如今的中小学生一样，同学们一起学习，老师也都是一样的。但小胤禛和老师的关系明显更亲近，而且是超出常理范围地亲近。

这里有两位老师值得我们特别关注。一位是张英，这是张廷玉的父亲，因此张廷玉当时应该是皇子们的陪读。考虑到此后张廷玉在雍正朝的超高待遇与显赫地位，我们有理由相信，老四在上学时和张家父子的关系就挺不错。第二位老师，大家可能不熟悉，但他却非常重要，这个人就是顾八代。套用影视剧中的一句话，这顾八代就是一个"坚刚不可夺其志"的人。

顾八代是满洲贵族，军事能力十分卓越，平定三藩之乱时立有大功。顾八代在文化方面的才能更为出众，他热爱儒家经学，在康熙十四年（1675）的旗人考试中名列第一。说起来，顾八代在儒学上的追求甚至超过了当时许多汉人。比如他母亲过世时，顾八代曾遵循古礼为母守孝，三日不食，百日不出。如果说顾八代有什么不足的话，就是他在严于律己做人

160

的同时，做官也严于律人，从不受贿，也拒绝攀附，是个标准的孤臣。所以他早年间受索额图打压，后来又遭到同僚排挤，甚至连康熙都曾批评顾八代有时候做事情不顾体面，降官以示警告。但顾八代依然不改本色，秉公办事，不徇私情。

就这么个怪老头，别的皇子都是敬而远之的，唯独六七岁的小胤禛非常喜欢且推崇顾八代。甚至多年以后，康熙四十七年（1708），顾八代去世时，因为一生廉洁清贫，他明明是贵族出身，死后家里竟连棺材都买不起。就在人们都在看笑话时，老四以皇子的身份亲自登门，花钱为老师置办丧礼，并在献上10篇祭文后号啕痛哭。再后来，在雍正登基后，他仍在怀念顾八代，宣布要恢复老师生前的最高官职礼部尚书，并追加"太傅"衔，赐谥号"文端"；雍正还下旨给老师修陵园，亲自撰写碑文。考虑到老师家中清贫依旧，雍正就又恩赏了其子孙一万两银子，以补贴家用。

说实话，以清史而言，老四胤禛的一系列做法是比较罕见的，我们很少见到皇子和老师的感情能好成这样。今天很多人在谈及老四时，都说他善于表演，但其实这种说法失之偏颇，因为在顾八代的事情上，老四没有任何进行表演的必要。可以看出，老四的确是一个从小就感情丰沛、重情重义的人。

此处之所以用较多的篇幅来介绍顾八代，是因为他对老四胤禛未来的性格与处世价值观有着非常大的影响。这两个人做事的风格极为相似——刚正严谨、严于律己、严于律人、不贪图享乐。大概胤禛从小便认定了，只有如顾八代这般活着的，才是不愧于天地的人，所以他才在多年以后仍然对恩师念念不忘。

而说回尊师重道的胤禛，他的文化课成绩一直很好，16岁时还和三哥胤祉一起到曲阜祭孔。

但老四胤禛的少年时期却并非一帆风顺的。我们可以想象，假如一个人刻苦努力、文化成绩不错、讲究自我道德约束、有明确的是非观，那他大概率会是一个内心相对骄傲并且不容易妥协的人。尤其是年纪尚轻时的老四，还不够成熟，心里藏不住事，情绪都写在脸上，不知变通，就更容易和周围的人产生矛盾。

比如老二胤礽就曾经把老四直接踹下台阶，导致后者当场昏迷。后来，老四胤禛登基后回忆起当年和胤礽争斗的原因则是：

> 朕亦谨守弟臣之礼，但于其乖谬之处决不顺从，迹似强抗耳。[1]

老四的意思很明白——朕当年是恪守礼法的，但老二胡作非为，朕不答应，才起了冲突。

但其实这一时期的胤禛的处境是比较尴尬的，一是因为在他 12 岁时，养母佟佳氏就过世了；二是因为他的生母乌雅氏的心思又全在小儿子老十四胤禵身上，对老四是不怎么关心的，甚至父亲康熙对这一阶段的胤禛的评价都是"幼年微觉喜怒不定"。而在兄弟之间，胤禛和太子胤礽间又爆发了严重的矛盾。我们今天不要觉得满人兄弟打架不算什么，要知道，在整个康熙朝有过文献记载的，皇子中，老二胤礽就只打过老四一个人，这在当时可以算得上相当轰动而耻辱的事了。所以，老四不消说长大了是孤臣，他在少年时代应该就是相当孤独的。有推测，老四此时应该和老八走得比较近，毕竟后者久负贤名。

老四不仅处境尴尬，作为满人皇子，他最大的短板在于骑射功夫太差了。康熙三十五年（1696），19 岁的胤禛随父亲康熙亲征噶尔丹。当时老四负责掌管正红旗大营，但应该只是挂名而已，因为在《清实录》中，我们找不到任何关于老四的功绩的记载，因此老四的军旅生涯大概率是毫无建树的，否则不可能完全不写。

正因为如此，两年后，在康熙三十七年（1698）大封皇子时，老大和老三都因功封王，而只比老三小一岁的老四只能和老五、老七、老八几位弟弟一起受封为贝勒。甚至当时有人提议，要将皇子们集体封王。康

1　中国第一历史档案馆编《雍正朝起居注册》（第一册），雍正二年十月二十八日，中华书局，1993，第 353 页。

熙还专门点出来，说道：

> 朕于阿哥等留心视之已久，四阿哥为人轻率，……朕意已决，尔等勿得再请。[1]

这一年的老四 21 岁，生存状况极其尴尬，但胤禛之所以能取得夺嫡之战最终的胜利，就在于他在逆境中也是锲而不舍的。武功不行，那就文学来凑。老四毕竟年纪较大，康熙出门还是喜欢带年长些的皇子一起。于是，老四就努力发挥自己的文学天赋，抓住一切机会写诗赞扬父亲。比如，康熙带皇子们到塞外，老四就写诗赞美父亲：

> 一人临塞北，万里息边烽。[2]

又比如，康熙带皇子们去东北祭祖，老四就又写诗夸赞道：

> 盛典叨陪从，威仪百尔钦。[3]

再比如，康熙去五台山朝佛，老四也跟着写诗道：

> 雄关不阻骖鸾客，胜地偏多应迹贤。[4]

所以说，"章总"爱写诗，极大可能也是他老爹的遗传。除了写诗，在书法上老四也刻意模仿过康熙的书法笔迹，还受到了康熙的褒奖。

除了这些面子工程之外，老四对康熙布置的任务也异常认真。康熙三十九年（1700），康熙带着老四和老十三去视察永定河的治理工程，老四亲自下场检查，拔出木桩后发现木桩短小不堪，及时上报康熙，并要求当地返工。总之，老四凭借自己的花样文章与踏实肯干，可算是一点点地提升着自己在康熙心目中的地位。

1　《康熙起居注》（第 6 册），康熙三十七年三月初二日，徐尚定点校，东方出版社，2014，第 72 页。
2　故宫博物院编《清世宗御制文》，《热河闲咏七首·其二》，海南出版社，2000，第279页。
3　同上书，《侍从兴京谒陵二首·其二》，第 255 页。
4　同上书，《恭谒五台过龙泉关偶题》，第 280 页。

与此同时，老四还要争取自己同兄弟们之间的处境相比不能过于尴尬，而这就需要加强和"八爷党"的联系。康熙三十七年，老四与老八被封为贝勒，两个人分到的府第是紧挨着的。今天的雍和宫，就是由当年的四贝勒府和八贝勒府合并而成的。如果说这次分房子的毗邻还只是巧合，那盖房时还做邻居，则是老四有意而为之了。康熙四十六年（1707），老四30岁了。当时康熙允许皇子们在畅春园外修建自己的别墅，以方便交流父子感情。在选择别墅住址时，老四可是主动申请要和老八、老九、老十这哥仨紧紧相邻的。此外，那时的老四正在修习佛法，法号"圆明"，康熙还给了老四一片园林，并题了一块牌匾，题的就是"圆明园"。

截至老四30岁时，尽管他的生存环境有所改善，但夺嫡对他而言仍无异于空中楼阁，且他当时应该还没有太强烈的夺嫡的想法，他只是想一边讨好父亲康熙，一边维持和"八爷党"的关系，确保自己的处境不过于尴尬。那么老四是从什么时候开始燃起了夺嫡的希望之火呢？这一切仍旧要从康熙四十七年（1708）的"废太子风波"讲起，那一年的胤禛31岁。

二、左右逢源地夺嫡

康熙四十七年的"废太子风波"，这对"九子夺嫡"的每一位参赛选手而言都是一次大型考试。有的人一败涂地，有的人就此陨落，有的人开始冒头，而老四无疑是考得最好的那一个。

与影视剧《雍正王朝》所演绎的不同，"废太子风波"实际上是爆发于塞外的，老四当时远在京城，不在第一现场，能收到的都是零零散散的消息。这一期间，老四能知道的最关键的信息，大概有三条：一、二哥胤礽的太子之位被废了，毕竟康熙在塞外痛哭流涕，下令锁拿胤礽之事，是不可能没有风声传出来的；二、老三、老七、老十，这三位皇子被紧急召往前线；三、老四自己和老八均留守京城，但老八胤禩被紧急任命为内务府总管事。

此时老四的心情应该是相对失落的，毕竟产生如此重大的变故，康熙

164

的第一反应仍然是让老八来统筹一切。

但很快，老四迎来了在这场"废太子风波"中翻盘的重要契机。

同年的九月十六日，在康熙返京当日，康熙下令要让老四胤禛和大哥胤禔一同看管废太子胤礽。而且，从事后看，当时康熙做出这项安排就是因为对老大胤禔的不信任。因为，有史料显示，在塞外宣布废除胤礽太子之位后，康熙还说过这样的话：

> 直王（直郡王胤禔）为阿玛之事忠心行走，然性情暴躁愚昧。直王，朕实无立为皇太子之意。[1]

事实证明，康熙的判断是完全正确的。因为，就在康熙返京之后，承担了监管胤礽任务的老大胤禔，哪怕自己都已经没机会当太子了，仍然无法按捺住心中对二弟胤礽的那份怨念，还是选择了向父亲康熙发表著名的"蠢猪讲话"——"允（胤）礽所行卑污，大失人心。相面人张明德曾相允（胤）禩，后必大贵。今欲诛允（胤）礽，不必出自皇父之手。"（《清圣祖实录》卷二三四，康熙四十七年九月二十五日）

前文提到过，胤禔的"蠢猪讲话"不但彻底葬送了自己的政治前途，还连带着老八也一起卷进了"一废太子"的夺嫡风波。康熙惊讶地发现，原来胤禩和胤禔居然有疑似政治同盟的关系。

目睹儿子之间钩心斗角的种种乱象，康熙深受打击，返回京城后一病不起，并且心如死灰，拒绝治疗。此时康熙的反常状态我们也完全可以理解，作为一个威严半生、自诩教子有方的老皇帝，康熙这半个月以来收到的消息可谓全是噩耗：他辛苦栽培的嫡子居然想弑父；他器重有加的大儿子居然想杀了自己的亲弟弟；他久负贤名的儿子胤禩居然一直野心勃勃地想夺嫡，甚至还拉拢了上蹿下跳的老大。

康熙病倒了，政治形势一度极其混乱。老皇帝拒绝治疗，大臣们也手足无措，并没有什么实际行动。佟国维甚至还劝康熙尽早再次立储，这更

---

1 见雅尔江阿等满文奏折，康熙朝（无具时），中国第一历史档案馆藏；转引自郑小悠、橘玄雅、夏天：《九王夺嫡》，山西人民出版社，2021，第 63 页。

是火上浇油。在这个特殊的时刻，我们就能看出老四的水平了，他几次抉择都是恰到好处的。

首先，康熙病重，皇子们大多选择隔岸观火，不敢贸然说话，生怕再出纰漏，就想着如何自保。但老四则和老三一起挺身而出，劝慰康熙道：

> 皇父圣容如此清减，不令医人诊视，进用药饵，徒自勉强耽延，万国何所倚赖？臣等虽不知医理，愿冒死择医，令其日加调治。[1]

我们不要觉得这个选择很简单，老四和老三能直接当着康熙的面提到"愿冒死择医"，可见这件事在许多人眼中仍是比较犯忌讳的。好在此时的康熙最需要的就是亲情上的抚慰，他在老四和老三的劝说下开始用药，日渐康复。

这是老四在"废太子风波"中的第一次抉择，而第二次抉择则是代废太子申冤。老四和老大共同看管废太子胤礽时，胤礽想申冤，说自己从没有过弑父谋逆的想法，请求代为上奏给康熙。但老大选择封锁消息，拒绝向上传达，并虐待、裁撤老二身边的仆人，还威胁老四不准传达。面对这道题，一般可做两种选择：和老大一起封锁消息，来报复曾对自己拳打脚踢的老二；及时上报康熙，替老二申冤，完成自己陪同看管的使命。

此时答案似乎很好选，但凡神志清醒，后者都会是唯一的选择。

但老四胤禛两个都没有选，他做了第三种选择——去问老九该怎么办。老八和老大都接触过相面人张明德，"八爷党"是绝对不想和老大产生任何联系的，因此老九的答复是："此事关系得大，似乎该奏。"在收到老九的答案后，老四满意地去上奏康熙，为胤礽申冤，并且，老四完美把握了康熙的神情变化，他在上奏过程中，还多为废太子美言了几句。不得不说，老四这次选择真是绝妙，可以说"一箭五雕"：

1. 收获了康熙的赞赏，都知道老四挨过老二的毒打，老四却仍愿意秉公直言，可见老四不仅对皇帝忠诚，而且的确心胸开阔。

2. 收获了胤礽的感激。事后看，老四胤禛几乎是这一时期唯一替老二

1　见《圣祖仁皇帝御制文第三集》卷十四，《喻宗人府》，四库全书本，第8页a。

说话的皇子。用康熙的话来说就是：

> 前拘禁允（胤）礽时，并无一人为之陈奏。惟四阿哥性量过人，深知大义，屡在朕前为允（胤）礽保奏。似此居心行事，洵是伟人。(《清圣祖实录》卷二三五，康熙四十七年十一月十九日)

3. 送了"蠢猪"老大一程。

4. 麻痹了最大竞争对手"八爷党"的成员，让老九等人仍把老四当成了呆头呆脑的自己人。

5. 当时的局势是，谁当新太子都不会轮到老四当，那与其出现一个新太子，还不如保留一个有污点的旧太子。

于是，在"废太子风波"后，老四胤禛不但收获了父亲康熙的高度赞扬：

> 惟四阿哥，……能体朕意，爱朕之心，恳勤恳切，可谓诚孝。(《清圣祖实录》卷二三五，康熙四十七年十一月十六日)

还在康熙又一次的大封皇子中被直接晋升为亲王，同三哥胤祉平起平坐，一跃取得了夺嫡路上的爵位优势和领先位置。

但这就是老四胤禛的全部收获了吗？并不是，还有两点我们不能忽略：一是之前的"太子党"核心成员老十三胤祥自"废太子风波"后在康熙朝彻底失宠，逐渐和老四走到了一起；二是老四在获封亲王后，汉军镶白旗被划分到他的属下，这其中就有时任四川巡抚的年羹尧，两人就此形成主属关系。

此时的老四算是迈出了逆风翻盘局中的最关键一步，但整体的形势仍然不理想。上面的老三仍然压他一头，下面的老八也仍是党羽众多。所以，老四此时的行动纲领就非常明确——在做好自己的前提条件下，要隐藏自身的野心，稳住老八一伙，并继续讨好父亲康熙。

为什么要说"做好自己"呢？说实话，老四已经30多岁，做了几十年皇子，在政治风波中，他肯定是工于心计的。但我们也不能把老四单纯地想成一个阴谋家，因为他所做的选择或行动，只是符合他一贯的秉性。仅仅如此，就已经足够让康熙心满意足了。

比如在"废太子风波"的第二年，康熙批评时任领侍卫内大臣的鄂伦岱结党营私、不尊法度、目无尊上，条条都是重罪，胤禛当时就说：

> 此等悖逆之人，何足屡烦圣怒？乱臣贼子，自有国法，若交与臣，便可即行诛戮。[1]

再有就是康熙朝太监曹之璜敲诈官员、勒索钱财，他还赶打宫中的扛夫，导致康熙的一位常在的棺材在丧礼过程中落地了。胤禛出面审判，以大不敬之罪，判斩刑。康熙五十二年（1713），先皇顺治的一位妃子逝世，丧礼极为草率，康熙震怒，并命胤禛审查，老四又是高举法律的大旗，一次性查处了工部尚书（满笃）、工部侍郎（马进泰）、内阁学士兼光禄寺卿（马良）、内务府总管（赫奕）等5位高官。

在这几件事中，老四展现出的形象就是刚猛无畏，一切照法律来办，但又颇具乱世重典的味道。针对康熙晚年间官场的松散风气，如果纯粹从行事作风而言，比起社交能力差又爱舞文弄墨的老三、到处卖人情的老八、"头铁"又莽撞的老十四，老四这剂"猛药"对清朝的长期发展而言无疑是最优的。相信康熙也同样是这样认为的，正如他自己所说：

> 朕万年之后，必择一坚固可托之人。[2]

所以说，老四之所以能夺嫡成功，一个重要的前提就是他始终"做好自己"，从没想着邀买人心而破坏原则。

再之后，胤禛要注意的就是必须要隐藏好自己的野心，稳住老八集团，否则自己就有可能成为众矢之的。不得不说，老四在这方面做得真是滴水不漏。康熙五十年（1711），老八的母亲卫氏病逝，老八哀号百天不愿出门，老四就和老九、老十、老十四一起，轮流给守孝的老八送饭，兄友弟

1　中国第一历史档案馆编《雍正朝起居注册》（第一册），雍正三年二月二十九日，中华书局，1993，第443页。

2　见《清朝文献通考（一）》卷一百三十四，《王礼十》，考六〇一九，浙江古籍出版社，1988。

恭，仍然一副"八爷党"边缘人物的形象。

其至在康熙五十二年时，老四的属人戴铎[1]写了一封长信，劝老四准备夺嫡，可老四的答复是：

> 语言虽则金石，与我分中无用。……况（当皇帝）亦大苦之事，避之不能，尚有希图之举乎？[2]

这意思就是，你的话是好的，但对我而言没啥用，当皇帝是全天下最苦的事，我躲还来不及，又怎么会去争皇位呢？这一年，老四36岁，他连对自己的门人说话都是这么个调调。

那老四又是什么时候暴露野心的呢？就是在康熙五十三年（1714）的"毙鹰事件"之后。当时，老八选了两只上好的猎鹰进献，结果待送到康熙面前时，两只猎鹰却已奄奄一息。康熙认为这是老八在诅咒自己，于是破口大骂：

> 允（胤）禩因不得立为皇太子，……允禩则屡结人心。此人之险，实百倍于二阿哥也。（《清圣祖实录》卷二六一，康熙五十三年十一月二十六日）

在康熙将老八的政治生涯彻底判处死刑后，老四对夺嫡的态度是发生了明显转变的。比如康熙五十四年（1715），戴铎再写信给老四时，信的内容就比较沮丧，说自己想辞官不做了。但雍正的答复却是：

> 将来位至督抚，方可扬眉吐气，若在人宇下，岂能如意乎？[3]

好家伙，本来对"大苦之事"避之不及的老四，突然之间就变得无比昂然向上了。

更有趣的是，康熙五十五年（1716），老八生病了，当时康熙正带着皇

1　戴铎，雍正潜邸的策士。曾在福建任知府，康熙末年任四川布政使。
2　故宫博物院编《〈文献丛编〉全编》（第三册），《文献全编》第三辑，《戴铎奏折》，北京图书馆出版社，2008，第124页。
3　同上书，第125页。

子们巡幸热河，于是他就问老四，八阿哥病了，你没派人去瞧瞧吗？老四一愣，回答说，哎呀，还真没有。康熙就又说，嗯，你该派人去看看的。此时老四的心中就很蒙，就琢磨着，老爹您和老八不是闹掰了吗？难不成老爹这是在试探我是否重视手足亲情吗？老四随后就赶紧差人去探望老八。待探视的消息回来后，老四第一时间就上奏康熙：

> 臣使人往看八阿哥允（胤）禩，病势甚笃。今欲先回看视。（《清圣祖实录》卷二十六九，康熙五十五年九月二十三日）

老八病得很重啊，儿子决定自行先回去探望一下。康熙随即批准。可结果老四前脚刚走，康熙就说道：

> 四阿哥随驾在外，惟伊一人。乃置扈驾之事，奏请先回看视允（胤）禩。观此关切之意，亦似党庇允（胤）禩。允（胤）禩医药之事即著四阿哥料理。（《清圣祖实录》卷二六九，康熙五十五年九月二十三日）

康熙的意思很简单：好你个老四，因为老八生病，你连服侍朕的工作都不管了，估计你也是老八他们一伙的，既然这样，那你就负责好生照顾老八吧。老四收到消息后，心里很慌，又连忙赶回来继续服侍康熙，并持续找机会表忠心。

之后，待康熙返京之时，老八养病的地方恰好就在畅春园旁，按照礼制，皇帝的返程路上，病人都要回避。于是，康熙就下令让皇子们开会讨论，看看能不能把老八搬回家去歇着。这时老四总算抓住了机会，第一个蹦了出来，主张必须让老八搬走，其他皇子也都随声附和，唯独老九受不了了，他站了出来。《清实录》记载：

> （九阿哥）怒云："八阿哥今如此病重，若移往家中，万一不测，谁即承当？"（九阿哥）激切拦阻，将欲移允（胤）禩之事奏闻。（《清圣祖实录》卷二六九，康熙五十五年九月二十五日）

老四你要不要脸？八阿哥病得这么重，如果贸然将他搬走，万一发生不测，谁能负责？

这时，康熙则赶紧表态：

> 八阿哥病，极其沉重、不省人事，若欲移回，断不可推诿朕躬，令其回家。（《清圣祖实录》卷二六九，康熙五十五年九月二十五日）

听说八阿哥病得很重，已经不省人事了，你们哥几个好歹商量好，要是真准备把老八搬走，出了事，可别把责任推到朕的身上！

最终，在老四的带领下，皇子们还是决定把老八搬走，不能打扰到皇帝返京的心情，所幸老八也没被折腾死，还是活下来了。这一年，老四39岁，在搬走了老八之后，他算是正式告别了"八爷党"。但此时，大家还是没把老四当回事，因为就在两年后，老十四受封为"大将军王"了，夺嫡的行情也是一路看涨。

正是这个时候，老四终于开始动手了，手法真叫一个稳、准、狠，且这也是老四开始谋求皇位的最重要的信号。我们前文提到过，康熙五十八年（1719），老四以八旗主仆关系的名义，借口年羹尧的父亲年遐龄年事已高，让远在四川的年羹尧把10岁以上的年家子侄全部送回京城来照顾年遐龄，这相当于扣留了一拨年家的人质。年氏子弟入京这件事，非同小可，这是很难掩藏的，康熙也未阻拦。在此之后，老四算是稳稳地攥住了年羹尧，同时也间接牵制了领兵在外的"大将军王"老十四。整体的客观局势在不知不觉中，已经开始倒向了老四。

因为此时老四的竞争对手，就只剩下老三和老十四了。老三的政治团体偏弱小，而老十四只要一直领兵在外，老四的胜算就非常大。老十四一直到康熙六十一年（1722）四月，都被康熙派去了前线，而此时距离康熙驾崩只剩下不到半年的时间了。有观点认为，当时康熙对自己的身体状况是很自信的。可这一年的康熙已经69岁了，且他从7年前身体就各种毛病不断出现，一个69岁的久病缠身的老人，他又能对自己的身体状况自信到哪儿去呢？

而这期间，老四在康熙末年所承担的任务也是越来越重的。比如各种祭祖、祭天的活动都是由老四出面的，其中最典型的就是康熙六十年（1721）的大庆，康熙派老四前往东北的盛京祭拜努尔哈赤和皇太极，以及爱新觉罗的列祖列宗。除了委以重任以外，康熙晚年和老四之间父子关系也甚是融洽。前文也提到过，康熙晚年爱去儿子们的家中吃饭，去的最多的是老三家，其次就是老四家，光是康熙六十一年这一年，他就去过老四家三次。也就是在这一年里，康熙第一次见到了弘历。没错，真实的历史并不是影视剧中所演绎的他们祖孙早就认识。

以康熙晚年间老四的发展趋势和个人能力而言，他的夺嫡形势是极具优势的，最后老四的确继位了，看上去似乎一切顺利、合情合理。可为什么后来对于雍正继位的合法性又充斥着各种各样的流言蜚语呢？

三、夺嫡之夜的谜团

在康熙六十一年十一月初七的这一天，康熙身体欠安，

> 戊子。上不豫，自南苑回驻畅春园。（《清圣祖实录》卷三〇〇，康熙六十一年十一月初七日）

两天后的十一月初九，康熙表示以自己的身体状况，无法参与冬至日的南郊祭天，于是仍然安排了老四代替他前往祭天，老四当天便前往斋所进行了斋戒。最终，十一月十三日这天，康熙突然病情加重，便迅速派人到南郊召老四赶紧赶回畅春园。就在老四返回的途中，康熙又急召了老三、老七、老八、老九、老十、老十二、老十三7位皇子和九门提督隆科多赶往畅春园。后世学者的一大质疑之处就在于——为什么要召隆科多？按官员排位，上有六部尚书、领侍卫内大臣，怎么看都轮不到隆科多。可从康熙的角度而言，自从康熙二废太子后，隆科多身为康熙的小舅子，始终扮演着康熙手下头号情报头子的角色，10多年来忠诚无二，且手里又握着京城步军5个营共两万兵马，他若不到场，肯定是要出大乱子的。

按雍正在《大义觉迷录》中的说法，在7位皇子和隆科多相继赶到畅春园后，康熙用口谕将大位传给了老四胤禛。等老四抵达后，康熙只和老四聊了聊自己的病情。一直等到康熙真正驾崩后，老四痛哭流涕之时，才

由隆科多向老四宣布了老四继位的消息。听到消息后的老四先是大为惊讶，紧接着又是号啕痛哭。最后是老三率先向雍正磕头行大礼，其他皇子遂纷纷跪下行礼。用雍正自己的话说就是：

> 伊等若非亲承皇考付朕鸿基之遗诏，安肯帖无一语，俯首臣伏于朕之前乎？[1]

如果不是我爹留有口谕，以老八、老九的为人，他们会这么听话？

很多人都质疑过这个说法，因为雍正后来又提到了两件新鲜事：老九曾暴跳如雷地怒视老四，老三与老八曾在院中低头密语。但这两件事似乎又构不成大冲突，老九虽然暴躁，却没有什么实际行动，仅仅出于一种无能的狂怒而不敬，这既可能是因为老九觉得自己没实力对抗老四，也可能是因为康熙的金口玉言在前，他无法更改。而老八和老三这两个失败者，尽管他们有思考，有密语，但仍旧没有反抗，默认了现状。如今，人们对雍正继位最大的质疑之处则在于——当天夜里只有口谕，没有康熙亲笔写的遗诏。我们今天看到的遗诏，其实是康熙死后由隆科多代写的。根据满文《上谕档册》[2]的记载：

> 十一月十四日，诸阿哥等奏：恭阅尚书隆科多撰书"遗诏"。

且"遗诏"直到十一月十六日才正式公布。于是很多人怀疑，原有的诏书被隆科多毁掉了，甚至连康熙传有口谕这件事都是雍正一个人瞎编的，所有的一切都是康熙昏迷时由隆科多挟兵代为传达的。但雍正元年（1723）的时候，老四曾提到过：

> 圣祖仁皇帝……仓猝之间一言而定大计。[3]

这个说法当时是没人反对的，且当时的政治形势还比较混乱，老四敢于公

1　胤禛:《大义觉迷录》卷一，哈佛大学汉和图书馆藏本，第17页b—18页a。
2　清朝军机处专门记录皇帝谕旨的档册。
3　见《清朝文献通考（一）》卷一百三十四，《王礼十》，考六〇一九，浙江古籍出版社，1988。

开表态，康熙的口谕大概率是存在的。

只不过在历史上，又有几份遗诏是皇帝生前自己写的呢？问题的关键在于，隆科多代写的"遗诏"究竟是不是代表了康熙的个人意志？但这又是无法论证的。如果没有强有力的证据能证明这份"遗诏"违背了康熙的意志，那我们就必须承认它是有效的。连当年的老八、老九他们都没能找到强有力的证据干翻雍正，几百年后的我们若非说雍正继位有问题，这其实挺不讲道理的。毕竟以老九所展现出的品格，哪怕雍正继位有一丝问题，他都可以制造出一万种政治谣言了。

除此之外，"畅春园事变"还有一个关键人物，也就是隆科多，他在当晚到底扮演了一个什么样的角色呢？

首先，他动兵了吗？一定动了。意大利传教士马国贤（Matteo Ripa）在当天夜里回忆说："我吃惊地看到数不清的骑兵，相互之间谁也不说话，驾着马疯狂地往四面八方去。"[1] 而在此之后，隆科多也的确封锁了京城整整6天。事后看，这些都是对老四极其有利的做法，而唯一的疑问则是，隆科多这么做，究竟是提前和老四串通好的，还是遵从康熙的意志而为之？大概率是后者，原因有三：

第一，隆科多后来被整倒前曾发过一句牢骚，"白帝城受命之日，即是死期已至之时"。这句牢骚表面上看是将雍正比作阿斗，但实际上也证明了隆科多当时的确是受命于康熙的，而不是伙同雍正搞阴谋。

第二，隆科多和年羹尧闹矛盾时，雍正从中调和时说过：

> 舅舅隆科多此人，朕与尔先前不但不深知他，真正大错了！此人真圣祖皇考忠臣，朕之功臣，国家良臣，真正当代第一超群拔类之希有大臣也！[2]

这话虽然肉麻了些，但某种程度上也体现了老四最初应该和隆科多是没多

1　见马国贤：《清廷十三年：马国贤在华回忆录》，李天纲译，上海古籍出版社，中央民族大学图书馆藏本，第 105 页。
2　故宫博物院编《〈文献丛编〉全编》（第二册），《掌故丛编》第十辑《年羹尧折》，北京图书馆出版社，2008，第 426 页。

少交集的。

第三，老二胤礽的二次被废本质上是因为他和前九门提督托合齐相互勾结，最终逆了康熙的龙鳞，老二被废，托合齐死后被挫骨扬灰，面对如此前车之鉴，站在老四和隆科多两个人各自的立场上看，其实都没有相勾结的必要。尤其是隆科多，他最佳的选择就是康熙选谁，他就保谁。

而隆科多在雍正朝初年获得了超高待遇，或许只是因为他在康熙驾崩那一夜的出色表现——坚定地站定老四，而非其他人。至于后来隆科多被整倒，有人说这是雍正想杀人灭口以保守秘密，可是"杀人灭口"哪里会安排三堂会审呢？隆科多和雍正倘若真有勾结，这要灭的口可太多了。

所以，不管是后来公开审理年羹尧、隆科多，还是在"曾静案"爆发后亲自下场撰写《大义觉迷录》传告天下，老四胤禛都在证明一件事——他自认为自己从出生到45岁承继大统，他都是问心无愧的，他敢于面对一切质疑。

最终，康熙六十一年，康熙帝驾崩，四阿哥胤禛继位，第二年改年号为"雍正"。胤禛，是为雍正皇帝，也是"九子夺嫡"的最终胜利者。

四、自信无愧的皇帝

其实老四这一辈子，最辛苦的不是夺嫡的那些年，而是他执政的13年。这13年可以说是困难重重。他要过的第一关，就是处理好那些夺嫡路上曾经的对手。

首先是他那三个哥哥。老大肯定是永远的"黑户"，绝对不能释放；老二毕竟曾做了多年的太子，他不愿意让老二对如今的自己行跪拜之礼，免得兄弟俩都尴尬，只是对老二照顾有加，却没见过面，老二最终死在了雍正二年（1724）的冬天，雍正冒雪祭奠了这位前朝太子；老三比较惨，可能是因为和老十三结了怨，所以早早就遭到雍正的打击，远离了政治中心。

至于"八爷党"这边，4个弟弟似乎都不太好相与。老八被加封为亲王并委以重任，但人家并不领情，他老婆更说不知道老八这个亲王能当几天；老九则是从雍正登基的第一天夜里就在和他搞对抗，被扔到了西北后还在四处散布政治谣言；老十临时被外派去送蒙古活佛的遗体，可刚到张家口就赖着不动，抗旨不遵；老十四一回京城就大闹康熙丧礼，四处拱火。可以说，在雍正初年，"八爷党"集体都处于对抗、不合作的状态。

数来数去，最后只有老十三配合老四的工作。很多人开玩笑说雍正只有一个弟弟，那就是老十三。其实这话说得也没错，雍正的其他弟弟，谁又像是弟弟呢？不难想象，雍正继位之初的政治形势是异常艰难的，最终救了雍正的，还是他口中的那位大恩人——年羹尧。雍正二年，年羹尧荡平青海，速度之快、效率之高令人震惊。至此，皇权彻底稳固，雍正开始着手整治"八爷党"。仅两年时间就将"八爷党"彻底推平，4个弟弟先后被圈禁。其中，老八、老九在圈禁当年就去世了。

可摁下葫芦起了瓢，年羹尧和隆科多这两位雍正宠臣又相继膨胀，搞出了雍正朝官场中的"年选"和"隆选"，二人结党营私、贪污腐败，因此通通被雍正打倒。很多人借此说雍正喜怒无常，对宠臣、功臣刻薄寡恩。可雍正的宠臣多了去了，张廷玉、田文镜、李卫，哪一个不是在雍正朝平步青云、恩赏有加的呢？说到底，打铁还需自身硬。年羹尧和隆科多的结局惨淡，更大层面上是他们自己造成的，任谁当皇帝，都注定容不下这两个如此巨大的隐患。

而在完成政治斗争后，雍正还要拿出更多的精力去推行他的改革。可雍正当皇帝又是怎样的呢？简单来说就是4个字——"自信无愧"。雍正自己曾说过：

> 朕返躬内省，虽不敢媲美三代以上圣君哲后，若汉唐宋明之主，实对之不惭。[1]

若是只从守成之君的角度而言，雍正这番话是相当有底气的。回顾雍正执政的13年，可以说雍正才是清王朝国家运行系统的实际设计者。

于行政而言，雍正设立了军机处，又一次加强了皇权对官员的控制。

1　《朱批谕旨》卷一百七十四之九，《朱批李卫奏折》，四库全书本，第12页a。

于经济而言，雍正搞出了"摊丁入亩""火耗归公""官绅一体当差，一体纳粮"三大政策。其中，"摊丁入亩"消灭了徭役，更是被梁启超评价是真正在中国消灭了奴隶制度；"火耗归公"极大地补充了中央财政；"官绅一体当差，一体纳粮"在确保财政收入的同时，也在一定程度上缓和了阶级矛盾。

于社会而言，雍正停止户口编审，增强了人口的流动性；废除"贱籍"，既改变了许多底层人民的屈辱状态，同时又打击了士绅，从而维护了社会秩序的稳定。

于国家而言，雍正开海禁，推动了清朝与海外的交流；平定青藏和新疆的内乱，巩固了国家的统一；推行"改土归流"则加强了中央政府对西南地区的有效控制。

于吏治而言，雍正实行密折制度、追缴欠款、打击贪腐、推行"养廉银"。一边高压反腐，一边提高官员待遇，双管齐下，使贪官不敢腐、清官不用腐。可以说，从雍正朝一直到乾隆朝初期，清朝的官场都处于风气相对清明的状态。

而这一系列的措施，不但繁杂，而且很多都具有开创性意义。因此，我们其实很难想象这是一代君主用了仅 13 年时间就完成的。所以，即使人们对雍正的继位有非议，会攻击他的私人品德，但对他的业务政绩的评价仍然是高度一致的。这正如孟森先生所说的那样："自古勤政之君，未有及世宗者。……至其英明勤奋，实为人所难及。"[1]

最终，雍正十三年（1735），雍正皇帝驾崩，终年 58 岁。"九子夺嫡"的故事，在此也就告一段落了。

1　孟森:《明清史讲义》，中华书局，1981，第 471—472 页。

其余皇子：夺嫡局外的人生（一）

九子之外，我们再看一看雍正那些没有参与夺嫡的兄弟。

"九子夺嫡"，最小的是老十四，前 14 个阿哥中，未参与夺嫡的那 5 个人在做什么呢？

首先要排除老六胤祚和老十一胤禌，因为这两位都短命，死得早。老六，6 岁夭折；老十一，也只活到了 12 岁。这两位没能坚持到夺嫡斗争的到来。这里值得一提的就是老六胤祚的母亲乌雅氏，她也是老四和老十四的母亲。有学者认为，正是因为老六早早夭折，才让承受了丧子之痛的乌雅氏后来对小儿子老十四过于偏心，并且间接导致了老四和老十四之间长久地存在矛盾。这也算是一种蝴蝶效应。

剩下的三位，就是老五、老七、老十二。

一、老五胤祺：奶奶带大的厚道亲王

皇五子胤祺生于康熙十八年（1679），母亲是深受康熙宠爱的宜嫔郭络罗氏（后晋为宜妃）。我们可以回忆一下前文，她也是老九胤禟的生母。不过，老五和老九虽然是一母同胞，但在品行上却天差地别。比起奸诈的老九，老五就要愚钝、单纯多了。

可能有人会有疑问，在"九子夺嫡"的背景下，一个身处皇宫内院的

178

阿哥，又被包围在政治旋涡之中，他怎么可能单纯呢？

这主要是因为老五的成长环境太特殊了。其他阿哥要么是由亲娘养大，要么是寄养在其他妃子的宫中，要么是在官员府中长大，总之几乎都由上一代人抚养。但老五是被隔代人，他的奶奶，也就是康熙朝的孝惠太后博尔济吉特氏带大的。

博尔济吉特氏是顺治的第二任皇后，也是康熙的嫡母，同时她还有另一个身份——孝庄太皇太后的侄孙女。因此这位太后的特点就是文化水平有限，但政治背景过硬。又因为她没有孩子，比较孤独，所以她和康熙一番商量过后，老五就被送到她这儿来抚养了。这位太后在老五的生活方面那是疼爱得不得了，也将老五保护得非常好，但她非常不重视老五的学习，还经常起反作用。

老五6岁开始上学，因为自幼说满语，所以学起汉文来就特别痛苦，背汉文怎么也背不下去。结果孝惠太后就说，宝贝孙子啊，学不下去就不学了，有奶奶在，你去哪儿都吃不了亏。结果，老五还真就不学汉文了，也没人敢管，毕竟连康熙都不敢管，其他人着急也是瞎操心。

于是，在老五9岁时，他就迎来了一次大型"社死"现场。

故事发生在康熙二十六年（1687）六月，《康熙起居注》中的记载也是着实有趣。当时的情况是，从同年六月初二开始，康熙就对大臣炫耀说，他在教育子女方面是多么地严格又多么地认真，连着吹嘘了七八天，天天都在念叨。终于，在六月初十的时候，康熙就领着一堆大臣去检查皇子们的功课。当日现场一共有7位皇子：老大、老二、老三、老四、老五、老七、老八。康熙随手拿起了十几本经书往书桌上一扔，就跟为首的大臣说：

汝可信手拈出，令诸皇子诵读。[1]

你随便挑，这十几本书，朕的儿子们保证每个字都认识。于是，老三、老四、老七、老八就挨个儿过来朗读课文，抑扬顿挫，读得特别好。我们不

1　中国第一历史档案馆整理《康熙起居注》，康熙二十六年六月初十日，中华书局，1984，第1645页。

要觉得只是朗读，又不是背诵，这事就很简单。当时的老八才7岁，能把十几本儒家经典读下来，实属不易。

这几个是岁数小的，年纪大的水平就更高了。老二胤礽身为太子，这些书别说读了，现场背都没问题。老大胤禔，我们暂且不管他长大之后如何，最起码在小时候，他展现出的智力水平还是相当不错的。

> 又命皇长子讲"格物致知"一节，……皆逐字疏解，又能融贯大义。[1]

他现场就给大家讲了一段儒学的"格物致知"，且讲得有板有眼。此刻周围的大臣都在鼓掌捧场的同时，把目光也全望向了始终一言不发的老五：五阿哥您不露一手吗？

只见老五支支吾吾，不敢大声说话。康熙一脸尴尬，只好说：

> 皇五子向在皇太后宫中育养，皇太后爱之不令其读汉书，止令其习清书。今汉书虽未曾读，已能通晓清书矣。[2]

最后，康熙只能让老五朗诵了一篇满文课文，大臣们勉强听着，气氛尴尬地收场。

总的来说，老五其实是一个输在了教育起跑线上的皇子。他基本从童年起就告别夺嫡这件事了。不过，因为有孝惠太后的庇护，老五的生活还是很滋润的，康熙在封爵时从没把老五落下过。康熙三十七年（1698），年仅20岁的老五就受封成了贝勒。

可假如我们硬要找出老五的高光时刻的话，那还得数康熙四十七年（1708）"废太子事件"中的"跪抱劝父"。

当时，康熙怀疑老八与老大结党，想谋害废太子胤礽，就决定当着众皇子公布老八的罪行，抓捕老八。可就在下令抓捕时，老九和老十四突然蹿出来当众顶撞康熙，甚至还赌咒发誓，现场叫板。这便彻底激怒了当时

1　中国第一历史档案馆整理《康熙起居注》，康熙二十六年六月初十日，中华书局，1984，第1645页。

2　同上。

本就心绪不宁的康熙，老皇帝气得十分失态，拔出了佩刀，当场就要活劈了老十四。一时间所有的皇子和大臣都傻眼了，谁见过这种阵仗啊？全都愣着不敢动。史书记载：

> 上震怒，出所佩刀欲诛允（胤）禵。皇五子允（胤）祺，跪抱劝止，诸皇子叩首恳求，上怒少解。（《清圣祖实录》卷二三四，康熙四十七年九月二十九日）

关键时刻，还是老五胤祺一把扑出去，跪下抱着康熙，劝皇阿玛息怒。别的阿哥这才反应过来，一时间磕头如捣蒜，如此，闹剧才算是了结了。

为什么偏偏是老五第一个冲出去的呢？这可能有两方面的原因，一方面是因为老五天性善良，正如康熙所评价的那样：

> 心性甚善，为人淳厚。（《清圣祖实录》卷二三五，康熙四十七年十一月十六日）

另一方面也在于老五长期和孝惠太后一起生活，身上的满人气息更重一些，对汉人礼法的认识不深，可能他在那一瞬间就没觉得扑出去拦住他老爹有什么逾越礼制的地方。顾虑少，动作就快。

但从事后看，康熙还是很欣赏老五的品性和做法的。转年，康熙四十八年（1709），老五胤祺就被晋升为恒亲王。当年一共只有三位亲王，另外两位是老三诚亲王胤祉和老四雍亲王胤禛。但这就能证明老五可以和老三、老四一起参与夺嫡之争了吗？不能，因为老五的确能力不行。康熙五十六年（1717），77岁高龄的孝惠太后寿终正寝。当时，老五胤祺想主持奶奶的丧礼：

> 臣自幼蒙皇太后祖母养育，皇父圣体违和，一应事务臣可料理。（《清圣祖实录》卷二七六，康熙五十六年十二月初五日）

不过康熙当场就拒绝了，并表示朕要亲自主持。但最后实际是谁主持了丧礼呢？是老十二胤祹。可见，哪怕是在老五最该承担的任务上，康熙对他都缺乏信心。因此，老五没有参与夺嫡主要还是因为从童年起学习就不刻苦，长大后的能力水平也就达不到要求了。

不过可能也正因为如此，老五安安稳稳地带着他的亲王爵位活了一辈子，最终在雍正十年（1732）因病去世，终年54岁。

这就是老五，一辈子稀里糊涂、平平庸庸，但也的确没少享福。

二、老七胤祐：意外跛脚的"文艺宅男"

老七胤祐生于康熙十九年（1680）。他之所以没参与夺嫡，原因应该有二。

一是性格上的，老七为人相对柔和、谨慎，不愿意卷入政治斗争。我们可以看一下康熙对老七的评价：

> 心好，举止蔼然可亲。（《清圣祖实录》卷二三五，康熙四十七年十一月十六日）

雍正正式登基之后，也说老七：

> 安分守己，敬顺小心。（《清世宗实录》卷六，雍正元年四月十四日）

通过两代君主的评价，我们可以看出，从性格上而言，老七就不是一个会争名夺利的人。

二是身体上的，老七的身体应该是有残疾的。但具体是什么时候有残疾的，出现残疾的是哪个身体部位，目前还没有定论。有的说法是康熙三十五年（1696），老七在随父亲康熙出征噶尔丹时，腿部受伤导致他瘸了，但此说法的具体文献记载尚不清晰，只不过老七有残疾这事应当是属实的。在康熙的丧礼结束时，雍正曾表扬过老七，说：

> 于皇考大事，一应典礼，不顾残废，黾勉曲尽，殊属可嘉。（《清世宗实录》卷六，雍正元年四月十四日）

于是，受性格和身体的影响，老七有意远离了夺嫡纷争，安心做起了自己的太平皇子，跟谁都是笑呵呵的，没事就伺候伺候康熙。每次封爵时，他也都能凭着岁数按部就班地获封，从没落下过。康熙三十七年封贝勒，康熙四十八年封郡王，到了雍正元年（1723），又被雍正封为了亲王。

老七更多的时候还是一心扑在家里。他一共娶了7个老婆，生了17个孩子。老七最大的业余爱好，可能也就是在家里练练书法，修身养性。值得一提的是，老七的书法水平，在几个兄弟中应该是仅次于老三胤祉的。

雍正登基后，需要给康熙的陵寝写碑匾，这得找个字写得好的人来写。到底谁的字好呢？雍正就搞了个书法比赛，让大臣评选，谁的字好就用谁的。雍正就率先推荐了，"诚亲王、淳亲王，素工书法。朕已令其恭写"。朕的兄弟里，就数三哥和七弟的字写得最好，我已经让他们写好了。此外，"翰林中善书者，亦令其恭写"。翰林院中擅长书法的官员们，朕也让他们各自写了一份。但最后，雍正还是图穷匕见，说："朕早蒙皇考庭训，仿学御书，常荷嘉奖。"其实朕小的时候也练过书法，仿写过我爸的字，我爸经常夸我，说我写得不错。接着雍正又说："今景陵碑匾，朕亦敬谨书写。非欲自耀己长，但以大礼所在，不亲写，于心不安。尔诸臣可公同细看，不必定用朕书，须择书法极好者用之，方惬朕心。"你们这些大臣不一定要选朕的作品啊，一定要选出那个字写得最好的来用，这样朕才能安心满意啊。于是，大臣们听完瞬间就达成了共识，齐声回奏，皇上您这幅字简直"御笔之妙，天矩自然。而仁孝诚敬之意，流溢于楮墨之间，正与陵寝大事相称。圣祖仁皇帝在天之灵，实为欣慰"。结果就是雍正喜获本届书法比赛第一名。这里要说的是，老七的书法能入围，可见他的水平也一定是相当不错的。（见《清世宗实录》卷一〇，雍正元年八月初十日）

到最后，老七和老五一样，也是安安稳稳地戴着自己的亲王帽子，做了一辈子的太平王爷。说起来，纵使不去夺嫡，若真能像老七这样过一辈子，也不能算是可惜。但问题是，把常人放到老七的那个位置上，谁又能保证可以忍得住诱惑，不去夺嫡呢？即便忍得住，以常人的水平，就能保证自己能在政治浪涛中像老七一样，一点错都不犯吗？说实话，这太难了。就像老十二胤祹，他倒是能忍住不去夺嫡，但祸从天上来时，真是躲也躲不开。

三、老十二胤祹：专业能力过硬的丧葬大师

老十二生于康熙二十四年（1685）。

他没参与夺嫡，一方面是因为他出生得晚，康熙三十五年的西征噶尔丹和康熙三十七年的大封皇子，他都因为年纪小没赶上；另一方面，他的能力又不像老十三那么强，性格也没有老十四那么勇猛，所以就不太容易迅速出头。那老十二有什么特长吗？还真有。一般人可能猜不到，老十二热衷于研究宫廷礼仪，尤其擅长主持丧礼。

我们前面提到过，康熙五十六年，皇太后博尔济吉特氏的丧礼就是由老十二主持的。当时，康熙伤心欲绝，自己主持不了，就安排了老十二在丧礼期间署理内务府总管事，全权负责皇太后的国葬。不出所料，丧礼搞得很隆重，效果很好，老十二也得到了康熙的高度肯定。以至于再后来，康熙的嫂子，也就是福全的媳妇过世，也是由老十二来主持丧礼。后来，康熙朝晚期一些礼仪性的活动，也都经常安排给老十二来操刀。只不过这些都是康熙五十六年之后的事了，相当于夺嫡大戏即将上演大结局了，老十二才刚刚冒头。那时他的爵位也只是贝子，就是想夺嫡基本上也没戏唱了。他唯一能发光发热的只剩主持丧礼。康熙六十一年（1722）十一月，康熙去世，其丧礼也是由老十二主持的。还因为主持得不错，老十二被雍正晋升为郡王。

但好景不长，老十二是康熙六十一年十二月十一日晋升的郡王，没过几天雍正就下令追查中央和各地方府库的财政，要求历任长官补齐其在位期间所产生的各项亏空。这一查可就查到老十二的脑袋上了，因为在康熙五十七年他主持皇太后的国葬期间，内务府亏钱了。

按说这当初也是按康熙的要求操作的，要把皇太后的国葬办得隆重，难免有亏空；即便有了亏空，这在康熙朝其实也算不上什么大问题。可问题难就难在，如今的政治环境变了，而且追缴亏空是雍正登基以来要干的第一件大事，如果轮到自己的兄弟就放一马的话，那下面的钱可就不好追了，雍正不能执法不公。于是，雍正就勒令老十二，即便你是朕的兄弟，也必须得

把钱还上！

可老十二在康熙朝的爵位只是贝子，俸禄少得很，实在穷得还不上钱。于是，老十二就干了件特别出格的事。

> 允祹在圣祖皇帝时管内务府事务，亏空钱粮，私用官物，责令赔补，乃将器用小物铺列大街出卖，以示穷促。[1]

他愣是把自己家里的东西都搬到了大街上，摆摊叫卖去了。没错，影视剧《雍正王朝》里老十摆摊的剧情，其实挪用自老十二的故事。这件事表面上看丢的是老十二自己的脸，可实际上打的是雍正的脸——允祹如此行事就显得雍正极为刻薄，竟挤对着亲兄弟去变卖家业了。

气得雍正先把老十二从郡王又降回了贝子，这还不解气，过了几个月，又找碴儿把老十二从贝子降成了镇国公。不过，老十二允祹最大的优点可能就是心理素质好，被打击了也不往心里去，日子该咋过咋过，就在家安心歇着。直到雍正八年（1730），在老十三的丧礼期间，老十二才恢复了郡王的爵位。史书没有说明原因，但大概率应该是他这位治丧委员会的资深常务委员长又发光发热了。转年，老十二还主持了雍正的孝敬宪皇后乌喇那拉氏的丧礼。甚至雍正的丧礼也是由老十二主持的，且因为主持效果良好，老十二还被乾隆晋升为亲王。

最终，老十二在送走了"九子夺嫡"的所有参赛选手后，一直活到了乾隆二十八年（1763），才以79岁的高龄过世。他是康熙所有的皇子中离世时岁数最大的一个，这可能也算是一种别样的胜利吧。

以上便是前5位没有参与夺嫡的皇子了。而再后面的老十五、老十六、老十七等人，他们实在出生得太晚了，别说康熙三十七年的首次大封皇子了，就连康熙四十八年的二次大封皇子，他们都没赶上。由于明显的年龄差距，面对上面那些"和蔼可亲"的哥哥，这些当弟弟的，就更没可能去参与夺嫡了。

1　中国第一历史档案馆编《雍正朝起居注册》（第一册），雍正二年十月十七日，中华书局，1993，第340页。

其余皇子：夺嫡局外的人生（二）

让我们来说一说老十五、老十六和老十七。虽说这三位是夺嫡之外的吃瓜人员，但其实在他们中间，有一个隐形的"四爷党"和一个疑似"八爷党"。

一、老十五胤禑：庸碌无为的"小透明"

老十五胤禑出生于康熙三十二年（1693），他是全程都没有参与夺嫡的。

首先在年龄上，他和哥哥们出现了断层。别看他排行十五，和夺嫡九子中年纪最小的老十四就差一个位次，但他比老十四胤禵小5岁，比老大胤褆更是小了21岁。这种年龄上的差距，先天就决定了他其实是不可能参与夺嫡的。更重要的一个原因在于，老十五的母亲是汉人王氏，王氏的父亲，就是苏州的一个普通知县，没什么背景。（"密嫔王氏，知县王国正女。"[1]）目前，学者的普遍推测是，王氏应该是在康熙二十八年（1689）皇帝南巡时被康熙看上了，并带回了宫中。用一句话来形容王氏的话，那就

1　见《清朝文献通考（二）》卷二百四十一，《带系三》，考七〇〇四，浙江古籍出版社，1998。

是姿色好、地位低。

为什么说王氏姿色好呢？因为她是第一个被康熙从宫外带回宫中的汉家女子。同时，王氏仅用了 8 年的时间，就接连生下了老十五、老十六和老十八三位皇子。可见康熙一定是非常宠爱王氏的，除了姿色的优势，我们想象不到其他的原因。王氏地位低就更明显了。一般来说，旗人出身的妃子哪怕只生了一位皇子，就可以给封号了，比如乌雅氏，刚生完老四，转年就被封为了德嫔。但汉人出身的王氏，连续生了三位皇子，最终拖了 17 年，才被补封为密嫔。可见在那时，重满轻汉的思想还是很严重的。

因此，王氏的三个儿子，老十五、老十六和老十八，从年纪和出身方面考虑，都不可能参与夺嫡。尤其是老十五，他不但先天不具备优势，后天的能力也很平庸，他一辈子承担过的最重要的任务，就是在康熙驾崩后给康熙守陵。而且他的身体还很弱，年仅 39 岁就因病去世了。以至于老十五堂堂一位皇子，在《清史稿》中的生平记述，只有短短 50 字。

> 愉恪郡王允禑，圣祖第十五子。康熙三十九年，从幸塞外。自是辄从。雍正四年，封贝勒。命守景陵。八年，封愉郡王。九年二月，薨，予谥。（《清史稿·列传七·愉恪郡王允禑》）

他是特别没有存在感的一个人。

二、老十六胤禄：能文能武的通透王爷

而与老十五不同，他一母同胞的亲弟弟老十六胤禄，就凭借着个人能力刷满了存在感。

因为母亲王氏的汉人身份，老十六一开始就没想着夺嫡，便把热情全都投入学习中了，而且学的还都是那种很讲究天分的学科，比如数学和音乐。《清史稿·列传六·庄恪亲王允禄》中记载：

> 允禄精数学，通乐律。

那水平如何呢？在数学方面，老十六编辑过清朝的数学名著《数理精蕴》，因为有外国传教士的参与帮助，这本书还涉及了当时大量的西方几何学和代数学的内容。

在音乐方面，文艺青年老十六不但精通中国乐理，还向意大利传教士德理格·佩德里尼（Teodorico Pedrini）学习过西方乐理。按德理格自己的说法是："至于律吕一学，大皇帝犹彻其根源，命臣德理格在……皇十六子殿下前，每日讲究其精微。"[2]

不过，老十六最强的其实是武艺，在诸多皇子中，他个人的战斗力应该是出类拔萃的。

有一个听起来特别传奇的故事，说是在康熙五十五年（1716）的冬天，康熙带着老十六等若干皇子外出围猎。按相关记载是：

> 十二月初四日 上至喀尔沁吉鲁克处行围，遇虎。命（胤禄）提枪刺之，正中虎胃，虎被刺，愤噬枪柄而毙。[3]

近身战，单枪杀虎。仅就此次战绩而言，老十六应该是雍正这些兄弟中最能打的了，没有之一。

就是这样通数学、晓音乐，还武艺高强的老十六，他却很可能是康熙朝晚年间一个潜在"四爷党"。证据有三：

第一，在康熙驾崩的当天夜里，雍正除了安排老十三和隆科多一起负责城内的安保工作，还专门让老十六负责宫廷的守备工作。

> 十六阿哥允禄，……肃护宫禁。（《清世宗实录》卷一，康熙六十一年十一月十三日）

这应该说，能做这种安排，那雍正对老十六可就不是一般地信任了。

1　编纂于康熙年间的算书，是《律历渊源》的第二部分。《数理精蕴》共 53 卷，全面而系统地介绍了明末以来传入中国的西方数学和当时流行的传统数学。

2　见马国贤:《清廷十三年：马国贤在华回忆录》附录《康熙朱笔删改德理格马国贤上教王手稿》，李天纲译，上海古籍出版社，中央民族大学图书馆藏本，第 150 页。

3　出自第五代庄亲王后人所整理的皇十六子胤禄虎枪铭文，见郭招金:《末代皇朝的子孙》，团结出版社，1991，第 260 页。

第二，康熙驾崩仅仅两天之后，雍正就命老十六署理内务府总管，全面负责皇家的各种事务。

第三，雍正授老十六庄亲王爵，这件事甚至在雍正朝当年饱受非议。雍正元年（1723）正月十一日，和硕庄亲王博果铎[1]去世。"庄亲王"，这个王爵就是赫赫有名的清朝开国的八大铁帽子王爵[2]之一，世袭罔替，数清朝最牛、最硬气的爵位。可博果铎没有儿子，他死后，庄亲王爵后继无人。这就需要雍正敲定到底由谁来继承这顶铁帽子。当时所有人都觉得，这顶铁帽子应该给博果铎亲弟弟的儿子，也就是他本人的亲侄子爱新觉罗·福苍，因为他俩的血缘关系是最近的。但雍正却力排众议，把这顶铁帽子给了老十六。

朝野大乱。因为按血缘远近来看，如果老十六可以继承，那小半个爱新觉罗家族的人都可以，更不用说老十六的母亲王氏还是汉人，这老十六怎么就能成了满洲的铁帽子王了呢？皇族内顿时议论纷纷。最后，雍正受不了舆论的压力，出来辟谣道：

> 外间匪类，捏造流言，妄生议论，谓朕钟爱十六阿哥，令其承袭庄亲王王爵，承受其家产。朕为君上，多封诸弟数人为亲王，何所不可，而必借承袭庄亲王，以加厚于十六阿哥乎？（《清世宗实录》卷四，雍正元年二月初十日）

雍正的意思是，他是皇上，他完全可以直接给弟弟们封亲王，没必要去抢庄亲王这顶铁帽子，更没必要对老十六偏心眼。

雍正的解释实在太苍白了。因为一般的亲王和铁帽子亲王那是完全不在一个档次之上的；而且在雍正朝能从一个什么爵位都没有的平头阿哥直接加封成亲王的，一共就两人，一个是老十三允祥，封了怡亲王，另一个是老十六允禄，承袭了庄亲王。

1　爱新觉罗·皇太极第五子之子。
2　铁帽子王是清代对受封王爵并得以世袭罔替者的俗称。清初加世袭罔替者有睿、礼、郑、豫、肃、庄六亲王及克勤、顺承两郡王，俗称"八铁帽子王"。

基于以上的种种迹象，一个大胆的猜测就是，老十六极有可能在康熙朝晚期就已经暗地里加入了老四的夺嫡集团。这还体现在老四登基后，他和老十三、老十六三个人之间的分工特别明确。老四雍正是皇上，抓全盘，设计改革方案；老十三出任总理事务大臣，负责解决朝堂的外部业务；老十六则是先后接手了内务府和宗人府，负责解决皇族的内部事务。

这一套安排下来，要说他们三人此前没有暗通默契，其实是让人难以相信的。我们只能说，老四对自己的政治班底的控制，要比老八好太多了。像是老九和老十四，二人就差把"八爷党"三个字刻在脑门上了。但老四这边，却一直风平浪静，没有任何明显的波澜。

而哥仨的配合，最终在雍正八年（1730）五月初四，因为老十三的去世而终止。当时雍正伤心过度，一病不起，就由老十六允禄出面主持他十三哥的丧礼。但8天后，老十六就突然上奏，弹劾老三诚亲王允祉：

> 臣等奉命办理怡亲王丧事，所见齐集人员，无不衔哀垂泣。独诚亲王允祉，当皇上亲临回宫之后，迟久始至；迨宣读皇上谕旨之时，众皆呜咽悲悌，而诚亲王早已回家；且每日于举哀之时，全无伤悼之情，视同隔膜。请交与该衙门，严加议处。（《清世宗实录》卷九四，雍正八年五月十二日）

"该衙门"是哪个衙门？那不就是老十六主管的宗人府吗？于是，愤怒的雍正即刻下旨，让老十六召集宗人府各级王公及官员，议定老三的种种罪行。我们有理由怀疑，就是在这个时间点上，因为老十六要忙着给老三定罪，所以丧礼这边缺了人手，雍正才临时找老十二允祹过来帮忙，且因为差事干得不错，老十二在当月月底被恢复了郡王爵位。

但老十六给老三定罪，这事仔细一想还是挺难的。罪定轻了，雍正心里肯定不解恨；罪定重了，雍正好面子，怕别人说他刻薄。那该怎么办呢？老十六来了一手绝招。

按说事件的导火索，无非老三违反了丧礼的规制，但老十六最后愣是花样罗织罪名，扣各种大帽子，相当无厘头。比如：

> 我皇上宵旰勤劳，……谕以勤政忧民诸事。而允祉漫不乐闻，……此其欺罔不敬之罪一也。(《清世宗实录》卷九四，雍正八年五月二十四日)

这个罪名说的是，雍正熬夜工作很辛苦，但老三听闻后没有主动安慰雍正，这就属于欺君和大不敬之罪。最后，老十六就这么东拉西扯，给老三凑出了10条大罪。那定完罪，老三又该怎么处理呢？老十六给出的处理意见是：

> 应将允祉削去和硕亲王，革退宗室，即行正法。(《清世宗实录》卷九四，雍正八年五月二十四日)

好家伙，他要杀了老三。

可这能杀吗？万万不能。老十六如此给老三定罪的意思实在是太明显了。四哥您看见了吗？恶人我来当，骂名我来背，剩下的就看您的表演了。雍正在看到处理意见后也是"一脸痛苦"，那到底是朕的三哥，允禄你不能这样！雍正批复道：

> 朕心有所不忍，姑从宽曲宥。将允祉革去亲王，其如何拘禁之处，候朕另降谕旨。(《清世宗实录》卷九四，雍正八年五月二十四日)

还是要留条性命，把老三革爵、圈禁就行了。

可这件事我们反过来想，老三一个亲王，只是违反了丧礼规制，最后却被判了个无期徒刑，革除王爵，圈禁到死，这怎么看都是极为狠辣、严酷的处决。可经老十六上来就先定死罪这么一番折腾后，最后倒显得雍正还算是心胸开阔的。

老四和老十六兄弟间的配合，果然是默契的。

最终，雍正十三年（1735），在雍正驾崩前，他还安排老十六去给弘历当辅政大臣。不过，雍正可能隐约能猜到自己的儿子是个什么样的人，他

191

专门留下遗诏，嘱咐弘历：

> 庄亲王心地醇良，和平谨慎，但遇事少有担当，然必不至于错误。

（《清世宗实录》卷一五九，雍正十三年八月二十三日）

朕的十六弟人很好，他心地善良，待人温和且个性谨慎，将来即便出了问题，那也一定只是因为责任心不足，他绝不会有大过错的！

可能是因为有老爹的遗诏在，所以乾隆后来尽管找碴儿、敲打过老十六几次，但都没有给过特别大的处罚。而老十六活得也很通透，早早就向乾隆辞掉了辅政大臣的职务，不问政事，研究个人才艺去了。乾隆开心了，老十六自己也开心了。乾隆七年（1742），老十六先是到内务府的"律吕正义馆"报到，每天唱歌、编写乐谱去了；又过了6年，乾隆十三年（1748），54岁的老十六又跑去国子监教数学了；偶尔技痒时，老十六还会去武举考试中当个考官，考察考察后辈人的武艺。

有的时候乾隆计划出去游玩，他会安排老十六在京城临时负责看家，总揽事务。至于为什么会安排老十六看家呢？原因很简单，老十六作为一个不贪慕权力的前辅政大臣，在地位、能力方面都镇得住场子，性格品行方面也让乾隆很放心，更何况他还是雍正生前最依赖的人之一，留他看家最合适不过了。实际的情况就是，自雍正八年老十三死后，老十六不管是在雍正朝还是在乾隆朝，他的政治地位都称得上"一人之下，万人之上"。老十六最后优哉游哉地顶着自己的铁帽子，活到了乾隆三十二年（1767），享年73岁。之后，铁帽子王世袭罔替，他的孙子永璥又成了新一代的庄亲王。

老十六的一辈子，活得岁数长又有质量。年轻时单枪杀虎，可谓青年英雄；人到中年，在雍正朝大权在握，还没有老十三那么劳累；晚年在乾隆朝，两手一摊不问政事，爱玩啥玩啥，大家还都得敬着他。最关键的是，他还赚了一顶铁帽子，世代承袭。另外，看过前文后羡慕老七娶了7个老婆的朋友，在此请冷静，老十六一辈子娶了10个老婆，生了19个孩子，10男9女。什么叫人生赢家？大概老十六就是了。

三、老十七胤礼: "气体清弱" 的胆怯弟弟

老十七出生于康熙三十六年（1697）。他比老四雍正小了19岁，在康熙朝默默无闻，本来应该是"九子夺嫡"之争的纯看客，但他曾经差一点就被雍正当成"八爷党"的一员给清算掉了。

事情的起因有两个。一是在身份上，老十七的老丈人是"八爷党"的核心人物阿灵阿，因此，在雍正眼里，老十七他就有结党的重大嫌疑。更重要的是第二点，在行为上，老十七有一个"西直门夜奔事件"缠身。在康熙驾崩的当天夜里，老十七本来是在皇宫里值班的，可听闻康熙驾崩的消息后，他就连忙赶往畅春园，结果，老十七就在西直门大街撞见了时任九门提督的隆科多。接下来发生的事非常诡异，老十七在听到老四胤禛继位的消息后，他的表现是：

> 神色乖张，有类疯狂。闻其奔回邸第，并未在宫迎驾伺候。[1]

老十七非但没有去迎接雍正，反而跑回家躲起来了。

据雍正回忆说：

> 朕闻之甚为疑讶，是以差往陵上暂住以远之。[2]

他当时就觉得不对劲，想把老十七直接扔到景陵看坟去。之所以没这么干，是因为老十三允祥拦了一把，他说老十七"居心端方"[3]，允礼这孩子其实人不错，只是年纪小，有点慌神才这样，四哥千万别多想。

在老四和老十三的关系中，最有意思的一点就是老四对老十三的无条件信任。老十三说老十七没问题，人不错，老四非但不怀疑了，反而开始不断加封。仅在雍正元年，老十七先是在四月被加封为了郡王，并兼管理藩院；五月，又被任命为右翼前锋统领；七月初，兼管正黄旗蒙古都统，

1　中国第一历史档案馆编：《雍正朝起居注册》（第五册），雍正八年五月初九日，中华书局，1993，第3624页。
2　同上书，第3624页b。
3　同上。

七月底，代管镶蓝旗汉军都统；九月，雍正恩赏了一万两白银。恩赏还没完，转年五月，老十七又加管了镶红旗满洲都统。仅仅一年多的时间里，老十七就从一个差点要去看坟的平头阿哥摇身一变，成了手握三旗都统兼管理藩院的小王爷了。老十三的一句话，可以说是彻底改变了老十七的人生走向。

只可惜，虽深受皇恩，手中握有如此之多的权力，但老十七的身体状况堪忧。雍正六年（1728），雍正加封老十七为亲王时就说过：

> 王微有弱疾。（《清世宗实录》卷六六，雍正六年二月初五日）

这一年，老十七才32岁，而且他的身体状况很可能也不止"微有弱疾"这么简单。证据是老十七他只娶过两个老婆，而生过的两个孩子也都早早夭折了。此后，老十七就没有再娶了，也没有子嗣，绝后了。如此来看，老十七的身体状况，大概问题相当严重。

大家可能不了解的是，老十七是一个狂热的藏传佛教徒。据毕业于中国人民大学清史研究所的学者那仁朝格图在《果亲王允礼以及蒙译伏藏经》一文中的考证，老十七本人不但翻译过大量的藏传佛经，还曾与西藏活佛七世达赖喇嘛噶桑嘉措缔结了深厚的友谊。两人的会面应该是在雍正十一年（1733），当时和老十七一起出行的，还有一个叫章嘉·若贝多杰的人，在他写的《七世达赖喇嘛传》中，曾这样描绘老十七和七世达赖分别时的场景："亲王将此哈达高高举起，……显出极大敬信和不忍离别之态，流着泪水，一直回视喇嘛，直到看不清身影。"[1]

就老十七这样一个胆子小到在西直门夜奔，身体弱到没有子嗣，潜心佛法的一个藏传佛教徒，他大概做梦也不会想到，多年以后有人会在影视剧中让他为了爱情给他的四哥戴了"绿帽子"吧。

《甄嬛传》中老十七被雍正赐毒酒而死的桥段，也是虚构的。因为历史上，雍正才是死得更早的那一个，而且他临终前还对老十七关心有加，嘱

1　章嘉·若贝多杰：《七世达赖喇嘛传》，蒲文成译，中国藏学出版社，2006，第121页。

咐弘历说：

> （允礼）平日气体清弱、不耐劳瘁。倘遇大事，诸王大臣当体之。勿使伤损其身。（《清世宗实录》卷一五九，雍正十三年八月二十三日）

而乾隆继位后也的确对老十七照顾有加，他特别恩准老十七：

> 或天气晴暖时，随便入见。所有应办事宜，即在邸第办理。（《清高宗实录》卷七，雍正十三年十一月十九日）

十七叔，您这个工作，啥时候天气好啥时候来上班，您平常居家办公就行了。但老十七的身体实在太弱了，即便如此养着，他也只撑到了乾隆三年（1738）就因病去世了，年仅 42 岁。

他的丧礼倒挺不错，是由老十二和老十六两个"专业人士"联手主持操办的。

其余皇子：夺嫡局外的人生（三）

接着聊聊雍正剩下的几位兄弟，也就是康熙最后的 7 位皇子。

名单如下：十八子胤祄、十九子胤禝、二十子胤祎、二十一子胤禧、二十二子胤祜、二十三子胤祁、二十四子胤祕。

说起来，康熙在生孩子这件事上的确很有天赋。满洲入关后，从顺治到宣统，10 代君主，一共生了 84 个皇子。这其中有 35 个都是康熙生的，几乎占了一半，真不愧是"大清第一巴图鲁"。只不过，康熙这些皇子，有 11 人不到 5 岁就夭折了，所以就没能序齿（只有 3 岁而逝的十九子胤禝是特例），没有进入康熙的皇子排行榜中。因此，康熙在册的皇子，应该是"35-11"，共 24 位。

康熙二十四子

皇长子胤禔	皇九子胤禟	皇十七子胤礼
皇次子胤礽	皇十子胤䄉	皇十八子胤祄
皇三子胤祉	皇十一子胤禌	皇十九子胤禝
皇四子胤禛	皇十二子胤祹	皇二十子胤祎
皇五子胤祺	皇十三子胤祥	皇二十一子胤禧
皇六子胤祚	皇十四子胤禵	皇二十二子胤祜
皇七子胤祐	皇十五子胤禑	皇二十三子胤祁
皇八子胤禩	皇十六子胤禄	皇二十四子胤祕

前面已经讲了其中的 17 位了。图个圆满，康熙最后的 7 位皇子，雍正的最后几位兄弟，这里就一起说全了。

一、"九子夺嫡"之源

说起来，这 7 位皇子的年纪都太小了，是完全不可能参与夺嫡之争的。因为直到康熙驾崩、雍正继位那一年，这 7 位皇子中，年纪最大的老十八胤祄若活着也只有二十出头，年纪最小的老二十四胤祕刚 7 岁。对 46 岁的老三、45 岁的老四和 42 岁的老八而言，最后的 7 位皇子，与其说是弟弟，不如说是儿子辈的人。因此，他们和那些老谋深算的哥哥相比，是完全没有竞争力的。

可没有竞争力、没有威胁，这些小皇子就能安心当一辈子富贵王爷吗？非常难，比如老十八胤祄和老十九胤禝就没那福气。

这哥俩都是先天命好，后天命薄的。

说他们先天命好，是因为他们的母亲都很受康熙的宠爱。老十八胤祄的母亲王氏，是康熙朝第一位自江南入宫的汉家女子。曾经在 8 年的时间中，先后为康熙生了老十五、老十六和老十八三位皇子。可见她一定是频繁受到康熙恩宠的。

而老十九胤禝的母亲高氏，更是有过之而无不及。同样作为一个没有任何政治背景的汉家女子，高氏仅用 4 年时间，就为康熙生下了皇十九子胤禝、皇十九女（无封号）和皇二十子胤祎，两男一女，三个孩子。甚至，老十九刚一出生就被安排"序齿"，从而进入了康熙的皇子排行中，侧面也可以看出高氏的受宠程度。

只可惜先天命好，架不住后天命薄。老十八和老十九这两位小皇子，命短，都早早夭折了。老十九胤禝在康熙四十三年（1704）夭折了，年仅 3 岁。老十八胤祄呢？也没强到哪儿去，在康熙四十七年（1708），年仅 8 岁就染病去世了。唯一值得一提的是，老十八胤祄的死，在某种程度上加速了康熙朝"九子夺嫡"的发展进程。因为胤祄当年是被康熙领着去参加木兰围猎时，在塞外染病而逝世的。

当时同行的还有太子胤礽，只不过胤礽对小胤祄的病情非常冷漠，一副事不关己的样子。毕竟这兄弟俩差了 27 岁，没感情也很正常。可作为父亲，康熙对太子胤礽的冷漠非常生气，狠狠地训斥了胤礽一顿。在这之后，太子胤礽的行为变得鬼鬼祟祟，夜间偷窥康熙帐篷，康熙怀疑胤礽可能要谋逆。最终，康熙在老十八胤祄去世当天，在各种情绪交织之下，临时起意召集群臣，宣布了废除胤礽太子之位的决定。由此才出现了后来一系列的政治事件，比如老大胤禔的"蠢猪发言"，老九和老十四的"难说逼宫"，还有老八的"满朝拥戴"，以及老四胤禛的"渔翁得利"。

老十八胤祄虽然没有直接参与夺嫡，但他的死，却成了康熙四十七年宫廷动荡的最初源头。

这就是老十八和老十九，两位早早夭折的皇子。

二、勤奋的哥哥与懒惰的弟弟

再看老二十胤祎。如果说老四胤禛和老十三胤祥是康熙的儿子中最勤奋的，那么老二十胤祎就是康熙的儿子中最懒的。

胤祎出生于康熙四十五年（1706），老四继位时，胤祎 17 岁。因为为人又懒又笨，还不爱学习，因此在康熙朝，胤祎没有留下过任何值得称道的记载。

不过即便如此，雍正最初对允祎还是非常不错的，21 岁封了贝子，25 岁封了贝勒。能力不行，就白养着，皇家也不差这点俸禄。

不过雍正最后还是被他惹毛了，因为允祎他实在太懒、太懒了。雍正第一次给允祎布置任务是在雍正十一年（1733），派他去盛京祭祖。结果允祎出了京城，刚到通州，就说他病了，走不动了，要回京。雍正没办法，只能让他回来了。可转过年来，雍正十二年（1734），雍正又派允祎去盛京祭祖，结果允祎故技重施，这次还没到通州呢，连家门口他都不想出了。

这一下，真把雍正给气到了。想想雍正看重的弟弟都是什么样的啊？

老十七允礼，身体一直清弱，但雍正真的需要他时，让他去西藏去西藏，让他去贵州去贵州，从来不犹豫、推脱；老十三允祥就更不用说了，临去世前一年，允祥瘸着腿，还要为了帝陵的建造翻山越岭、勘察地形，雍正在一旁是拦都拦不住。结果现在，好你个老二十允祎，30岁不到，让你去趟盛京，祭祖磕头即可，你都称病懒得去？

于是，雍正公开批评说：

> 贝勒允祎，人本庸愚，性复懒惰。朕从前加恩特封贝勒，冀其知恩悛改，奋勉向上，以副朕期望之意。岂料伊秉性糊涂，毫不知感。上年派往祭陵，伊行至通州，称病而回。今年派出，又托病不往，甚属无知。著革去贝勒，降为公爵，以示儆戒。(《清世宗实录》卷一四六，雍正十二年八月十九日)

直接把允祎连降三级，从贝勒降成了辅国公。

而雍正驾崩，乾隆继位后就更有意思了。乾隆跟允祎说，皇叔啊，我爹活着的时候，派您去陵地祭祖，您就是不去，如今我爹驾崩了，您这个当弟弟的，就直接去给好大哥守陵吧，有病搁哪儿养不是养。于是，老二十允祎在清西陵默默无闻地看坟看了18年，最后因病去世，终年50岁。他的一生在历史中都是毫无存在感的。

其实允祎但凡能勤快一点，都不至于落得这么个下场。一辈子活了个"懒"字，自己没享什么福，在史书上也没留下什么成绩，算是活了个稀里糊涂。可见，哪怕是在皇家里享福，你想躺平、"摸鱼"，也至少得有一傍身之物。比如老五有奶奶的庇护、老七有一手好字、老十二有主持丧礼的才能。相比之下，老二十允祎什么都没有还想躺平，那就只能落得一地鸡毛了。

三、文艺傍身保平安

而和老二十比起来，老二十一胤禧的技能库就要丰富多了。

胤禧出生于康熙五十年（1711）。他的母亲陈氏也是来自江南的汉族女子，而因为汉族身份的限制，陈氏哪怕生了胤禧这个皇子，也没能在康熙朝得到任何册封。所以胤禧从小也没想过自己能参与政事，就把所有的热情都投入到习武、射箭、吟诗作画上去了，而且这几项技艺的水平都很高。

康熙晚年间曾给弘历找过两位武术师父，一位是老十六胤禄，教弘历打枪；另一位就是老二十一胤禧，教弘历射箭：

> （圣祖）命学射于贝勒允禧，学火器于庄亲王允禄。（《清高宗实录》卷一，雍正十三年八月）

不仅武艺高强，老二十一在绘画方面也很卓越。比如，郑板桥在《绘境轩读画记》中评价老二十一的画作为"本朝宗藩第一"，皇室内无人可比。我们可以看一下老二十一画的《山静日长图》，自行感受。

而且老二十一的诗文也写得不错，比如他写的《樵歌》：

> 不闻人声，但闻斧声。寂寂岩响答，丁丁飞鸟惊。得柴换酒，醉归踏月山歌清。友木石，无衰荣。白云流水自朝暮，万山漠漠烟光青。

因此，从某种程度上讲，老二十一可以说是当时清朝宗室的艺术门面了，所以就有两个人特别偏爱老二十一，一个是老十三，另一个就是他的徒弟，雍正的四儿子宝亲王弘历。

所以我们可以想象得到老二十一未来的人生会是多么顺利。

康熙驾崩时，老二十一才12岁，自然不会被安排什么职务。可等到雍正八年（1730），老二十一20岁的那一年，意外发生了，老十三允祥因病过世了。雍正伤心不已，在回忆自己十三弟的遗愿时，一下就又把老二十一给想起来了。这边丧礼刚结束，雍正就下旨说：

> 朕之诸幼弟，朕向来不能深知。从前曾据怡亲王奏称二十一阿哥允禧，立志向上，且深知感朕之恩，恭敬之念，出于至诚。朕从前降旨，将伊封为贝子。著晋封贝勒。（《清世宗实录》卷九四，雍正八年五月二十八日）

《山静日长图》

甲寅元日

吾妹乃诗翁裁句清而好近渡余毫禅颇为毫中
道高斋长日眠为我濡毫扫石亲绘为图景法特
高老一峰插天青波面池亭小峰腰瀑布无亭畔
清添绕更无剥结点写意殊了我闻诸鱼毫沙
品古来少摩诘真蹟无元镇清风渺落妹乃升
堂况住青年早淡知天挨奇不凭人力巧嗟我学
画法年来曾探讨高山但景仰兴治林泉香

宝亲王长春居士题

梁诗正谨书

《山静日长图》题诗局部

而这边允禧刚被封完贝勒，雍正转头就又把宗人府、御书处、粘杆处、镶红旗满洲都统等一系列职务都给允禧安排上了。这些职务基本都属于平常没什么活，但地位又不低的。允禧的政治存在感忽然就空前膨胀了。

且除了雍正的恩赏之外，允禧自己也非常会做人。

有的朋友可能不了解，允禧和弘历是同一年生人，两个人的成长轨迹是同步的，说是叔侄、师徒，但其实更像兄弟。允禧他可能挺了解自己这个侄子的爱好，总是能拍马屁于无形。比如允禧擅长绘画，经常挥毫泼墨完了之后就去找弘历说，好侄子啊，叔叔最近又画了一幅画，虽说画得还行，但总觉得还不够完美，还缺首诗，可叔叔写诗的水平一般，要是好侄子能给叔叔的这幅画题一首诗，那可就太棒了！

弘历的反应是可想而知的，一拍胸脯就一口一个"没问题"。其中，弘历为允禧题的诗作中最有名的，就是在《山静日长图》上题的《题二十一叔父山静日长小景》：

吾叔乃诗翁，裁句清而好。

近复参画禅，颇得画中道。

…………

即景绘为图，笔法特高老。

一峰插天青，波面池亭小。

…………

嗟我学画法，年来曾探讨。

…………

落款是宝亲王长春居士（弘历的雅号），然后再盖上几枚印章。

接着允禧就说，完美了，这回叔叔的画可算是完美了。而弘历也就更加把这位叔叔引为知己。后来，乾隆刚继位，他就任命允禧为正黄旗汉军都统，过了没多久，又下了旨：

贝勒允禧，幼好读书，识见明晰，办理旗务亦属妥协，朕意欲封为郡王。（《清高宗实录》卷五，雍正十三年十月二十五日）

203

并赐封号"多罗慎郡王"。

不过自幼喜好吟诗作画的允禧，比起"王爷"之类的称呼，他更喜欢给自己起一些雅号，比如允禧曾经收藏了一方叫"紫琼岩"的墨岩（砚山），允禧爱不释手，就给自己起了个雅号叫"紫琼道人"。他还四处结交文人雅士，其中比较有名的是"扬州八怪"之一的郑板桥，允禧与他的关系非常密切。有趣的是，郑板桥人生中的第一个入职工作调动，就是允禧出面给办的。

郑板桥是乾隆元年（1736）二甲八十八名的进士，但当时僧多粥少，郑板桥一直是候补身份，没能上任。直到乾隆六年（1741），郑板桥再次到京城跑关系，允禧仰慕郑板桥的才华，就主动请郑板桥吃了顿烧烤大餐，还亲自给郑板桥割肉。这俩人，那时一个是当朝王爷，一个是找不着工作的候补文人，身份可谓云泥之别。因此，虽然能看得出允禧是真心喜欢自己，但郑板桥也确实是非常受宠若惊的，事后还感慨说：

> 紫琼崖主人极爱板桥，……昔太白御手调羹，今板桥亲王割肉，后先之际，何多让焉！[1]

在这顿饭过后不久，吏部就下令，让郑板桥就任山东范县县令。

当时郑板桥还问过允禧，为什么对自己这么好。而允禧的答复，可能郑板桥自己都没想到。允禧说十几年前他15岁时，郑先生曾到京城游历，他们见过一面，当时他就很仰慕郑先生，只是当时年纪小，帮不上什么忙，如今这都是举手之劳，算不得什么的。之后，允禧还送了一首诗给郑板桥：

> 二十年前晤郑公，谈谐亲见古人风。
>
> 东郊系马春芜绿，西墅弹棋夜炬红。
>
> 浮世相看真落落，长途别去太匆匆。
>
> 忽传双鲤垂佳贶，烟水桃花万里通。[2]

1　郑燮：《板桥自序》，载《郑板桥诗文集注》，王庆德注，文化艺术出版社，2014，第230页。
2　允禧：《喜得板桥书自潍县寄到》，见故宫博物院藏南京徐石桥捐赠紫琼道人《喜得板桥书自潍县寄到》墨迹。

自此，允禧和郑板桥一直互通书信，引为挚友。最终，允禧以书画为伴度过了一生。只可惜乾隆二十三年（1758），允禧突然染病去世，年仅48岁。而他的丧礼，是由老十六允禄办的。

老二十一这是有一技之长的，再加上他和乾隆的关系不错，一辈子还算有所成就。而皇二十二子胤祜和皇二十三子胤祁，则因为相对平庸，人生就平淡很多了。老二十二可能还好一点，在雍正朝，20岁封贝子，24岁封贝勒，但终究没承担过什么要紧的事务。等乾隆登基后，没过几年，乾隆就直接安排老二十二去清东陵给康熙看坟了。意外染病去世时，老二十二胤祜才34岁。在老二十二的丧礼上，带头吊孝的是老十二允裪，居中主持的是老十六允禄。这也算他们老哥俩的"专业团队"联手送走的最后一位康熙朝阿哥了。

老二十三胤祁活得比老二十二还要平庸。在雍正朝别说贝勒，连贝子都没混上，只封了镇国公。等到乾隆即位后，老二十三默默无闻，直到老二十二允祜病死后，清东陵没人管了，老二十三允祁才接班继续看坟，一看就是40多年。他守陵之初才32岁，临终之时已经73岁了。允祁病逝于乾隆五十年（1785），是康熙35个皇子中最后一个去世的。说来也巧，允祁是最后一个走的，走的时候又刚好在康熙的陵园内，他临终前会想些什么呢？大概是想感叹：40多年了，真没意思啊。

四、如弟如子

在胤祁之后，还有康熙"序齿"排行中最小的儿子，胤祕。胤祕出生于康熙五十五年（1716），比弘历还要小5岁，他的童年可以说是悲喜交加的。

悲的是，胤祕7岁时父亲康熙驾崩，12岁时母亲陈氏去世，孩童时代就父母双亡了。因祸得福的是，心疼弟弟的雍正，对小允祕照顾有加，把他接到宫中，让他和弘历、弘昼一起读书上学。他们三人始终形影不离，关系特别好。雍正相当于直接把允祕当儿子养了。典型的例子是，在雍正十一年，雍正把允祕、弘历、弘昼三个人肩并肩一起封为亲王。雍正的原话是：

> 朕幼弟允祕，秉心忠厚，赋性和平。素为皇考之所钟爱。数年以来，在宫中读书，学识亦渐增长。朕心嘉悦，著封亲王。皇四子弘历、皇五子弘昼，年岁俱已二十外，亦著封为亲王。（《清世宗实录》卷一二七，雍正十一年正月初九日）

纵使他们仨没有功劳，但朕就是喜欢自己的弟弟和儿子，所以准备封三个亲王出来。

等乾隆一继位，更是给弘昼和允祕两人修亲王府，赏钱赏护卫。而弘昼和允祕两个人也都明白乾隆是什么人，于是他们俩每天都是晃里晃荡的，一副不问政事的样子。乾隆看着虽然心里满意，但皇家的体面也是要顾及的，就劝允祕说："小皇叔，您能不能也看看书，好好学习学习？"允祕就说："我不学，我也学不会。"乾隆一看，这不行，就下了旨：

> 诚亲王自幼蒙皇考慈爱，令在宫中与朕兄弟同学读书。乃王性耽安逸，不知黾勉向学。以副皇考期望之意。屡烦圣心，降旨训饬。而王仍未悛改，皆朕所亲见者。今朕仰体皇考爱弟之心，何忍恝视？著选派翰林官二员，为王师傅，用心教导，务令学业有成。倘王仍前怠惰，当竭力规劝教诫之。若劝诫不从，即奏闻于朕，候朕降旨。倘不能尽训导之职，又为王隐过，朕必于该翰林是问。（《清高宗实录》卷四，雍正十三年十月初一日）

这一年，允祕20岁，就这么被自己25岁的侄子乾隆挤对着读书学习去了。

可性格中有些东西是改不了的。允祕在乾隆朝还是顶着亲王的帽子晃里晃荡，虽然不上进，但在乾隆派任务时，倒是让他干啥就干啥，今儿让去祭孔就祭孔，明儿让去御书处就去御书处。虽然偶尔犯错，不过也都是鸡毛蒜皮的小事。比如有一次，允祕和弘昼本来正陪着乾隆吃饭，结果乾隆还在使劲儿吃呢，他俩提前把筷子一撂，表示吃完了，饱了。因此被乾隆呲了一顿：

> 朕食肉未毕。而诚亲王、和亲王，便放碗匙默坐。(《清高宗实录》卷
> 二〇二，乾隆八年十月初一日）

可这种小错误，终究是无关痛痒的。最后允祕还是舒舒服服地活到了
乾隆三十八年（1773）才染病过世，终年 58 岁。乾隆也亲自吊孝，送了自
己这位小叔叔最后一程。

到这里，雍正的兄弟们算是全说完了。最后的这 7 位小皇子，因为过
于边缘，所以他们身处政治旋涡中的故事不多，但他们几人身上都颇有一
些特点，一并说齐，也是希望能为大家理解雍正提供尽量多的视角。因为
对雍正而言，"兄弟"一词，是他一生中一处难以掩盖的痛点。

第三章 阿哥之外:
被遗忘的满洲公主

大公主，二公主，三公主：
福气象征，掌上明珠，被嫌弃的一生

康熙作为清朝最能生的皇帝，除了35个儿子之外，还生了20个女儿。[1]

只不过，尽管康熙孩子生得多，夭折的也很多。在他35个儿子中，有14个在10岁前就夭折了，夭折率高达40%。而女儿这边夭折的数字更惊人，生育的20个女儿，有整整一半，10个女孩都在10岁前夭折了。而在那时，皇帝的女儿只有先年满10岁进行"序齿"，也就是进入排行之后，才能被称为"公主"。于是，康熙的女儿中能被叫作"公主"的，一共只有"10+1"，11个人。

康熙公主名录

大公主 —— 纯禧公主

二公主 —— 荣宪公主

三公主 —— 端静公主

四公主 —— 恪靖公主

五公主 —— 温宪公主

六公主 —— 纯悫公主

七公主 ——

1　满洲入关后，10代君主，共计生育了皇子84人，皇女62人。

八公主 —— 温恪公主
九公主 —— 悫靖公主
十公主 —— 敦恪公主
十一公主 ——

10个亲生女儿，再加上1个收养的女儿。至于谁是收养的，我们后文再展开来说。这里先要说的是，我们称呼的"公主"，不是影视剧中常见的"格格"。因为"格格"是满语"小姐"的意思，清代，从皇帝到王公贵族的女儿，都可以叫"格格"，只有"公主"才是清朝皇室参照汉人传统赐给皇帝女儿的专属称号。

皇女序齿完毕，获得公主的称号之后，等到长大成人出嫁时，还会获得一个封号。这个封号，分成一高一低两个等级。其中，由皇后所生的嫡出的女儿，会被封为"固伦公主"；由其他嫔妃所生的庶出的女儿，则被封为"和硕公主"。之所以要等到公主出嫁时才给封号，主要也是在于清朝公主的婚姻基本上都是政治联姻，她们需要在出嫁时有一个响亮的名号。因此，影视剧中公主们能够自由恋爱，努力追求爱情的故事，在真实历史中几乎是不存在的。

甚至，我们看到前面的名单时，会发现这些公主她们只有排行和封号，没有名字。因为史书上就没记载她们的名字，而且更可能的是，当年康熙就没给自己的女儿起名字。这就是一种典型的重男轻女的表现。所以，我们今天对这些公主的称呼就只能是大公主、二公主、三公主，依此类推。不过，七公主和十一公主，怎么连封号都没有呢？其实原因想必大家也能猜到——这两个公主，尽管活过了10岁进入了排行，却没能活到成年后出嫁，于是就只有排序，没有封号。

这两位公主的死因，大概率一个因为天灾，一个因为人祸。

天灾，指的是七公主的死。七公主出生于康熙二十五年（1686），是老四胤禛一母同胞的亲妹妹，可她在康熙三十六年（1697）突然就去世了，年仅12岁。死因不详，一般像这种没记录具体死因的，往往都是身体不好，染病去世的。

而十一公主（生母庶妃王氏）的死，则大概率是人祸导致的。证据是在张廷玉等人编纂的《国朝宫史》中，曾记录了一条在康熙四十五年（1706）十月由康熙发布的上谕：

> 可传谕小阿哥、小公主、小格格处，乳母等各宜切实经心，不许怠慢。如有粗率怠慢之人，现有十一公主乳母之例，一家俱行充发，乳母之夫现锁禁慎刑司。嗣后若不小心伺候，即照此例。

十一公主的奶妈，因为伺候时过于粗率，康熙直接把她全家都株连发配了。至于这个奶妈到底干了什么，史书却没有记载。

我们唯一能确定的是十一公主在这道上谕发布后，不到一年就去世了，年仅 13 岁。通过康熙对这个奶妈的严厉处罚，和对其他奶妈的传谕警示，我们有理由推测十一公主的死和这个奶妈脱不了关系。只能说小十一她很不幸。

于是，在七公主和十一公主早早离世后，在 11 位序齿的公主中，能顺利成婚并获得封号的，也就只剩下 9 位了。

而前面我们也提到过，公主的婚姻，基本是政治联姻的产物。满洲的皇族，有着非常深远的政治联姻的传统。从当年努尔哈赤起兵开始，满洲的统治者就非常重视靠联姻来建立政治联盟。而这种政治联盟中，最重要的就是满蒙联盟，有时候甚至连满洲的皇帝都要亲自下场进行联姻。皇太极娶了 7 个蒙古老婆，这其中就有大名鼎鼎的孝庄文皇后；顺治同样娶了 6 个蒙古老婆，其中就包括抚养老五胤祺的博尔济吉特氏，她受不受宠暂且不提，顺治必须得娶人家，还得给个大大的名分；再到康熙，此时满人已入主中原，他仍然娶了两个蒙古老婆，不为别的，就是为了满蒙团结。

既然连皇帝本人都要亲自参与政治联姻，作为皇帝的女儿，这些公主又怎么能逃得开呢？最终，康熙这 9 位能出嫁的公主，有 7 位都嫁给了蒙古的王公贵族，其余两位下嫁了满汉大臣之子。不过需要强调的是，政治联姻不一定就是不幸福的，先结婚后恋爱，在我国漫长的历史中，也不算新鲜事。说到底，人生其实很多时候都在拼运气，看你有没有在婚姻中遇到那一个对的人。

那这些能出嫁的公主，她们的命运又如何呢？

一、最长寿的大公主

先来看看大公主。首先，大公主她不是康熙的亲生女儿，她是康熙的五弟恭亲王常宁的女儿。她被康熙收养的原因，表面上看是康熙为了拉近兄弟关系、团结宗室，一个是亲爹，一个是养父，然后用一个女儿来做纽带。但实际上收养她的原因大概率是为了添福，因为康熙朝早年间的后宫实在是太邪门了。

大公主在康熙十年（1671）十一月刚出生不久后就被接入宫中了。而那一年的康熙，虽然年仅 18 岁，但已经生过三男两女 5 个孩子。可邪门的是，这 5 个小孩到康熙十年已经死了 4 个，唯一存活的那个女孩，也体弱多病、朝不保夕（事实上，她在两年后也夭折了）。相当于康熙连死了好几个孩子，并且这几个孩子还是不同的母亲所生，如此一来，实在难说是哪个妃子有问题了。一时间，关于皇家被诅咒的谣言满天乱飞。

所以在这个节骨眼上被康熙收养的大公主，多少有些"工具人"的属性了。她就是被用来"冲喜"，去去宫中的晦气的。可巧的是，大公主入宫后，老大胤禔和老二胤礽就相继出生，并且后来他们都顺利长大了。一时间，康熙也好，太后也好，都喜笑颜开，觉得大公主给皇家带来了福气，所以等到序齿时，康熙将她排为"大公主"，嗯，你就是朕第一个女儿。

作为康熙最年长的孩子，当年大公主在后宫里到底有多受宠呢？从一个小细节便能看出来。在大公主嫁人后再回紫禁城探亲的时候，她在后宫四处溜达，去哪里都没人敢拦着。可是这皇家深宫，考虑到皇帝的个人安全，不管谁来了，总得打个报告吧？康熙知道后，立刻就把负责值班的太监和守卫骂了一通：

> 大公主系已出嫁之人，凡进内必须告之总管奏明，方可放进。何得竟不阻拦，任令出入。[1]

1　鄂尔泰、张廷玉等编纂《国朝宫史》卷之二《训谕二》，北京古籍出版社，1994，第 8 页。

只不过太监、守卫虽被骂了，但这件事对大公主本人是毫无影响的，康熙该怎么宠她，还怎么宠。而且，从当初大公主出嫁，我们就能看出康熙对大公主的喜爱。因为康熙虽然当时给大公主的封号是"和硕公主"，但实际上给她的待遇却是"固伦公主"级别——大公主可在府内破格设置护卫长史。对一个养女而言，真的已经是非常高的待遇了。

除了被父亲康熙宠着外，大公主嫁的老公也非常好，大公主下嫁的是当时的蒙古贵族般迪（原名"班第"）。这里说大公主嫁得好，并不是说般迪当年的地位有多高，而是般迪这个人很好，从能力到性格，全方位地好。

在清朝，这些迎娶了公主的人会被称为"额驸"，这就代表他们是皇族的一分子。般迪作为康熙第一位额驸，在娶了大公主的第二年，就升任从一品的侍卫处内大臣，他做官兢兢业业，之后又历任蒙古镶白旗副都统、蒙古镶黄旗都统和满洲正蓝旗都统，在康熙朝担任了20多年的高官，没挨过康熙一句骂。大家不要觉得这事很简单，说般迪无非讨了个好老婆，才能在事业上扶摇直上。要知道，在康熙所有的额驸中，能像这样为官20多年不犯错的，只有般迪一人。因此，般迪的能力肯定是很强的。

而且，般迪对大公主也是真的好。根据史料记载，在康熙朝，每当大公主回京探亲时，般迪基本都是跟在她身边的，夫妻二人成双入对，相当恩爱。

甚至除了父亲康熙和丈夫般迪之外，大公主的弟弟雍正，对大公主也很好。雍正一即位，就下旨将大公主的封号由"和硕公主"破格升为"固伦公主"。而且，当大公主有事找雍正时，哪怕是一些比较棘手的私人问题，雍正也基本都会帮她解决。举一个典型的例子，大公主曾经为了自己的儿子、儿媳求过雍正一回。

具体情况是，大公主和般迪的儿子叫塞楞纳穆占尔，娶的老婆是老大胤禔的女儿。康熙也许是出于对胤禔的厌恶，始终没有给这个无辜的女孩赐过封号。待康熙驾崩后，不到两年，大公主就问雍正：

> 我亦已年迈，惟爱子之媳无品级，恭请圣主施恩赏我儿媳格格封号。为此谨奏。[1]

你姐姐儿媳妇的名分和封号，你能不能给解决一下啊？而且，老四啊，姐姐我觉得，我这儿媳妇还必须是个格格，你看着办吧。而雍正的答复就是：

> 既然公主奏请，著赏为固山格格。[2]

姐姐您都发话了，那弟弟能不答应吗？

这其中的渊源就是，大公主出嫁的那一年，老四胤禛才13岁。换句话说，老四是大公主看着长大的，所以我们有理由相信，他们姐弟俩的关系是很好的。且雍正当了皇帝之后，姐弟二人仍非常亲近，除了前面提到的那些事之外，每当大公主头疼脑热的时候，雍正总是会在第一时间派御医去给姐姐诊治。

甚至在雍正四年（1726），姐夫般迪去世之后，雍正怕姐姐一个人在蒙古草原太过孤独、伤心，还专门下旨把姐姐请回京城生活，让人好好照料着。要知道，这一年，大公主已经56岁了，但在雍正眼里，我姐姐56岁又怎样？那照样是公主。最后，大公主在京城一直住到了乾隆六年（1741），突然感到身体不适，可能预料到自己时日无多了，大公主才跟侄子乾隆申请，说自己要返回蒙古，想在和丈夫般迪生前居住过的地方度过人生最后的时光。最终，大公主在返回蒙古的半年后，在家中寿终正寝，享年71岁。由此不难看出，大公主和丈夫般迪也一定甚是恩爱。

大公主的一生尽管很平淡，没有影视剧中那些公主轰轰烈烈的爱情，但她也得到了自己的幸福，有一个疼自己的父亲，有一个爱自己的老公，生了可爱的孩子，还有一个照顾自己的弟弟，一辈子又足够长寿。作为一

1　中国第一历史档案馆译编《雍正朝满文朱批奏折全译》《科尔沁纯慎固伦公主奏请赏儿媳格格封号折》，黄山书社，1998，第675页。
2　同上。

名古代女性，出身于暗流涌动的皇家，能拥有这样的人生是非常幸福的，实属不易。

二、最受宠的二公主

与大公主相比，二公主的一生是辉煌与落寞并存的。

二公主出生于康熙十二年（1673），在她 56 年的生命长河中，前 49 年风光无限，最后 7 年屡遭打击。

说她风光无限，是因为二公主其实就是影视剧《康熙王朝》中蓝齐儿的原型，二公主是康熙最喜欢的女儿。说最喜欢，证据是康熙所有的女儿都是庶出，起初的封号均为"和硕公主"，唯有二公主，康熙将她破格升为"固伦公主"。这也是康熙在世时，众多女儿中唯——位"固伦公主"。所以，二公主毫无疑问是康熙最喜欢的女儿。

关于二公主的家庭，她的母亲是荣妃马佳氏。与影视剧中只有独生女的荣妃不同，历史上的荣妃除了二公主之外，其实还生了 5 个儿子，但只有一个儿子长大成人，大家可能想不到，长大成人的那个就是老三胤祉。没错，二公主和老三其实是一母同胞的亲姐弟。

二公主的出嫁在当时也是一桩美谈。比起大公主只是嫁给了一位蒙古的普通贵族般迪，二公主的下嫁对象则是一位蒙古王孙，乌尔衮。所以，历史上的二公主，并没有和李光地上演过什么感情戏，更没有被迫嫁给噶尔丹。二公主和乌尔衮的婚事之所以能在当年的满蒙贵族之间被传为美谈，是因为乌尔衮的奶奶淑慧长公主，其实是孝庄太皇太后的亲女儿，因此，他们二人的联姻，就是孝庄的曾孙女嫁给了自己的曾外孙。尽管今天来看这属于近亲结婚，但放在当年，这无疑是亲上加亲。

正因为有了这层亲戚关系，二公主和乌尔衮从一开始就非常亲密和幸福，有机会就能跟着康熙一起出去游玩。比如，根据康熙朝传教士张诚（Jean-François Gerbillon）的记载，康熙三十一年（1692），康熙巡幸塞外，当时有这样一幅画面："（皇帝）亲手整理自己打死的那只鹿的肝。……把片片鹿肝准备烤吃时，他将其分给他的儿子们、女婿们。"[1]这鹿肝哪，你们都尝一尝，朕吃了就挺受用。这里的"女婿们"，指的就是般迪和乌尔衮。

也许此时大公主和二公主的地位还差不多，但此后就逐渐拉开了差距。

康熙四十三年，乌尔衮承袭了家里的王爵，成了名副其实的蒙古王爷。康熙四十七年，当时康熙因为十八阿哥胤祄的夭折和废太子事件的刺激，大病了一场，好几天吃不下饭，并且拒绝太医的诊治。此时恰好赶上二公主回娘家，于是，二公主就在一旁悉心伺候父亲康熙的起居，服侍他吃药，昼夜不分。等康熙康复后，他就下旨说：

> 顷以朕体违和，尔归宁侍奉，问安视膳，克殚至情，诸公主中，惟尔为最。且年齿亦长，礼秩当优，兹特封尔为荣宪固伦公主。[2]

就这样，二公主被破格升为当时唯一的"固伦公主"。老公乌尔衮，也因此有了蒙古王爷与"固伦额驸"的双重光环。

这两口子在当时绝对处于众星捧月的状态，而且康熙对二公主也真的非常宠爱。康熙五十二年（1713）十一月，康熙准备去遵化祭陵，要外出一个多月，恰巧暂居京城的二公主病了。于是康熙专门嘱咐老三、老四两个年长的皇子，说你们定要照顾好姐姐。老三、老四自然不敢含糊，精心照料之后，他俩就给康熙写信：

> 公主服用御制健脾保元丸，已渐渐好转，两只手麻亦渐平缓。……故将大夫等之题本一并谨奏。[3]

父皇大可放心，大夫也说了，二姐没事。

除了照料病情之外，康熙临行前其实还给兄弟俩布置了一个任务，就是康熙觉得二公主在京城的府第太差了，想给闺女换套新房子，让老三和

1　中国社会科学院历史研究所清史研究院编《清史资料》第五辑《张诚日记》，中华书局，1984，第204页。
2　李兆洛辑《皇朝文典》卷四十六《封荣宪固伦公主册文》，哈佛大学燕京图书馆藏本，第2页a。
3　中国第一历史档案馆编译《康熙朝满文朱批奏折全译》，《胤祉等奏二公主病情及为二公主重新看房请旨折》，中国社会科学出版社，1996，第917页。

老四物色一下。结果这俩当弟弟的，就挑了两处"太子党"罪臣充公的房子让康熙选，信上写的是：

> 皇城内广明殿东南，有阿哈展（阿哈占）之房百余间；皇城外，黄守义胡同有托霍奇（托合齐）之房一片，一百九十余间。[1]

不谈前者，后者这可是近200室的房子了，前九门提督的府第，绝对够大够气派了。但康熙的回复是：

> 此二处房屋皆差。[2]

你俩当弟弟的就别挑了，还是我这个当爹的回去亲自挑吧。虽然史书没有记载二公主最终的新家在哪儿，但有一点是肯定的，就是二公主新房子的规格，一定是比托合齐那套190余室的房子还要好的。

二公主人生中的大多数时光，真是光彩照人。但她的人生却从康熙五十七年（1718）年底开始急转直下。

那时，获封"大将军王"的老十四胤禵出征西北平叛，而二公主的老公乌尔衮也一起上了前线。可谁也没想到，日夜期盼丈夫回来的二公主，最终在两年多后收到了丈夫乌尔衮的死讯。而二公主在丈夫去世仅一年后，康熙六十一年（1722），父亲康熙也撒手人寰了。

而且，新皇帝还不是他的亲弟弟，而是老四胤禛。前文提到过，老三当年曾在老十三母亲的丧期内私自理发，于礼，那是对死者极大的不敬。那一年的老十三才14岁，就此和老三结仇了。侮辱亡母，不共戴天。所以我们完全可以想象，如今老四继位之后，老三会是什么下场。基本上从雍正继位的那一刻起，老三就被踢出了权力中心，之后屡遭打击。

而当时，最为老三的处境担心的有两个人，一是他的母亲荣妃，二是他的姐姐二公主。可这两个女同志又能做什么呢？只能为儿子、为弟弟独

---

1   中国第一历史档案馆编译《康熙朝满文朱批奏折全译》，《胤祉等奏二公主病情及为二公主重新看房请旨折》，中国社会科学出版社，1996，第917页。
2   同上。

自忧伤，枉费心神。

雍正五年（1727），荣妃去世了。一年后，先后失去丈夫、父亲、母亲的二公主，也黯然离世，终年56岁。

从某种程度上说，幸好二公主走得早，若是活到雍正八年（1730），恐要再受一轮折磨。雍正八年，老十三怡亲王允祥病逝之后，雍正先是因为老三允祉在丧礼上面无哀色，把允祉革爵圈禁了；再是因为老十三病逝不到百天，二公主的儿子林穆布在家中饮酒作乐，气得雍正把林穆布的蒙古王爵直接给废了。从此，二公主的直系子孙全部沦为平民，再无贵族风采。

二公主的一辈子，从某种意义上讲，其实并不算福薄。在半生的风光之外，她晚年遭受的所有打击，都来自命运的无常，而不是身边亲人在感情上的背叛。父亲康熙、母亲荣妃、丈夫乌尔衮、弟弟允祉，至少这些亲人都是爱她的。

三、最不幸的三公主

要说康熙最惨的公主，当数三公主。而且她从出生开始一直到辞世之后，都十分悲惨。

首先，三公主出生在康熙十三年（1674）的五月初六。这个日子很不好，因为在三天前，康熙最爱的妻子，他的第一任皇后赫舍里氏刚刚因难产而死，整个皇宫都笼罩在一片灰暗伤心的阴云之下。而三公主的母亲兆佳氏，只是后宫中一个地位非常低下的、十分不起眼的妃子。所以，当时根本就没什么人为三公主的出生而庆贺。她从一出生，就是一个被人忽略的女孩。

待三公主好不容易长大到19岁时，她被封为和硕端静公主，嫁给了蒙古喀喇沁部的郡王之子噶尔臧，开始组建新的家庭。在这个新家里，三公主就会过得幸福吗？尽管史书没有记载，但三公主的婚后生活，也一定是很艰难的，因为她的老公噶尔臧，就是康熙所有额驸中"天字第一号"的超级大渣男。

三公主在康熙四十九年（1710）年仅 37 岁时就早早病逝了。按理说，一个成年女性，蒙古王妃，在正常伺候的情况下，是不会死得这么早的。不过我们在这里不对三公主的死因做太多恶意的揣测。真正令人愤慨的是，在三公主病逝后的丧礼期间，注意，这期间不是所谓的百天，或者一个月的丧期，就是最初的丧礼时，三公主的老公噶尔臧居然就能置尸骨未寒的亡妻于不顾，反而去霸占、强抢别人的老婆，这是何等禽兽！

而当时负责这起案件的人是领侍卫内大臣侯巴浑德，他核实情况无误后，立刻无比愤怒地上奏康熙：

> 额驸噶尔臧于公主丧事之时，霸占索诺穆之妻等款，俱系情实。……今应将和硕额驸职衔革去，即行处斩。（《清圣祖实录》卷二四六，康熙五十年四月十六日）

他主张立刻杀了噶尔臧。

但康熙可能是因为考虑到满蒙关系，最后居然只是把噶尔臧的几个手下给杀了，而对于噶尔臧本人，则仅仅判了个无期徒刑，甚至还允许噶尔臧的家人来狱中顿顿送饭送菜。最终，噶尔臧在监牢中吃了近 12 年的家乡菜，才病死狱中。

三公主假如真有在天之灵，知道自己死后发生的事情，无论是对丈夫噶尔臧，还是对父亲康熙，三公主她都会无比寒心吧。或许三公主也会忍不住问，为什么她出生在皇家，却偏偏从生前到死后，都没能得到身边人最起码的尊重，为什么偏偏她要熬过这样被嫌弃的一生呢？

相比皇子们的故事，公主们的生活往往被掩盖在宏大的男性视角的历史之下，总归有些冷门。但其实与人们更关注的皇子相比，这些藏在历史角落中的公主的故事，往往更令人为之动容。她们的身世与经历，她们自己的故事，完全值得被讲述，被我们所有人所知晓。

221

四公主：立碑草原的千岁公主

　　而在雍正的众多姐妹中，最为传奇的，则当数四公主了。尽管目前我们好像没有看过关于四公主的影视作品，但她在真实历史中坚韧而传奇的一生，有着一出"大女主爽剧"的既视感。

一、边缘、落寞的童年

　　四公主出生于康熙十八年（1679）。之所以说她的童年边缘、落寞，主要是因为她的母亲郭络罗氏当时在后宫中不但地位卑微，而且其处境还十分尴尬。

　　郭络罗氏的品级仅仅是个"贵人"，它在清朝后妃的 8 个等级[1]中，只排在第六。在康熙朝，一个妃子只要生下孩子，品级就至少是贵人起步。因此，郭络罗贵人看起来是排在第六等，没那么糟糕，但其实在有孩子的妃子群体中，她是处于最底层的。

　　地位卑微好理解，处境尴尬又从何说起呢？答案是通过对比。

　　这里需要解释一下，康熙在娶媳妇时有一个特点，就是他似乎特别中意姐妹花。在当时康熙的后宫中，其实是有 4 对亲姐妹的——赫舍里氏姐

1　皇后、皇贵妃、贵妃、妃、嫔、贵人、常在、答应。

妹、钮祜禄氏姐妹、佟佳氏姐妹和郭络罗氏姐妹，即赫舍里氏的孝诚仁皇后和平妃、钮祜禄氏的孝昭仁皇后和温僖贵妃、佟佳氏的孝懿仁皇后和悫惠皇贵妃、郭络罗氏的宜妃和郭络罗贵人。

这其中，前三对姐妹都是满洲的大贵族出身，有娘家人撑腰，非富即贵，因此品级都至少都是妃位。而郭络罗氏姐妹就不行了，她们的父亲三官保是个正四品的佐领，只是个小人物。于是，这对姐妹就只能靠生孩子在宫里翻身了。

最终，姐姐连生了三个孩子，全是男孩，就是老五、老九和老十一，且还都活到序齿了。母以子贵，姐姐就被封为了宜妃，成了康熙最宠爱的妃子之一。相比之下，妹妹的处境就尴尬很多了。尽管郭络罗贵人生下四公主之后，还生下了一位皇子胤祸，但小胤祸两岁时就夭折了。因此，没有儿子的郭络罗贵人，一辈子就只能是后宫的一个边缘角色了。

这就是四公主童年时的大环境，母亲地位卑微，弟弟早早夭折。不过，被边缘化的处境并没有让四公主就此消沉，反而让她变得更坚韧。

接下来，就是一个犹如影视剧般的故事了。四公主在五六岁的时候生过一场重病，感染了天花。满洲刚入关时，不少满人都因为感染天花去世了。但四公主却死里逃生，绽开了生命之花。

> 本月二十三日，格格开始出痘发热……二十六日经大夫甄玉俊、陈天祥看视，报称格格已有喜事是实。[1]

四公主虽然感染了天花，可仅三天就好了。感染天花而不死，这在皇室内部本就是吉人天相之兆，是要好好庆贺的。而四公主又好得这么快，人们的态度立刻就不一样了。

1　中国第一历史档案馆藏满文朱批奏折，图巴等奏；转引自杨珍《康熙皇帝一家》，学苑出版社，1994，第289页。

连当时内务府的奏报都在问康熙：

> 见今格格之喜事，送圣时是否照阿哥之例办理？[1]

咱们这位小公主可不一般啊，这庆典要不就按阿哥的规格来办？康熙随即表示，可以，就按阿哥的标准来办。但我们也得知道，染病痊愈得快，除了运气的因素外，更重要的在于病人本身，也就是在于四公主自身的意志力和生命力。这份非凡的坚韧，从四公主小的时候就已经开始显现。

不过，这场大病后，四公主的人生也并非一帆风顺。令人惋惜的是，她的母亲郭络罗贵人，应该是在她出嫁前就离奇地去世了。史书上没有郭络罗贵人具体的死亡年份的记载，甚至没有她具体封号的记录。要知道，四公主在 19 岁出嫁时，不但顶着"和硕恪靖公主"的封号，下嫁的对象还是一位蒙古郡王，四公主既是和硕公主，又是蒙古王妃，母亲郭络罗贵人是没有理由不受到加封的，最大的可能，就是郭络罗贵人已经去世了，以至于我们今天在康熙景陵的妃园寝中，是无法锁定郭络罗贵人具体的坟墓的。反倒是在沈阳当地一直有传说，说三官保家的祖坟中埋着一位康熙朝的娘娘。只是这传说的真假，已经无法甄别了。

总之，四公主在童年与少女时期，应当是在悲苦中锻炼出了自身外向而独立的气质，并促使她在今后的日子里，活出了与其他公主截然不同的风采。

二、远嫁漠北的联姻

四公主的老公是漠北蒙古最强部落土谢图汗部的郡王敦多布多尔济。敦多布多尔济出生于康熙十五年（1676）前后，比四公主大两三岁。

当时的蒙古，其实是分成三部分的：漠南蒙古、漠北蒙古和漠西蒙古。

1　中国第一历史档案馆藏满文朱批奏折，图巴等奏；转引自杨珍《康熙皇帝一家》，学苑出版社，1994，第 289 页。

三个区域对清政府的态度也截然不同。漠南蒙古很忠诚，像般迪、乌尔衮，他们都来自漠南蒙古；漠西蒙古很敌对，像噶尔丹所在的准噶尔汗国，就是漠西蒙古的代表；夹在中间的漠北蒙古，其实始终是偏中立的存在。漠北蒙古的中立一直持续到了康熙二十七年（1688），漠北蒙古遭到了漠西噶尔丹的进攻后，漠北蒙古的贵族纷纷南下，归顺了清政府。

当时，康熙为了笼络这些贵族，开始大封王爵，其中就包括多尔济的父亲。然而，敦多布多尔济的父亲命短，在康熙三十一年（1692）就因病去世了。接着，敦多布多尔济就承袭了父亲的郡王爵位。这一年，敦多布多尔济大概16岁，同年康熙也第一次见到了这个小伙子。根据后来事情的发展反推，康熙大概在此时就已经准备好要将四公主许配给敦多布多尔济了。

原因有三：

一是敦多布多尔济的祖父还活着，并且其祖父是土谢图汗部的大汗，在漠北蒙古有很大的政治影响力；

二是敦多布多尔济的叔祖父罗桑丹贝坚赞也还活着，并且其叔祖父是蒙古黄教的活佛，在漠北蒙古有很大的宗教影响力；

三是敦多布多尔济十六七岁，四公主14岁，两个人年纪相差不大。

因此，一旦成功联姻，康熙就能顺利地从政治和宗教两个方面，攥住此前一直中立的漠北蒙古。最终，康熙三十六年（1697），在击败噶尔丹、收复漠北后，四公主就顶着"和硕恪靖公主"的封号下嫁敦多布多尔济。那四公主的婚后生活过得怎么样呢？答案是非常好。因为康熙对自己这第一个远嫁漠北蒙古的女儿，还是相当照顾，并且心存愧疚的。

例如，在四公主出嫁时，她是由老七胤祐和老十胤䄉两位皇子弟弟一起护送北上的。后来，因为漠北苦寒，加上偶尔还有战乱，不安全，康熙就专门在漠南的归化城，也就是今天内蒙古的呼和浩特，建了一座公主府，让四公主定居。今天我们去呼和浩特依然能看到这座公主府。

那可能有人会问，敦多布多尔济在漠北，四公主在漠南，两个人不就两地分居了吗？其实倒也未必。因为四公主嫁给敦多布多尔济之后，先后生下了三男一女四个孩子，就冲这个数量，敦多布多尔济和四公主两个人也一定甚是恩爱，肯定是经常在一起的。

那可能也有人会说，这嫁过去的女儿，不到丈夫家里住，反而自己盖个房子住，那敦多布多尔济家的长辈和部落亲贵会不会有意见呢？嗯，不会。因为四公主太横了，她可不像三公主那样，是谁想捏一下就能捏一下的软性子。在康熙的子女里，这序齿排第四的，不管是阿哥还是公主，都是"坚刚不可夺其志"的。

三、主政一方的公主

说起来，当初敦多布多尔济家族部落遭到噶尔丹的打击，族人南下逃难时，曾经在漠南的清水河一带借地放牧过，即便后来收复了漠北蒙古，但因为零星的战乱仍有发生，所以还有一部分族人留居在清水河。但因为是借地放牧，他们的收入不稳定，日子一直过得很苦。就是从治理清水河开始，四公主的手腕和能力，逐渐凸显。

别的公主出嫁，都是康熙给什么自己就拿什么，从不敢主动要。四公主就不一样了，给不给在你，要不要可在我。于是她就找康熙要土地，结果还真要来了。四公主向康熙请旨开荒，康熙应允，通过几十年的治理，四公主讨来的边外荒地变得水草丰茂。这一事迹记载于《清实录》中：

> 从前喀尔喀敬安（恪靖）固伦公主奏请耕种，……载伊属人所种清水河田，四万八千三百七十五亩。（《清高宗实录》卷十八，乾隆元年五月十二日）

这里能看出，一方面，四公主能找康熙要到大量边外荒地，这肯定不是爸爸疼女儿那么简单的事了，四公主大概率是用有益民生、维护满蒙关系等强有力的理由说服了康熙，只是四公主说服父亲的具体理由，如今已经查不到了；另一方面，四公主能成功说服一支蒙古部落完成从放牧到耕地这种巨大的生活方式的转变，可以看出，四公主在当地的领导力是很强的。以至于几百年来，在呼和浩特当地，四公主都有一个雅号叫"海蚌公主"。"海蚌"就是满语"参谋"的意思，指的是四公主在当地参与了大量的行政决策，而且她非常泼辣、洒脱。

根据内蒙古大学教授佟靖仁在《呼和浩特满族简史》（内蒙古大学出版社，1992）一书中的记载，"（四公主）养的马从不打印（不做标记），也不用人放，马顺风跑了，公主就让府丁给归化城的副都统传话：'克（去），叫二小子找马！'地方官便乖乖地将马寻回来"。好家伙，直接管归化城的副都统叫"二小子"。

虽然这个故事只是佟教授在当地采风时收集来的传说，但在那个重男轻女的年代，公主们的个人事迹其实是很难进入文献记载中的，有些故事还真的只能口口相传。

而且，关于四公主的政治传说，人们之所以普遍都认为是真的，是因为在实物史料中，四公主的形象也同样是一个政治强人的角色。

比如，清水河当地就专门立碑纪念四公主，碑名很直接，就叫"四公主千岁千千岁德政碑"，其中一块碑的碑文里，有几句话是这样说的：

> 惟草地较远，悉难近天子之地，荒服非近，尤当沐圣人之祀。钦惟我四公主四千岁，至德诚民，深仁育物，……累年丰收，万民乐业，共享升平。虽彼天之颖粟，实公主之盛德所感也。且我公主留心民膜（瘼），著意农桑，其立心也公，其立政也明，其立法也猛且宽，恩泽普及万姓，真乃尧天舜日。

尽管我们如今已经很难得知四公主当年到底都做过什么，但看到当地人将她比作尧舜一般的圣人，并且还具体谈到了行政、立法、司法等多个方面的功绩，我们完全可以做出判断，四公主当年应该是当地的最高政治领导人之一，而且她的领导水平还很高。道理也很简单，在古代，人们夸奖一个公主通常都是评价相貌与品德，可四公主被评价的是行政与立法等方面的成就。

于是，雍正即位后便将四公主由"和硕公主"加封为"固伦公主"。同样是加封，大公主可能是因为年纪大和自身的福气属性，二公主可能是因为康熙的特别宠爱，而四公主则是因为自己当年在蒙古的声望已经达到了一定的高度，才能从康熙后宫中一个"小透明"贵人的女儿，一步步走到了"固伦公主"，这个清朝公主巅峰的位置。

最终，四公主在雍正十三年（1735）因病去世，享年57岁。大家不要觉得57岁似乎寿命较短，在康熙的亲生女儿中，四公主已经是最长寿的了。而且，四公主的丈夫敦多布多尔济直到乾隆八年（1743）才去世，他们夫妻相濡以沫了38年，这也是康熙朝公主与额驸长相厮守的最长纪录了。

至此，我们可以说，历史上四公主的一生，真算得上一个"大女主剧本"了。低谷时没有自暴自弃，长大成人后，既不辜负父亲让满蒙团结的期望，又能和丈夫一心一意地厮守。最关键的是，四公主自己活得也很精彩，没局限于个人的感情或说爱情中，反而以一个女主人的姿态治理一方土地，给相当一部分底层民众带来了安宁的生活，最终也获得了"固伦公主"这样一个对公主身份的最高褒奖。

不过，说实话，之所以用"大女主"来形容四公主，是因为比起在感情上争权夺利、做事上傻白甜憨而言，一个有智慧、勇敢、坚韧，且能真正哀民生之多艰，选择造福于民的女性，才是一个中国意义上的真正的"大女主"。

当然这里不是说别的活法不好。假如有一个穿越的机会，化身为大公主，一辈子被周围所有的人宠爱着，想来也是非常幸福的。只是，我们在具体看待一个人时，对大公主当然会很羡慕，但对四公主，却会很佩服。

公主群像：政治与命运交错下的悲苦人生

康熙的 11 位公主，其中的 6 位已经跟大家见过面了。还剩下 5 位：五公主，温宪公主；六公主，纯悫公主；八公主，温恪公主；九公主，悫靖公主；十公主，敦恪公主。

接下来的故事讲起来可能会比较艰难，因为我们往往更喜欢那种成功的、大团圆的故事，但最后登场的这 5 位公主，却是各有各的不幸。希望她们的故事能被更多的人所看见，而不仅仅是淹没在史册中的、生冷的几页文字。

一、五公主：有福难享的悲剧

五公主出生于康熙二十二年（1683），母亲是德妃乌雅氏，也就是说，她是老四胤禛一母同胞的妹妹。

说来五公主本可以成为康熙女儿中最幸福的，因为她刚出生不久，就有一个人来找康熙想抚养她了。是谁呢？

就是五公主的奶奶，康熙朝的皇太后，博尔济吉特氏。当时老太太就表示，自己的宫里目前只有老五胤祺这一个孙子，还是冷清了些，要是能再有个孙女，就太好了。可想而知，五公主就和老五胤祺一样，成了老太太养大的孩子。

所以，五公主的童年还是非常幸福的。《皇朝文典》记载：

> 秀出紫微，祥开银汉，爰从襁褓，即育慈帏。爱每笃于兴居，日无违于左右。[1]

她一出生就被太后接走去抚养，是"捧在手里怕摔了，含在嘴里怕化了"的掌上明珠。而且五公主的功课还特别好，同样是奶奶带大的孩子，一边的老五胤祺连汉字都学不下去，而另一边的五公主却是：

> 弱龄受教，聪慧夙成，性自悦乎诗书，行每谐于箴史。[2]

不但擅长诗词歌赋，而且道德修养还很好。这里的"箴史"就是行为规范的意思。于是，在老五胤祺的衬托下，孝惠太后就更加喜欢五公主这个孙女了。以至于五公主长大成人要谈婚论嫁时，孝惠太后坚决拒绝把五公主嫁到蒙古去。康熙没办法，最终在康熙三十九年（1700），18岁的五公主被封"和硕温宪公主"，嫁给了当朝国舅佟国维的孙子舜安颜。就这样，五公主留在了京城，也成了康熙朝第一位没有远嫁蒙古的公主。

截至目前，五公主的人生开局算是满分的水平了。论家庭，母亲德妃在后宫地位尊贵，而且五公主自己又是太后一手带大的，绝对没人敢欺负她；论婚姻，她嫁给舜安颜这样一个满洲勋贵，怎么也比找一个蒙古老公更有共同语言；论才艺，她自己又精通诗词歌赋，甚是讨人喜欢；甚至，只要她未来能活得足够久，她还能有一个当皇帝的哥哥雍正。因此，放眼望去，五公主未来的日子真是一片坦途。

可惜天不遂人愿，康熙四十一年（1702）的夏天，意外发生了。

这年的六月，康熙和孝惠太后都觉得京城太热了，母子俩决定去热河避暑。老太太就说，咱们出去玩，必须得叫上我孙女温宪公主一起去。这里得交代一个小细节，在康熙四十一年，当时从京城到热河沿途的行宫还

1　李兆洛辑《皇朝文典》卷五十六《和硕温宪公主祭文》，哈佛大学燕京图书馆藏本，第3页a。
2　同上。

还没有建成，这一路上，从北京到热河的 500 多里地，是没有什么舒适的居住环境的。

只不过，康熙一向热衷于去塞外游玩，而孝惠太后也是蒙古牧民出身，娘俩都身体倍儿棒，压根没把这 500 多里地当回事。可五公主就不行了，她自小养在深宫，后来嫁在京城，长这么大就没出过远门，再加上她身体可能确实有点弱，意外就发生了。

所有人都没能想到的是，五公主跟着大部队外出了还没到一个月就病倒了，未及救治就一命呜呼了，年仅 20 岁。史书上都没有关于五公主病情的具体描写，只有一句：

> 康熙四十一年……七月庚戌……上驻跸热河，闻和硕温宪公主薨，日晡未进膳。（《清圣祖实录》卷二〇九，康熙四十一年七月初一日）

康熙突然听到女儿去世的消息，也蒙了，一直到晚上都一口饭没吃。周围的大臣也不敢说话，直到傍晚，才忍不住让太监捎话进去：

> 皇上闻公主讣过哀，此时尚不进膳，恐圣躬太为劳瘁。（《清圣祖实录》卷二〇九，康熙四十一年七月初一日）

皇上您多少吃点东西，得保重身体啊。可康熙还是把自己关在屋里不出来，只是让太监传话道：

> 公主系已嫁之女，朕尚可宽释。但皇太后自幼抚养，忽值此变，皇太后伤悼弗胜，膳尚未进，朕亦何心进食乎？（《清圣祖实录》卷二〇九，康熙四十一年七月初一日）

康熙这番话说得冷漠吗？未见得。这只是一个皇帝在尽力掩饰自己的感情，不想把自己脆弱的一面暴露出来。女儿年纪轻轻突然去世，当父亲的一天没吃饭，甚至都不见人，他心里怎么可能不难受呢？但没办法，人有时候就是得克制感情，承担责任。最后，康熙走出门，先是到孝惠太后那里，照顾母亲把饭吃了。翌日，康熙又把所有陪驾的皇子都叫来，让这些哥哥弟弟一起去送五公主的灵柩回京安葬。

这些皇子中，就有五公主的亲哥哥老四胤禛。他们兄妹之间其实就差5岁，就是那种妹妹既需要哥哥的照顾，兄妹之间又不会有太大代沟的年龄差。而且以雍正重情义的性格来看，相信他们兄妹间的感情一定是非常好的。可五公主偏偏就在老四的眼皮子底下染病去世了，这也更让老四感到难受、懊悔，以至于他刚一登基，就追封自己这位20多年前死去的妹妹为"固伦公主"。

五公主的一生，实在太过令人惋惜，假如不是这场意外的病，她大概会成为康熙朝最幸福的公主。

二、六公主：承诺一生的挚爱

六公主出生于康熙二十四年（1685），母亲是贵人纳喇氏，纳喇氏没什么家族背景，在后宫的地位也很低。所以关于六公主的童年经历，史书上是一片空白的。

而且，六公主不仅小时候不受重视，长大后的婚姻在那时的人看来也很一般。

六公主是到了22岁时才嫁人的，是康熙的公主中结婚年龄最大的一位，站在古代人的角度讲，这都属于"晚婚"了。而六公主下嫁的对象，从政治背景和家族实力来讲，也不理想。像她的5位姐姐，嫁的都是蒙古的郡王、王子、王孙，或者是满洲勋贵，可六公主的老公，在当年只是蒙古一个名不见经传的落魄贵族子弟。只不过"莫欺少年穷"，六公主的落魄老公，后来的名气可太大了，我们前文也提到过他，他就是博尔济吉特·策凌（"凌"亦作"棱"）。

关于策凌在与六公主结婚前的经历，在这里我们展开说说。

策凌说起来也是个苦出身。虽然他也算成吉思汗的子孙（第21世孙），但在康熙朝，他所在的家族却只是属于漠北蒙古中的一个中等部落。而且在策凌小时候，因为家乡遭到了漠西蒙古准噶尔的噶尔丹的进攻，策凌很小就过上了颠沛流离的生活。在康熙三十一年（1692），策凌和兄弟在奶奶的带领下，祖孙几人来到京城投奔康熙。那一年的策凌大约 10 岁。

然而让策凌意想不到的是，传说中威严强大的康熙皇帝，对他却特别和蔼可亲。按《清史稿·列传八十三·策棱》的记载：

> 圣祖授策棱三等阿达哈哈番[1]，赐居京师，命入内廷教养。

康熙不仅授予他三等阿达哈哈番封号，还安排人照顾他的饮食起居，甚至让他和皇子皇孙们一起进入内廷读书。

如此一来，童年满是苦难的策凌一下子便如沐春风，当康熙四十五年（1706）康熙又决定把六公主许配给策凌时，策凌更是感动得无以复加，甚至 20 多年后，在谈到这段往事时，策凌还在感念康熙的恩情。雍正五年（1727），策凌在给雍正的答谢折子里感叹道：

> 臣策凌原为蒙古一小台吉，蒙圣祖仁皇帝抚育，逾格将公主下嫁卑贱之我以来，屡屡施恩，不计其数，难以枚举。[2]

因此我们不难看出，策凌是个非常懂得知恩图报并且重感情的人。婚后，策凌对六公主也是宠爱有加的，因为在策凌眼中，他自己是卑贱的，而六公主绝不只是妻子那么简单，她是上天对他的恩赐。

按中国社科院历史系教授杨珍的说法，策凌的外表应该是"'白皙微髭'，相貌英俊"[3]的。策凌年轻时大概率是个标致的帅哥。

而且策凌从小在宫廷里长大，在京城也有宅子，六公主说是远嫁蒙古，其实大多数时候还是住在北京的，生活很安逸。两个人之后也育有自己的孩子，日子非常甜蜜。只可惜好景不长，康熙四十九年（1710），他们的婚姻生活刚到第四年，六公主就突然病逝了，年仅 26 岁。后世有学者推测，以策凌对六公主的感情与照顾，六公主过早离世，大概是因为难产导致大出血，以至于最后无法救治。

1　也就是轻车都尉，一个爵位不高的小封号。
2　中国第一历史档案馆译编《雍正朝满文朱批奏折全译》《喀尔喀副将军策凌奏谢赏赐御笔福字折》，黄山书社，1998，第 1493 页。
3　杨珍：《康熙皇帝一家》，学苑出版社，1994，第 295 页。

但六公主的故事在她去世后就结束了吗？不，因为策凌还活着。策凌此后也许纳过一两个妾，但正妻的位置始终都是空着的，没人能取代六公主。

在六公主去世5年后，康熙五十四年（1715），策凌上了战场，回到了漠北的老家塔密尔，开始阻止漠西准噶尔汗国的扩张。又过了4年，老十四胤禵受封"大将军王"领兵出征西北，策凌担任前锋大将。康熙五十九年（1720），策凌在乌兰呼济尔之战中暴揍准噶尔，并在这一年屡立战功，成了西北最能打的将军。用《清史稿·列传八十三·策棱》的形容来说，策凌当时"一军雄漠北"。

以至于后来雍正登基后，为了拉拢策凌，不但越级加封了自己这位妹夫为郡王，还在雍正十年（1732）年底追封六公主为"固伦公主"。为什么要追封六公主？雍正一定知道策凌最在意的就是这个。到这里，六公主的故事就结束了吗？仍然没有。

雍正九年（1731），清军在和通泊大败，被准噶尔追击得溃不成军，策凌又一次挺身而出，在鄂登楚勒之战中斩将杀敌，成功击退了准噶尔，挽救了清军的节节败退之势。这场战役后，策凌被雍正加封为亲王。接着，更高光的时刻在雍正十年到来了。彼时准噶尔偷袭了策凌的老家塔密尔，掳走了策凌在老家的小妾和两个儿子。于是，策凌断发盟誓，再次领兵追杀，一路追到光显寺，最终斩敌一万多人，彻底打败了准噶尔的主力部队，也一举扭转了当时清军的战争预势。光显寺大捷后，策凌被雍正特赐封号"超勇"，史称"超勇亲王"。

不过遗憾的是，策凌并没能追回自己被掳走的两个儿子。到7年后，准噶尔使者哈柳[1]来京商谈疆界划分事宜，哈柳见到策凌时问了一句：

> 额驸有子在准噶尔，何不令来京？（《清史稿·列传八十三·策棱》）

哈柳话中威胁与收买的意思都非常明显——你那俩儿子还想要吗？策凌心里也清楚，7年了，被掳走的俩儿子指不定被洗脑成什么样了，于是直接答

1　哈柳，准噶尔汗国宰桑（宰相），曾多次作为准噶尔的使臣访京。

复说：

> 予蒙恩尚公主，公主所出乃予子，他子无与也。（《清史稿·列传八十三·策棱》）

只有我的妻子固伦纯悫公主所生的才是我儿子，我没有其他儿子。

感情有时候就是这样的，策凌对六公主的深情在某种程度上也是他对自己小妾的薄情吧。

再到后来，乾隆朝时策凌也一直奉命镇守西北，直到乾隆十五年（1750），策凌在家乡塔密尔病逝。在策凌病重期间，乾隆还专门派人前去探视，然而，这样一位为清廷戎马一生，立下无数功劳，"一军雄漠北"的蒙古亲王，在史书上所留下的遗言就只有一句话：

> 请与纯悫公主合葬。（《清史稿·列传八十三·策棱》）

策凌不想被埋在家乡，他想回到京城，和六公主葬在一起。

策凌的棺椁最后被一路送回京师，乾隆不但亲自上前祭奠，还特命让策凌配享太庙。于是，策凌也成了清朝第一位享受皇家香火的蒙古亲王。

假若策凌与六公主真能在地下相见的话，策凌大概会非常骄傲地告诉妻子：在你走后，我一直很努力，如今你成了"固伦纯悫公主"，我也成"超勇亲王"，你老公我是皇阿玛9个女婿里最优秀的那一个！我争气吧！

可惜这些，只能是我们的美好幻想了。毕竟人没了，就是没了。遗憾就是遗憾。

三、八公主：无力回天的难产

八公主是个苦命人，她出生于康熙二十六年（1687），母亲是敏妃章佳氏，也就是说，八公主是老十三胤祥的亲妹妹。

在康熙三十八年（1699）七月，章佳氏因病过世了。八公主才13岁就成了没娘的孩子，此外，八公主似乎从小身体就不太好。因为在《清圣祖实录》中，关于八公主有个特别奇怪的记录。

在《清圣祖实录》中，明明记载了八公主是康熙四十五年，在 20 岁时才以"和硕温恪公主"的封号下嫁给了蒙古郡王仓津，但两年前，康熙四十三年（1704）时，《清圣祖实录》就称仓津为"额驸"了，并且明确提到，八公主在蒙古的公主府都已经修好了。所以这里应该不是称呼上的失误，只有两种可能：一是八公主和仓津提前两年就订婚了；二是八公主最初的婚期就是康熙四十三年，却因为某种特殊原因被推迟到了康熙四十五年。

考虑到其他公主都没有过订婚的先例，所以大概率就是婚期推迟了，推迟的原因，很可能是八公主生了重病。

事实上，八公主的身体也确实很虚弱，以至于她出嫁才三年就因难产而死。当时，康熙正巡幸塞北，突然就收到了老三胤祉等人的奏折：

> 窃本月二十一日夜亥时，八公主产下双胎，因甚虚弱，不省人事。在彼护理之大夫霍桂芳、戴君选等未及用药，……即时薨。[1]

关键是，今天我们这些外行人来看，都能知道那药方肯定是无法生效的，因为在当时的奏折里就附上了当晚大夫的诊治书，上面写着：

> 八公主产下双胎，六脉全无，牙关紧急，四肢逆冷。随用人参汤及童便，不能下咽，即时暴脱。

如果说在巨大的噩耗中，还有那么一丝丝能抚慰人心的消息的话，就是奏折里还附了一张小字条，上面写道："公主产下二女，皆安然无恙。"最终，八公主就这样在生下一对双胞胎女儿后便香消玉殒，年仅 23 岁。

1　中国第一历史档案馆编译《康熙朝满文朱批奏折全译》，《胤祉等奏报八公主产下双胎后死亡折》，中国社会科学出版社，1996，第 629 页。

四、九公主：美满、孤寡地坠落

九公主活得倒是稍微长一些，但她的运气其实也一样不好。

九公主的母亲袁贵人应该是汉人，且她没有儿子，所以在后宫的地位不高。而之后九公主下嫁的对象也是个汉人，叫孙承运。这里不是说公主嫁给汉人就不好，因为康熙其实还挺喜欢孙承运的。

孙承运的父亲孙思克，是一位在康熙朝屡立战功的武将。早年间平三藩时，孙思克就从湖南一路打到云南；后来西征噶尔丹时，孙思克也在昭莫多之战中表现神勇，屡立战功。

可以说，在康熙人生中最重要的两场战争中，都活跃着孙思克的身影。所以，当孙思克去世后，康熙看到他年仅 12 岁的小儿子孙承运时，可能是出于恩赏功臣和拉拢汉人的考虑，康熙当即就宣布让孙承运承袭父亲的男爵爵位，并授予了他从二品的散秩大臣一职，成了皇家警卫队的一员。这可是年仅 12 岁的从二品大员。

不但如此，6 年后，孙承运 18 岁时，康熙还把九公主许配给了孙承运。

九公主和孙承运的婚姻，起初应该还是不错的。首先，他俩是同龄人，结婚时两个人都是 18 岁。其次，孙承运作为康熙朝唯一的汉人额驸，家族实力有限，所以他对九公主肯定要更加体贴才行；而康熙这边，也始终把这次联姻当成满汉一家亲的范本，所以康熙对孙承运和九公主也一直很好。

比如在康熙五十三年（1714），孙承运两口子陪着康熙一起到塞外去避暑，这时候沿途的各种行宫都已经修好了，一路上还是相当安稳的。想必康熙和女儿女婿相谈甚欢，于是嘱咐随行的内务府总管关保，说回去要赏给九额驸孙承运牛马羊群，让内务府准备一下，看看应该给多少。结果关保简单地查了查档案，就上了份奏折，答复说按惯例"议应给与马六十匹、牛百头、羊四百只。"[1] 其实看着也不少了，但康熙接到奏折，眉头一皱，也不写批语，直接就用朱笔把数给改了，马从 60 匹改成了 200 匹，牛从 100

---

[1]　中国第一历史档案馆藏满文朱批奏折，关保等奏；转引自杨珍《康熙皇帝一家》，学苑出版社，1994，第 302 页。

头改成了 200 头，羊直接从 400 只改成了 3000 只。然后把折子递回去，让内务府照他改的数来办。

至此，九公主的婚姻看起来还不错啊。可惜孙承运命短，康熙五十八年（1719）五月，孙承运病逝，年仅 31 岁。而对九公主打击更大的是，丈夫去世不到百天，八月份的时候，她的母亲袁贵人也撒手人寰了。三年后，父亲康熙也驾崩了。最后只留下九公主一人，孤苦伶仃地守寡 17 年，最后在乾隆元年（1736）郁郁而终，终年 48 岁。

于是，九公主也成了康熙女儿中守寡时间最长的一位公主。

五、十公主：兄困姊丧的妹妹

最后这位十公主，人生不长，却一样充满悲苦。

十公主是老十三胤祥和八公主的亲妹妹，母亲同样是敏妃章佳氏。

章佳氏去世那一年，十公主才 9 岁，自小丧母。在 18 岁那一年，十公主被封为"和硕敦恪公主"，下嫁给了蒙古的一个小贵族，叫多尔济。

可出嫁时，十公主并不开心。因为她出嫁那一年是康熙四十七年，在九月份，她的亲哥哥胤祥受"废太子事件"的牵连，被父亲康熙拘押了，父子关系也直接降到冰点。而十公主就是在这种风云突变的政治形势下，带着对哥哥的担心，在三个月后就离开了京城，远嫁蒙古。

可就在十公主仍在为哥哥担心的时候，才过半年，她又收到了亲姐姐八公主难产而死的消息。也就是在八公主去世的同一年，可能是为了奔丧，也可能是单纯想家了，十公主从蒙古赶回了京城。或许是因为这一路上舟车劳顿，太过辛苦，又或许是因为十公主忧心忡忡，积劳成疾。总之，十公主刚到京城不久就生了一场大病，随后就去世了，年仅 19 岁。

故事也许还有起承转合，但历史却不是这样，往往就是一个意外，在翻页之间，一个鲜活的生命就不见了。时间长了，人们甚至不会记得她们也曾来过。

就像开篇说的那样，5 位公主，各有各的不幸：五公主满分开局，却在出游的路上意外去世；六公主有着几乎最好的老公，自己却早早撒手人寰；八公主和十公主，童年丧母已经满是心酸，可结婚后都年纪轻轻就满怀遗憾去世了；哪怕是活得还算久的九公主，也是人到中年便先后丧夫、丧母、丧父，看着亲人一个个离自己而去，最终孤苦伶仃十几年，郁郁而终。

假如真有穿越这回事，别说穿过去能改变历史、与古人谈笑风生，哪怕能和家人平安相伴一生，都可以说是一种奢侈了。

不过，我们站在后来人的角度回首望去，几位公主的人生比较起来，大概还是六公主的一生让人比较欣慰吧。有一个说法是，人的一生会死亡三次：第一次，你的心跳停止，呼吸消逝；第二次，当你下葬时，你从人际关系网中消逝，悄然离去；第三次，这个世界上最后一个记得你的人把你忘记。在当时的历史阶段中，蒙古人的宗教信仰是很浓重的，但策凌仍然选择告别家乡和草原，选择与六公主合葬，相信他一定是真的很爱很爱自己这位结发妻子的，说爱你一辈子就是一辈子，是你的一辈子，也是我的一辈子。

好了，到这里，康熙的所有孩子，35个人，大家也终于逐一都见过面了。

父亲康熙:"圣父圣子"构想的破产

清圣祖康熙,"九子夺嫡"之争中的最高权威。

在大多数人的印象中,他要么英明神武,在殿前训斥群臣;要么圣明烛照,对皇子们的行动洞若观火。仿佛这朝野上下,一切都在他的掌控之中。可事实真是如此吗?当然不是。因为康熙本人在晚年其实也一样被"九子夺嫡"折磨得身心俱疲。

在这场影响了清朝发展走势的皇位争夺大战中,康熙究竟扮演了一个什么样的角色呢?

一、圣父圣子的幻想

"九子夺嫡"产生的根源主要有二:康熙本人的童年经历,太子胤礽的意外册立。

顺治十一年(1654)三月,顺治帝的第三子爱新觉罗·玄烨出生了,他就是未来的康熙帝。他的母亲则是佟国维的姐姐佟佳氏。在小玄烨两三岁的时候,因为彼时皇宫闹天花,父亲顺治要求他必须出宫去避痘,玄烨被乳母抱离紫禁城,从此也就远离了父母。四五岁时,小玄烨还真感染了天花,所幸没死,顺利活了下来。具有免疫力后,小玄烨才得以重返皇宫。没过多久,顺治驾崩,8岁的小玄烨继承大统。幼时的经历,用康熙自己的话说就是：

> 世祖章皇帝因朕幼年时未经出痘，令保母护视于紫禁城外。父母膝下，未得一日承欢。（《清圣祖实录》卷二九〇，康熙五十九年十二月十二日）

事实就是，康熙感受过的父爱几近于无。实际上，康熙能感受到的母爱也寥寥无几，康熙二年（1663），他的母亲佟佳氏就病故了，10 岁的小玄烨痛哭不已。

> 上辟踊哀号，水浆不御，哭无停声。近侍无不感泣。（《清圣祖实录》卷八，康熙二年二月十一日）

因此，康熙的童年概括地说，自幼年便感染天花，举目无亲，回到宫中后，10 岁便父母双亡。此外，他每天还要面对以鳌拜为首的 4 个辅政大臣的压制，同时他与祖母孝庄太皇太后的关系也并非影视剧中展现的那样亲近，因为孝庄曾明确阻止过康熙亲政。所以，康熙可以说从小时候起，他的内心就充斥着强烈的不安全感，而这种童年阴影也几乎伴随了他一生。无论是青少年时期的"智擒鳌拜""裁撤三藩"，还是中晚年时期的"一废太子""打压老八"，我们都能发现，康熙只要感到危险，哪怕没有证据，仅凭直觉，他就会出现明显的过激反应。

这就是"九子夺嫡"产生的第一个源头，康熙本身是没正经当过儿子的，且他在处事方式上也明显容易过激。也正是康熙本人这种过激反应，加剧了"九子夺嫡"后期的复杂性。

而第二个源头，就是太子胤礽意外地被早早册立。

康熙十四年（1675）十二月十三日，在这一天，22 岁的康熙帝册立了不满两岁的胤礽为太子。康熙为什么要在自己年纪轻轻的时候就册立一个尚在襁褓中的娃娃做太子呢？原因很简单，形势所迫。当时清政府处于"三藩之乱"的危难之际，吴三桂等藩王已经席卷了半个中国。康熙为了凝聚人心及争取汉人群体的支持，就决定依照汉人的政治传统，立嫡长子为太子。正如康熙自己所说的，他立太子的目的就是：

> 以重万年之统，以系四海之心。(《清圣祖实录》卷五八，康熙十四年
> 十二月十四日）

而假若没有"三藩之乱"这一历史事件，胤礽大概率不会被早早立为太子。
之后，随着太子的意外册立，两个深远的影响也由此产生：

第一，这造成了满洲勋贵集团与太子的隐形矛盾。因为按满洲的政治
传统，历代新君，如皇太极、顺治，都是由满洲勋贵开会选出来的。现在
因为战争形势危急，大家便对康熙和胤礽妥协了。而一旦他日回归和平，
矛盾就会重新出现。这也是未来"太子党"和"八爷党"相互对立的重要
背景和前提——太子不是满洲勋贵的选择，老八才是。

第二，康熙严重低估了"册立太子"在汉人政治中的意义。因为，在
康熙受战争形势所迫展开了以"册立太子"为核心的一系列"满汉一家亲"
的活动时，就有汉臣借机提出，请康熙进一步依照汉族传统，按明朝旧例，
让胤礽"出阁"接受教育：

> （沈荃）复疏列出阁四事。奏上。[1]

由此引发了"太子出阁"事件。所谓"太子出阁"，即让皇太子远离宫廷，
并接受汉臣儒家学者的教育。

而此意见提出时，胤礽才5岁，不管是康熙还是满洲贵族，在此时都
是不可能接受"太子出阁"的。于是，康熙做出了一个影响他一生的决定，
他把"太子出阁"的时间推迟了整整8年。而在这8年间，康熙几乎每天
都亲自领着部分满汉学者，严格训练胤礽。康熙的原话是：

> 朕于宫中谕教皇太子，……勤加提命，日习经书。朕务令背诵，复亲
> 为讲解，……未尝间辍。[2]

---

1 钱仪吉:《碑传集》卷十八,《康熙朝部院大臣上之下·沈荃传》,中华书局,1993,第
   572页。
2 见《清圣祖御制诗文集第二集》卷三,《谕礼部》,四库全书本,第7页a。

最终，小胤礽在 6 岁到 10 岁之间，先学了 5 年的满洲文化，在 11 岁到 13 岁之间，又学了 3 年的儒家文化。

> 满字自六岁起至十岁，汉字自十岁起至今年睿龄十三岁闰四月二十三日出阁以前卷册，积累已几等身。[1]

整个过程也非常辛苦。当时辅助教学的顾八代认为，相关的经书初读几十遍就可以了，但康熙却表示远远不够：

> 朕幼年读书必以一百二十遍为率，盖不如此则义理不能淹贯，故教太子及诸皇子读书皆是如此。[2]

一篇文章读 120 遍，如此严苛，要知道，当年的胤礽还只是个十几岁的孩子。

最终，在康熙二十六年（1687），胤礽"出阁"期间听汉臣讲课时道：

> 书已熟，尔等欲背则背。[3]

还有别的吗？你教的这些我早就会了。以至于大学士王熙感叹道：

> 皇太子睿龄十四，读完诸经，学问大成。圣父圣子，此自古所未有，尧舜所不及。[4]

这话肯定有拍马屁的成分，但胤礽的表现想必也一定是相当够水准的。最后，"出阁"教育只持续了两年不到便宣告停止，"太子出阁"事件就此结束。康熙的皇子、皇孙回归上书房，继续接受宫廷教育。

康熙为什么要这样做？简单来说，康熙是想巩固满人在中原的统治地位。因为每当少数人统治多数人时，如果想提高自己的合法性，就必须要

1　中国第一历史档案馆整理《康熙起居注》，康熙二十五年四月二十六日，中华书局，1984，第 1485—1486 页。
2　同上书，康熙二十六年六月初十日，第 1645 页。
3　同上书，康熙二十六年六月初九日，第 1641 页。
4　同上书，康熙二十六年六月初二日，第 1635 页。

证明他们是更优秀的存在。而康熙所追求的，就是要通过自己的勤政和对太子的严苛教育，来塑造出尧舜所不及的"圣父圣子"形象，来彰显清朝的统治远胜历代王朝。那此时的胤礽只是一个太子吗？不，他是康熙前半生耗尽心血的、最重要的政治成果之一，其他任何皇子都无法与之相比。比如在康熙三十五年（1696），43岁的康熙远征噶尔丹时便安排胤礽太子监国，直接处理朝政。

> 三十五年二月，上再亲征噶尔丹，命太子代行郊祀礼；各部院奏章，听太子处理；事重要，诸大臣议定，启太子。(《清史稿·列传七·理密亲王允礽》)

可见，截至这一年，所有的一切仍按照康熙心中幻想的"圣父圣子"的既定路线前进着。

但事情后来怎么就发生变化了呢？

二、废立储君的打脸

首先，"九子夺嫡"的重要前提就是康熙的儿子实力普遍很强，而这也是康熙教育的成果。他要求自己的皇子要能辅政、能统兵、能务学，政治、军事、文化必须全面开花。但这是康熙在给胤礽制造障碍，让皇子们彼此之间拼命"内卷"吗？倒也不是，这里我们举一个例子，裕亲王福全是康熙的亲哥哥，他非常赞赏老八，但他说的也是：

> 八阿哥心性好，不务矜夸。允（胤）礽若亲近伊等，使之左右辅导。(《清圣祖实录》卷二三五，康熙四十七年十一月十六日)

可见，在康熙、福全兄弟二人的心目中，其他阿哥再好，他们存在的作用也只是辅佐胤礽。

可是，康熙与胤礽的关系出现了危机。

康熙越重视胤礽，他的控制欲也就越强，他不允许太子在他的既定路线上有任何偏离。于是，当康熙三十六年（1697），康熙听闻胤礽身边有三个侍从带着胤礽行为不端时，就直接把这三个侍从全杀了；当康熙三十九年（1700），康熙接到举报，胤礽的叔姥爷、领侍卫内大臣索额图在家中抱怨康熙冷落太子时，康熙直接下令让索额图退休，强制其退出官场，并在三年后把索额图抓进大牢，直接弄死了。有很多人说这是因为索额图要谋逆，但其实在历史上并没有任何迹象表明索额图曾有过不轨行为，包括康熙晚年在回忆中怒斥索额图是"本朝第一罪人"时，说的话也是：

> 索额图怀私倡议，凡皇太子服御诸物，俱用黄色。所定一切仪注，几与朕相似。（胤礽）骄纵之渐，实由于此。索额图，诚本朝第一罪人也。（《清圣祖实录》卷二五三，康熙五十二年二月初二日）

意思很明白，康熙痛恨索额图的原因是觉得是他毁了胤礽，并非因为谋逆的事情。这里我们可能要先规避影视剧对我们的干扰，要知道，康熙在史书上可是连"胤礽想谋逆"这样的话都说得出来，他又怎么可能去替索额图打掩护呢？

康熙本想用索额图的死来敲打胤礽，让儿子赶紧回归父亲的怀抱。可事实上，胤礽却被吓破了胆，生怕自己哪天也被废掉，于是，胤礽开始变得战战兢兢，行为诡异。而向来安全感不足的康熙看到胤礽的样子，也开始担心胤礽是否会为了帮索额图报仇而选择谋逆。父子两人从此都背上了沉重的心理包袱，活得越来越压抑。几年后终于发生了"一废太子事件"，我们可以看到，当时的康熙仅仅因为胤礽半夜偷窥了自己的帐篷，便不加询问，立刻判断胤礽要刺杀自己，接着第二天一早就宣布了废太子的决定。可见，康熙一定在内心中早就预想过胤礽谋逆的场景了，他才会因为一丝风吹草动就立刻出现了严重的过激反应。而废太子的当天，心理防线崩溃的康熙也上演了他一生中最为失态的一幕——他是在群臣面前边哭边宣布的决定：

> 谕毕，上复痛哭仆地。诸大臣扶起，上又谕曰：太祖、太宗、世祖之缔造勤劳，与朕治平之天下，断不可以付此人。（《清圣祖实录》卷二三四，康熙四十七年九月初四日）

康熙甚至在返京后敬告天地时，仍在向上天哭诉：

> 不知臣有何辜，生子如允（胤）礽者！……臣虽有众子，远不及臣。
> 如大清历数绵长，延臣寿命，臣当益加勤勉，谨保始终；如我国家无福，
> 即殃及臣躬，以全臣令名。（《清圣祖实录》卷二三四，康熙四十七年九月
> 十八日）

很明显，废了胤礽，康熙有一瞬间都觉得大清彻底后继无人了，只盼着他自己能再多活几年。而我们眼中个个实力强劲的皇子，在康熙看来那都是远不及自己、难堪大用的。然而，对康熙来说，更大的打击还在后面，也就是"一废太子"后的两大连锁反应：皇子内讧、朝堂失控。

关于皇子内讧的缘由，我们此时应该都很清晰了：先是老大胤禔的自杀式发言，这百分之百吓到了康熙。"如诛允（胤）礽，不必出皇父手。"这句话一方面体现了皇子间的矛盾已经大到了手足相残的地步，另一方面则暴露了连久负贤名的老八也存在着夺嫡的野心。再加上之后老九和老十四为了老八当面冲撞康熙，老十四甚至不惜赌咒发誓，更是让康熙明确了皇子间结党的事实，以及康熙作为父亲的权威的下降。

然而除了皇子内讧，更加让康熙震惊的还是朝堂失控。"一废太子"后的康熙冷静下来后，他也不愿意就这么接受失败的结局。在他先后接到老三胤祉举报老大魇镇胤礽，以及老四胤禛为前太子胤礽申冤的消息后，康熙觉得自己前半生的付出，其实还有回旋的余地，"圣父圣子"的构想貌似还有机会实现。于是，他就想复立胤礽，但金口玉言，康熙自己是不好打脸的，于是他就提出了让群臣共同推选新太子的想法，并且表示：

> 众议谁属，朕即从之。（《清圣祖实录》卷二三五，康熙四十七年十一
> 月十四日）

这话说得很漂亮，你们就选吧，朕肯定听从众臣的意见。

同时，康熙为了保险起见，还提前做了三件事：把年纪最大的老大胤

褆圈禁了；把久负贤名的老八胤禩革爵了；召见汉臣领袖李光地，并对其疯狂进行暗示。就在公选太子前，康熙曾单独召见李光地，询问道：

废皇太子病，如何医治方可痊好？（《清圣祖实录》卷二三五，康熙四十七年十一月十四日）

按理说，有病也得问太医，问一个大学士管用吗？康熙的意图昭然若揭。可能在康熙的心目中，这已经是在不打脸的情况下，他所能做出的最强暗示了。可当一切准备就绪后，公选当天，朝堂上还是出现了严重失控。被革爵的老八获得满朝拥戴。康熙当即驳斥道："八阿哥未尝更事，近又罹罪，且其母家亦甚微贱。"众爱卿啊，你们都好好想想清楚，重选！大臣们则表示，既然皇上不同意，那还是您自己定吧。可康熙偏偏不答应，说你们定，就你们定。结果第二轮投票后，老八再次高票当选。情急之下，康熙不得已打了张明牌，他传召李光地，质问道：

前召尔入内，曾有陈奏，今日何无一言？（《清圣祖实录》卷二三五，康熙四十七年十一月十四日）

前两天你还为这事上奏过，今儿为何一言不发？李光地则表态道：前几天咱们说的不是皇上您的家事吗？我可不好跟其他大臣说。此时康熙心里想的可能是，好你个李光地，跟朕在这儿揣着明白装糊涂？最终康熙没办法，只得宣布退朝，明日再选。结果第二天也没重选，康熙直接摊牌了，说孝庄太皇太后已经托梦给朕了，她想复立胤礽，诸爱卿怎么看啊？

还能怎么看？最终胤礽被成功复立。

尽管康熙成功复立了胤礽，但这件事对他的冲击仍然很大。这一年，康熙55岁，他惊讶地发现，原来大臣们已经敢为了28岁的老八公开和自己对抗了。可以说，老八胤禩是第一个真正威胁到他皇权的阿哥，这是连胤礽都不曾做到的。也正是从这一刻起，康熙可以说再也没把老八当成儿子看待，在他的眼中，那早已是一个野心勃勃的政敌了。

强行复立胤礽，康熙的偏心眼大家有目共睹，为了安抚其他皇子，康熙在第二年便大封皇子，一口气封了三个亲王、两个郡王、三个贝子，不仅如此，他还恢复了老八的贝勒爵位。其实，大封皇子前，康熙便自认为危机已经解除，他甚至开心地同大臣们说：

> 自禁允（胤）礽之后，朕日日不能释然于怀，染疾以来，召见一次胸中疏快一次。（《清圣祖实录》卷二三五，康熙四十七年十一月十六日）

这真是见到胤礽，他就开心。眼看"圣父圣子"的构想又有了希望，然而令康熙万万没料到的是，复立胤礽不过是他新一轮痛苦的开始。

三、一地鸡毛的晚年

康熙应该很快就意识到了，言归于好这种事是多么一厢情愿。他们父子之间巨大的隔阂，根本无法弥合。正如康熙后来回忆时所说：

> （胤礽）自释放之日，乖戾之心，即行显露。数年以来，狂易之疾，仍然未除，是非莫辨，大失人心。（《清圣祖实录》卷二五一，康熙五十一年十月初一日）

此处的"乖戾之心"，大概指的就是胤礽的那句"古今天下，岂有四十年太子乎？"的名言了。而康熙的状态也很不好，康熙自己说道：

> 但自释放皇太子以来，数年之间，朕之心思用尽，容颜清减。（《清圣祖实录》卷二五一，康熙五十一年十月初一日）

而再次引爆他们父子矛盾的则是康熙五十年（1711）的"托合齐饮酒案"。时任九门提督的托合齐，联合太监总管梁九功、兵部尚书耿额、刑部尚书齐世武等人结党营私，并疑似策划、撰写了让胤礽提前登基的奏章。在康熙看来，这都是太子要逼宫的前兆。于是，康熙在以雷霆手段处理了托合齐等人后，于康熙五十一年（1712）再次废除了胤礽的太子之位。这一年，康熙59岁。康熙表面上说这次"二废太子"，他是"谈笑处之而已"，但实际上，康熙的真实状况要痛苦得多。因为在"二废太子"十几天后，有大臣询问康熙六十大寿的庆典安排，康熙的答复是：

> 今忧劳倍增，血气渐衰，惟恐愈久而力不支、愿不遂，以至不全终始，一世勤瘁，俱属徒然。（《清圣祖实录》卷二五一，康熙五十一年十月二十日）

言辞间流露出的情绪，尽是悲观与沮丧。然而就在这个时候，老八还很不开眼地进行了一次试探，他问康熙：

> 我今如何行走，情愿卧病不起。（《清圣祖实录》卷二六一，康熙五十三年十一月二十八日）

意思很明显，现在太子之位空了，你还记得上次大臣们都说该由我来当太子吗？您看我现在该怎么办？我也很尴尬，要不我称病，回家歇着？康熙一听遂龙颜大怒，当即回复道：

> 尔不过一贝勒，何得奏此越分之语，以此试朕乎？（《清圣祖实录》卷二六一，康熙五十三年十一月二十八日）

在这里其实我们能看出，康熙真是厌烦老八厌烦到了极点；同时，这里也透露出了康熙立太子非常看重爵位，贝勒及以下的人选，是根本没资格参与储位竞争的。因此，康熙晚年间，符合继承人要求的就只有老三诚亲王胤祉、老四雍亲王胤禛、老五恒亲王胤祺、老七淳郡王胤祐、老十敦郡王胤䄉。这其中，老五能力差，老七身体残疾，老十也没什么过人之处。很明显，康熙可选的就是老三或老四。但康熙谁也没立。

整整10年，康熙朝都没有太子。这期间也有大臣问过这件事，康熙的答复很诚实，也体现出他是真的看透了——

> 况建储大事，朕岂忘怀，但关系甚重，有未可轻立者。……凡皇太子服御诸物，俱用黄色。所定一切仪注，几与朕相似。骄纵之渐，实由于此。……汉唐以来，太子幼冲，尚保无事。若太子年长，其左右群小，结党营私，鲜有能无事者。……今众皇子，学问见识，不后于人。但年俱长成，已经分封。其所属人员未有不各庇护其主者。即使立之，能保将来无事乎？……凡人幼时，犹可教训。及其长成，一诱于党类，便各有所为，不复能拘制矣。立皇太子事，未可轻定。（《清圣祖实录》卷二五三，康熙五十二年二月初二日）

这段话，康熙说得很诚恳，他把两个矛盾都指出来了：一是太子与皇帝之间的矛盾，只要太子年长，周围的人一定会结党，只要结党就必然威胁皇权；二是皇子之间的矛盾，封爵后，每个人都有一套自己的班底，班底成员又只维护自己的主子，这个时候不管立谁当太子，他都会成为众矢之的。最关键的是，康熙最后说"及其长成，一诱于党类，便各有所为，不复能拘制矣"，意思是，他其实知道问题出在哪里，但皇子们年纪大了，他已经管不住了，他也不知道立储的问题该如何解决，他只能无限地拖延着。也许康熙可能意识到了，这道题的唯一解法就是：生前不立太子，临终再宣布，最后让新君直接登基。这样既解决了太子与皇帝间的矛盾，也解决了皇子彼此之间的矛盾。

但无奈的是，谁又能算准自己驾鹤西去之日呢？尤其康熙晚年时，身体状况更是时好时坏，起伏不定。康熙五十四年（1715），他右手病了，不能写字：

> 朕以右手病，不能写字。（《清圣祖实录》卷二六五，康熙五十四年十月初四日）

康熙五十七年（1718），他的心脏又出了问题：

> 或遇心跳之时，容颜顿改。[1]

可康熙六十一年（1722），在康熙 69 岁时，他又跑去南苑打猎了：

> 上幸南苑行围。（《清圣祖实录》卷二九九，康熙六十一年十月
> 二十一日）

可能是年纪大，累到了，这次打猎结束后不到一个月，康熙突然感到身体不适，接着不到一周的时间就驾崩了。可哪怕就是在这一周，康熙都没有提前公开他的继承人是谁，以至于"畅春园事变"与康熙遗诏，就成了一个永远的谜，"九子夺嫡"也成了人们一直津津乐道的话题。但无论事实如何，雍正继位这件事，绝对是天佑清朝，支持"雍正篡位说"的代表人物孟森先生曾说过这样一段话："要之圣祖诸子，皆无豫教，惟世宗之治国，则天资独高，好名图治，于国有功，则天之佑清厚，而大业适落此人手，虽于继统事有可疑，亦不失为唐宗之逆取顺守也。"[2]

康熙在晚年备受夺嫡困扰，执政也愈加松散，留下的可真是一个烂摊子：于财政而言，各省的钱粮亏空巨大，中央国库存银仅 2700 余万两；于治安而言，各地起义不断，先后爆发了"山东王美公暴动"与"台湾朱一贵起义"；于军事而言，康熙晚年间的西北一战，仅在收复西藏后便草草议和，不再追击，本质原因在于战争造成的兵力与财政消耗，已经让当时的清朝国力严重不足，打不动了。

> 盖以征讨西挞之故，如是凋敝云耳。[3]

就是在这种局面之下，雍正在争议中继承大位，仅用了 13 年时间就逆风翻盘，让清朝续命成功。

1　中国第一历史档案馆整理《康熙起居注》，康熙五十七年二月二十六日，中华书局，1984，第 2492 页。
2　孟森：《清史讲义》，中华书局，2006，第 213 页。
3　吴晗辑《朝鲜李朝实录中的中国史料》（下编），《李朝实录》卷六，《肃宗四》，中华书局，1980，第 4333 页。

第三幕

清世宗执政十三年

"九子夺嫡"，众多皇子都想争得皇帝宝座，皇四子胤禛也是如此。

可胤禛真的当上皇帝之后，他又常常感慨"自古为君难，至于朕躬缵承大统，尤为难之难者。"［《雍正朝起居注册》（第一册），雍正二年十月十七日］雍正觉得自己这个皇帝当得真是又苦又难。甚至，他还专门刻了一方"为君难"的印玺，感慨工作不易。

究其原因，雍正自己给出的答案是："（朕）若明知有弊，不加整顿，必加朕以懈弛不理之名矣，亦非治国经邦之道也；朕若竭力整顿，而内外大小臣工，不能革面革心，何以为政？"［《雍正朝起居注册》（第一册），雍正二年十月十七日］国家出了问题，不整顿，会被批评懈怠，于国无益；狠狠整顿，又会遭遇群臣的消极对抗，同样难以振兴。于是，雍正才会感慨自己"为君难"。

然而，就是在这样的艰难环境下，雍正最终还是掀起了一场整顿官僚、改革新政的巨大风浪，以宏观的设计与微观的勤勉，仅用时13年，就为清朝重新打造了一整套财政和行政系统。

正如前文提到的孟森先生的评价，"惟世宗之治国，则天资独高，好名图治，于国有功，则天之佑清厚"。在孟先生眼中，清朝拥有雍正，这在某种程度上，是上天的一种恩赐与庇佑。

第四章　朝乾夕惕：
　　　　　雍正帝继位后的日子

新政改革：清朝制度的总设计师

从皇四子胤禛到清世宗雍正皇帝爱新觉罗·胤禛，在走完艰辛的夺嫡之路后，老四终于踏上了执政之路的新征程。

执政十三年，雍正到底都干了什么？为什么在长达两百年的时间里，雍正一直被人骂作暴君，而在最近的几十年中，雍正的风评又反转了呢？今天的我们，又该如何去解答"雍正到底是明君还是暴君"这样一个问题呢？

首先，我们要明确雍正继位之初他所面临的环境和形势。实话实说，康熙自诩的"盛世"于雍正而言，在某种程度上是一个难以收拾的烂摊子。光是摆在明面上的大问题，就有以下三个：

第一，政治上，党争对抗。允禩的"八爷党"背后，仍然有许多满洲勋贵，且他们势力庞大，老九甚至在康熙驾崩的当天夜里就敢和雍正公开叫板。

> 皇考升遐之日，朕在哀痛之时，赛思黑突至朕前，箕踞对坐，傲慢无礼。[1]

1　胤禛:《大义觉迷录》卷一，哈佛大学汉和图书馆藏本，第33页b。

第二，经济上，财政亏空。雍正在登基前就知道清朝当时的国库是缺银子的——

> 历年户部库银亏空数百万两，朕在藩邸，知之甚悉。[1]

第三，军事上，隐患重大。康熙晚年间，尽管老十四收复了西藏，但因为财政紧缺、粮草不济，朝廷被迫和新疆的准噶尔议和了。这无异于在当时的西北埋了一颗定时炸弹，随时都有可能爆发。

可即便如此，这三个问题仍只是表面上的，更严重的在于，这些问题背后所潜藏的税收混乱、官场腐败、社会阶级矛盾尖锐等一系列隐形的危机，雍正所看到的一切都预示着清政府正在走向一条难以挽回的衰颓之路。没想到，雍正仅用了13年的时间就改变了这一切，并最终给乾隆留下了一台税收清晰、治理高效、社会安定的超强国家机器。

好，雍正波澜壮阔的13年执政生涯，正式开始。

一、头绪纷繁的乱局

与8岁就登基的康熙不同，雍正继位那一年，他已经45岁了，是一个大龄皇帝。不过岁数大自然也有岁数大的优势，凭借着多年来在夺嫡斗争和办差过程中积累的经验，雍正对官场中各种花花肠子是非常熟悉的，以至于很少有大臣能蒙他。

雍正登基后下令追缴亏空过程中，闽浙总督满保试图造假账忽悠雍正，结果被雍正直接怼了回去。雍正说：

> 此等言语何必奏朕，朕岂为八岁登基之君。尔等如此，反招朕猜疑。[2]

你当朕是8岁继位的娃娃皇帝？你以为朕什么都不懂？尽管雍正这句话有

1　见《世宗宪皇帝上谕内阁》卷二十六,四库全书本，第9页b。
2　中国第一历史档案馆译编《雍正朝满文朱批奏折全译》《闽浙总督满保奏报总督衙门每年各项进银数目折》，黄山书社，1998，第23页。

些直白，把康熙都一并讽刺了，但我们也能从这句话中看出雍正对自己是相当自信的，而他也的确是有如此自信的实力的。甚至可以说，雍正从登基的第一天起，其卓越的能力就已经显示出来了。

康熙是康熙六十一年（1722）十一月十三日驾崩的，雍正在当月十四日就下令：

> 命贝勒允䄉、十三阿哥允祥、大学士马齐、尚书隆科多，总理事务。
> （《清世宗实录》卷一，康熙六十一年十一月十四日）

事后来看，雍正选择这4位总理事务大臣，水平非常高。选错任何一个，当时的局面可能都不会那么快就稳定下来。

第一，任命老八，这既是安抚也是拉拢，目的是稳住皇族宗室内部，不激化矛盾。这个不算难，稍有城府的人，基本都能做到。

第二，任命老十三，这是给自己安排帮手，属于最基本的操作，换了我们也都能做到。

第三，任命马齐，这绝对是一个"神操作"了。与影视剧中的老好人形象不同，历史上的马齐其实是一个非常有号召力的满洲贵族。马齐最特殊的一点则在于他早期曾是"八爷党"的核心人物之一，但后来马齐被康熙敲打后，就迅速退出了"八爷党"。因此，雍正重用马齐，就是在释放一个信号，他在告诉满洲勋贵，只要远离老八，忠于皇帝，你们都可以保有高官厚禄。

第四，任命隆科多。此前，在康熙驾崩的当天晚上，雍正已指派隆科多派兵封锁了京城九门，实行全城布控。此次任命就是雍正在给所有观望的王公大臣出的一道选择题：二选一，要么退出党争，忠于新皇，像马齐一样飞黄腾达；要么一意孤行，继续抗争，那就全都去隆科多的牢房里蹲着吧。

这一通操作，可以说是相当稳准狠，相当于在康熙驾崩后不到24小时，雍正就把整个局面基本稳住了。心思之深沉和手腕之果断，说实话，"九子夺嫡"选手中其他的那几位阿哥，真是输得一点也不冤。在政治斗争的能力与素质上，雍正明显领先。

在稳住局面之后，雍正就开始大杀四方地整顿官场了。

二、雷霆手段的新君

说起来，雍正执政的最大特点，就是不但有手腕，而且不拖延。

康熙六十一年十二月十三日，当时，康熙的丧礼才刚结束。雍正连一天也等不了，立刻下令，要求中央及各省补交康熙朝的财政亏空，三年之内补完，到期完不成的，一律从重治罪：

> 各督抚将所属钱粮严行稽查，凡有亏空，无论已经参出及未经参出者，三年之内务期如数补足。毋得苛派民间，毋得借端遮饰。如限满不完，定行从重治罪。[1]

这着实打了官员们一个措手不及。因为按惯例，新皇登基，为了彰显仁德之心，前朝亏空往往都会清零，既往不咎。结果雍正刚登基就宣布要钱，有的官员就开始手忙脚乱了，准备做假账来蒙混过关。

可雍正是何等精明。

雍正元年（1723）正月十四日，元宵节都还没过，雍正就宣布要成立一个全新的中央机构，叫"会考府"，并且由老十三怡亲王允祥亲自挂帅管理。会考府的本质，其实就是清朝版的审计署，负责全盘审核中央及各省的财务报表。一句话，用最精锐的团队，算最精确的数字。谁也别想用假账欺瞒中央。

老十三做起事来，也是个细致入微的狠人。仅用一年多的时间，便查出户部库银亏空是 259 万 2957 两 6 钱 3 分 1 厘零[2]，连 1 厘都不放过。中央各级官员这可吓坏了，原来老十三跟我们来真的啊。于是各种闲话遍传朝野，说怡亲王查账的方式实在太刻薄了。等闲话传到雍正耳朵里时，雍正

1　见《世宗宪皇帝上谕内阁》卷二,四库全书本，第 19 页 b—20 页 a。
2　中国第一历史档案馆编《雍正朝汉文朱批奏折汇编》(第二册),《和硕怡亲王允祥等奏请查三库钱粮请准亏空官员限内赔补折》, 江苏古籍出版社, 1991, 第 790 页。

一下就火了，立刻召集群臣开会，上来就先说：

> 朕特令怡亲王管理清查，并谕怡亲王，尔若不能查清，朕必另遣大
> 臣，若大臣再不能查清，朕必亲自查出！[1]

朕的十三弟查你们的账，那是被朕逼的！然后雍正又接着说：

> 经怡亲王查出实在亏空二百五十余万两，深以追补为难，请以户部所
> 有杂费，逐年代完，约计十年可以清楚。[2]

你们肆意诋毁十三弟，实际上，十三弟非但不刻薄，甚至还偷偷找朕求过
情，要把本来三年的还款期限宽限到十年，你们怎能在背后如此议论怡亲
王呢？最后，讲到激动处，雍正更是破口大骂：

> 无知嫉妒小人，反谓王过于苛刻。不但屈抑天理，人情何在？特令尔
> 等知之。[3]

　　总之，雍正的意思很明显：锅全是朕的，跟朕的十三弟没关系，你们
骂谁，也骂不到怡亲王的脑袋上。这是何等的兄弟感情？最后，雍正的目
的也确实达到了。很多朝代的百姓会痛骂当朝官员是酷吏，夸皇帝是明君，
而雍正朝是反过来的。百姓会说雍正朝的大臣还是不错的，偏偏这雍正是
个暴君。

　　但比起天子脚下的中央财政，地方财政的亏空才是更大的难题。

　　大家别认为雍正只会靠强权强行讨要钱财，在追缴地方亏空这件事上，
雍正是非常讲究方式方法的。他很清醒，追缴亏空的前提是不能让官员勒
索百姓，影响社会安定，这是非常得不偿失的。因此，雍正强调"毋得苛
派民间，毋得借端遮饰"。所以，雍正做的第一步，就是先把有亏空的官员
进行分类。

1　中国第一历史档案馆编《雍正朝起居注册》（第一册），雍正二年十一月十三日，中华
　书局，1993 年，第 366 页。
2　同上。
3　同上。

一般地方出现财政亏空，往往有三个方面的原因：因公事挪用，被上司勒索，官员自己贪污。雍正表示，如果是因公事挪用和上司勒索导致的亏空，允许该官员三年内还清；但如果经调查发现是官员自己贪污导致的亏空，犯事官员立刻抓起来免职。

　　可在抓贪污官员这件事上，门道很多，对雍正的水平也是不小的考验。

　　在古代官官相护的背景下，经常出现一种奇妙的现象，就是每当有官员贪污被查到，就会有人站出来对其进行祖护，理由通常是：这个人尽管贪是贪了点，但其能力还是有的，况且朝廷培养一个官员不容易，不妨让他"革职留任"，也就是免去官职后仍留在衙门里办办差事，让他戴罪立功，把钱还上。这样既能补亏空，朝廷也能保留一个有能力的官员，岂不是一举两得？

　　倘若皇帝耳根子软一点，顾虑多一点，那很有可能就被忽悠了。比如康熙朝，革职留任这种事，就是比较常见的。可雍正偏不，碰上有人祖护贪官，他直接就撑回去：

> 亏空钱粮各官，若革职留任催追，必致贻累百姓。[1]

他都已经是个贪官了，我还让他革职留任，那不是纵容他继续勒索百姓吗？以后这种建议，你们就不要跟我提了，一经查处，就地抓捕。

　　可抓了贪官就代表问题解决了吗？不，抓了贪官之后，还是会有人来求情，而此时的理由就变成了这个人虽然贪了一点小钱，但其官声和民望很好，当地百姓愿意集体出钱替他补齐亏空，圣上您看，百姓的"万民伞"和"请愿书"已经送来了，还请开恩，让他官复原职。雍正一听，好家伙，这是拿朕当大傻子呢？雍正就说：

> 有州县亏空钱粮，百姓情愿代赔者，此端断不可开。亏空之员未必爱民，况百姓贫富不等，断无阖县情愿代赔之理。[2]

1　见《世宗宪皇帝上谕内阁》卷四，四库全书本，第21页b。
2　同上书，卷十九，第9页a。

最后，雍正非但不准百姓代补亏空，还专门派人去调查当地是否存在黑恶势力欺压百姓，强迫百姓请愿签字。

即便是皇帝，有时想抓个贪官，打击某种现象，也远远比我们想象中要难。但凡皇帝的思路乱一些，反应慢一些，或是心肠稍微软一些，这种事就很有可能推进不下去了。有时候，官官相护严重到了地方长官会直接袒护下属、隐瞒贪污罪状的程度，而面对这种情况，雍正也有分外有趣的处理办法。

比如，当时的江南亏空严重，雍正就下旨：

> 江南钱粮，积欠甚多。……著户部侍郎王玑、刑部侍郎彭维新前往。
> （《清世宗实录》卷七六，雍正六年十二月二十四日）

雍正直接从中央派了两个侍郎过去，一个管财政，负责查账；一个管司法，负责抓人。这只是常规操作，真正厉害的是，雍正又从吏部调了40多个候补官员，给前面两人搭了一个办案团队出来——

> 应用四十余员。……并将吏部记名人员，一并带领引见。（《清世宗实录》卷七六，雍正六年十二月二十四日）

意思就是，你们此次南下，一旦查到哪个官员有贪污罪状，就地逮捕，然后从这些办案的候补官员里挑人，直接原地安排他们上岗顶缺。

大家可以置身此情境中想象一下，面对如此旨意，这些候补官员在办案时得有什么样的积极性？还官官相护？我今儿就是掘地三尺也得找出罪证，我来了可就不走了！

但雍正的目的只是抓人吗？当然不是。他所有的办法都是为了把赃款追回来，补齐亏空。那么新的问题来了，倘若这些贪污的官员说自己没钱，要当老赖该怎么办？这可就正中了雍正的下怀，对策就两个字——抄家。

抄家也有讲究：

> 凡亏空官员题参时，一面严搜衙署，一面行文原籍官员，封其家产
> 追变。[1]

双管齐下，只要查到其罪证，犯事官员其办公室和老家的资产一并查封。
随时准备充公。

可如果这些官员转移资产，资产都放到了亲友的名下，又该怎么办？
雍正说，这还不简单？

> 查其族党亲戚平日分用官赀者。[2]

查一下犯事官员的亲戚，都有谁曾经花过他的钱，把这些人的家一起抄了。
有的大臣忙劝说，皇上，这于法不合。雍正反撑道：他的俸禄是多少，他
的亲戚心里没数吗？他们大手大脚花钱的时候，能不知道那是赃款吗？他
们这就是知法犯法，就该抄他们的家。当然，雍正最后也表态了，即便操
作过激，出了问题：

> 其害不过一家一人而止，若侵帑殃民者在一县，则害被于一县；在一
> 府，则害被于一府。[3]

朕抄错了，顶多祸害一家；可朕要是放过了他们，他们就会祸害一方的
百姓。

结果就是，只要雍正查到了官员贪污，该官员的钱就不可能保得住。
于是，有的官员在被捕后，就在狱中上吊自杀。毕竟这就死无对证了，这
样一来，牺牲自己，至少能保住家人的荣华富贵。出现此种状况，雍正更
加愤怒，坚决不吃这套——你们盘剥百姓，贪了国家的钱，凭什么你一

1　萧奭:《永宪录》卷二下，中华书局，1959，第 137 页。

2　中国第一历史档案馆编《雍正朝起居注册》（第一册），雍正三年二月二十七日，中华
　书局，1993，第 437 页。

3　同上。

死，这钱就顺理成章地归你全家了？于是，雍正昭告天下：

> 舍命抵赖，似此刁恶之风亦不可长，着将……嫡亲子弟并家人等，令该督抚严审。[1]

官员被捕，要是不自杀，姑且只抓你一个；凡是自杀的，直接抓全家。

此招一出，雍正朝的官员自杀现象立刻大为减少。

不过雍正这种全方位、无死角的追债方式，也导致打击的官员过多，一时间谣言满天飞，说雍正是"抄家皇帝"，说他贪财好色、荒淫无度，所以才四处抄家，以便大范围敛财。然而事实是，在雍正的雷霆手段之下，康熙朝晚年亏空日益扩大的趋势，立刻就被摁住了。让我们用数据说话，雍正元年，国库存银是 2361 万两，追讨三年后，雍正四年（1726）的国库存银就涨到了 4741 万两，直接翻了一倍多。谣言说雍正荒淫无度，但户部的账目却显示，雍正执政初期的财政支出是在逐年降低的。雍正虽然是皇帝，日子却过得比那些富贵王爷要苦得多。

不过需要注意的是，除了追缴亏空的雷霆手段之外，雍正真正使清王朝得以缓过气来的关键在于他那一项项精巧的制度设计。

三、朝乾夕惕的改革

在我们的印象中，大家往往觉得雍正这个皇帝当得特别累，有一个深层原因就在于，雍正意识到国家当时存在诸多问题之后，深觉以自己 40 多岁的年龄和精力，如果一项项去改，是完全来不及的。于是雍正从继位伊始，就同时展开了多项大规模的改革工作，力求同步推进。

康熙六十一年十二月，雍正宣布追缴财政亏空。雍正元年正月，会考府成立;四月，开始废除"贱籍";八月，宣布秘密立储;九月，决定推行"摊

1　中国第一历史档案馆编《雍正朝起居注册》（第二册），雍正五年二月初三日，中华书局，1993，第 963 页。

丁入亩";十月,一个意外发生,青海罗卜藏丹津叛乱,需要紧急筹备军务;十一月,实现"台省合一"[1],完善监察制度;十二月,启动"火耗归公"与"养廉银"试点推广。雍正二年(1724)三月,青海平定,政权稳固,正式推行"官绅一体当差,一体纳粮"。

不到16个月的时间里,雍正在追缴亏空和平定青海的同时,还推进了8项制度改革。这其中有简单的,也有复杂的。像"摊丁入亩""火耗归公""官绅一体当差,一体纳粮",这三项直接把改革开进了深水区,上来就啃硬骨头。

要知道,历史上有些所谓"改革",本质上只是顺着权贵集团的意愿做表面文章,那甚至不能叫改革,应该叫"分赃"。而雍正所进行的改革,动的就是权贵集团的蛋糕,这可不是在"分赃",而是在"玩命"。所以,作为全国改革的核心操盘手,雍正他的工作压力之巨大,可想而知。

雍正改革的核心目标就是要在确保国库有稳定的财政收入的基础上,提高君主对官员的控制力,加强政府的治理能力,缓和社会阶级矛盾,以巩固清王朝统治,延续清王朝的寿命。当时影响清朝国家财政的,主要是两类人——贪污的官员和不交税的乡绅,雍正的改革,无异于是雍正改革集团和他们的一次政治火并。

雍正和官员们的对决,基本上就是"三板斧":追缴亏空、密折专奏、"火耗归公"。

"第一板斧",追缴亏空,就像前文所说的,这就是为了整顿风气,并告诉官员们,形势正在发生变化。

作为"第二板斧"的密折专奏,我们展开解释一下。清朝以前,官员的奏本要经过层层递交才能转交到皇帝手中,所以下级官员有些话是不敢说的。而从康熙开始,他逐渐允许一些亲近的大臣,绕过"中间商",在给皇帝内廷的请安折子里奏报公事,以便获取更加真实的消息。但是这个密折专奏的权力,康熙给的人不多,因为他自身审奏折的精力也是有限的。

---

1 雍正元年,雍正命执掌封驳的吏、户、礼、兵、刑、工六科转归都察院管理,实现"台省合一"。

大概从康熙二十年（1681）开始，一直到康熙驾崩，40 多年的时间里，拥有密折专奏权的官员，全加在一起也只有 200 人左右。

为了加强对官员的控制，尽管雍正在位的时间只有 13 年，但雍正朝拥有密折专奏权的大臣却超过 1300 人，甚至有一部分州县长官都有资格直接给雍正本人写奏折。所以雍正仅批阅奏折这一项的工作量就非常庞大。尽管在某种程度上，我们可以说雍正这是自讨苦吃，但雍正也的确在"自讨苦吃"过程中构建了一整套关于奏折传递的新系统，实现了自己对官场的高度控制，以确保改革顺利进行。

之后，雍正又抡起了他对官员们的"第三板斧"。关于"火耗归公"，我们前文已稍有提及，此处再进行一些补充。

皇帝之所以无法管控"火耗"，核心原因在于明清两朝官员的俸禄实在太低了，一个七品知县的一年收入是 45 两，在理论上这也许够知县自己生活，但考虑到衙门的办公支出，官场的众多陋习，逢年过节的上司勒索，这点钱就远远不够了。因此，受现实因素影响，在中央财政不额外拨款给官员涨工资的前提下，皇帝就只能任由自行加派"火耗"现象的存在。在这种情况下，贪官和清官唯一的区别可能就是，贪官收"火耗"时，肆无忌惮，随意加派；清官收"火耗"时，相对合理，少加派一些。而雍正的新政"火耗归公"，在本质上就是将"火耗"合法化，维持一个低税率，然后收归国有，再分拨下去给各级衙门用作办公经费和官员俸禄，也就是所谓"养廉银"。最终，这个措施一举三得，既保证了清官的日常开支，又避免了百姓被肆意盘剥，同时财政上也能做到精细化管理。

其实"火耗归公"的基本逻辑是不难想到的，此前也有人向康熙提过，但康熙的答复是：

> 朕若批发，竟视为奏准之事。加派之名朕岂受乎？（《清圣祖实录》卷二九九，康熙六十一年九月初六日）

意思是"火耗"这件事如果合法了，不就等于朝廷在变相地向百姓加派吗？"加派百姓"的恶名，朕这种圣明君主是不可能背的。但这话说得就实在失之偏颇了，为了一己的名声，放任百姓被盘剥，君主无限圣明，锅全是贪官污吏在背。

但放在雍正这儿似乎不成问题，不就是挨骂吗？虱子多了不咬，债多了不愁，雍正就直接把"火耗归公"给推广开了，这一政策在实际操作中其实还是相对顺利的，因为雍正给官员的工资涨得特别多。之前一个知县一年的俸禄是 45 两，实行"养廉银"之后，普遍都能涨到 800 两，这还是起薪，最高能接近 2000 两，几十倍的增幅。

同时，雍正还下令禁止逢年过节送礼，并利用密折和巡察御史进行严查，整顿官场陋习。一时间，贪官不敢贪，清官不用贪，官场风气被迅速扭转。民间百姓要交的"火耗"，数额也普遍降低。

雍正真正的强大之处在于，他整顿官场的同时，还在整顿地主士绅。手握两大法宝，左手"摊丁入亩"，右手"官绅一体当差，一体纳粮"。

古代中国的农业税收有两份，一是按田亩收地税，二是按人丁收丁税。但随着土地兼并和人口膨胀，地少人多的穷人交不上税，只能被迫逃亡。这样不仅会导致社会动荡，也会导致丁税白白流失。雍正所推行的"摊丁入亩"，就是取消丁税，把这部分钱分摊到地税中，在保证国库总收入不变的同时，还能减轻穷人的负担，确保社会安定。

这项改革的阻力是可想而知的。因为尽管地少人多的穷人会举双手赞成，但地多人少的地主是必然会坚决反对的。

只是雍正无比强硬地压着官员们必须推行。

前文提过，当时浙江巡抚法海推行"摊丁入亩"时，地主们就到衙门闹事，法海没顶住压力，宣布暂停推行"摊丁入亩"。于是，雍正立刻调走法海，换李卫就任浙江巡抚，继续推行新政。李卫的手腕甚硬，搞"刀把子"改革——命令亲兵，凡是反对新政的地主，一律先抓到牢里，进行思想教育，什么时候认识到新政是对的了，什么时候放他们回家。最终，"摊丁入亩"在浙江率先成功实行，并逐渐推广到了全国。在保证国家财政收入的同时，又减轻了底层民众的经济压力，可以说，"摊丁入亩"是中国古代赋税制度史上的一次重大改革。

而推行"官绅一体当差，一体纳粮"，其实更多是为了解决一个历史遗留问题。

清朝初期，清军刚入关时，清政府为了争取官绅的支持，就给了他们一个福利政策——在清朝为官或取得了功名的士绅，本人不用服差役，家里人也可以按官员的品级减免部分丁税。可随着时间的推移，这个福利政策在具体执行时就走样了。不仅官绅本人不用服差役了，还连带着一大家族的人都不用服差役了。而且在收税时，丁税不是减免，而是压根不收了，甚至在推行"火耗归公"之前，官员们在收非法的"火耗"时，也会绕开士绅家族，只收平民百姓的。如此一来，民怨渐深，凭什么干活的是我们，要钱时还找我们？这极大地激化了民间矛盾，导致社会严重不安定。

鉴于此，雍正推行"官绅一体当差，一体纳粮"的最终目的，就是为了缓和社会矛盾、维护社会安定。这项措施核心内容就三点：当初说好的官绅本人不服差役，现在依然有效，但家族中的其他人，在政府有需要时，都必须服差役；之前说好减免的是丁税，现在推广"摊丁入亩"了，丁税不存在了，各家在交地税时，就必须得全额如数上交；过去，官员私人收取"火耗"时，绕你们而行，朝廷可以不管，可现在实行"火耗归公"，你们的"火耗"就得和其他百姓一样，该怎么交，就怎么交。

总的来说，雍正的这几项改革一旦叠加，相当于把士绅家族的诸多特权给一次性清零了。雍正这么做，尽管得到了底层民众的支持，可乡绅地主是万万不会答应的。由此，双方的矛盾开始激化，而且雍正随之应对的一系列做法，可不像影视剧中演得那般软塌塌的。当时，河南的考生罢考，反对"官绅一体当差，一体纳粮"，这在历史上是真实发生过的事情，在影视剧《雍正王朝》中，雍正下派弘历去安抚考生，好言相劝。而在真实历史中，雍正的态度可就强硬得多了。当时，雍正收到田文镜的奏报后，写的朱批是：

> 必将一二渠魁正法示儆。[1]

1　《朱批谕旨》卷一百二十六之一,《朱批田文镜奏折》, 四库全书本, 第 45 页 a。

雍正甚至都不耐烦等案卷上报中央报批了，命刑部侍郎阿尔松阿[1]直奔河南，就地签字处决。带头罢考的乡绅生员，两情节严重者砍头，还有数人判绞刑。

尽管河南当地对田文镜骂声一片，史称"无人不怨"[2]，我们可以大胆推测这骂声中一定少不了针对雍正的。但在一场血腥镇压之后，"官绅一体当差，一体纳粮"就顺利在河南推广实施了。不管地主怎么想，底层的老百姓一定是很喜欢这个政策的，尽管百姓服差役时还是一样受罪，但至少看起来公平了。民间的矛盾也因此得到了相当程度的缓解。

在和官僚集团以及地主士绅进行几轮碰撞、博弈之后，最终，雍正先是通过"摊丁入亩"和"火耗归公"重新塑造了清朝的税收制度，使政府有了稳定且源源不断的财政收入；然后又通过密折专奏和后来设立的军机处实现了对官僚集团的高效控制，并通过"官绅一体当差，一体纳粮"促进了社会的安定。

所以，待乾隆继位后，雍正留给后继之君最重要的东西不是他攒的多少银子，因为受到雍正朝后期的西北战事的影响，雍正留下的资金并不算充裕；真正重要的在于，雍正给乾隆留下了一整套高度严密而稳定的税收和行政系统。

所以我们不要看乾隆上台后给老八、老九平反，释放老十四，就觉得他在和雍正唱反调。要知道，前面提到的这些收钱、管人的制度，乾隆可是照单全收的，因为它们用起来，是真香啊。后来，乾隆曾经一度被地方官员忽悠，准备取消"火耗归公"，但在冷静下来之后，乾隆还是意识到了当初他父亲这些天才般的设计，他是一点都不能改的，改了是要出大乱子的。

今若轻更现行之例，不且导之使贪。重负我皇考惠民课吏之盛心乎！

（《清高宗实录》卷一七八，乾隆七年十一月初十日）

1　阿尔松阿，满洲镶黄旗人，钮祜禄氏，累官至领侍卫内大臣、刑部尚书。曾与其父阿灵阿积极拥立允禩为太子，后因此获罪，在雍正四年被处死。

2　《朱批谕旨》卷一百二十六之二，《朱批田文镜奏折》，四库全书本，第3页a。

那雍正为了设计出这些制度，推广这些改革，他到底付出了什么呢？在雍正 52 岁那年，他写过一首诗：

> 虚窗帘卷曙光新，柳絮榆钱又暮春。
>
> 听政每忘花月好，对时惟望雨旸匀。
>
> 宵衣旰食非干誉，夕惕朝乾自体仁。
>
> 凤纪分颁虽七度，民风深愧未能淳。[1]

春色很好，但我一直在忙，总是忘了去看。我工作也真算是尽力了，可我总觉得，我还能做得更好。

大家可能不知道，雍正身为皇帝，有时还会在奏折的朱批里，和大臣们写一些自嘲的话，这些话甚至有时还有些致歉的意味，比如他曾在给鄂尔泰回信时说：

> 灯下批写，字迹可笑之极。[2]

唉，今天工作得太晚了，灯暗眼花，朕这字，写得不太好看了。

经常有人说雍正勤劳，一年里天天都在工作，只在过年时歇一天。其实这种说法是不准确的。有学者专门统计过《雍正朝起居注册》中的相关记载，按中国人民大学清史研究所史松教授的统计，以雍正七年（1729）为例，那一年的农历有闰七月，全年一共有 384 天。那雍正有多少天是在处理公务的呢？ 376 天，他只给自己放了 8 天假。虽不是一年只休一天，但也非常辛苦。

但雍正的苦熬是有效果的，否则在惯于欺上瞒下的清朝官场，他那些改革是很难成功的。而雍正也知道他对官绅的做法注定是不会让他落下什

1　胤禛:《暮春有感》，见故宫博物院编《清世宗御制文》，海南出版社，2000，第 338 页。
2　故宫博物院编《〈文献丛编〉全编》(第一册)，《掌故丛编》第三辑《鄂尔泰折》，北京图书馆出版社，2008，第 246 页。

么好名声的。雍正五年（1727）时，他自己就说过：

> 朕年已五十，于事务经练甚多。加以勤于政事，早夜孜孜。凡是非曲
> 直，尚有定见，不致为浮言所动。[1]

朕50岁了，大风大浪见多了，朕知道什么是对的，那些流言蜚语是影响不了朕的。

可纵是如此，当一年后"曾静案"爆发时，雍正看到民间流传的自己的十大罪状——谋父、逼母、弑兄、屠弟、贪财、好杀、酗酒、淫色、怀疑诛忠、好谀任佞，再也忍不住了，他选择"公开对线"，出版那本清朝名著——《大义觉迷录》，来替自己辩白，并且在全国刊行，强制推广。只可惜到最后，越描越黑，一本原是辩白黑料的平反之书，最后反倒成了一本关于雍正的黑料集。

不过，雍正有一点说得是对的，他真的认为"凡是非曲直，尚有定见"，因此"不致为浮言所动"，当黑料满天飞的时候，雍正还是照样苦熬着，继续推行改革、完善制度。不过雍正到底不是铁人，雍正八年（1730）之后，他的朱批数量明显减少，当然这个减少是和雍正自己过去的朱批数量对比的结果，若和别的皇帝比起来，仍然很多。

那雍正八年到底发生了什么？想必大家已然猜到。

那年的五月初四，老十三允祥病重去世了。雍正伤心欲绝，跟着大病了一场，那时雍正的病严重到了什么程度呢？据乾隆后来回忆说：

> （雍正）八年六月，圣躬违和。特召臣，及庄亲王、果亲王、和亲王，
> 大学士、内大臣数人入见，面谕遗诏大意。（《清高宗实录》卷五〇，乾隆
> 二年九月初一日）

可见雍正这一场大病，当时连他自己都觉得怕是挨不过去了，要下遗诏了。不过好在雍正还是撑过来了，可拖着这么副病身子，雍正又开始玩命工

1　中国第一历史档案馆编《雍正朝起居注册》（第二册），雍正五年十月初三日，中华书局，1993，第1512页。

作，即便后来病情好转，可照他的工作强度而言，病虽能好，身体却不复如初了。偏偏雍正还迷信丹药，身体越虚，越要让道士炼丹，要强行吃丹药来补一补。最终，雍正十三年（1735）八月二十日，雍正感到身体不适，二十一日、二十二日仍坚持带病工作，一直到二十二日深夜，雍正的病情突然加剧，他急召王公大臣，宣布遗诏。二十三日凌晨子时，雍正驾崩，终年58岁。

如果用雍正自己的话为他的一生做收尾的话，那应该就是：

> 自古帝王治天下之道，以励精为先，以怠荒为戒。朕非敢以功德企及古先哲王，而惟此勤勉之心，自信可无忝于古训，实未负我皇考付托之深恩也。[1]

回望雍正的一生，他说的这番话，他自己做到了吗？

1　故宫博物院编《清世宗御制文》，海南出版社，2000，第 123—124 页。

奏折朱批："朕就是这样汉子！"

说实话，如果不是亲眼看到了雍正的批红，我们其实很难想象，一位高高在上的一朝之君，会在跟臣子交心时说：

朕就是这样汉子！[1]

也会跟臣子阴阳怪气地说：

朕这样平常皇帝，如何用得起你？[2]

甚至有时还会赤裸裸地威胁大臣说：

若不如是，李绂、甘汝来头莫望在顶上。[3]

你们就别指望脑袋还能在脖子上顶着了！

雍正为什么会形成这样一种特殊的语言风格呢？那些隐藏在朱批背后的故事又是什么？

1 　中国第一历史档案馆编《雍正朝汉文朱批奏折汇编》（第四册），《河南巡抚田文镜奏谢着部议叙买米微劳折》，江苏古籍出版社，1991，第 190 页。
2 　中国第一历史档案馆编《雍正朝汉文朱批奏折汇编》（第一册），《山东布政使佟吉图奏缴御批并请曲赐矜怜折》，江苏古籍出版社，1991，第 613 页。
3 　中国第一历史档案馆编《雍正朝汉文朱批奏折汇编》（第十册），《都察院左都御史甘汝来奏报辑获劫狱逃犯莫东望折》，江苏古籍出版社，1991，第 683 页。

一、拉帮结派的汉子

雍正朱批内容的风格是分阶段的，早期非常肉麻，市井气、江湖气很重，后期则是嬉笑怒骂的各色形态都一一展现，字里行间可窥见帝王威严。为什么会发生这种转变？这与雍正的执政环境与个人处境的变化紧密相关。

在最初的夺嫡过程中，老四胤禛是比较弱势的，比起曾经受满朝拥戴的老八胤禩，老四显得非常孤独。于是，雍正在继位之初，他就面临着一个双重困局：急于改革的雍正政治班底薄弱，除了怡亲王允祥，几乎无人可用；雍正改革的核心是追缴亏空和重塑财政制度，这种伤害士绅和官僚利益的目标，就使得无人可用的问题变得更加严重。

如此一来，他该如何拉拢官员来支持自己的改革呢？其惯用手段简单来说，就是打感情牌。金钱上，现在国家有困难，朕或许没法给你当个好领导，但在感情上，朕一定给你当个好大哥。像我们熟悉的那句"朕就是这样汉子！"，其实就是在这种双重困局的特殊背景下，雍正对田文镜说过的话。

很多人不了解的是，与影视剧中那个年轻小伙子不同，雍正即位后，田文镜已经是一个 60 多岁的老头了，且其官职也仅仅是一个从四品的内阁侍读学士。另外，田文镜当初是靠纳捐买官上来的，没有科举功名，朝中也没什么朋友。要不是个人能力太过出色，怕是连这个从四品的京官老田都未必当得上。因此，在所有人的眼中，甚至包括田文镜自己都认为，他这一辈子可能就要这么交待了，不过一介碌碌无为的职业官僚而已，最终会被淹没在历史的海洋之中。

可雍正的出现，直接改写了田文镜的既定人生结局。前面我们也提到过，雍正元年（1723），山西闹灾，川陕总督年羹尧请求赈灾，山西巡抚德音却在粉饰太平，这就给雍正搞蒙了，到底谁在撒谎？山西究竟有没有灾情？于是，雍正就把刚从山西出差回来的田文镜给叫了过来，一番询问后，田文镜对答如流，把山西的灾情介绍得空前细致。《清史稿·列传八十一·田文镜》记载：

> 及文镜还，入对，备言山西荒歉状。

雍正听完汇报，心想这田文镜果真是个人才。田文镜经验足、能力强，心里还装着百姓，无非因为没有科举功名，朝中又没什么朋友，才致使一把年纪了还没升上去。但这不正好是用来打感情牌，拉拢成亲信的最佳人选吗？雍正当即决定，要让田文镜连升四级，就任从二品的山西布政使，领命新职，前往山西赈灾。一个大半辈子都碌碌无为的京官，转眼就成了主政一方的大吏，田文镜会是什么样的心情？士为知己者死，我老田已经60多岁了，还能再活几年？不用说了，田某这辈子剩下的时间，就只认你雍正一个人了，你想干什么，我都听你的。

所以，在雍正二年（1724），当雍正推行"官绅一体当差，一体纳粮"，官场中谁也不愿意挑头得罪人的时候，主政河南的田文镜就表示，我岁数大，没什么好怕的，没人愿意来，那就我先来！而之后闹出的"监生罢考"事件，田文镜又在雍正的坚定支持下大开杀戒，一时间，不光是河南的士绅、官员对田文镜怨声载道，甚至远在京城的中央官员也都对田文镜心怀不满，日后还若有若无地给田文镜使绊子。

同样是在雍正二年，秋天时江南闹灾，粮食不足，物价飞涨。朝廷下令，让河南、山东两省收购小米运往江南，平抑物价。可田文镜表示，江南人吃不惯小米，请求让河南换购小麦送往江南：

> 江南人不食小米，请买小麦运送。[1]

雍正觉得有道理，就准备让山东也把小米换成小麦，结果朝中一部分官员表达不满，认为田文镜的建议纯粹是吃饱了撑的，江南百姓也是会喝小米粥的。最终，雍正没让山东换购小麦。可结果却是：

> 据何天培奏称，江南小米不能发卖，请易小麦。[2]

小米果真卖不动，还是得让山东换购小麦。

1　中国第一历史档案馆编《雍正朝汉文朱批奏折汇编》（第四册），《河南巡抚田文镜奏谢着部议叙买米微劳折》，浙江古籍出版社，1991，第189页。
2　同上。

雍正大火，朕用个田文镜，你们这帮中央官员横挑鼻子竖挑眼，最后怎么样？还不是得看田文镜的？雍正就把曾经批评过田文镜的官员挨个儿撑了一遍，最后总结陈词道：

> 田文镜办理此事甚好，应着吏部议叙具奏。[1]

你们吏部自己看着办，该怎么夸朕的田文镜，就不用朕多说了吧？

田文镜在收到消息后，感动得不行，皇上可太够意思了，买小麦这样的小事，也要为我鸣不平。于是田文镜立刻上奏：

> 知遇之隆，超越千古！臣受恩深重，无可图报，夙夜永兢，惟有随时随事，恪遵圣训，心体力行，并不敢稍留一毫心血，亦不敢旦夕苟且偷安。至买米一事，臣实愚昧无知，并不识如此料理方免贻误。此皆叠蒙圣恩，多方教导故。[2]

什么叫高水平发言？田文镜这就是。先表达了对雍正知遇之恩恩重如山的感念，再表态自己对雍正的每一道命令都高度忠诚地执行，最后还谦虚地说自己没有才能，这次换粮救济的差事办得好，完全是皇上对他悉心教导的功劳。

雍正在收到田文镜的谢恩奏折后也自然很是开心，表示：老田，你也不必客气，朕力排众议破格重用了你，你也确实给朕长脸了，放心，只要你不辜负朕，朕也一定永远不会辜负你！于是，雍正就给田文镜写下了这条流传至今的朱批：

> 朕就是这样汉子，就是这样秉性，就是这样皇帝，尔等大臣若不负朕，朕再不负尔等也。勉之。[3]

而事实是，雍正也确实从来没辜负过田文镜，哪怕后来田文镜真的犯

1　中国第一历史档案馆编《雍正朝汉文朱批奏折汇编》(第四册)，《河南巡抚田文镜奏谢着部议叙买米微劳折》，浙江古籍出版社，1991，第189页。

2　同上。

3　同上书，第190页。

了一些小错误，雍正还是对他袒护有加的。雍正甚至对田文镜的个人生活也非常关心，比如田文镜60多岁却还没有儿子这个重大问题，雍正还专门在朱批中解释为什么要送一服神秘药方给田文镜：

> 有人新进朕一方，朕观之甚平和通顺，服之似大有裨益，与卿高年人必有相宜处。可与医家商酌，若相宜，（不可因朕赐之方强用也）方可服。卿虽年近七旬，朕尚望卿得子。此进药人言，此方可以广嗣，屡经应验云云。[1]

不得不说，还能有哪个皇帝能在奏折里给一个近70岁的老臣说送了这种不着调的补药偏方的？今天的我们无法知晓田文镜在看到雍正的这份朱批后内心是啥感觉，有没有真的照方抓药，不过我们能确定的是，田文镜到最后也没能生出儿子来。

除了田文镜之外，在雍正初年，他其实还跟许多大臣都在密折中说过这种类似"你不辜负我，我也绝不辜负你"的悄悄话的。只不过，这些朱批谕旨在我们今天看来，就像是"渣男语录"一样。

比如，雍正曾对两江总督查弼纳[2]说过：

> 朕信赖尔，对尔朕一向决非负心之君。[3]

朕对你和对其他那些大臣是不一样的，朕也许会辜负他们，但却决不会辜负你！再比如，雍正还对山西巡抚诺岷说过：

> 尔即照此矢志向前，既便朕有负于尔，上苍亦必知垂爱于尔。[4]

咱们君臣就这样好好的，即便有一天朕辜负了你，老天爷也一定不会辜负

1　中国第一历史档案馆编《雍正朝汉文朱批奏折汇编》（第一八册），《河东总督田文镜奏谢恩赐养益丹方暨鹿角折》，浙江古籍出版社，1991，第739页。

2　查弼纳，满洲正黄旗人，完颜氏，康熙末年授江南江西总督。雍正年间参与征讨准噶尔的战争，于雍正八年（1730）遇敌击而身死。

3　中国第一历史档案馆译编《雍正朝满文朱批奏折全译》《两江总督查弼纳奏报整饬驿站营伍等情折》，黄山书社，1998，第277页。

4　同上书，《山西巡抚诺岷奏请调转现任之员以便清查亏欠折》，第351页。

你的！

总之，雍正在执政初期到处打感情牌，拉拢官员。而且实际效果确实还不错，毕竟这些官员什么时候见过皇上这样的？就好比我们能想象康熙这么和大臣们说话吗？那场面一定充满违和感，可放到雍正身上，似乎还挺合理。

只是雍正如此对他的大臣，就单纯是靠表演来欺骗大臣们的感情吗？这种猜测未免太肤浅，在历史上的很多时候，雍正对他的大臣，应该是付出了真感情的。

二、袒露真情的君主

许多批评雍正是具有表演型人格的人，常举的一个例子就是——雍正杀年羹尧。雍正当初叫年羹尧"恩人"：

> 自你一下以至兵将，凡实心用命效力者，皆朕之恩人也。[1]

后来不也是说杀就杀了？可雍正对年羹尧，他早年间投入的情感就真的只是为了表演吗？这倒是不见得，这一点，我们从朱批上也是能找到解释的。

雍正继位后，年羹尧先后立下两次大功。一次是在康熙六十一年（1722），他让在西北领兵的"大将军王"老十四交出了兵权，解除了雍正的外部危机。另一次是在雍正二年，年羹尧平定青海叛乱，让雍正坐稳了皇帝宝座。凭着这两份功劳，雍正早期对年羹尧真是好得无以复加，以至于说出了那句特别肉麻的告白：

> 朕实不知如何疼你，方有颜对天地神明也。[2]

1　台北故宫博物院:《年羹尧奏折专辑（下）》，《奏谢鹿尾折》，台北故宫博物院，1971，第858页。
2　中国第一历史档案馆藏档，雍正帝"朱谕"，第12函；转引自冯尔康主编《清朝通史6·雍正朝分卷》，紫禁城出版社，2003，第135页。

且雍正可不是光拿嘴说说，平定青海后，雍正给年羹尧加封一等公、赐双眼花翎、赏四团龙补服，此外赏赐的各种金银珠宝就更不用详述了。简单一句话，雍正对年羹尧，除了没办法封王，能给的都给了。

有观点认为这是雍正在"捧杀"年羹尧，这倒真不见得。年羹尧可能是雍正朝唯一一个敢和怡亲王允祥闹别扭，还能被雍正哄着安抚情绪的人。在雍正初年，老十三允祥追缴亏空，年羹尧说西北各省在打仗，没钱，请求不还。我们知道雍正对追缴亏空的态度是非常坚决的，但他还是答应了年羹尧。可此后，虽然雍正答应了年羹尧的请求，但年羹尧始终和老十三不对付。那雍正该怎么办呢？

我们看一下当时的朱批，就能知道雍正夹在中间有多么为难了。起初先是哄，雍正跟年羹尧说：

> 怡亲王甚怪你自春不寄一音。……他甚想念你，时时问及，你当深知他待你才是。[1]

朕的十三弟一直是很想你的，他之前只是照章办事，对你是没有恶意的。后来，在年羹尧军务繁忙之时，雍正又写朱批说：

> 真正累了你了，不但朕，怡亲王都心疼你，落眼泪。[2]

可年羹尧这边始终不接茬儿，最后甚至愣是逼得雍正连"以前我和老十三也不是很熟"这种鬼话都说出来了：

> （怡亲）王此一种真实公忠血诚，实宗藩中之难得者，朕当日实不深知，自即位来，朕惟日重一日待之。[3]

朕的十三弟怡亲王真是特别好的人，朕之前跟他接触得不多，不太了解，

---

1 故宫博物院编《〈文献丛编〉全编》（第二册），《掌故丛编》第十辑《年羹尧折》，北京图书馆出版社，2008，第 441 页。
2 台北故宫博物院：《年羹尧奏折专辑（下）》，《论年羹尧酌量支用钱粮事》，台北故宫博物院，1971，第 759 页。
3 中国第一历史档案馆编《清代皇帝御批真迹选（二）：雍正皇帝御批真迹》，西苑出版社，1995，第 100 页。

他的好也都是朕即位之后接触多了才发现的。潜台词就是：年羹尧，你就不能和怡亲王好好亲近亲近吗？雍正可真是嘴皮子都磨破了，可如此付出，换回的是什么呢？在年羹尧返京时，老十三允祥亲曾自请年羹尧到家里做客，结果年羹尧吃完饭，临出门时扭头和身边的人说："怡亲王第宅外观宏厂，而内草率不堪。矫情违意，其志可见。"这老十三，妥妥的金玉其外，败絮其中。

更过分的是，年羹尧刚讽刺完老十三，转头就在官员任命问题上膨胀了。要知道，当时雍正出于对年羹尧的信任，数次在任命官员前询问年羹尧的意见。这本来是君臣相宜的美事，但年羹尧居然就此认为，自己真的能绕过吏部而自行任命官员。以至于，当时有个叫岳周的和老八允禩关系密切的工部郎中，竟然敢拿着钱去找年羹尧买官。

尽管年羹尧将岳周买官之事上报了雍正，但这件事还是引起了雍正的警惕。"岳周案"曝光后，雍正在直隶总督李维钧的奏折中，写下了这样一句话：

> "近日年羹尧陈奏数事，朕甚疑其居心不纯，大有舞智弄巧、潜蓄揽权之意。"[1]

所以说，雍正对年羹尧真的是非常恩宠与信任，只可惜年羹尧不仅贪污受贿、作威作福，还毫无节制、不思分寸。换了谁当皇上，"恩人"如此膨胀，都很难处理的。那么，最后事情没法收场，年羹尧被赐死，他真的冤吗？

雍正其实在很多时候对臣子都是非常体贴的。除了前面提到的张廷玉、田文镜、李卫、鄂尔泰等雍正朝的宠臣之外，那些我们在影视剧中没见过的并未处在帝国权力核心圈子内的官员，我们也能在雍正的朱批中感受到雍正给予他们的温柔。

当时有一对兄弟官员，祖秉圭和祖秉衡，在雍正五年（1727）这一年，祖秉圭升任贵州巡抚，祖秉衡就任山西大同总兵官。按理说这是好事，可

1　《朱批谕旨》卷十下，《朱批李维钧奏折》，四库全书本，第 29 页 a。

后来雍正才知道这兄弟俩还有个 70 多岁的老母亲留在安徽老家，尽管俩儿子都有出息了，但一个母亲拉扯两个儿子长大，家里的经济状况仍旧很一般，现在母亲年纪也大了，身体状况不佳，需要照顾。去贵州，太远；去山西，盘缠又不够。正当兄弟俩发愁的时候，二人都没上奏请求雍正，雍正听闻后，主动下旨给张廷玉：

> 可寄信与范时绎、魏廷珍，或酌量帮助盘费，或给与驿递夫马，并遣闲散微员送到大同任所。[1]

这范、魏二人，一个是两江总督，一个是安徽巡抚，让他俩想办法，将祖家兄弟的母亲送至祖秉衡所在的大同任所。

范时绎和魏廷珍接到旨意后不敢含糊，两位高级干部各出了 400 两白银，派人一路护送，最后老太太在雍正六年（1728）的正月初八，安安稳稳地到达山西。

接到母亲的祖秉衡，激动得无以复加，其上交的谢恩折子也甚是感人：

> 山西大同总兵官臣祖秉衡谨奏。为叩谢天恩事，臣兄弟二人均叩沐圣主殊恩，不次超擢，自揣逾分，恐惧日深。更蒙皇上垂悯，乌鸟至情，俾臣母邈，荣格外洵为千古异数。……臣母于本月初八日至臣任所，臣母惟有朝夕焚顶祝颂万寿无疆，臣兄弟二人亦惟有益遵母训，各竭犬马心力，冀仰答高厚于万一耳！[2]

类似这样的事情，雍正干了都不止一两回。比如江苏巡抚陈时夏，他在外奔波做官，任地一年一换，母亲 80 岁了，还一直远居云南。母子俩 19 年没见过面了。如今的陈时夏也算主政一方，有出息了，就想请假去接母亲来苏州。雍正又是大笔一挥，回复说：不用了，你去接，山高路远也不方便，朕下旨让云贵总督鄂尔泰和云南巡抚杨名时派人精心伺候着，让老太太走官路、住驿站，一路上绝对让老太太风风光光，直至安安全全地到

1　《朱批谕旨》卷一上，《朱批范时绎奏折》，四库全书本，第 53 页 b。
2　《朱批谕旨》卷一百十六，《朱批祖秉衡奏折》，四库全书本，第 5 页 b—6 页 a。

苏州见你。最后，陈时夏接到母亲时，也是激动万分地立即给雍正上折子表达感激。陈时夏对雍正说：

> （臣）不胜感激，伏地涕泣不能自已，窃思臣之一身，受皇上如许厚恩，无以仰报于万一。乃臣母复蒙圣衷垂念，更邀旷古难逢之盛典，……臣跪接叩头祗领，泣感隆恩稠叠无以复加，即生生世世为犬马，亦图报不能尽也。闻臣母一路康健倍常。[1]

臣的母亲说她从来没有这么开心过啊！而雍正的朱批回信则是：

> 朕忻悦览之，自滇省奏闻卿母起程直至阅卿此奏，朕每不能不系诸怀抱。今闻平安抵苏，心方释然矣。[2]

这一路上，朕一直很担心你的母亲，如今平安到了就好。雍正又派人送了不少人参和貂皮去庆祝陈时夏和母亲的母子团圆。

可雍正的这些故事，我们似乎从未听人讲起过。

所以，那些说雍正心狠、爱表演的观点，也确实是有待商榷的。如果一个官员认认真真地当差办事，不贪污、不腐败，雍正又真的折腾过谁呢？说到底，雍正无非好面子、要业绩而已，当臣子真遇到困难有求于他时，雍正可没有跟祖秉衡、陈时夏说：小祖、小陈啊，你俩现在在为朝廷做事，家里有困难，我理解，但大家谁没有困难呢？你俩得克服克服。而是说：小祖、小陈，好好干，家里的事不用担心，有朕在，只要认真工作，朕一准儿把你们家中的诸多困难，都解决得漂漂亮亮的。

尽管雍正在军事、外交上的能力有瑕疵，但对于这样一个懂得共情的皇帝，或者说是领导，我们真的会讨厌他吗？

1　《朱批谕旨》卷十一上，《朱批陈时夏奏折》，四库全书本，第 56 页。
2　同上书，第 57 页。

三、难知天命的凡人

我们经常说雍正这人喜欢祥瑞，爱搞"天人感应"的迷信。可大家想过雍正自己到底是怎么理解"天人感应"的吗？他真是那种看到天上飘来几朵五彩祥云就会沾沾自喜的皇帝吗？其实不是。我们可以看一看在雍正七年（1729），他写给江苏巡抚尹继善[1]的朱批：

> 天人之际有感必应，其理显而易见。……凡兴一役，举一事，必先尽其心、殚其力，谋之人、听之天，而后冀有成功。能如是，将见人事尽于下，天道感于上，不期其应而自无不应矣。[2]

雍正的这段话，可以说是对"天道酬勤"的一个完美注解了，只要你竭尽全力地做到最后，老天就一定能帮你赢。

而这也是雍正一生的信念所在：只要努力工作，就一定能感动上天，获得成功。而反过来，这其实也成了雍正一生的枷锁，只要他还没成功，他就会觉得是自己还不够努力，还不足以感动上天所致。其实雍正也知道有些事是不能强求的，但他就是不甘心，他偏要强求。

雍正在对年羹尧动杀心之前，也曾劝过年羹尧：

> 凡人修身行事，是即是矣，好即好矣，若好上再求好，是上更觅是，不免过犹不及。治已求治，安已求安之论，到底是未治未安也。朕生平不为过头事，不存不足心，毋必毋执，听天由命，从来行之，似觉有效。[3]

人要知足，做事情要讲究限度。可惜年羹尧没听，依然我行我素，最终一路走向死亡。

可雍正他就做到自己所说的了吗？他做到了"不为过头事，不存不足

1　尹继善，满洲镶黄旗人，章佳氏。雍正元年进士，在雍正朝官至云贵广西总督。尹继善擅诗词，著有《尹文端集》。
2　《朱批谕旨》卷二百二十三中，《朱批尹继善奏折》，四库全书，第11页。
3　《年羹尧满汉奏折译编》，《奏报抵署日期并谢蒙陛见折》，季永海等翻译点校，天津古籍出版社，1995，第310页。

心"了吗？也没有，他带病工作，强求因果。康熙在位 61 年，现存的康熙批阅过的奏折，只有 3000 多件；而雍正在位仅 13 年，现存的朱批奏折就超过了 4 万件。

雍正驾崩时年仅 58 岁，比他父亲、比他儿子，都要短命得多。而如今的我们，也只能在这 4 万多件奏折中，去感受雍正的心绪与为人了。

说到底，雍正高强度工作是极为伤身体的。比如，他似乎从雍正元年就开始戴眼镜了，这在清代的皇帝中，其实是比较罕见的。乾隆就一辈子没受过视力问题的困扰，从没戴过眼镜，在 65 岁时，他还写诗说：

> 器有眼镜者，用助目昏备。
>
> ⋯⋯⋯⋯⋯
>
> 老年所必须，佩察秋毫细。
>
> 然我厌其为，至今未一试。[1]

乾隆甚至在 71 岁时视力仍然很好，还会写诗劝人别戴眼镜：

> 一用不可舍，舍则如瞽定。[2]

眼镜这东西，戴了就摘不掉，摘了眼镜，人就像瞎了一样。最后，一直心态良好、劳逸结合的乾隆，活到了 89 岁才驾崩，比他辛辛苦苦了一辈子的老爹雍正多活了 30 多年。

其实这道理《黄帝内经·灵枢》早就说过，"五脏六腑之精气，皆上注于目"。一个人衰老或疲惫，他的眼睛早就已经告诉我们了。

1　弘历:《眼镜》，见《御制诗四集》卷二十七,四库全书本，第 34 页 a。
2　弘历:《银镜》，见《御制诗四集》卷七十八,四库全书本，第 7 页 a。

强人短板：祥瑞、外交与征伐

再次审视雍正，不论是他逆风翻盘地夺嫡，还是夙兴夜寐地改革，这确实都让人心潮澎湃，可雍正也一样有着自己的短板，他的人生也一样充满了痛苦与无奈，他执政生涯中的那些缺陷与不足，仍旧是真实存在的。

一、信仰祥瑞的新君

不知道大家有没有注意到，康熙的儿子普遍非常迷信。比如老大胤禔，想通过魇镇来夺嫡；老八胤禩，找张明德相面过；老九胤禟，编造自己看见了"大罗金仙"的政治谣言；甚至是老十四胤禵，顶着"大将军王"的头衔到西北后，就找当地的算命先生给自己测算八字。

这极有可能是因为，在受到政治斗争之高压的影响下，皇子们容易被各种神秘文化所吸引，他们在潜意识中总是期望能预知未来。老四胤禛，我们的雍正皇帝一样不例外。甚至，雍正因为自己勤奋好学，在面对神秘文化时，他不是找人来测算未来，而是自己亲自下场研究，所有领域举头并进，全面学习。

前文提到过，雍正喜欢佛学，还有个法号叫"圆明"。有些朋友可能不知道的是，雍正和蒙古活佛章嘉呼图克图在对谈佛法时，被章嘉活佛称赞

"得大自在"[1]。可见雍正的佛法造诣应该挺高的。在学佛之外，雍正也学道，且是一个资深的炼丹爱好者。他还专门写过一首关于炼丹的诗：

铅砂和药物，松柏绕云坛。

炉运阴阳火，功兼内外丹。

光芒冲斗耀，灵异卫龙蟠。

自觉仙胎熟，天符降紫鸾。[2]

雍正甚至还学过测算八字，而且对自己的算命水平相当自信。有一次，云贵总督鄂尔泰生病了，雍正除了关心鄂尔泰的身体，还专门把他的八字要来了。最后亲自算完，雍正还跟鄂尔泰说：

朕因你少病，留心看看，竟大寿八字，朕之心病已痊愈矣。[3]

朕本来挺担心你的，结果一看你的八字，你是个长寿之人，嗯，那朕就放心了。鄂尔泰最后活到了 66 岁，还真算是挺长的寿命了。

而雍正对神秘文化的热衷，也导致了他在登基后会频频引导官员去制造各种"祥瑞"象征。所谓"祥瑞"，是说一个君主励精图治，能让百姓们安居乐业，上天就会降下类似千年灵芝、五彩天石这类的珍贵物件，或是出现麒麟、凤凰这些稀有的动物，以褒奖君主的仁德，彰显君主是天命所归的。可问题在于，后世的我们都知道诸如五彩天石、麒麟、凤凰等其实是不存在的。也就是说，祥瑞在本质上是一种假象。

康熙就非常不喜欢祥瑞，用他的话来说就是：

如庆云景星、凤凰麒麟、灵芝甘露、天书月宫诸事，从不以为祥瑞而行庆典。……或遇有地震日晦，幸灾乐祸者将借此为言，煽惑人心。（《清圣祖实录》卷二九一，康熙六十年三月初四日）

1　胤禛：《御选语录序选》，《历代禅师后集后序》，中华书局，2014。
2　胤禛：《烧丹》，见故宫博物院编《清世宗御制文》，海南出版社，2000，第 316 页。
3　台北故宫博物院院藏《宫中档雍正朝奏折》第六辑，雍正四年九月十九日，第 606 页。

今天朕要是因为一些吉利的自然现象就搞庆典，那明天就会有人拿地震、日食这些凶险的自然现象来攻击朝廷、蛊惑人心。但这其实只是康熙个人的主观想法，康熙不推崇祥瑞的客观原因另有其他，且也更重要——自他8岁登基，历经几十年的风雨，宗室内没有政敌，政治地位空前稳定，他不需要靠祥瑞来巩固自己的位置。

可雍正不一样，45岁才登基的他，宗室内有"八爷党"虎视眈眈；执政之后整顿官场、敲打士绅，又得罪了半边天下。所以，雍正在某种程度上必须靠祥瑞来证明自己是天命所归的，以巩固自己的位置。于是，在康熙朝三五年都见不到一次的祥瑞，在雍正朝的13年间，就先后出现了50多次，平均每年出现4次。

有批评的声音说，雍正如此大量地制造祥瑞，是迷信和昏庸的表现。其实，说雍正制造祥瑞是昏庸之举，不如说更像他在和宠臣们唱双簧。

田文镜推行"官绅一体当差，一体纳粮"得罪地主士绅后，在雍正四年（1726），直隶总督李绂就直接弹劾田文镜用人不当，违背律法，随意提拔官员。事情最后越闹越大，最终雍正的态度是坚决支持田文镜，把几乎所有攻击田文镜的人都打成了朋党。可这件事，雍正其实是做得非常偏心眼的，因为当时田文镜的用人的确出现了违背律法的问题。如此，官场对雍正的各种非议就变得很多。

结果转年，田文镜就报祥瑞了。按说一棵正常的水稻，它的主茎上应该只有一株稻穗，但田文镜却上奏说：

> 河南通省地方各种收成俱十分丰稔，所产瑞谷至十有五穗之多。[1]

一棵水稻上居然长了15株稻穗，这是大丰收的象征啊！于是，雍正就当着百官的面说：

> 实伊忠诚任事之感召，愈见朕加恩之公当矣。[2]

1　见《世宗宪皇帝上谕内阁》卷六十,四库全书本，第15页b。
2　见《世宗宪皇帝上谕内阁》卷六十,四库全书本，第15页b。

看这意思，这种祥瑞一定是田文镜用他的忠诚与勤勉感动上了上天才会出现的，嗯，朕对田文镜的支持是公平的，是得到了老天认可的。

君臣之间这般一唱一和，要说他们之间没有事先串通，怕是没人会相信的。此后发生了一件事，雍正借祥瑞稳定朝堂的意图看起来就更明显了。

雍正六年（1728）九月，"曾静案"爆发，有谣言说雍正"谋父""逼母"。仅仅过了3个月，云贵总督鄂尔泰就联合云南全省官员上报祥瑞，说云南出现了"五色卿云""光灿捧日"[1]，这正符合《孝经纬》中记载的"天子孝，则庆云现"，肯定是因为皇上您是天下至孝之人，方感动了天地，才会有此祥瑞。之后，雍正便借此祥瑞又大事宣传了一番。

因此，雍正在政治形势相对孤立的情况下，便只能通过和亲信之间互相制造祥瑞来逐渐扭转自己的舆论，最终也就背上了"迷信祥瑞"的黑锅。

但比起信仰祥瑞，雍正在外交上有着更大的问题。

二、失误妥协的谈判

雍正的外交经历不多，但仅有的两次对外谈判，一次面对强敌俄国，一次面对弱邻越南，他都做了妥协和让步。

清朝时，中俄两国领土接壤的边界争端很多。总的来说，一共有三处存在边界争端——东北的黑龙江、北部的喀尔喀蒙古、西北的新疆。其中东北的黑龙江属于满洲的龙兴之地，所以早在康熙时期，朝廷就出兵对抗俄国，签订了《中俄尼布楚条约》，成功划清了中俄双方的东段边界。但中段边界和西段边界的争端，却始终没有解决。究其原因，在于西段没法解决，中段不敢解决。

当时的西段边界属于准噶尔叛军的势力范围。康熙尽管早年间解决了准噶尔领袖噶尔丹，但后来却因为财政问题，被迫和准噶尔的新领袖策妄阿拉

1　《朱批谕旨》卷一百二十五之九，《朱批鄂尔泰奏折》，四库全书本，第30页b。
2　汉代流传下来的纬书之一，其内容多为天人感应、符瑞灾异，兼载古代传说与解说经义之语。

布坦议和了。西段边界实质上处于尚未收复的状态，问题自然就没法解决。

康熙是不想丢失喀尔喀蒙古的领土的，但又无法贸然出兵，因为这会促使俄国和准噶尔兵合一处，联合对抗清政府。所以中段边界的问题，一直处于一种不敢解决的状态。

而雍正登基后，为了加速国家统一，就做出了一个战略构想：先通过中段边界的谈判，在进行一定的领土让步后，签订条约，稳住俄国，然后大兵压境一举平定准噶尔，收复西北。这个战略构想虽然不高明，但也算相对务实。而人们真正对雍正的批评，则是因为在同俄国的谈判过程中，雍正连续出现了两个失误。

第一个失误，御下不严。中俄谈判刚开始，清政府这边就出现了一个叛徒，大学士马齐。马齐在收了俄国人的贿赂后，直接把雍正为了收复西北，准备在中段边界让步的底牌暴露给了俄国人。这导致在谈判过程中，俄国人空前强硬。而雍正对马齐的异心毫无察觉，以致后人通过俄国人的记录才知道马齐叛国的事情。更离谱的是，吃里爬外的马齐在乾隆朝去世后，甚至还进了清朝的贤良祠。雍正身为君主，事前没有控制住马齐，事后没能及时发现马齐的罪行，责任巨大。

第二个失误，临阵换将。清政府最初负责谈判的人是隆科多，当时的隆科多正因为结党获罪，失宠了，所以他急于戴罪立功，在谈判过程中兢兢业业，不但亲自勘察边界的具体情况，还表态说俄国必须把目前侵占的中国领土全部吐出来，才能继续谈后面的通商、传教等问题。因为隆科多的强硬，一方面清政府在丢了底牌的情况下，仍然可以在谈判中占据一定的主动权；但另一方面，这也使得雍正想先稳住俄国的战略构想出现了偏差。最终，在俄国人虚张声势的武力威胁与谈判即将破裂的恐吓之下，雍正又恰好查到隆科多在家中私藏了皇家族谱（玉牒），怀疑隆科多图谋不轨。至此，谈判刚进行到一半，雍正就临阵换将，把隆科多给撤了。

但顶替隆科多的，却是不懂外交的蒙古亲王策凌。在被俄国人一通忽悠后，策凌稀里糊涂地签订了《中俄布连斯奇界约》，非但没把被俄国侵占的土地要回来，反而倒贴了不少喀尔喀蒙古的无主荒地给俄国，连俄国代表自己都说："说真的，我自己从来没有希冀过划界会获得如此有利而且公正的成功，……不仅边界上有利的地方没有让与中国人，而且有些以前俄国不占有的地区也由俄国获得了。"[1]

总的来说，尽管雍正的战略目的达到了，此后在清朝出兵西北时，俄国的确保持了中立。但雍正重用马齐、撤下隆科多、安排策凌顶替这一系列昏着儿，也的确是他在这次谈判中无法被忽视的黑点。

与此同时，雍正在北方同俄国谈判之际，南方也一样出现了问题。

安南，也就是今天的越南，先是乘明末清初天下大乱之际，侵占了我国云南 80 里土地；之后在康熙朝，又趁吴三桂所引发的"三藩之乱"初定，云南局势混乱时，再次侵占了我国云南 40 里土地。一共侵占 120 里地。

云南地方官员怕被问责，居然始终隐瞒不报，直到雍正二年（1724）十一月，才被时任云贵总督的高其倬发现。找安南讨要时，安南国王黎维裪抵赖不给，高其倬上奏雍正，请求出兵收回领土。

站在云贵总督的立场上，高其倬讨回土地没有问题。但站在一国之君的立场上，雍正就很为难了——年羹尧刚刚平定青海，朝廷的元气还没有恢复，加之各项改革刚起步，各方的矛盾极其复杂，根本没办法腾出手再去打一场跨国战争。更为紧要的是，当时雍正刚刚派出鄂伦岱等人同俄国进行初步交涉，西北的准噶尔正虎视眈眈，如果此时在南方贸然动兵，一旦战争扩大，北方就会有严重的危机。站在雍正的角度来看，只要是神志清醒的人，就能明白和安南的这场仗是一定不能打的。

可现在高其倬已经和安南那边发生矛盾了，这又该怎么办呢？于是，雍正做出了一个百分之百要招来骂声的决定：

> 安南自我朝以来，累世恭顺，深属可嘉。方当奖励是务，宁与争尺寸之地？况系明季久失之区乎！（《清世宗实录》卷三一，雍正三年四月二十二日）

历代安南国王都很恭顺，咱们本来就该嘉奖安南，怎么还能去争那么一点小小的领土呢？更何况那还是明朝末年丢了的土地！最终，雍正的要求是：

1　加斯东·加恩:《彼得大帝时期的俄中关系史》，商务印书馆，1980，第 235 页。

明朝时丢的那 80 里土地，就赏给安南了，只要把康熙朝丢的那 40 里土地收回来就行。当时在云南当布政使的李卫感到非常不理解，壮着胆子上奏雍正，说安南人"畏威而不怀德，结怨而不记恩"[1]，安南这伙人是没有感恩之心的，皇上对他们再好也没用，将来他们是说翻脸就翻脸的。最终，雍正无奈痛斥李卫"此奏一无可取"[2]，要求云南官场必须执行命令。

正如李卫所言，安南国王非但不知感恩，并且根本就不打算归还康熙朝侵占的那 40 里土地。这下雍正的脸上就有些挂不住了，降旨训斥安南国王：

> 以执迷之心，蓄无厌之望。(《清世宗实录》卷六五，雍正六年正月二十八日)

作为配合，云南巡抚鄂尔泰厉兵秣马，一副随时准备开战的样子，成功唬住了对方。于是，安南答复说，愿意将康熙朝时侵占的 40 里地归还。可令人意外的是，雍正最终却没要这 40 里地，反而回复说：

> 朕览阅之余，甚为嘉悦。在王既知尽礼，在朕便可加恩。况此四十里之地，在云南为朕之内地，在安南仍为朕之外藩，一毫无所分别，著将此地仍赏赐该国王世守之。(《清世宗实录》卷六五，雍正六年正月二十八日)

站在我们现代人的角度讲，雍正的这些做法都是极度缺乏主权意识的，领土，怎能随便拿来赏赐？可如果我们回到当年的天朝体系下，这件事似乎也不算特别离奇。安南国王黎维祹在收到消息后，难掩激动，面对清朝的赏地特使行三拜九叩之礼，并对天盟誓道：安南将永世称臣。史书是如此记载的：

> (黎维祹) 行三跪九叩首礼。……维祹闻言，以手至额者再四，誓"世世子孙永矢臣节"。(《清史列传·大臣画一传档正编十四·杭奕禄》)

1　中国第一历史档案馆编《雍正朝汉文朱批奏折汇编》(第五册)，《云南布政使李卫奏陈间化府与交趾界地方情形折》，江苏古籍出版社，1991，第 120 页。
2　同上书，第 121 页。

而雍正朝的安南边界，此后也的确保持了安定。

这两次外交经历，雍正可以说是一直饱受批评。首先，它们造成了国家领土的巨大损失；其次，雍正的两次妥协，都是希望能为剿灭准噶尔而营造一个更好的外部环境，收复西北，但那场收复西北的战争，却在雍正的指挥下，以失败告终。这应该也是雍正人生中最痛苦的一段经历了。

三、军事崩溃的结局

首先我们要说，雍正的军事履历绝对不是一无是处的，不管是雍正二年的平定青海叛乱，还是雍正六年的平定西藏叛乱，这两次平叛，仗打得都是既快又漂亮，并且加强了清政府对青藏地区的管理，也为雍正日后收复西北积累了信心。

即位后，凭借一系列追缴亏空和改革财政的措施，到了雍正五年（1727），雍正不但在国库攒下了 5525 万两白银，还使得清政府这几年几乎都有超过 1500 万两的稳定财政收入。于是，雍正决心"舍千万帑金，除策妄一大患"[1]。这里的"策妄"，指的就是准噶尔的首领策妄阿拉布坦。雍正的意思是，不要考虑钱的问题，不管花多少钱，只要能收复西北，这事就不算亏。

接着，还真出现了一个历史机遇。策妄阿拉布坦死了，其子噶尔丹策零继位。

雍正猜测此时准噶尔内部一定是青黄不接的状态，准备完毕后下令，分一西一北两路大军进攻西北。其中，西路军统帅是川陕总督岳钟琪，北路军统帅是领侍卫内大臣傅尔丹。从整体的军事和经济实力而言，清军毫无疑问是极具优势的。那如果说有什么隐患的话，就是雍正在军队出征前，秀了一把"才艺"。

---

1 中国第一历史档案馆编《雍正朝汉文朱批奏折汇编》（第九册），《陕西总督岳钟琪奏覆派兵随钦差进藏保护达赖喇嘛并等久安长治之策折》，江苏古籍出版社，1991，第 147 页。

当时西路军统帅岳钟琪已经敲定了各营统帅的名单，交上去等着雍正批准。可特别邪门的是，雍正非找岳钟琪把这些统帅的生辰八字要来算一算，算完之后，雍正便给岳钟琪回复说：

> 冯允中看过，甚不相宜，运似已过，只可平守；袁继荫亦甚不宜，恐防寿云云；张元佐上好，正旺之运，诸凡协吉。[1]

我们完全可以想象岳钟琪在看到这份圣旨后得有多崩溃。这是典型的外行指导内行。雍正一个连拉弓都费劲的宅男，结果非要靠测八字来指导常年领兵的岳钟琪该如何选用将领。

可岳钟琪没有别的选择，他不是当初的年羹尧，并没有得到雍正的高度信任；雍正六年的"曾静案"，曾静投书劝说岳钟琪谋反的事还历历在目，这也让岳钟琪不敢越雷池一步，生怕雍正怀疑自己。一个将领出征在外，如果事事都要请示后方，失败就成了必然。而雍正，也一直在收复西北的道路上接连犯错。

雍正七年（1729），两路大军一起出动，没多久，准噶尔就派来了一个使者求和。岳钟琪觉得此事有诈，想予以拒绝。但一个让所有人都没想到的意外却发生了，雍正八年五月初四，怡亲王允祥去世，雍正伤心过度，一下就没了此前的战斗决心。同年五月初十，雍正下旨，如果准噶尔诚心归顺，那么就可以议和，并且要求岳钟琪和傅尔丹两位统帅，带着使者立刻回京，讨论未来部署：

> 著宁远大将军岳钟琪、靖边大将军傅尔丹……来京。（《清世宗实录》卷九四，雍正八年五月初十日）

刚出兵仅一年，一仗硬仗都没打，就直接把两名司令官召回了中央。若老十三还活着，也一定不会让他的四哥做出这么大胆且危险的决定。

事实是，岳钟琪前脚刚走，准噶尔后脚就突袭了西路大军，清军大败，伤亡约 6700 人，直接把清军的西路军给打停了。雍正非常尴尬，但撤兵又

1　台北故宫博物院藏《宫中档雍正朝奏折》第十辑，雍正六年四月二十九日，第 369 页。

太丢人，于是只能再次征兵，继续西征。只不过初战告负之后，清军整体的作战策略就趋于保守了。之后，雍正也犯下了他在整场战争中的最大的错误。

雍正九年（1731）三月，回到前线指挥的岳钟琪收获情报，准噶尔用小支部队袭扰西路清军的同时，动用了3万人准备在五月间突袭北路清军。岳钟琪遂申请西路军北上，与北路军共同御敌，请求雍正批准。但远在千里之外的雍正却一通分析，认为敌人一定不会选择五月间进攻北路军，那样的话，战役很可能拖到七月后，一旦落雪，叛军将难以返疆。雍正认为这不合常理，最终他坚持道：

> 朕料其诡计，仍欲来犯西路也。（《清世宗实录》卷一○四，雍正九年
> 三月初五日）

让岳钟琪按兵不动。

雍正的分析不能说没有道理，只是岳钟琪身在战场，显然是更熟悉情况的那一个。将领不能独立指挥战斗，清军的失败显然就是注定的了。最终，北路军不但遭到了准噶尔的合围，统帅傅尔丹还轻敌冒进，导致北路军几乎全军覆没，此役一共阵亡了2个副将、4个副都统、3个参赞，创下了清军入关以来出征作战阵亡将领数的最高纪录。至此，雍正八年和雍正九年，两路大军连续受挫，但好在雍正有钱，继续调兵遣将持续西征，只可惜士气已衰，难以为继了。

唯一值得庆幸的是，雍正十年（1732），准噶尔进攻塔密尔时，把喀尔喀亲王策凌的儿子给掳走了。别看策凌谈判的技术一般，打仗却十分强悍，

> （策凌）檄调诸部落蒙古兵，得三万人。……日行三百里，至光显寺。[1]

策凌得到消息后，断发盟誓，立刻召集3万蒙古兵，日行300里，疯狂追杀准噶尔军，一路追到光显寺，斩敌1万余人，直接把准噶尔的主力部队给干废了。也算是给雍正挽回了一些颜面。

---

[1] 昭梿：《啸亭杂录》卷十，《书光显寺战事》，中华书局，1980，第359页。

遭到重创的准噶尔请求议和，另一边的雍正尽管不愿意承认，但事实上，当时的清军已无取胜的可能，因此雍正最终同意和谈。雍正十二年（1734），和谈达成，一切重新回到了起点。

整场战争，自雍正七年打到雍正十二年，历时6年，消耗军费数千万两白银，阵亡数万将士，却一寸土地都没打下来。一年后，雍正就带着他对西北局势的莫大遗憾驾崩了。也许雍正直到临终时都会感慨，假如他的十三弟能多活几年的话，一定能劝住他，让他别犯那些愚蠢的错误。只可惜，这一切都是不可能的了。最终，过了整整25年之后，才由乾隆彻底平定了准噶尔，成功收复新疆，将清朝的版图直接拓展到了帕米尔高原，站在父祖的肩膀上，他达成了康熙与雍正都不曾达成的愿景。尽管乾隆在很多方面都让人觉得他这个人是有待商榷的，但至少在军事功绩与版图扩张方面，乾隆甚显出色。

在很多时候，一个人不管再怎么努力，他终究都是要背负一些痛苦和遗憾的。政治上的孤立，使得雍正必须靠祥瑞来造势；周边环境的复杂，也使得雍正的外交方式趋于妥协和保守；"千古君臣知遇榜样"的年羹尧死后，雍正很难再给予其他将领同样的信任，事事请示与越级指挥，也间接导致了清军在军事上的惨败，最终雍正在遗憾中去世。

不过即便如此，雍正的高压反腐和制度改革，都的的确确让彼时的国家变得更好。回望康熙留下的种种问题，雍正已经做得很出色了，清朝绝大多数民众的生活状态也的确因他而得到了切实的改善。

以上，就是雍正那些不那么出色的故事了。

忙里偷闲：胤禛的业余生活

夺嫡、新政、奏折、黑料……政治场中的雍正，其轮廓已然渐渐清晰，尽管政治场很重要，但这依旧不能代表一个人完整的一生。

那雍正这一辈子，从皇子到皇帝，朝堂之外的他又是怎样的呢？

一、热衷艺术的"文艺青年"

在正常情况下，满洲皇族出身的人，他们一生中最大的爱好往往是去打猎，去射杀各种小动物。早在后金时期，皇太极就跟满洲上下都强调过：

> 我国家以骑射为业，……欲尔等识之于心，转相告诫，使后世子孙遵守，毋变弃祖宗之制耳。（《清太宗实录》卷三四，崇德二年二月二十七日）

满洲子子孙孙都得认真练习骑射，否则就是背弃祖宗。

在满洲入关以后，康熙和乾隆这对爷孙，骑射功夫都是非常好的。然而奇怪的是，作为康熙的好儿子、乾隆的好父亲，夹在清朝武德最充沛的两位皇帝中间的雍正，反倒是极其厌烦骑射、打猎的。

像木兰围猎这种和蒙古王公沟通感情、必须由皇帝亲自参加的活动，雍正除了登基前当皇子时陪着康熙去过几次之外，登基之后，他就把这事全推给弟弟老十三怡亲王允祥了。朕就不去了，你替朕去就完了，咱俩谁去不一样？

对于雍正不爱打猎这事，似乎也容易理解，毕竟他常年勤于批奏折，怕是想打猎可能都没时间。不过，现存于故宫博物院的一件文物，却为我们找到了其他的解释。此文物名叫"木葡萄纹桦皮雍正帝御用弓"，弓身所附二皮签上用满汉文书写了"世宗皇帝葡萄花面弓四力半"。这个"四力半"，指的就是拉开这个弓所需用的力气是四力半。"力"是一个计量单位，一般情况下，"力"的数值都是越大越厉害。当时，清朝军队中日常使用的弓，最沉的若拉开应该要"十八力"，而雍正的弓只要"四力半"，连零头都不到。相当于满分 100 分的卷子，雍正上场的话，只能考 25 分。

也许雍正还是能拉开更重的弓的，只是我们尚未发现，但结合他一生的经历和遥控指挥军事的战绩，在武艺方面，雍正大概率真是个不及格的水平。不过，东边不亮西边亮，虽然雍正的武艺水平比较一般，但他的文艺水准还是很高的。琴棋书画，除了画画雍正可能不太擅长以外，其他三项，雍正的水平都是能拿得出手的。

首先是琴。在康熙的儿子中，音乐天赋最好的，应该是老三胤祉和老十六胤禄，俩人吹拉弹唱的水平都很高，不过老四胤禛在这方面也不差。

在康熙五十二年（1713），康熙安排老三胤祉带着大臣编了一部叫《御制律吕正义》的音乐教科书。编到关于音律的部分时，突然遇到了问题，进展停滞。于是，康熙就派人去请教南府[1]的教习朱四美。朱四美是康熙朝的音乐高手，只可惜老头那会儿已经 80 多岁了，行动不便，康熙这才派人去上门请教。当时的康熙嘱咐道：

> 问南府教习朱四美，琵琶内共有几调，每调名色原是怎么起的，大石调、小石调、般涉调这样名，知道不知道？还有沉随、黄鹂等调，都问明白。将朱之乡的回语，叫个明白些的，著一写来。[2]

1　清代掌管宫廷演剧事务的机构，隶属于内务府，在道光年间改名为升平署。
2　中国第一历史档案馆编《掌故丛编》，《圣祖谕旨二》，中华书局，1990，第 52 页。

可康熙刚嘱咐完就意识到了，音乐、曲调这种东西，若是派个不懂的人去请教，是根本问不明白的。于是康熙就又补充了一句：

> 倘你们问不上来，叫四阿哥问了写来。[1]

能在编音乐教材这种事上被康熙记起来，老四胤禛的音乐水平，想必应该是过硬的。

而且老四也经常写诗描绘自己弹琴的场景。其中有一首《偶题》是这样记录的：

> 秋宵嗷嗷云间鹤，古调泠泠松下琴。
>
> 皓月清风为契友，高山流水是知音。

雍正的这首诗，韵味尚佳，至少比起他儿子著诗的平均水平，是要高一些的。

接着是棋。尽管史书上并没有记载过雍正的棋艺水平究竟如何，但他对下棋的热情着实高涨。雍正五年（1727），外邦使臣送了他一对象牙雕刻的镶铜镀金的痰盂。雍正一看，东西属实精美，只是拿来当痰盂实在太过可惜，于是下旨要求改样。谕旨记录在《活计档》[2]中：

> 着将此痰盂，改做大棋盒。[3]

这里的"大棋"，指的就是围棋。可见雍正对下棋的兴趣肯定不一般，因为对寻常人而言，把痰盂改成棋盒，实在有点不拘一格。

最后是书。雍正的书法，我们之前也略有提及。雍正自己就说过："朕早蒙皇考庭训，仿学御书，常荷嘉奖。"

1　中国第一历史档案馆编《掌故丛编》，《圣祖谕旨二》，中华书局，1990，第52页。
2　清宫内务府造办处记载日常承领各项活计的档册总称。
3　中国第一历史档案馆、香港中文大学文物馆合编《清宫内务府造办处档案总汇2》，雍正五年五月二十九日，人民出版社，2005，第476页。

他从小就模仿老爹康熙的笔迹，而且还经常被夸。甚至还有史书记载说：

> 圣祖最喜世宗宸翰，每命书扇，岁书进百余柄。[1]

康熙因为喜欢老四的书法，经常让老四写扇面。而老四自己也很热衷，每年只要康熙吩咐了，老四就会写上100多把扇子交上去，说留着，父亲送人时比较方便。

倘若大家想要亲自辨别雍正的书法水平，我们今天到故宫养心殿的西暖阁，便能看到雍正亲笔写的对联"惟以一人治天下，岂为天下奉一人"，横批"勤政亲贤"。这副对联不光字好，意思也好。君主的使命是治理天下，而不是盘剥天下。雍正作为一个封建帝王，他究竟做没做到自己写下的这两句话暂且不提，单看他能把这两句话挂到养心殿里，挂到自己的工作间，这般警示，也算是一种诚恳的态度了。

总之，满洲传统的搭弓骑射，雍正没兴趣；汉人儒士喜爱的琴棋诗书，他倒是样样精通。

不过要是说到雍正的爱好，那最有名的，还得是他那作为"cosplay鼻祖"的特殊身份。

二、花样迭出的变装

之所以说雍正变装这件事，主要还是因为雍正留下来了一整套造型各异的画像——《胤禛行乐图册（十三页）》[2]。在这套画册中，雍正的确是穿着五花八门的衣服、顶着千奇百怪的发型，模仿了不少人。

比如在《许逊降龙》[3]中，胤禛在悬崖之上，穿着道袍，挥着拂尘，姿

1 　吴振棫：《养吉斋丛录》，《养吉斋余录》卷三，中华书局，2005，第369页。
2 　佚名绘。雍正皇帝众多行乐图中的一册。在该图册中，雍正的装束十分多样，很多幅画中，雍正均着汉族衣冠，做文人装扮，模仿历史上或传说中的人物，如偷桃的东方朔，题壁的苏东坡，在竹林抚琴的阮籍，等等；此外亦有做少数民族打扮的。最奇特的一幅，雍正戴着西洋假发，身着西装，俨然欧洲人。
3 　见文前插图"胤禛行乐图册（十三页）·08"。

势还很滑稽；而旁边的波涛之中，盘着一条张牙舞爪的龙。大家可能对许逊比较陌生，他是一个东晋时期的道士，后来开宗立派，成了道教的经典人物。今天，在台湾桃园的大园区，还有一座仁寿宫，供奉的就是许逊的香火，当地人还把许逊称为"感天大帝"。

如果说许逊我们还比较陌生的话，那接下来要说的雍正模仿的几个人，我们可就太熟悉了。在《东方朔偷桃》[1]中，雍正扮演的东方朔就像是个变戏法的艺人；在《李白行吟》[2]中，雍正站在河边，似乎正在感慨"君不见黄河之水天上来"；在《阮籍抚琴》[3]中，雍正身着长衫端坐于竹林中，专心抚琴。

除了模仿古人之外，雍正还有不少对不同风格的着装的模仿。在《岩穴喇嘛》[4]中，雍正模仿了藏传佛教徒，反映了雍正尚佛的一面；在《与兔共憩》[5]中，雍正则是模仿了一次蒙古贵族。另外，最有意思的是，雍正除了模仿了国内的各民族人士之外，他还模仿了西洋人。在《洋装刺虎》[6]中，他顶着一头假发，穿着17世纪的法国宫廷风的背心和外套，拿着一把三叉戟刺向老虎。但这幅画中，雍正对他穿的这身洋装还是有一些小改动的，他把里面穿的西服背心织上了中国传统的锁子甲的纹路；然后又把法国式的大袖口，改成了满洲式的小袖口。

但不管怎么改，雍正这些画在今天的我们来看，是有些"魔性"的。以至于很多朋友在第一次看到这些画时，还以为是网络上的恶搞图片。那作为帝王的雍正，在历史上为什么会留下这样一组画作呢？是当皇帝当烦了，需要靠cosplay来愉悦身心吗？

尽管我们今天已经确认了这些一定都是雍正本人的画像，但在雍正朝内务府造办处[7]的画作档中，是根本没有记载这些画作的成画时间的。学者

1 见文前插图"胤禛行乐图册（十三页）·02"。
2 见文前插图"胤禛行乐图册（十三页）·12"。
3 见文前插图"胤禛行乐图册（十三页）·01"。
4 见文前插图"胤禛行乐图册（十三页）·13"。
5 见文前插图"胤禛行乐图册（十三页）·10"。
6 见文前插图"胤禛行乐图册（十三页）·07"。
7 清皇宫内管理手工作坊的机构。

们也是从许多的蛛丝马迹中去找答案，推测出这组画极有可能是胤禛在登基前，也就是他还是皇子时的画像。

理由主要有三点：

第一，雍正继位时是45岁，而这组画里的他，胡须都偏短，年纪上似与当皇帝时有差距；

第二，画中的场景都相对简陋，而雍正继位不久后就开始翻修圆明园，翻修结束后雍正在园中的各种画像，背景都是相当漂亮的，所以这组画极有可能是在他翻修圆明园之前创作的；

第三，我们把没有准确成画年代的这组《胤禛行乐图册（十三页）》和胤禛登基后成画的《雍正十二月行乐图轴》[1] 对比的话，明显能发现，后者的画工远比前者精细。正常情况下，一组皇帝的单人画像，怎么可能画得比在群像画中的皇帝还要粗糙？最合理的解释就是，《胤禛行乐图册（十三页）》创作时，胤禛还不是皇帝。

接着探究的话，即便成画时胤禛还在当皇子，但看画中人物的岁数，应该也是在他封王以后了。那一个满洲亲王，又为什么要找人画这么一组画呢？

这就很有可能和康熙朝晚年的政治形势挂钩了。老四这场模仿秀，其实也是在为夺嫡做准备。大家不要觉得牵强，因为雍正做类似的事情是有"前科"的。

康熙三十五年（1696），康熙为了表达自己对农业的重视，找人画过一组《耕织图》[2]，来展现农民的生活。在那之后，老四胤禛也找人画了一组[3]。如果我们将其中的一张摆在一起看的话，构图几乎完全一致。最大的区别，

1　一套按春、夏、秋、冬四季和12个月顺序而画的图轴，共12幅。该图轴的画作主要绘制的是山水、楼阁等景物，其中所绘的人物较小，但细致、逼真，较好地表现了雍正的日常生活。

2　即《御制耕织图》，又名《佩文斋耕织图》。该作不分卷，康熙帝题诗，焦秉贞绘图，朱圭、梅玉凤镌刻，清康熙五十三年（1714）刊印。该组图有耕图、织图各23幅，共计46幅图。

3　指《雍正像耕织图册》，其内容和规格完全仿照焦氏本，所不同的是图中主要人物如农夫、蚕妇等均为胤禛及其福晋等人的肖像。该图册现存52页，有6页为未定稿的衍页，其余46页均有胤禛亲笔题写的五言律诗并加盖"雍亲王宝""破尘居士"二印。

就是赶牛农民的脸，从一个普通百姓换成了老四胤禛他自己的脸；而远处房间里的人物，自然就是他的福晋乌喇那拉氏。[1]

雍正的目的再明显不过——拍老爹康熙的马屁，表示自己同样重视农业发展，甚至愿意身体力行。

那如果说胤禛版的耕织图是在展现自己对经济的重视；那这组《胤禛行乐图册（十三页）》就是展现他对文化的包容。尽管这组画中胤禛的形象看上去杂乱无章，但我们若是仔细数一数，就会发现，这组画把满洲士兵、蒙古贵族、蒙藏喇嘛、中原儒生、炼丹道士等当时清朝统治下的不同民族、不同宗教信仰的核心社会角色都涉及了，还包括远在九州之外的西洋人。并且，画中的服装都十分考究，但画中雍正的表情又几乎都呈现得淡定自若。

雍正在这里，明显有两层目的：表面上，展现了自己不贪慕权力、无心夺嫡的中立姿态；深层内里，显示自己对各类人群，甚至对西洋人都是有深入了解的，以此来暗示老爹，他在文化素养方面，是完全有能力管理好这个国家的。

同时，考虑到康熙晚年经常去老四胤禛家里串门，这组画很可能是在此期间诞生的，因此，《雍正像耕织图册》也好，《胤禛行乐图册（十三页）》也罢，这些画作尽管在一定程度上展示了老四胤禛个人的爱好与趣味，但它们都是胤禛画给康熙看的，并以此来给自己增添夺嫡砝码的工具。

所以，我们不能只看"魔性"、有趣的画作，便把一个心思深沉的夺嫡冠军，理解成一个萌萌的搞笑分子。不管怎么说，雍正都是一个在官场混迹多年、在血雨腥风中逆风翻盘的狠角色。

而等老四胤禛做了皇帝之后，他又会有哪些新的爱好呢？

1　详见文前康熙《御制耕织图》（康熙三十五年彩绘本）与《雍正像耕织图册》（第2开·耕）的对比。

三、烧瓷、遛狗的宅男

说雍正是宅男，绝对不是冤枉他。

在执政的 13 年中，除了隔几年他会到清东陵给康熙、顺治上坟之外，雍正的日常生活，不是宅在紫禁城里，就是宅在圆明园里。他每天最大的爱好，其实是批折子。今天我们能看到的保留下来的光是雍正亲自批阅过的奏折就有 4 万多件，其中汉文的有 3.5 万多件，满文的有 6000 多件。雍正平均每天都要批上八九本奏折，再加上日常政务的处理，可想而知那会有多么疲惫。

人劳累的时候，就必然需要一些爱好来调剂生活。雍正靠什么来放松呢？简单来说就是两件事，一是制瓷，一是养狗。

有很多人喜欢买一些小摆件，在看到自己喜欢的东西时，赏心悦目、心旷神怡之感油然而生。只不过在雍正这里，他不是去买摆件，而是亲自设计摆件。

清朝宫廷器物的制作流程都是固定的，大致分三步：第一步，皇帝下旨，说朕要做什么东西；第二步，下边的人提供一张设计图，或是一个腊制的模型，让皇帝提出修改意见；第三步，待修改完之后，正式烧制成型。

所以，清朝历代宫廷器物的制作可以说是皇帝个人审美的体现。而雍正在设计器物时，有一个明显的追求和一条明显的红线。

追求就是必须"文雅素净"，红线就是不能"乱蠢笨俗"。

有一个非常典型的例子，雍正六年（1728），底下人做了一方墨砚给雍正，雍正看了就很不喜欢：

> 莲艾砚做的甚不好，做素静文雅即好，何必眼上刻花？[1]

干干净净的多好看，你们整这么多花里胡哨的干什么？除了图案，对文字，

1　中国第一历史档案馆、香港中文大学文物馆合编《清宫内务府造办处档案汇总 3》，雍正六年五月初五日，人民出版社，2005，第 74 页。

雍正也很反感那些看起来就没什么文化的措辞。雍正七年（1729），下面呈上了一件蜜蜡如意，上面写着"万寿无疆"的字样。雍正第一反应就是说：

> 如意柄上"万寿无疆"四字，俗气，着去平。[1]

把字磨掉，不要，朕要是攥着这么一个东西，让人看见还不够丢人的。

也正是因为雍正这些吹毛求疵的要求，我们今天看到雍正朝的宫廷文物，往往都是相对雅致的。要么什么花纹都没有，唯求素雅、漂亮；即便有图案花纹，第一眼看上去也都是力求精致，并不杂乱；再有，像是雍正偶尔在器物上的一些题字，也都是注重文化气息的。比如，在雍正款松花江石砚的背面，雍正题的是"以静为用，是以永年"，韵味悠长。

只不过物件终究是死物，它不会给你回应，缺乏生气。所以，雍正在制瓷之余，还有一项爱好，就是养狗。

我们今天经常看到一些段子，说有的朋友养狗，狗吃得比自己都好。雍正身为皇帝虽然没夸张到这种程度，但他和自己的爱狗在吃这方面的对比，也挺有意思的。张廷玉是经常陪着雍正伺候他吃饭的，他就说过：

> 世宗宪皇帝时，廷玉日值内廷。上进膳时常承命侍食，见上于饭颗饼屑，未尝弃置纤毫。[2]

雍正用餐时，不管是吃大米还是啃大饼，从不浪费粮食。可他自己不浪费，不代表狗不能浪费。雍正养狗，经常担心自己的狗吃不饱。按内务府的传统规定是："每狗一条，每日食羊肠十两。"[3]这样的伙食其实很不错了，但雍正说不行，朕养的狗，怎么能只吃这么点？于是，雍正的狗，天天喂牛肉吃。要知道在古代，农民的牛拿来耕地都不够用。而雍正养的狗，天天吃牛肉，想来也是挺讽刺的。

1　中国第一历史档案馆、香港中文大学文物馆合编《清宫内务府造办处档案汇总3》，雍正七年十月十八日，人民出版社，2005，第670页。
2　张廷玉：《澄怀园语》卷一，见葛元煦辑《啸园丛书》，清光绪年间刻本。
3　《内务府为养鹰犬房办买喂食肉等用银按月向广储司领取事奏案》，乾隆六年内务府奏案，中国第一历史档案馆藏。

雍正给狗起的名字，也都很有趣。他最有名的两条狗，一叫"造化"，一叫"百福"，都取自吉祥话。

今天给宠物犬穿衣服其实不是什么新鲜事，但若看到那些花花绿绿的、用料贵重的，我们可能还是会觉得奇怪。但雍正给自己的小狗们做的衣服更邪门。雍正五年，雍正下旨给内务府：

> 给造化狗做纺丝软里虎套头一件，再给百福狗做纺丝软里麒麟套头一件。[1]

光做纺丝的衣服还不够，雍正还给自己的狗做了不少真皮的衣服。像什么貂皮、猪皮，都曾被雍正下令给做成了狗衣。最夸张的是，连老虎和豹子的皮，都被雍正找人扒了，缝成衣服，套在自己养的狗身上。

而除了吃穿之外，在住的方面，我们今天在内务府的档案中，同样能看到雍正会给自己的狗设计笼子、被单、被褥的各种记录。还是雍正五年，他就曾下旨：

> 做圆狗笼一件，径二尺二寸，四围留气眼，要两开的[2]。

> 着将此狗笼上配做见方四幅、深蓝布乞单一块。[3]

"乞单"就是满语"被单"的意思。可见雍正在养狗这件事上，非常上心，着实喜欢。

只是讲到雍正的这些爱好时，叫人难免心生不悦。

封建社会，穷人家省吃俭用，也只能勉强穿上一件棉布麻衣。可到了皇家，就连一条狗都能穿着貂皮大衣，睡着纺丝软布。底层人不如富家狗，这就是所谓的"万恶的旧社会"注定要被推翻和摧毁的原因吧。人，终归

1　中国第一历史档案馆、香港中文大学文物馆合编《清宫内务府造办处档案总汇2》，雍正五年正月十二日，人民出版社，2005，第758页。
2　中国第一历史档案馆、香港中文大学文物馆合编《清宫内务府造办处档案总汇2》，雍正五年三月初四日，人民出版社，2005，第446页。
3　中国第一历史档案馆、香港中文大学文物馆合编《清宫内务府造办处档案总汇3》，雍正六年二月初十日，2005，第30页。

是需要独属于"人"的尊严的。

而且，今天有许多人在谈及古代那些富家子弟的花样爱好和生活情趣时，似乎会刻意平添一些美好而令人向往之感，但这些皇族、官员、地主乡绅，他们的幸福生活，这些统治阶层每一秒的岁月静好，底下其实都是负重前行的无数贫苦百姓。

包括雍正也一样，我们今天面对雍正朝文雅的瓷器给我们带来的喜悦的同时，我们是找不到当年生产这些瓷器的底层工匠的名字的。可能最多会知道当时景德镇有一个督陶官，名叫唐英，但这个唐英也是官员，至于再往下的那些脏兮兮的工匠呢？没人记得的。

第五章　秘密立储:
雍正朝的后夺嫡时代

三阿哥弘时：行事不谨的皇家弃子

雍正帝的皇三子爱新觉罗·弘时，这是一个传说中被父亲雍正处死的皇子，一个典型的悲剧人物。而在整个后夺嫡时代中，他又是乾隆在夺嫡之路上唯一一个可能存在过的障碍。

雍正一共有 10 个儿子：长子弘晖、皇子弘昐、次子弘昀、三子弘时、四子弘历、五子弘昼、皇子福宜、皇子福惠、皇子福沛、六子弘瞻。其中有 4 位早早夭折的皇子未能序齿。

可哪怕在只剩 6 个人的情况下，老大弘晖和老二弘昀也在幼时就因病去世了。所以，雍正真正长大成人的儿子只有 4 个——老三弘时、老四弘历、老五弘昼、老六弘瞻。其中，老六弘瞻还是雍正十一年（1733）才出生的，在雍正驾崩时只有 3 岁。

相当于雍正的皇位继承人，就只有三位候选人。其中，年纪最大的三阿哥弘时，比弘历和弘昼大了 7 岁。

作为实际上的长子，弘时本应该是很有希望夺嫡的，但他的结局，为什么会比上一代的皇长子——他的大爷胤禔——还要悲惨呢？就让我们来看一下他这只长身体，不长脑子的一生。

一、行事不谨的少年

弘时出生于康熙四十三年（1704），母亲是老四胤禛的侧福晋李氏，也就是后来的齐妃。李氏，我们一看就知道，她是一个汉家女子，而且她的父亲李文辉，只是个清廷地方上的普通官员，李氏没有家族势力。因此，从出身的角度来看，弘时继位的可能性是非常低的。

毕竟在清朝，满汉有别。雍正其实已经算是清朝最不在乎满汉之分的皇帝了，他能让汉臣张廷玉配享太庙；他还曾让李卫和田文镜合写了一本叫《州县事宜》的书，以推广给全国各地的满汉官员作为教科书，让他们学习该如何管理地方政府。诸如这些行为，放在清朝的其他皇帝身上，是无法想象的。

可即便是这样致力于淡化满汉之分的雍正，他也仍然说过两句话。第一句话是：

> 用人惟当辨其可否，不当论其为满洲为汉人也。[1]

用人啊，应该看其能力，而不应该看其出身。这话听着还不错吧？可他说的第二句话就是：

> 满洲内有一善人，汉军内亦有一善人，朕必先用满洲。[2]

若是同等条件，优先用满洲人。雍正有时就是这样，他会把一些在清朝大家都心照不宣的东西，摆在台面上来讲。

因此，在这种前提下，弘时的母亲李氏，她是汉人，且家族实力一般；而弘历的母亲是钮祜禄氏，不但是满洲人，还是传统的豪门大姓。如此一来，两位兄弟一对比的话，弘时就必须在能力上肉眼可见地超过弟弟弘历，这样他才可能有机会胜出。但问题是，不管我们今天多么喜欢拿乾隆的诗文开玩笑，也必须承认，一个人想在政治能力上以"肉眼可见"的程度超

1　见《世宗宪皇帝上谕内阁》卷七十四,四库全书本，第 5 页 a。
2　同上书，卷三十，第 9 页。

过"章总"，绝非易事。

我们可能会有疑问，这弘时为什么非要去争这个皇位呢？安心当个富贵王爷不好吗？答案是，很难。一来是因为年龄，二来是因为家庭。

首先在年龄上，弘时是实际上的长子，他比弘历大了7岁。让哥哥向弟弟俯首称臣，太困难了。在上一代，在康熙朝的皇子中，不夺嫡的基本全是年纪小的，年纪排序前十的阿哥里，除了学习成绩太差的老五和身有残疾的老七，其他只要活着的，全去争了。面对那把龙椅，诱惑是根本无法抗拒的。

而在家庭上，弘时的母亲李氏虽然是汉人，但她嫁给老四胤禛的时间却非常早。胤禛的前6个孩子中，有4个都是李氏生的，那早期的她肯定是极其受宠的。在雍正登基前，李氏就是雍亲王府的侧福晋，在地位上不但高于弘历的母亲钮祜禄氏，且是仅次于嫡福晋乌喇那拉氏的。偏偏乌喇那拉氏的儿子老大弘晖还夭折了。至此，弘时不但成了长子，而且他母亲的地位还是众阿哥中最尊贵的。有这样的先机条件，弘时又怎么可能忍住不去争呢？弘时不但会去争，甚至大概率会默认那把椅子就该是由他来坐的。

但很可惜，弘时的成长道路并不顺利。

康熙五十八年（1719），16岁的弘时成亲了，新娘子是礼部尚书席尔达[1]的女儿栋鄂氏。这也算是一门不错的婚事了。只可惜，在举办完这场象征着自己长大成人的婚事之后，弘时所面临的却是接二连三的打击。

弘时结婚，父亲胤禛旗下的得力干将四川总督年羹尧不但没送贺礼，甚至连封贺信都没写。为此，胤禛大发脾气，在信中训斥年羹尧：

> 阿哥完婚之喜，而汝从无一字前来称贺。[2]

不过这件事，倒不能说是年羹尧在针对弘时，因为就在同一年，胤禛母亲

1　席尔达，满洲镶红旗人，栋鄂氏。兼通满汉文，曾跟随康熙征噶尔丹。
2　故宫博物院编《〈文献丛编〉全编》（第二册），《文献丛编》第一辑《雍亲王致年羹尧书》，北京图书馆出版社，2008，第490页。

德妃乌雅氏六十大寿，年羹尧同样没送贺礼，没写贺信。大概率是因为年羹尧彼时身为康熙宠臣，他不是没把弘时当一回事，而是压根就没把胤禛当一回事。

但如果说年羹尧对弘时的无视是无心之失，那之后康熙对弘时的无视，就肯定是有意而为之的了。

弘时成婚后的第二年，也就是康熙五十九年（1720），当时康熙宣布要加封自己的皇孙：

甲寅，封和硕诚亲王允（胤）祉子弘晟、和硕恒亲王允（胤）祺子弘昇，俱为世子。班次俸禄，照贝子品级。（《清圣祖实录》卷二九〇，康熙五十九年十二月二十二日）

在康熙朝晚年，皇子中一共就只有三位亲王，老三、老四、老五。现在倒好，老三胤祉和老五胤祺的儿子都被加封为世子了，唯独把老四胤禛的儿子给跳了过去。

是因为弘时年龄不够吗？不可能，弘时已经完婚，完全够资格。是因为老四胤禛不受宠吗？也不可能，因为在转年，康熙六十年（1721）的大庆，老四还代表康熙去沈阳祭了祖，他怎么可能不受宠呢？而且就算老四再不受重视，那肯定也是要比老五强的。

那最后的原因，怕是只剩一个了，就是弘时本身是有问题的。我们甚至可以推测，康熙此时恰恰已经考虑将皇位传给老四了，同时又看弘时实在是不争气，所以才没有加封弘时，以免老四胤禛在未来选择接班人时产生不必要的压力。

而此时的弘时，不过是一个十七八岁的少年，年纪轻轻的他，到底犯过什么错，有什么问题呢？这里我们不得不说明，关于弘时的相关记载，基本都被清朝官修史书删掉了。所以他具体的错误是什么，我们今天已经无法查证了。但在仅有的资料中，不管是雍正还是乾隆，都曾很隐晦地批评过少年的弘时。据乾隆的回忆，雍正说弘时：

> 年少无知，性情放纵，行事不谨。(《清高宗实录》卷五，雍正十三年
> 十月二十四日）

那这个"行事不谨"，又到底是指什么呢？众说纷纭。

中国人民大学清史研究所的史松教授曾推测，弘时很有可能是生活作风出了问题，"一是康熙后宫佳丽颇多，皇帝晚年江南还时有美女送来；康熙最小的儿子，……允祕生母陈氏年龄未过二十。二是弘时那时大概十五六岁，正是情窦初开的大男孩，在佳丽丛中发生'不谨'之事，是完全可能的"[1]。当然，这只是一种推测，后来还被改编进了影视剧之中。

但无论真相如何，我们唯一可以确定的是，弘时的品格与才干是被他的皇爷爷康熙明确否定过的。可等到康熙驾崩，雍正继位后，弘时从皇孙变身为了皇子，他的处境会有所改善吗？

二、屡遭打击的皇子

并没有，而且从康熙拒绝封弘时为世子的那一刻起，他的夺嫡之路其实已经终结了。

在雍正登基之后，首先，弘时的母亲李氏的地位转瞬就被弘历的母亲钮祜禄氏拉平了。雍正元年（1723）二月，李氏被封为齐妃，钮祜禄氏也被封为熹妃。两个人至此就平起平坐了。

接着，在雍正元年的八月，雍正宣布秘密立储，公开表示自己不立皇太子，但同时却又说了这样一句话：

> 今朕诸子尚幼，建储一事，必须详慎，此时安可举行？（《清世宗实
> 录》卷一〇，雍正元年八月十七日）

1　史松:《雍正研究》，辽宁民族出版社，2009，第192页。

要知道，当时的弘时已经 20 岁了，而雍正的这番话则已经暴露出在他的潜意识中，就没考虑过弘时继位的可能性。

而到了同年的十一月，在康熙逝世一周年的景陵祭典上，雍正自己没有去，反而安排了 13 岁的弘历代行。要知道如此重要的大型典礼，皇帝不去，让皇子代去，这事虽然并不稀奇，但放着成年皇子不用，转而让一个未成年的皇子去，那可就非常罕见了。当时满朝野几乎都意识到了，雍正心中默认的继承人就是弘历。

结果就是，雍正登基仅一年，弘时连续遭受三次打击，断绝了他夺嫡的希望。站在这个时间点上，如果弘时能够甘心认命的话，他未必是不能当个富贵王爷的。因为雍正在此时并没有完全放弃弘时，反而希望能从其他方面培养弘时，当不了皇帝，当个能臣也是好的。

为此，当时的雍正专门下旨，把一位 50 多岁的儒家老学究王懋竑从安徽请到了京城，还给了他一个翰林院编修的官职。然而老王实际的工作却只有一项，就是给弘时当老师，去端正弘时的行为。

为什么选中了王懋竑呢？王懋竑是江南当时有名的大儒，为人处世极为严谨。用后来乾隆朝的吏部尚书王安国的话来评价其一生就是：

> 自处闺门里巷，一言一行，以至平生出处大节，举无愧于典型。[1]

如果要在当年为定义"何为儒家礼义？"找一个榜样、范本的话，那王懋竑就是一个教科书式的人物。雍正能费这么大的工夫把王懋竑请来给弘时当老师，可见在此时雍正对弘时仍然是充满希望的。

而且王懋竑在给家人写的信中，还提到了非常有意思的一件事。

那是在雍正元年腊月的时候，雍正要给大臣们写"福"字赐福，当时

---

1   王安国:《朱子年谱序》，见王懋竑《朱子年谱》，中华书局，1998，第 2 页。

的情况是：

> 又二十六日，皇上传书房中有未得"福"字者，今亲诣养心殿。是日，适阿哥奉差出，余不往书房，遂不与赐，而蔡闻之（蔡世远）独得之，三阿哥言当□请赐，余以小臣不敢。[1]

没有领到"福"字的，都来养心殿，朕给你们补发。可不巧的是，恰好赶上弘时不在，老王自己没敢去，就没领到。等弘时回来后，弘时再劝他去，他还是没敢去。

在这个故事中，我们能看出三点：

第一，弘时奉差外出。证明此时弘时和父亲雍正的关系，应该还是不错的。

第二，弘时和王懋竑的师徒关系应该也比较亲近。

第三，弘时的性格应该还是有些轻率和冲动的，张嘴就要老师去找雍正讨"福"字，他不知道他爸爸有多忙吗？

但无论如何，在王懋竑给弘时当老师的这段日子里，弘时一定是有了明显进步的。证据是，在雍正二年（1724）二月，王懋竑的母亲在江南老家病逝了，王懋竑申请回家守丧，丁忧三年。而雍正为此连下了两道圣旨：先是赏银 100 两，好让王懋竑拿回家去办丧事；接着是：

> 与江南总督巡抚照看他治丧毕，速速来京，不必俟三年满。钦此。[2]

一边让当地的省级领导照看王懋竑，把这场丧事办得漂漂亮亮的；另一边以圣旨的名义，让王懋竑不必守丧，待丧事结束就立刻回京。可见雍正对王懋竑指导弘时的教育成果是认可的。且雍正认为，弘时的身边是少不了王懋竑的。

然而，在王懋竑回家奔丧的这段时间里，弘时在京城的日子又过得如何呢？

1　《白田王公年谱稿》，广陵书社，2008，第 59—60 页。
2　《白田王公年谱稿》，广陵书社，2008，第 62 页。

三、父子反目的悲剧

首先，在王懋竑回家的同一年，弘时就出状况了。雍正二年十一月，在康熙去世两周年的祭典上，14岁的弘历第二次代表皇家去景陵祭奠康熙。一次也许是偶然，但连续两次指定弘历去，弘历为雍正默认的继承人人选，似乎已经没有了异议。

而弘时可能也意识到了，自己不管再怎么遵循老师的教导去满足父亲的期望，他都没办法赢过弘历了。相信此时的弘时，一定是很迷茫的。

就在一个月后，雍正二年十二月，时任吏部尚书的朱轼要出公差到浙江视察海塘。就在朱轼离京前，弘时专门私下找到朱轼，拜托他绕道去找一下自己的老师王懋竑，劝王懋竑尽快返京。

那我们又是如何知道这种私密谈话的呢？因为王懋竑对吏部尚书这种高官的到来过于意外，以至于在自己的日记中专门写下来了：

> 高安朱公奉命出，过江南，府君出谒，高安公促来春进京，且致三阿
> 哥惓惓属望之意。[1]

可见当时的弘时非常思念老师，希望转年春天就能见到老师。但事与愿违，王懋竑在丧母之后，就伤痛欲绝病倒了，一直拖到了来年八九月间才返京。就在王懋竑晚到的这半年中，没有老师的规劝与宽慰，生性冲动、放纵的弘时，犯下了他一生最大的错误。

雍正三年（1725）二月，雍正在坐稳了皇帝的位置后，正式着手处置"八爷党"。而弘时犯的错误，就是他在这场对"八爷党"的政治清算中，没有支持父亲雍正，反而旗帜鲜明地站到了八叔允禩那一边。

关于弘时这次自杀式的政治站队，其原因与经过，史书上都没有记载。大概率是被雍正删掉了，毕竟父子反目，这实在太过耻辱。而我们唯一能

1　王懋竑:《白田草堂存稿》,《行状》, 哈佛大学燕京图书馆藏本，第 8 页。

见到的就是结局，来自雍正朝的一份圣旨：

> 弘时为人断不可留于宫廷，是以令为允祹之子。[1]

老八自己是有儿子的，没绝后，而且谁都知道雍正和老八是对立关系，究竟是什么事能逼得雍正把自己的亲儿子过继给敌人呢？最有可能的是，这个亲儿子背叛了自己。这一年，弘时22岁，他被自己的皇阿玛抛弃了。

待到王懋竑在雍正三年秋季抵达京城后，在他的文稿中，就再没有过"三阿哥弘时"的相关消息了。因为此时的弘时，他已经不是三阿哥了，也不再需要王懋竑的教导了。

雍正四年（1726）二月，雍正在开除了老八允禩的宗籍之后，连带着把亲儿子弘时的宗籍也开除了：

> 今允禩缘罪撤去黄带，玉牒内已除其名，弘时岂可不撤黄带，著即撤其黄带，交与允祹，令其约束养赡。钦此。[2]

没错，弘时人生的最后时刻是和老十二一起度过的。而当时的老十二也因为一些错误，从郡王被贬为了镇国公。因此，弘时最后的处境就是，亲爹雍正不要他了，后爹允禩被圈禁致死了，最后投奔的十二叔也郁郁不得志。

我们完全可以想象此时的弘时是多么痛苦。他本是雍正的长子，本可以一生富贵，最后却落得一地鸡毛。也许弘时最后也会后悔吧，后悔小时候为什么没能安分守己，让皇爷爷多喜欢自己一点；后悔自己为什么偏偏昏了头，和老八搅在了一起。只是如今木已成舟，被开除宗籍的弘时，已经没有回头路了。最终，雍正五年（1727）八月初六，弘时在一片悔恨郁闷中，病逝在了老十二的家中。

没错，弘时应该就是正常地病死的。因为雍正实在没有理由去杀一个

1　《宫中档雍正朝奏折》第二十六辑，第291页；转引自杨珍《雍正杀子辨疑》，《清史研究》，1992年第3期。
2　同上。

已经被开除了宗籍的儿子，他连老八都没杀，又怎么会杀弘时呢？更重要的是，"曾静案"爆发时，民间给雍正罗列的"十大罪状"中，也并没有"杀子"这一项。如果弘时真有可能是被雍正杀的，当年那些给雍正罗织罪名的人，是一定不会放过这盆脏水的。

事实上，雍正心中对弘时的死也是很难受的。就在弘时死后的一个月，时任陕西总兵的刘世明，因为弟弟刘锡瑷犯罪了，主动向雍正申请处罚自己，意思是：弟弟犯错，终究是我这个当哥哥的没有督促好他。而雍正当时给刘世明的批红回复，我们今天读起来，想象一下，皇帝会这么和大臣聊天，也是颇为感慨的。雍正说：

> 朕尚有阿其那、塞思黑等判（叛）贼之弟，刘世明岂能保无锡瑷之兄弟乎？不但弟兄，便亲子亦难知其心术行事也。骨肉间原有两种：善缘、恶缘。所以释家言，"不是冤家不聚头也"。[1]

不仅弘时到死都想不通，可能连雍正自己也不明白，两人的父子关系怎么就走到了如此无法挽回的地步了呢？到最后，怕是只能用"不是冤家不聚头"这种话来解释了。但其实有些事，本是可以避免的。

正如雍正那句有名的朱批，"朕生平不为过头事，不存不足心，毋必毋执，听天由命，从来行之，似觉有效"。雍正很可能对弘时也是说过类似的话的，只可惜弘时他太偏执了，终究是没能悟清楚，最终把自己的一生活成了一出大悲剧。

因为弘时和雍正父子反目的特殊性，所以有关弘时的文献记载是经过大量删减的，以至于在《清世宗实录》中，对弘时的记载是零；而《清史稿》中，关于弘时的记载也只有两句话，其中一句是：

> 弘时，世宗第三子，早薨，无嗣。（《清史稿·皇子世表五·世宗系》）

1　中国第一历史档案馆编《雍正朝汉文朱批奏折汇编》（第十册），《陕西与汉总兵刘世明奏亲弟交游匪类请斥革议处及饬属踩缉杨廷选折》，江苏古籍出版社，1991，第572页。

另一句则是：

> 弘时，雍正五年以放纵不谨，削宗籍，无封。（《清史稿·列传七·世宗诸子》）。

所以，今天的我们若是想要了解弘时，也只能是在散落四处的文献中找寻一些蛛丝马迹，来拼凑出他的一生。

但有的时候，越是这种历史上的边缘人物，越需要我们去关注他们完整的人生。我们不应该在想起弘时时只记得他在影视剧中那些被改编而来的关于刺杀、政变之类的过于追求戏剧冲突的剧情，因为他也是一个复杂且有过努力，有过挣扎，有过迷茫的人。

五阿哥弘昼：知足常乐的富贵亲王

雍正帝的皇五子爱新觉罗·弘昼，一个经常被人们认为是个大智若愚之人的皇子。

他和弘历其实是同一年出生的，年纪相同。按常理，他们本该是彼此最大的夺嫡对手。但最终，弘昼选择了公开退出夺嫡，顶着亲王的帽子一直活到了60岁，寿终正寝。而他也就此成了乾隆唯一一个得到善终的兄弟。

于是有许多人认为，弘昼大概很是聪明，很会做人，方得善终。真的是这样吗？

弘昼的一生，说一句"千奇百怪"，其实是不为过的。

一、前程早定的童年

弘昼出生于康熙五十年（1711），他的母亲耿氏当时只是雍亲王府中一个名分不高的格格，而且耿氏是个汉家女子，家族实力很一般。同时，考虑到耿氏她只生下过弘昼这一个孩子，所以大概率是不怎么受宠的。这样一来，她便集齐了一个女性在满洲皇家当媳妇最不幸的4个要素——名分低、家族势力弱、不受宠，是汉人。

"前程早定"的说法此时就比较好理解了，因为从生母的角度而言，弘昼从一出生就注定很难继承父亲胤禛的位置了。但事有利弊，弘昼除了生母耿氏之外，还有一个养母。前面我们也提到过，满洲皇族在培养子嗣时，为了避免生母一方的亲戚干政，会在小孩出生后，再给孩子找一个养母。目的就是让有血缘的母子之间不亲近；亲近的母子之间，又没有血缘。这样，小孩长大之后就不容易被母亲家的亲戚所摆布。

那弘昼的养母是谁呢？尽管我们目前没有可靠的原始文献来印证，但根据弘昼的八世孙、北京师范大学教授启功先生本人的说法，"和亲王（弘昼）是雍正耿氏妃所生，……而抚养他的恰恰是乾隆的生母"。[1]

弘昼的养母，其实就是我们的老熟人——雍正朝的熹妃，钮祜禄氏。作为养母，钮祜禄氏对弘昼的人生影响可就太大了。至少有两方面不得不提及。

首先，钮祜禄氏的存在使得养子弘昼和亲儿子弘历兄弟两人的关系从小就特别好。乾隆后来就回忆过他和弘昼小时候的状态：

> 当是时，侍奉皇考膝下，……吾两人者，相观以善，交相勉，相得无间，如是者垂二十年！[2]

这就是我看着你好，你看着我也好，兄弟两人从小到大，20多年都没红过脸。

而除了从小就培养起了弘昼与弘历两个人的深厚感情之外，钮祜禄氏对弘昼更大的影响则在于钮祜禄氏的长寿。弘昼活到60岁，已经算是长寿了，可钮祜禄氏活到了86岁，是清朝历史上最长寿的皇太后。长寿到弘昼去世7年后，钮祜禄氏才去世。因此，弘昼的一生都处于钮祜禄氏的保护之下。我们稍后便会具体谈到，弘昼曾在乾隆朝犯过一个十分出格的错误，令乾隆震怒，最后正是因为钮祜禄氏的存在，弘昼才免受处罚。

在某种程度上说，同样是排行老五，如果说胤祺是因为有个好奶奶，得以使自己的前半生得到了很好的照顾；那弘昼就是因为有个好养母，养

1　启功口述，赵仁珪、章景怀整理:《启功口述历史》，北京师范大学出版社，2004，第12页。
2　弘昼:《稽古斋全集》《御制序》，清乾隆十一年刊本，第2页a—3页a。

323

母安稳地保护了自己一辈子。

弘昼人生的福分还不止于此，他小时候，还经历过一次大难不死。

弘昼在 8 岁那年生了一场大病，几乎就要丧命。老四胤禛当时被吓得不行，关键时刻，还是老十三胤祥四处寻医访药，才救活了弘昼。于是，胤禛就跟弘昼说，以后你见到十三叔，就不要喊叔叔了，你应该直接叫他爸爸，嗯，他就是你的二阿玛！

这件事在当时，其实是相当隐晦的。因为老四在康熙朝末年一直都以"孤臣"自诩，没有多少人知道他和老十三亲近到了如此程度。甚至在雍正初年，老四还用"自己和老十三并不太熟"这种鬼话哄骗过年羹尧。

那这件事最后又是怎么为人所知的呢？雍正八年（1730）八月，在老十三去世以后，弘昼自己在祭文中交代了这件小事——

> 弘昼自八岁时患病滨危，叔父赐以良药，旋即得生。皇父尝命弘昼曰："汝命叔父所活也，汝宜呼之为父。"自此十余年间，叔父抚爱诲勖，无所不周。[1]

8 岁的小弘昼在大病不死之后，还和老十三胤祥缔结了 10 多年的非常亲密的叔侄关系。所谓"抚爱诲勖，无所不周"，指的就是老十三胤祥是经常给弘昼关爱、教诲和勉励的。

而弘昼也的确从小就形成了最标准意义上儒家的"孝悌"观念，就是对父亲要孝顺，对哥哥要尊重。

弘昼和弘历两个人同龄，都是 9 岁开始上学，但二人的智力明显存在着一定的差距。每天都是哥哥弘历早早写完作业了之后，还要等弘昼。

1　弘昼：《稽古斋全集》卷五《祭叔父怡贤亲王文》，清乾隆十一年刊本，第 47 页。

弘昼也不沮丧，学得更加认真了。用弘昼他自己的话来说就是：

> 未敢一日稍辍者，诚恐有负我皇考至诚明理之大训也。[1]

我没有一天不在努力，不然只怕会对不起父亲的教导。

康熙六十一年（1722），兄弟俩 12 岁了。那一年康熙来老四家里串门，一眼就看中了哥哥弘历，接着就带回皇宫养了大半年，只留下了小弘昼一个人继续在雍亲王府读书。可小弘昼既没嫉妒也没失落，只是时常会思念哥哥弘历。

> 弟之在家不能常聚，迹虽两地，心则相同。[2]

我们兄弟俩虽然不在一起，但弟弟的心是一直和哥哥在一起的。这话听着确实令人动容，因为一个 12 岁的小孩子，其实是少有成人间的虚伪与遮掩的。乾隆自己也说过，他们兄弟"相得无间，如是者垂二十年"。可见弘昼从小就是很懂事的。

雍正看到这番场景后，内心也一定是很欣慰的。

二、谦逊退让的皇子

康熙六十一年十一月，康熙驾崩，雍正继位。弘昼和弘历，也都从皇孙升级成了皇子。

雍正正式登基后，虽然嘴上说着秘密立储，不公开册封太子，但几乎所有人都知道，雍正心中的继承人就是弘历。雍正元年（1723）和雍正二年（1724），弘历连续两年代表雍正去参加康熙的周年祭典，这是再明显不过的信号。

越是在这种敏感时刻，人与人的不同之处越会被放大。

1　　弘昼:《稽古斋全集》《自序》，清乾隆十一年刊本，第 33 页 a。
2　　同上书，卷四，第 13 页 a。

雍正的皇子中，一边是老三弘时，患得患失，进退失据，最后莫名其妙地站队老八，被父亲雍正开除了宗籍；而另一边的弘昼，则宠辱不惊，继续专心读书。当时，就连学堂里的老师张廷玉都夸奖弘昼和弘历这两兄弟：

> 友爱之深，真诚笃挚，和气蔼然，薰蒸融浃，而平昔讲习讨论，互相师友，学日益以进，道日益以明。[1]

而且更让人佩服的是，在老三弘时死后，当夺嫡候选人只剩下弘昼和弘历两个人的情况下，弘昼连丝毫夺嫡的念头都没表现出来，选择主动退让。这得从雍正八年说起。

当时，20 岁的弘历和弘昼各出了一本文集，要公开刊印，然后兄弟二人互相给对方写序。弘昼在夸赞弘历的序言中就主动说明了：

> 弟之视兄，虽所处则同，而会心有浅深，气力有厚薄，属词有工拙，未敢同年而语也。[2]

四哥，尽管咱俩同龄，又在一起上学、读书，但论心思、水平、文采，我都是不敢和你比的。

如果说此时弘昼的话只是客套，那接下来弘昼对弘历的吹捧，简直就是"毫无底线"了。

兄弟二人出的文集，弘昼的叫《稽古斋全集》，差不多 200 页。弘历的那本叫《乐善堂全集》，却有 500 多页，比弘昼多了一倍还不止。弘昼不停地吹哥哥的"彩虹屁"，如：

> 兄于问寝视膳之暇，每有所得，发为文词，日课文一首。[3]

四哥真是文思敏捷，每天吃饭睡觉的工夫，都能写首诗出来，弟弟我拍马难及。而且四哥您的诗词水平也高，您写的诗词，弟弟读起来，好似在读

1　弘昼：《稽古斋全集·序》，清乾隆十一年刊本，第 10 页 a。
2　弘历：《御制乐善堂全集定本》《庚戌年原序》，四库全书本，第 10 页 a。
3　同上书，第 11 页 a。

古人的《诗经》一般：

> 一吟一咏，亦皆扬风抆雅，温柔敦厚，有合于三百篇之旨。岂扬华撷藻徇外忘内者，所能髣髴其万一哉？又岂弟之浅识谀词所能赞美哉？[1]

如果我们看完了《乐善堂全集》开篇所有王公大臣的序言，不得不说，那还是数弘昼的马屁拍得最响。而其他序如张廷玉写的，虽说是在表扬弘历，但其实读起来简直就像是在讽刺一样：

> 皇四子粹质天禀，……诗赋诸体之作，常不假思索，一挥数千言，……数年来俱不下千余篇。[2]

嗯，皇子弘历天赋甚好，写诗都不用过脑子，这几年已写了一千来首。

但不论如何，弘昼的有心退让，这就已经保证了宗室的极大稳定。而在三子弘时死后，雍正看到老五弘昼能这样不争不抢，甚是欣慰。从雍正十一年（1733）他给两个儿子的亲王封号中，我们就能看出雍正的心思。弘历叫"宝亲王"，也就是大宝贝，而弘昼叫"和亲王"，那"和"是什么意思？正是两者相安之意。雍正所起的封号，我们不需要过度解读，毕竟雍正的意思一直是很直白的。

同时，雍正考虑到自己这么多年但凡大事小情都是安排弘历去办的，难免冷落了弘昼，弘昼却也从没抱怨过，雍正心中多少还是觉得有些愧对弘昼的。他是当爹的，知子莫若父，对哥哥弘历也是相当担心的。

所以雍正在临终前，还专门留有一份遗诏：

> 弘历仰承祖宗积累之厚，受朕训诲之深。与和亲王弘昼，同气至亲，实为一体。尤当诚心友爱，休戚相关。亲正人，行正事，闻正言。勿为小人所诱，勿为邪说所惑。祖宗所遗之宗室宜亲。（《清世宗实录》卷一五九，雍正十三年八月二十三日）

1　弘历:《御制乐善堂全集定本》《庚戌年原序》，四库全书本，第 11 页 b—12 页 a。
2　同上书，第 19 页 b—20 页 a。

雍正的意思很明显，就是你弘历当了皇帝之后，如果你对不起弘昼，那你就是辜负祖宗的恩德，也违背了朕对你的教导。

那弘历在登基之后，他做得怎么样呢？

三、放飞自我的王爷

弘历继位之初，对弘昼是关照有加的。雍正十三年（1735）年底，雍正的丧期刚过，乾隆就张罗着要给弟弟补办一个亲王册封大典；接着在乾隆元年（1736），乾隆又给弘昼分房子、置园地，让弘昼有了自己的宅子。除此之外乾隆还表示：朕登基了，富有四海，之前雍亲王府里的所有物件，管他什么宝贝，金子、银子，朕通通不要了，都赏给你了。于是，26岁的和亲王弘昼，转眼之间就成了当时京城最有钱的王爷。不仅如此，在乾隆二年（1737），乾隆还加封了弘昼的母亲耿氏，耿氏由裕妃升为了皇考裕贵妃。但要说最能彰显弘昼在乾隆朝初年所享受的超高政治待遇的，竟然是一个负面新闻。

乾隆即位之初重用了一个大臣，讷亲。讷亲出身满洲名门，是康熙朝托孤大臣遏必隆的孙子，如今又受到了乾隆的重用，位居军机大臣之首，更是到处横着走，甚至有的时候，比三朝元老张廷玉摆的谱还大。据史书记载：

> 遇事每多豁刻，罔顾大体，故耆宿公卿，多怀隐忌。[1]

讷亲这个人，办事风格极其苛刻，不少王公大臣早就看他不爽了，但又没人敢惹，他毕竟是乾隆跟前的红人。但讷亲偏偏就招惹上了弘昼。不过弘昼可没惯着他，当场一顿暴打。官员都给看蒙了，这什么情况啊？

1　昭梿：《啸亭杂录》卷一，《杀讷亲》，中华书局，1980，第14页。

据史书记载，这件事的结果是：

（和亲王弘昼）尝以微故，驱果毅公讷亲于朝，上以孝圣宪皇后故，优容不问，举朝惮之。[1]

孝圣宪皇后，指的就是弘昼的养母、乾隆的亲妈钮祜禄氏。最后相当于乾隆根本就没管，借口说是钮祜禄氏把弘昼宠坏了，我弟弟当众打人，打了也就打了，我不管。自此以后，在朝堂上，一个敢惹弘昼的人都没有了。

此时的弘昼，可以说是要地位有地位，要钱有钱，唯一美中不足的，就是弘昼没有担任什么重要的官职。这是因为乾隆不信任弟弟吗？倒也不是，主要是因为当时老十二、老十六、老十七，这些叔叔尚都健在，还腾不出什么位置给弘昼。

乾隆对弘昼的态度，从一件小事上就能看出来。乾隆当时安排弘昼给自己的皇长子永璜当老师去了。这就肯定不是一般地信任了，而且这也从侧面证明了，弘昼本人的文化水平和品行是有相当高的水准的。

这里我们再多说一句。在封建社会，以弘昼的资本，他有钱、有地位、深得皇帝信任，换作其他人，可能早就妻妾成群了，可弘昼对感情却异常专一。弘昼作为亲王，就只有三个老婆，一个嫡福晋，两个侧福晋。或许有人要问："只有三个老婆，这叫专一？"可实际情况是，在那个年代，一个亲王，除非像老十七允礼那样，身体有疾，情况不允许，否则最少都是要娶一嫡两侧三个老婆的。

而弘昼的专一，还有另外的资料可印证。弘昼有9个孩子，但有7个都是和他的结发妻子嫡福晋吴扎库氏生的。可见弘昼对吴扎库氏肯定甚是喜欢，并且是长期钟情于她的。吴扎库氏是弘昼在19岁还没有任何爵位时嫁给他的发妻，这可就是一辈子的感情了。因此，对于一个封建亲王而言，弘昼担当得起"专一"的褒奖。

以过去封建的环境而言，弘昼既然没有一天到晚琢磨着如何寻花问柳，

1　昭梿:《啸亭杂录》卷六,《和王预凶》,中华书局,1980,第178页。

那他都去干什么了呢？火车跑得快，全靠车头带。可能是因为弘昼从小就爱和老十三待在一起，所以弘昼是非常喜欢和他的叔叔们在一起玩的。到了乾隆朝也一样，弘昼只要闲下来，就经常去找他的两位叔叔，老十二允祹和老十六允禄。爱去找有着"专业爱好"的叔叔，弘昼的业余爱好又能是什么呢？没错，就是置办丧礼。史书记载，弘昼"性喜丧仪"[1]。哎，就喜欢倒腾这些事。最早带着弘昼踏入这个领域的人，那还得是老十二允祹。

雍正十三年八月，雍正驾崩，雍正的棺椁摆放和丧事都是到雍亲王府操办的。当时，老十二主持丧礼需要一个熟悉地形的助手，可熟悉雍亲王府地形的，一共就俩人，一个乾隆，一个弘昼。乾隆已经是九五之尊了，不能亲自上场，于是弘昼就去给老十二当助手了。此后，一发不可收，弘昼好似打开了通往新世界的大门，日后每当老十二在主持重大事务的时候，总能看到弘昼的身影。

乾隆十三年（1748），乾隆最心爱的皇后富察氏的丧礼就是由弘昼和老十二联合主持的。说起来，在这场丧礼上，还出了点小纰漏。作为乾隆的皇长子、弘昼的爱徒，永璜在丧礼上看上去不太想哭。而当时的乾隆正在为自己的爱情伤心欲绝，看见儿子这个样子，就拿弘昼当了回出气筒：

> 今遇此大事，大阿哥竟茫然无措，于孝道礼仪，未克尽处甚多。此等事，谓必阅历而后能行可乎？此皆师傅谙达，平时并未尽心教导之所致也。（《清高宗实录》卷三一一，乾隆十三年三月二十二日）

这永璜不想哭固然是因为他年纪尚小，没经历过，但归根到底都是当老师的没教好，我儿子才这般人情淡薄。于是，乾隆宣布：

> 和亲王……罚食俸三年。（《清高宗实录》卷三一一，乾隆十三年三月二十二日）

扣了弘昼三年工资。

但这明显是乾隆还在气头上的处置，翌年，弘昼家的宅子着火，损失

---

1   昭梿:《啸亭杂录》卷六，《和王预凶》，中华书局，1980，第 179 页。

严重，乾隆大手一挥，从内务府批了一万两银子，让弘昼拿去修房子。还表示你也不容易，要罚的俸禄朕就不罚了，省得在咱妈皇太后那儿，朕不好交代。即便在富察皇后的丧礼上出了些小纰漏，弘昼自己对丧仪的热情仍然很高。可宗室里的几位叔叔大爷又太长寿，没机会练习，弘昼就开始在家里给自己办丧礼。而且弘昼对自己的丧礼，从供品到明器再到相关礼仪，都要亲自把关。《清史稿·列传七·世宗诸子·和恭亲王弘昼》记载：

> （和亲王）尝手订丧仪，坐庭际，使家人祭奠哀泣，岸然饮啖以为乐。

家人们在那儿哭，弘昼就坐在上边又吃又喝，还表示，嗯，这回办得可真不赖。

当然弘昼最后也算没白练习，老十二允祹的丧礼就是由弘昼主持的，这也算得上是一种传承吧！

不过，弘昼也并非一门心思就全扑在丧礼上了。毕竟，尽管老十二只擅长送人，但老十六可是个多才多艺的。早在雍正十三年十月，乾隆就安排弘昼去找老十六允禄，学习如何管理内务府。乃至于后来，从乾隆十五年（1750）开始，乾隆每次出去玩，他总是安排弘昼和老十六这叔侄二人搭伙总理京城事务。毕竟这二位很明显都是没有任何政治野心的。

在跟老十六相处的时间长了之后，弘昼的办事能力究竟能提高多少，这不好说，但他对吹拉弹唱的喜爱程度是直线上升的。前文有提及，允禄少时学过西方乐理，岁数大了，还在内务府编过乐谱，而弘昼也有样学样，玩起了琵琶。只可惜，可能是小时候老四管得严，弘昼没有童子功傍身，乃至于长大了后再学，这水平就始终差点意思。当时弘昼请人来家里听自己弹琴，那场面，"客皆掩耳厌闻，而王乐此不疲。"[1]

很明显，老实了一辈子的弘昼，人到中年后，越来越放飞自我了。

乾隆在最开始还是很信任弘昼的，比如在乾隆十九年（1754），乾隆当时突然想去盛京祭祖，结果刚好赶上科举殿试。乾隆就跟弘昼说：这次的殿试你替我盯着就完了，朕先去祭祖。要知道，这殿试一般是不淘汰人的，

1　昭梿:《啸亭杂录》卷六,《和王预凶》,中华书局,1980,第179页。

它存在的意义就是为了给考生排序，然后披上一层"天子门生"的外衣。现在乾隆自己不监考，让弘昼盯着，这种信任非同一般。

经历此回，弘昼就有点飘了。在一次八旗子弟的内部殿试时，当时乾隆和弘昼在监考，可这拨考生答题太慢，饭点儿过了都还没写完。弘昼就劝乾隆说，皇上您要不就先吃饭去吧。乾隆就说不用，我再盯一会儿。结果弘昼不知怎么就鬼使神差地问了一句：

上疑吾买嘱士子耶？（《清史稿·列传七·世宗诸子·和恭亲王弘昼》）

您不吃饭，非在这儿盯着，难道是怀疑我会跟这些考生串通作弊吗？这让乾隆怎么回答？说朕怀疑你？朕要是怀疑你，还能让你在这儿跟朕一起盯着吗？说朕不怀疑你？朕不怀疑你，朕就不能在这儿接着盯着了？朕就非得听你的去吃饭？朕是皇上，朕想干啥轮得着你质疑吗？

最后，弘昼愣是把乾隆气得半天没说出话来。等事毕，弘昼回到家后才意识到，完蛋了，说错话了。于是，弘昼第二天一早就直奔宫里，找哥哥乾隆请罪去了。乾隆看见弘昼，也是没好气，直接说：

使昨答一语，汝齑粉矣！（《清史稿·列传七·世宗诸子·和恭亲王弘昼》）

就凭你昨天说的那句话，朕要是真和你计较，能直接把你剁成肉酱！当然，乾隆也就是放放狠话，此事之后，乾隆对弘昼那还是待之如初的。

不过，看着弘昼逐渐放飞自我的态势，乾隆除了偶尔让弘昼去编编书，或者偶尔去参加个祭孔之类的典礼之外，也就没再让弘昼承担过什么重要职务了。弘昼也乐得清闲，没事在家弹琴吹曲，倒也欢欢乐乐。

最后，弘昼就是这样乐乐呵呵直到终老的。

据说，弘昼临终前，发生了一件很有意思的事情。首先，这件事在史书上是没有记载的，但启功先生说弘昼临终前的小趣事已经在他们家传了八代人了。

说是弘昼快不行的时候，乾隆就在他旁边，彼时弘昼已经是60岁的老头了，他就一边磕头，一边在自己的脑袋上比画帽子的手势。意思就是问哥哥乾隆，能不能像父亲雍正对十三叔那样，给他也来一顶铁帽子，让他这个"和亲王"的爵位能子子孙孙、世世代代地传下去。可问题是，一方面，乾隆就不是雍正；另一方面，弘昼你半辈子要么拉琴要么出丧，怎么好意思跟十三叔比呢？乾隆就是想给你，面对王公大臣时他也说不出口。

不过，乾隆最后对弘昼也真是十分够意思了。他虽然不可能把这个"和亲王"变成世袭罔替的铁帽子，但还是让它多传了一代，让弘昼的二儿子永璧承袭了"和亲王"爵位。而按清朝祖制，非铁帽子的亲王那是要"世降一等"的，这一代是亲王，到了下一代，正常情况下继承者是要降为郡王的。

乾隆对弘昼，绝对算对得起雍正在遗诏里对他的嘱托了。最终，弘昼在乾隆三十五年（1770）寿终正寝，享年60岁，整整一个甲子。这在古人来看，可是相当圆满的一个数字了。

而在满洲皇室里，能活成弘昼这个样子，算是拿到了非常好的剧本了。要钱有钱，要乐子有乐子，小时候谦逊有礼攒下了名望，人到中年还可以解放天性、放飞自我。虽然其间也干过一些出格的事，惹怒过乾隆，但从来没犯过原则性的大错。甚至在弘昼死后，估计乾隆可能还挺想念自己这个弟弟，证据是，弘昼的生母耿氏也挺长寿，活到了96岁，弘昼走的时候老太太都还活着，乾隆四十三年（1778），老太太90岁大寿时，乾隆还专门办了一场大型的生日庆典，不仅给老太太祝寿，还把耿氏的位分又往上拔了一层，从皇考裕贵妃升为裕皇贵太妃。这就升到头了，不能再升了，再升可就是皇后了。

所以说，乾隆和弘昼他们兄弟俩这60年来的手足关系，在残酷的皇家，实属难得。

六阿哥弘曕：哥哥养大的纨绔弟弟

雍正帝的皇六子爱新觉罗·弘曕，这可能是一个我们比较陌生的人物。目前关于老六弘曕的影视剧也不多，纵使有涉及的，描绘的也只是小时候的弘曕，或可爱，或童真。但在真实历史上的老六弘曕，其实是一个品行极其过分的皇二代。他的一生，堪称放浪形骸。

一、长兄带大的弟弟

弘曕出生于雍正十一年（1733），在他3岁时，父亲雍正皇帝驾崩；25岁的四哥弘历继位，成了乾隆皇帝。长兄如父，于是乾隆就此承担起了抚养小弘曕的责任。考虑到弟弟从小就没了父亲，乾隆对弘曕也格外关爱。首先，乾隆对他的称呼就很亲昵，因为小弘曕是在圆明园长大的，所以被乾隆直接叫作"圆明园阿哥"。其次，小弘曕的生母谦嫔刘氏位分不高，乾隆就把刘氏从谦嫔升为了皇考谦妃。接着又将小弘曕交给了自己的母亲——皇太后钮祜禄氏亲自抚养。

按说这已经算是遥遥领先于其他人的起点了，但这还不够。乾隆三年（1738），在小弘曕6岁时，辅政大臣果亲王允礼去世了，且无后，绝嗣了。

当时老十六允禄就提议，让6岁的小弘曕去给老十七续香火：

> （果亲王允礼）无子，庄亲王允禄等请以世宗第六子弘曕为之后。

（《清史稿·列传七·果毅亲王允礼》）

老十六的提议绝对是出于好心，因为老十七当了这么多年亲王，在雍正朝又极为受宠，家产那是相当丰厚的，反正也当不了皇上了，不如就让小弘曕去老十七家捡现成的吧。

乾隆更是一拍大腿，好，就这么办。不但让小弘曕直接继承了老十七的家产，甚至连老十七"果亲王"的爵位，都原封不动地给了小弘曕，等于小弘曕6岁就当了亲王。但乾隆的赏赐，到此还没有结束。

乾隆八年（1743），小弘曕11岁，乾隆带着弟弟去了热河的狮子园。那是他们的父亲胤禛做皇子时所住过的地方。而雍正登基后，因为工作太忙，13年间也没再来过狮子园。如今，狮子园已经破败得不成样子了。这地方弘曕虽没住过，但承载了乾隆很多童年的记忆，于是乾隆感慨万千，忍不住作诗一首：

> 梧荫惟添密，蛩音更助愁。
> 趋庭空有忆，视膳竟无由。[1]

院子里的树，长高了，角落里的蟋蟀声依然熟悉。尽管在这院子里仍保有儿时的回忆，但朕想再侍奉父亲吃一顿饭时，他已经不在了。"章总"感慨完之后便一挥手，把整座狮子园都赏给了弘曕。六弟你记住，这是我们父亲生前住过的地方。

光在热河有园子还不行。乾隆十一年（1746），弘曕14岁时，乾隆又张罗着在京城给小弘曕分新房子、盖新宅子。甚至在小弘曕临出宫

1　弘历:《狮子园二首》,收入《御制诗初集》卷十六,四库全书本,第13页b—14页a。

前，乾隆还专门从内务府找了一对老夫妻，吩咐他们提前去照应一下：

> 查派内府年老结发夫妇，于王出府日，预行前往，侯王至府迎出引入，预备饽饽桌十张，饭桌十张，赏赐往送人员。[1]

接着在弘曕 16 岁时，乾隆亲自主持婚事，安排小弘曕迎娶了监察御史范鸿宾的女儿范佳氏；弘曕 18 岁时，乾隆又安排他去管理武英殿和御书处；弘曕 21 岁时，加封正白旗蒙古都统。乾隆也许后来对不起过很多人，但他对自己这个小弟弟，那真是恩赏有加了。

那弘曕又是怎么报答乾隆的呢？

二、目无法度的亲王

弘曕从小就相当有钱，但令人不解的是，他仍然异常贪财，而且最让人无法理解的是，他喜欢钱，但他不花钱，钱就摆在家里看着。

> 居家尚节俭，俸饷之积，至充栋宇。[2]

钱堆得满屋子都是。如果弘曕仅仅是个守财奴也就罢了，但他却换着花样四处敛财，目无法度，相当过分。弘曕曾看中一块地，想用来开煤窑，可这地不是他的，弘曕居然直接派人把老百姓的地给抢了：

> （果亲王弘曕）开设煤窑，占夺民产。(《清高宗实录》卷六八六，乾隆二十八年五月十三日）

而乾隆在听说弘曕私开煤窑、侵占民田的事之后，只说道：

> 以年幼无知，不忍遽治其罪，曲加训饬。(《清高宗实录》卷六八六，乾隆二十八年五月十三日）

1　中国第一历史档案馆藏《内务府奏案》；转引自韩晓梅《乾隆帝革去弘曕亲王爵位始末探析》，《吉林师范大学学报（人文社会科学版）》，2019 年第 3 期。
2　昭梿:《啸亭杂录》卷六，《果恭王之俭》，中华书局，1980，第 181 页。

简单教训两句就完事了。合着您的皇弟年幼无知，老百姓的地就活该被抢吗？此事最后毫无波澜，也就不了了之了。

这就导致乾隆越是不管，弘曕就越是蹬鼻子上脸，觉得自己干啥都行。有一回，乾隆安排弘曕去沈阳盛京送玉牒，弘曕居然直接当场拒绝了。史书记载：

> （弘曕）谩奏先赴行围等候。（《清高宗实录》卷六八六，乾隆二十八
> 年五月十三日）

送玉牒着什么急啊？臣弟准备先去打个猎。如此荒唐行径，真不知弘曕目无法度的底气到底是什么。难不成就因为雍正走得早，你哥哥就得一直照顾你？关键你四哥乾隆是什么人，你自己心里没数吗？还是说乾隆之前对你的种种恩宠让你产生了某种不切实际的错觉？

但可能也的确不能完全怪弘曕放肆，因为哪怕就这样抗旨不遵，乾隆也只是训斥几句，并没有严加处罚。直到乾隆二十七年（1762），时任两淮盐政的高恒在江南倒卖人参被抓，拔出萝卜带出泥，乾隆才算知道了自己的这个弟弟到底是个什么货色。

首先，人参在清朝是内务府专营的买卖，弘曕走私人参，其实就是在抢乾隆的小金库。高恒起初还很硬气，一口咬死这事是他自己一个人干的。但乾隆知道，凭着走私人参的暴利和风险，这绝对不是高恒这个满洲包衣家族出身的人敢单独去做的。于是，乾隆单独提审高恒，把御前大臣和军机大臣的名字挨个儿报出来问，傅恒参与了吗？兆惠参与了吗？……最终在乾隆的威压与紧逼之下，高恒坦白了，吐出了弘曕的名字。史书记载了整个经过：

> （高宗）面为询问，御前大臣、军机大臣内，如大学士公傅恒、协办
> 大学士公兆惠等，有无授受情事？高恒力言无有。及再三严词诘责，始奏
> 出弘曕。（《清高宗实录》卷六八六，乾隆二十八年五月十三日）

乾隆听完大受震撼，我弟弟他……缺钱吗？他倒卖人参干什么？问来问去，最后才知道是弘曕当初找了一个叫江起镨的商人借钱，拿到钱后去

苏州买了唱戏的歌女。可弘曕到了日子却不还钱，反而让护卫带着江起镨去找高恒走私人参，还说赚了的利润就权当还钱了。

乾隆沉默了。这是弘曕，朕的亲弟弟？一个亲王，居然为了几个江南歌女就去找商人借钱？最过分的是，弘曕还钱还不从自己的王府拿银子，要跑去走私人参，和朕的内务府抢钱！考虑到这事太丢人了，弘曕买歌女的经过，《清实录》中根本就没有记载。相关线索我们只能在乾隆给后来负责查案的大学士来保[1]的满文信件中才能看到：

> （弘曕）今何以又出采买优伶而借取银两之事？[2]

不过，乾隆还不死心，他不相信弘曕能这么不靠谱。于是，乾隆把弘曕府上的太监和护卫都叫过来加以核实。结果事情闹得更大了，这些下人，他们不是高恒，没当过官，一经吓唬便全招了。不光买歌女、卖人参，弘曕还让各地织造局的官员帮他买绸缎：

> 至于各处织造关差等，……派办绣缎什器，不一而足。（《清高宗实录》卷六八六，乾隆二十八年五月十三日）

且弘曕让人帮他买东西，钱从来就没给够过。

乾隆犹疑了一下，钱没给够，那不就是勒索官员吗？你们这些下人，说话倒挺委婉的。但很快，又有新东西审出来了。下面答复说：皇上您前几年不是安排兵部尚书阿里衮[3]去选官吗？当时果亲王还拜托阿里衮安排自己的门人做官，但被阿里衮拒绝了。

好家伙，朕这个弟弟，不仅贪财，他还敢干政？乾隆便只得派人去问弘曕本人了，弘曕虽然还试图隐瞒，但基本上都承认了。

侵占民田、抗旨不遵、走私人参、干涉选官……这些罪名，随便挑一

1　来保，满洲正白旗人，乾隆十三年（1748）以太子太保、大学士任军机大臣，乾隆二十九年（1764）卒于任上。
2　中国第一历史档案馆编《乾隆朝满文寄信档译编》（第4册），转引自韩晓梅《乾隆帝革去弘曕亲王爵位始末探析》，《吉林师范大学报（人文社会科学版）》，2019年第3期。
3　阿里衮，满洲正白旗人，钮祜禄氏，讷亲之弟。

个安到别人脑袋上，都足够被乾隆狠狠收拾一顿了。可事至如此，乾隆仍然没有下定决心要处理这个自己亲手养大的弟弟。

直到后来弘瞻真的伤到了乾隆的感情。

三、黯然收场的结局

乾隆二十八年（1763）五月初五，乾隆当天住在圆明园，不料住所附近突然失火了。当时，所有的王公大臣都快马加鞭地赶过来关心乾隆，询问圣上的安危，乾隆左看右看都没找到弘瞻，过了许久，乾隆才越过众人，看到弘瞻姗姗来迟的身影。弘瞻当时住得离乾隆最近，但在事发现场，弘瞻却是最后一个到的。而且根据史书记载，弘瞻并没怎么关心乾隆，连句"皇兄安好？"之类的场面话都没说，反倒"嬉笑如常，毫不关念"（《清高宗实录》卷六八六，乾隆二十八年五月十三日）。甚至在诸王公的眼里，弘瞻当时的样子甚至是"谈笑露齿"[1]的。乾隆差点身陷火海，你作为沐浴皇恩的弟弟，竟然还在那儿龇着牙乐。

这还不算完。第二天乾隆带着弘昼和弘瞻，兄弟三人去给皇太后钮祜禄氏报平安的时候，弘瞻膝席跪坐在了本该由乾隆坐的垫子上。一时间乾隆站也不是，坐也不是。用乾隆自己的话说是：

> 直于皇太后宝座之旁，膝席而跪坐。按以尺寸，即朕请安所跪坐之地也。（《清高宗实录》卷六八六，乾隆二十八年五月十三日）

在这接连的两天当中，弘瞻对哥哥乾隆既不关心、安慰，也不尊重礼法。乾隆越想越气，终于在 7 天后正式开会，宣布弘瞻的罪行。那天的会议相当漫长，仅在《清高宗实录》，用文言文记录的简洁的会议纪要中，乾隆的发言就有 1000 多个字。而在《军机处上谕档》[2]中，乾隆当日的发言记

1　昭梿:《啸亭杂录》卷六，《果恭王之俭》，中华书局，1980，第 181 页。
2　清自雍正朝起综合记载皇帝谕旨的档册，汇集了清帝日常发布和密寄的重要政令，并附抄有与之直接相关的敕谕和公文书。

录则更是密密麻麻，弘曕罪状满篇。

乾隆的发言，从弘曕开煤窑、抢民产开始，一桩桩一件件，一直讲到了几天前的圆明园失火事件。乾隆还说这弘曕再不管，他只怕就得跟雍正朝的阿其那、塞思黑一样了：

> 我皇考御极之初，阿其那、塞思黑等狂悖不法，并经苦心整顿，此王大臣所共知。[1]

潜台词就是，前朝那些事，咱们心里都清楚。接着乾隆又说：

> 然弘曕既如此恣肆失检，朕若不加儆诫，将使康熙末年之劣习，自今复萌，朕甚俱焉。[2]

朕实在是担心，今天如果再不惩处弘曕，之后朕的皇子也会效仿他贪财干政，意图安插门人，康熙晚年间的夺嫡惨剧岂不是要再次上演？当庭大臣都听得面面相觑，心想皇上都把话说到这份上了，弘曕这次一定完蛋了，圈禁、革爵跑不了，就看会不会被改名、开除宗籍了。

接着大臣们就听到了乾隆的宣判。先是：

> 从宽革去王爵。（《清高宗实录》卷六八六，乾隆二十八年五月十三日）

嗯，看来是这个套路。但下一句味儿就不对了：

> 赏给贝勒，永远停俸，以观后效。（《清高宗实录》卷六八六，乾隆二十八年五月十三日）

啊，这就完了？只是"降为贝勒"？犯下了如此之多的罪行，弘曕还能落得个"和硕贝勒"的爵位；"永远停俸"，您弟弟那些田产每年收租巨大，他

1　中国第一历史档案馆藏《军机处上谕档》（乾隆二十八年五月十三日），转引自韩晓梅《乾隆帝革去弘曕亲王爵位始末探析》，《吉林师范大学学报（人文社会科学版）》，2019年第3期。
2　同上。

本就不指着这点俸禄；最后"以观后效"，弘曕暂不受圈禁，行动完全自由。

或许仍旧是出于对亡父雍正的感念才如此吧，但不论如何，乾隆的"惩处"，相当袒护弘曕了。这一年的弘曕31岁，在受到此次打击之后，也仍然是个家产颇丰的皇族贝勒，是完全可以继续舒舒服服地过日子的。可顺风顺水惯了的弘曕，经历了这次打击之后，就变得郁郁寡欢，突然一病不起了。

乾隆三十年（1765）年初，乾隆正准备又一次南巡，听说弘曕病了，于是便专门前去探望。弘曕一看到乾隆，就从病床上爬了起来，拼命磕头，一边磕还一边说"皇上我错了"。如此场面，也是颇让人感到心酸。

> 上往抚视。弘曕于卧榻间叩首引咎，上执其手，痛曰："以汝年少，故稍加拂拭，何愧恧若此？"（《清史稿·列传七·圣祖诸子·果恭郡王弘曕》）

55岁的哥哥乾隆，一把就攥住了33岁的弟弟弘曕的手，说哥哥当初只是觉得你年纪小才略加惩处，也没把你怎么样啊，你怎么就让自己活成了这副样子？

在南巡前，乾隆专门派了御医去悉心照顾弘曕。没多久，乾隆就收到了弘曕病情的最新消息，情况开始不太妙了。应该说在乾隆的内心中，还是非常在意弘曕这个由自己亲手养大的弟弟的。于是，在收到了弘曕最新病情消息的当天，乾隆连写了两份文件。一份是公开发给军机处的圣旨，下令要紧急加封弘曕为郡王，加封的理由也特别有意思：

> 封伊为郡王。弘曕闻后欣喜，病情必会速痊。[1]

乾隆想的是：若是封了郡王，我弟弟的心情就会好了，他自然就能速速痊愈了。除此之外，乾隆又单独给弘曕写了封信：

---

[1] 中国第一历史档案馆藏《军机处满文上谕档》，转引自韩晓梅《乾隆帝革去弘曕亲王爵位始末探析》，《吉林师范大学学报（人文社会科学版）》，2019年第3期。

> 今加恩将伊晋封郡王，伊接奉谕旨，理宜仰体朕恩，加意调养。果若善加调养，朕回銮时，自可痊愈，永受朕恩。[1]

乾隆的话已经不能更直白了，六弟，朕已经又封你为王了，只要能养好身体，你后边的好日子和福气还长着呢。

但即便如此，一个月后，远在南方的乾隆还是收到了年仅33岁的弘曕病逝的消息。乾隆伤心之余，又下旨嘱咐京城，要求弘曕的一切丧礼仍要按亲王的标准去办，并安排皇六子永瑢戴孝，为叔叔弘曕发丧。而在哀痛之外，乾隆还写了特别长的碑文来悼念弘曕，其中有一句是这样写的：

> 荆枝遽折于春风，蓬叶易晞于朝露。[2]

嫩枝被春风折断，菜叶上的露水在清晨被晒干，这是乾隆在感慨弘曕的英年早逝。

只不过，对那些被弘曕侵占过土地的百姓、肆意买来的歌女、欠钱不还的商人、屡遭勒索的官员而言，对那些没有一个皇帝哥哥的人们而言，他们大概都会在暗地里为弘曕的死而拍手称快吧。这些被弘曕伤害过的人，除了高恒和江起镨之外，其他人连名字都不曾留下。假如时空变换，我们变成了弘曕当年开煤窑之处生活的农村娃娃，然后我们亲眼看着果亲王府的护卫把父母种了一辈子的田地都抢走了，我们又能做些什么呢？

1　中国第一历史档案馆编《乾隆朝满文寄信档译编》，转引自韩晓梅《乾隆帝革去弘曕亲王爵位始末探析》，《吉林师范大学学报（人文社会科学版）》，2019年第3期。
2　弘历：《多罗果恭郡王碑文》，见伊利民主编《河北满族蒙古族碑刻选编》，作家出版社，2007，第130页。

四阿哥弘历：保送夺嫡的清高宗乾隆皇帝

雍正帝的皇四子清高宗爱新觉罗·弘历，也就是我们熟悉的乾隆皇帝。这是一位极其幸运，又能力极强的君主。

说他幸运，是因为乾隆作为满洲入关后的第四位皇帝，许多难啃的硬骨头，他的先祖都已经解决完了。他的曾祖顺治，主导了满洲入主中原的过渡时期；他的祖父康熙，平三藩、收台湾，完成了对中国的实质性统一；最后他的父亲雍正，夙兴夜寐 13 年，打造了一套中国古代最强的税收与行政的国家运行系统，等乾隆继位时，整套系统几乎拿起来就能用。

但同时我们也得承认，乾隆自身的能力也是十分强悍的。60 年的皇帝，3 年多的太上皇，乾隆执政了 63 年，大权从未旁落，是中国古代掌握最高权力时间最长的君主。并且在军事方面，乾隆还平定了准噶尔，将清朝的版图彻底推向了巅峰，因此他也自诩"十全武功""乾隆盛世"。但他所谓的"盛世"背后，却是官场吏治崩塌与频繁的人民起义。整个清王朝由盛转衰，我们的"章总"，他就是实际上的第一责任人。

乾隆的一生宏大、复杂，想要聊清楚，这必将是一个很长的故事。但每一个传奇的故事，都会有一个独特的开始。我们不妨从这个"开始"开始，看一看爱新觉罗·弘历走上权力巅峰之前的模样。

一、保送夺嫡的童年

康熙五十年（1711），雍亲王胤禛的四儿子弘历出生了。弘历的母亲钮祜禄氏当时虽然只是老四胤禛府上一个位分不高的格格，但弘历仍然一出生就得到了父亲胤禛的极大宠爱。

这一是因为在弘历出生之前，胤禛的嫡长子弘晖和二儿子弘昀都幼年而逝。老二弘昀还是在弘历出生的前一年刚刚病逝的。饱受丧子之痛的老爹胤禛突然收获弘历，加倍开心。

二是因为从出身上来讲，小弘历的母亲钮祜禄氏是满洲人，胤禛另外两个儿子，老三弘时和老五弘昼的母亲都是汉人。在当时的历史背景下，显然是弘历会在王府中得到更多的关注。

此外，小弘历不但出身较好，人还特别聪明。9 岁时，弘历和弟弟弘昼一起上学，两个人所表现出的智力水平完全就不在同一水平线上。每天都是哥哥弘历早早写完作业后等着弟弟弘昼。弘历长大后还曾回忆说：

> 余幼时，日所授书，每易成诵，课常早毕。[1]

我小时候上学时，先生们教的那些课文，我没一会儿就都能背下来。

而弘历之后还真就凭借着背课文的绝技在众位皇孙中脱颖而出。

事情的起因，前文也稍有提及。康熙五十九年（1720），弘历 10 岁。当时康熙要加封成年的皇孙，老三胤祉和老五胤祺的儿子都被加封为亲王世子，唯独把同样是亲王的老四胤禛的儿子弘时给跳过去了。原因前文也分析过，大概率是康熙瞧不上胤禛当时唯一成年的儿子弘时。

那个时候，老四胤禛其实是很紧张的。夺嫡比赛进入冲刺阶段，谁赢谁输都还是未知数，有个好儿子未必是多大的加分项，但没有好儿子，绝对是个致命的减分项。于是胤禛就琢磨：我得让我爹康熙知道，我的儿子里也有不错的。胤禛当时一共就 4 个儿子。分别是已经被淘汰的老三弘时，课文背得超快的老四弘历，每天都写不完作业的老五弘昼，还有没断奶的

1　弘历：《龙翰福先生》诗注，收入《御制诗四集》卷五十八，四库全书本，第 9 页 a。

福宜阿哥。

如果我们是胤禛，会选择谁呢？弘历就是唯一的选项。

但想推荐出去也并不容易。因为竞争对手太多了，康熙一共有97位孙子，好多皇孙康熙根本连见都没见过，这其中就包括弘历。没错，和影视剧中改编的不同，康熙在临去世的两年前，他都没见过弘历，他甚至都不知道自己还有弘历这么一个孙子。

那胤禛是如何把弘历推到了康熙的视线中呢？嗯，就是靠背课文。

康熙六十年（1721），康熙带着众皇子到热河避暑，老四就把11岁的小弘历也一起带去了。可一时间，老四也找不到可以接近康熙的机会，于是他就带着弘历到康熙身边的侍从们当差、休息的地方去，也没干什么，只是闲逛。胤禛一开始还假装看风景，然后突然就对弘历说：这闲着也是闲着，要不儿子你给阿玛背段课文吧！弘历就开始疯狂"输出"，背了一大段，一个字都没错。这一下子就把周围的侍从都看傻了，大家都称赞说：雍亲王您这个儿子可以啊，是个天才啊！我们想象一下，只要这帮侍从有一个嘴快的，那康熙就能知道在老四胤禛家有一个非常出色的儿子。

上面这一段，是不是听起来很像是世人杜撰、编排的野史？还真不是，这是乾隆在84岁写诗回忆童年时，在诗中的注解里提到的：

> 康熙六十年，予年十一，随皇考至山庄内观莲所廊下，皇考命予背诵所读经书，不遗一字。时皇祖近侍，皆在旁环听，咸惊颖异。[1]

嘿，朕一个字都没背漏，给他们惊叹到那叫一个不行。

11岁时背书的场景，乾隆80多岁了还记得，那肯定是因为印象太深了。为什么印象深呢？因为这非常有可能是父子二人的合谋，胤禛提前就安排弘历背好相关的课文了。证据是乾隆他自己说的：

> 皇考始有心奏皇祖，令予随侍学习。[2]

1　弘历:《游狮子园》诗注，收入《御制诗五集》卷九十一,四库全书本，第6页b。
2　同上。

嗯，我爸爸应该早就想把我推荐给我爷爷了。我们今天再回看，应该说胤禛和弘历他们爷俩的小心思还是挺多的，尤其弘历，这明显是从小就心眼颇多的孩子，80多岁了还能记着呢。只是很可惜，康熙在当年并没有专门召见弘历。弘历和他皇爷爷之间的初见在康熙六十一年（1722），而且见面的情况还很特殊。

康熙六十一年三月，在这个月，康熙要庆祝69岁的生辰。当时康熙的身体已经出现了如眼花、手抖等各种问题了。然而就在这个庆生月，康熙其他皇子家都没去，唯独去了老四胤禛家，而且是连续去了两次。也就是在这期间，康熙第一次见到了12岁的小弘历，然后就决定要把弘历带回宫中亲自抚养调教。

所以，说康熙是因为看好小弘历才传位给胤禛的说法似乎无法成立，因为他们祖孙见面的时间太晚了，在康熙六十一年；而且他们相处的时间也太短了，弘历进宫不到8个月，康熙就驾崩了。

而从先后关系上来看，康熙应该是在已经决定了让老四胤禛当继承人的情况下，才会在和弘历只见了一面后，就决定带走这个小皇孙，亲自培养。要知道康熙是不轻易培养皇孙的，根据目前的史料记载，除了弘历之外，康熙只在多年以前抚养过一个皇孙，是当时的太子老二胤礽的儿子弘皙。这样一来，其指向性就是非常明确的了，康熙只有先选中了皇子，之后才会去抚养相对应的皇孙。

并且康熙之后对弘历的教育，也绝不是寻常的爷爷疼孙子的教育。一般情况下，爷爷带孙子，大致是教读书、写字，作为满洲人，教骑马、射箭，也都是很正常的。但康熙当时却是连批阅奏折、召见官员谈话，都让小弘历在一旁看着自己是怎么做的。乾隆后来也回忆过当初的场景：

批阅章奏，屏息侍傍；引见官吏，承颜立侧。[1]

此时的弘历不过是一个12岁的小娃娃，他能展现出多大的治国才能与潜力？康熙让他来感受这些顶级政治活动有现实意义吗？所以极大的可能

---

[1]　弘历:《避暑山庄纪》,收入《御制文二集》卷十二,四库全书本,第6页a。

是，康熙这么做的原因，重点根本就不在 12 岁的弘历身上，而是在 45 岁的胤禛身上。彼时的康熙已经发现了，假如要立胤禛为继承人的话，在他的那几个儿子当中，老三弘时，品行不过关；老五弘昼，脑子跟不上；其他皇子年纪又太小，只有弘历最有可能继位。那不培养弘历，又能去培养谁呢？

说弘历是"被保送夺嫡的阿哥"，毫不为过。因为托他祖父康熙和父亲胤禛的福，以及他自己兄弟的"同行衬托"，弘历在他 12 岁时，就基本被两代君主默认为是未来的接班人了。

那康熙驾崩，雍正继位后，弘历的日子又过得怎么样呢？

二、久居深宫的皇子

雍正登基后，为了避免再次出现皇子夺嫡、手足相残的惨剧，他采取了两条非常有力的措施。

第一是秘密立储，不公开册立皇太子。不过这条措施其实也没啥用。因为在雍正元年（1723）和雍正二年（1724），雍正连续两次破格安排还未成年的弘历代表皇家去参加康熙的周年祭典，几乎所有人都知道弘历就是雍正心中默认的储君。

于是雍正就在秘密立储之外，又追加了一条措施。他把弘历、弘昼等皇子全都摁在了宫里的上书房读书，不准他们插手任何具体的政务，并且严格限制他们与朝中大臣来往。没法结交官员，就没有政治势力，自然就不可能参与夺嫡了。甚至，在雍正十一年（1733），哪怕弘历和弘昼已经被加封为亲王了，雍正仍然不允许他们离宫建府，收养门人。

雍正的这一套做法，虽然的确避免了夺嫡惨剧的出现，但也导致弘历的皇子生涯过得空前无聊。除了偶尔参加一些祭祀活动，基本只剩学堂生活。所以，弘历最后的娱乐，就只剩下打猎和写诗了。

雍正八年（1730），年仅 20 岁的弘历就出版了一套文集，叫《乐善堂全集》。并且弘历还在书的序言中专门强调说：这书只是精选集，并不是我的全部诗文，里面的文章只是我平常"所作者十之三四"[1]。可哪怕仅仅是"十之三四"，有学者专门数了一下，《乐善堂全集》收录了弘历的诗作达1388首，此外还收录了其他一堆文章。有时候想想，可能真是因为"章总"在学生时代空虚寂寞时只能写诗，所以写诗成了"章总"相伴了一生的爱好。

而在弘历的皇子生涯当中，有一节点非常值得我们关注。在弘历的青春期，他刚好赶上了雍正施展铁腕，改革最激烈的那个阶段，改革所带来的冲击力也是非常强的，我们可以站在弘历的视角去感受下当初的形势是怎样的。

雍正三年末（1726年初），弘历15岁，他的庶母舅年羹尧被赐死。雍正四年（1726），弘历16岁，他八叔允禩和九叔允禟被开除了宗籍，并且当年就死在了囚所里。雍正五年（1727），弘历17岁，先是他三哥弘时在被开除宗籍后离奇地死在了老十二允祹的家里，年仅24岁；同一年，他的舅老爷隆科多也获罪监禁，并于第二年死在了其被圈禁的住所。几年之间，在雍正的镇压下，宗族皇亲，年年死人。整个过程，充满了残酷与血腥。

少年时代的弘历会怎么看待父亲这一系列严苛的政治手段呢？尽管弘历没有公开表态过，但他大概率是持否定态度的。因为弘历在雍正八年曾发表过一篇政治论文，叫《宽则得众论》，也就是为政宽仁才能得到大多数人的支持的意思。文章中有一句话，弘历写得有些过分：

> 以褊急为念，以刻薄为务，则虽勤于为治，……亦何益哉？

他说一个人执政如果狭隘、偏激、刻薄，那么即便他勤政而努力，打造了安定的社会秩序，这也一样是没有意义的。

尽管没有指名道姓，但很明显此时的弘历和雍正在执政思路上已经产生了巨大的分歧。雍正主严苛，弘历主宽仁。他们父子之间政见不同的原因，可能基于以下三点：

1　弘历:《御制乐善堂全集定本》《庚戌年原序》，四库全书本，第1页b。

348

第一，弘历小时候和爷爷康熙一起相处过 8 个月，受其影响。康熙晚年的执政风格就是非常宽仁的。当然，我们这是在往好听了说，往难听了说，那也可以叫放纵。但在小弘历的眼中，那时，康熙的权威远高于父亲。所以在面对父祖两代人截然不同的执政方式时，弘历非常有可能更赞同爷爷康熙宽仁的风格。

第二，雍正本人的汉化程度是比较深的，这就使得他给弘历找的老师，从早期的福敏，到中期的蔡世远、朱轼，再到后期的刘统勋，都是标准的儒家士大夫，这就难免会给弘历灌输大量的"仁政"思想。

第三，弘历从小到大，都没有进行过多少具体的政治实践，这可能也是最重要的一点。一方面这是因为父亲雍正的限制，使得弘历很少跟朝中官员有比较深入的接触；另一方面也是因为弘时早逝和弘昼放弃夺嫡，这让弘历从没有经历过任何艰难的政治斗争。所以，早期的弘历在很多时候，对事态的思考很容易简单化、理想化，他看不见父亲雍正那许多严苛执政的背后的不得已。

面对这种父子执政思路上的冲突，雍正本人的态度又是怎样的呢？史书没有明确记载，不过我们能确定，雍正对弘历还是相当满意的。不过即使雍正不满意，他也没有其他的皇位候选人了。

最终，雍正驾崩，弘历继位。成为皇帝后，乾隆他到底会做些什么呢？

三、转折式改革的新君

25 岁的乾隆继位时，他接手的大清基本盘堪称完美。

首先，乾隆所面临的政治压力很小。我们对比一下就能发现，他的曾祖顺治继位时，多尔衮摄政；他的祖父康熙继位时，鳌拜专权；他的父亲雍正继位时，"八爷党"也仍然是树大根深的。可等到乾隆继位时，朝堂里都有谁呢？有鄂尔泰、张廷玉，有爱好广泛的老十六允禄和病恹恹且即将不久于人世的老十七允礼。这些人非常能干，基本上都没有什么巨大的政治野心。

不仅是吏治，在经济方面，乾隆拿到的也是雍正留下的一整套稳定的税收系统，财政压力几乎为零。甚至即便在雍正最拉胯的军事方面，借着当年"超勇亲王"策凌的光显寺大捷，在雍正朝晚年，清廷也实现了与准噶尔之间的有效和谈，暂无重大军事隐患。

乾隆就这样在政治、经济、军事几乎全方位无压力的情况下继位。正常情况下，只要能继续贯彻落实眼前的这一切，大清国就可以继续保持蒸蒸日上之势。

但乾隆偏不，他也有着独属于自己的"宽仁治国"的政治抱负，他并不赞同父亲那套严猛治国的路子，他想拥有属于自己的政治成就。于是，乾隆就开始了自己作为新君的大转折式的改革。可刚开始执政，乾隆就面临着一个问题——自己过去一直被控制在王府和深宫之中，缺乏足够的政治威望，这该怎么办呢？

乾隆的想法很简单，那就是给政治犯平反，为知识分子调整待遇，让他们出来说好话，以此提高自己的声望。而且，为了避免自己的做法遭到前朝旧臣的反对，他还会主动说这些其实都是雍正生前的意思。即便下面偶尔有反对的声音，乾隆也会反问道：我跟我爹处了多少年了，你们还能比我更了解他吗？

于是，乾隆的一系列行动就此开始。

雍正十三年（1735）八月，雍正驾崩。同年九月乾隆就下令让各省停止呈报祥瑞。我们都知道雍正生前是喜欢祥瑞的，乾隆自己在当皇子的时候，也一样写过《万寿日庆云见苗疆赋》之类的歌颂祥瑞的文章来拍老爹的马屁。可现在雍正刚去世，乾隆立刻就翻脸——

> 我皇考临御万方，勤求治理，惟务实心实政，从来不言祥瑞。每各省督抚奏报庆云、甘露、嘉禾、瑞茧、醴泉、麟凤之类，皆蒙特降谕旨，训示开导。（《清高宗实录》卷二，雍正十三年九月十五日）

我爹生前专注努力工作，他是非常不喜欢祥瑞的，从来就不提倡这些，即便曾经出现过某些祥瑞，那也属于当时的特殊情况。最终乾隆宣布：

> 嗣后凡庆云嘉谷，一切祥瑞之事，皆不许陈奏。（《清高宗实录》卷二，雍正十三年九月十五日）

总之一句话，此后的祥瑞，你们就不要报了。

废祥瑞，这是乾隆在雍正驾崩后所做的一个非常重要的政治举措。乾隆指出了雍正朝最明显但又无关痛痒的"错误"，然后再借雍正的名义给废掉了。这表面上看是尊重父皇，但实际上乾隆倘若真想要维护父亲的权威，有必要把雍正朝如此多的祥瑞类型全都罗列而出吗？因此，初登大宝的乾隆就是在拿一个小问题开刀，他想告诉所有人，他比雍正更清醒、更优秀、更理智，并且也在提醒着朝堂里的诸位大臣，事态正要开始起变化。

接着，仅仅过了一个月，在雍正十三年十月，乾隆就开始进行一系列的翻案行动。

十月初八，乾隆表态：

> 阿其那、塞思黑，存心悖乱，……而其子若孙，实圣祖仁皇帝之支派也。（《清高宗实录》卷四，雍正十三年十月初八日）

八叔、九叔固然有罪，可他们的子孙是无辜的。这句话说的还是挺有道理的，没多大毛病。但乾隆下面的话就开始变得离谱了：

> 当初办理此事，乃诸王大臣再三固请，实非我皇考本意。（《清高宗实录》卷四，雍正十三年十月初八日）

乾隆这是在说，之前把老八、老九一家老小全部开除宗籍的事，是当年那些王公大臣逼迫的，并不是父皇的本意。这是什么意思？满朝大臣开始听不懂了。

乾隆接下来的话就比较直白了，他说你们这些大臣得讨论一下，看看老八、老九的子孙，他们的户口问题该咋解决。既然话都说到这份上了，那还能怎么解决？直接恢复他们的宗籍不就完了吗？乾隆听完就说，嗯，既然这是集体讨论的意见，那就这么办吧。

注意，这时的乾隆还比较收敛，他只是恢复了老八、老九子孙的宗籍，老八、老九两位当事人仍然是获罪被开除宗籍的状态。表面上看这是很合理的，毕竟子孙是无辜的；但显然，这件事只是乾隆翻案工程的开始。紧接着在两天后的十月初十，乾隆就宣布，所有因罪被革除宗籍之人的子孙，全部恢复宗籍。

同样还是在这个月，乾隆十几天内就连续释放了 15 位在雍正朝被圈禁的大政治犯，这其中就包括老十允䄉和老十四允禵。这还不算完，乾隆又在之后的半年里，释放了大量的"八爷党"旧臣。

不过有的观点会认为乾隆的这一系列操作不能叫"翻案"，这只能叫作"宽大处理"，因为这些政治犯的罪名，乾隆仍旧都还保留着。但乾隆的这个做法对雍正的伤害是很大的。被释放的这些政治犯，大概率会在私底下发一种特别经典的牢骚：我们当初根本没做错什么，我们当初要是真做错了，他儿子为什么要把我们放出来呢？

不过乾隆为什么要这么做呢？因为其好处太明显，他可以轻易地获得宗室内的广泛支持。可乾隆觉得光有宗室的支持还是不够。乾隆元年（1736）二月，他又宣布：

> 无论士民，均应输纳。至于一切杂色差徭，则绅衿例应优免。（《清高宗实录》卷一二，乾隆元年二月初四日）

于是，在雍正朝通过极其暴烈的手段才勉强推广开的"官绅一体当差，一体纳粮"，在乾隆上台后不到半年，就变成了"官绅只纳粮，不当差"了。

目前为止，乾隆的政治收买仍然没有结束。与当初雍正一上台就追缴各省的亏空不同，乾隆继位后不久就宣布：为了彰显新朝新气象，各省目前存在的亏空全部平账，朕不查了。而且乾隆还进一步修改了对贪污官员的量刑标准，他规定：

> 数满千两以上者，照例拟斩监候。其一千两以下，照律杂犯准徒。遇赦，则数逾万两者，不准援宥；万两以下，俱准赦免。

贪污 1000 两以上死缓，贪污 1000 两以下有期徒刑；只要贪污不满 1 万两，遇到大赦天下，官员还有机会被无罪释放。可雍正活着时，他对贪污犯又是什么样的量刑标准呢？

> 其从前数满三百两，拟斩；及一千两以上，不准援赦之例。

不还价，满 300 两死缓，1000 两以上杀无赦。而乾隆对这些前朝条例的最终态度就是，"请删除从之"。（见《清高宗实录》卷三〇，乾隆元年十一月初九日）

乾隆的这套操作，我们总结下来就是：通过政治翻案，获得宗室内的支持；通过提高待遇，获得乡绅阶层的支持；通过放宽司法，获得官场上的支持。此时，26 岁的乾隆上台还不到一年，就获得了远超父亲雍正在执政的 13 年里通过改革积累下来的声望。

乾隆即位后没多久，民间就出现了一首特别邪门的对比式民谣，"乾隆钱，万万年"。（雍正朝后期出现了"雍正钱，穷半年"的民谣。）令人疑惑的是，是什么样的百姓会在乾隆初年一下子就发财了，以至于说出了"乾隆钱，万万年"这种话。而且在乾隆初年，有些官员对乾隆的吹捧真是令人深感头疼，如"甫数月而囹圄几空"[1]，夸赞乾隆朝的治安可太好了，监狱里都没人了。那可不就是没人了吗？之前犯罪的，能放就放；之后犯罪的，能不抓就不抓。这乾隆朝的监狱不空，哪一朝的监狱空？

但不得不说，乾隆在通过出卖底层民众和前朝政策来换取政治资本的同时，也保持了高度的政治清醒。对雍正所留下的"密折专奏制度""军机处""摊丁入亩""火耗归公""养廉银"等维系着政府运转的主体机构和国家体制，乾隆都是全方位继承的，还分别加以完善，以便继续加强自己对整个国家的控制。

可在经历了乾隆式的改革和重塑之后，乾隆真的就能实现他少年时就心怀憧憬的那种"宽仁治国"的理想吗？乾隆朝的未来会走向何处？它真的会带来古代的巅峰盛世吗？

上面这些问题的答案，可能就需要我们从乾隆接下来的道路中去找寻了。

1　谢济世:《梅庄杂著》《进〈学庸注疏〉疏》，黄南津、蒋钦挥、廖集玲、石勇校注，广西人民出版社，2001，第 17 页。

四阿哥弘历：宽仁治国的幻想与实际

我们今天评价乾隆时有一种特别有意思的现象，我们也许会拿他的审美开玩笑，会拿他的诗文开玩笑，但我们很少会拿他的政治能力开玩笑。有一些人还会评价乾隆为中国古代最标准的专制君主，一台伪装成"人"的政治机器。但其实我们也没必要神化乾隆，没有人天生就会搞政治或热衷于搞政治，弘历刚继位时，也只是个 20 多岁的缺乏实践经验的年轻人，他对政治的理解，也一样经历了一个由浅入深的过程。

那在乾隆懵懂的青年时代，他都经历了什么呢？他青年时代的政治生活又是什么样子的呢？

一、初入职场的新君

乾隆继位后，作为一个初入职场的年轻人，他浑身都充满了干劲，想实现自己独特的政治抱负。乾隆非常渴望证明自己，因此他在治国理念与用人思路上，都展现出了强烈的个人风格。

比如，他即位后不久就说过这样的话：

> 政令繁苛，每事刻覈，大为间阎之扰累。……朕即位以来，深知从前奉行之不善。留心经理，不过欲减去繁苛，与民休息。（《清高宗实录》卷一四，乾隆元年三月十一日）

一个政府的法令如果既烦琐、又严苛，就会严重影响百姓的日常生活，朕很清楚，前朝过去的一些做法其实是有问题的，朕治理天下，不要繁苛，要的就是施行仁政、与民休息。

除了治国施仁政之外，乾隆在用人上也表达了自己的喜好，那就是重视科举出身的知识分子。他曾说过：

> 王大臣为朕所倚任，朝夕左右者，亦皆书生也。（《清高宗实录》卷五，雍正十三年十月十六日）

朕身边重用的大臣，都是读书人。并且他还说：

> 人无书气，即为粗俗气、市井气，而不可列于士大夫之林矣。（《清高宗实录》卷五，雍正十三年十月十六日）

书要是读不好，就不配当官。

说实话，乾隆这套用人的思路跟雍正的是十分不同的，甚至是截然相反的，因为雍正当年明显更偏爱那些非科举出身的官员。比如，雍正为了规范官员的行为，就找人写了一本教地方官员如何当官的教科书——《州县事宜》。那这本书是找谁写的呢？雍正找自己最宠爱的两位大臣——田文镜和李卫——共同编写的。这二位论行政，都严苛暴烈；论出身，都是纳捐花钱买官的出身，是监生，不是标准意义上的读书人。放在乾隆朝，这二位不但不会成为模范官员，没准还会成为官场的反面典型。

那么乾隆这种"治国施仁政"与"用人重读书"的政治见解又是从何而来的呢？这显然和他登基前的人生经历是脱不了关系的。

我们可以大概回忆一下。弘历继位时 25 岁，他人生的前 8 年的经历在史书中基本是空白的。从 9 岁开始读书，到 25 岁继位，这些年弘历基本是在学堂里度过的。唯有的两个例外就是，在弘历 12 岁那年，他有 8 个月是和康熙一起生活的；在他 25 岁那年，他有 3 个月跟着果亲王允礼一起去处理西南的苗疆问题。

所以我们不难发现，弘历在继位前，真正的政治实践时长只有 3 个月，他的政治经验是不丰富的。他对政治的理解大概率只有三个来源：爷爷康熙、父亲雍正、上书房里的老师们的教导。

祖父康熙的教导虽然只有 8 个月，但考虑到康熙当时在弘历心目中的高大形象，康熙晚年宽仁治国的风格对小弘历的影响是长远而深刻的。现实是，乾隆也的确有模仿祖父康熙的倾向。不过康熙驾崩时，弘历只有 12 岁，其思想尚未定型。

与之相对应的，父亲雍正对弘历的教导及影响则明显要小得多。乾隆回忆过父亲雍正和他之间的某一理念冲突：

> 皇考尝以朕为赋性宽缓，屡教诫之。朕仰承圣训，深用警惕。（《清高宗实录》卷四，雍正十三年十月初九日）

父皇当年说朕性格太宽仁、厚道、善良，总是批评朕。这些批评朕都记在了心里，深以为戒。

不过乾隆虽然嘴上说记在了心里，可从他早年间的执政风格来看，他显然还是没把雍正的话当回事的。为什么呢？这大概是因为乾隆政治理念的形成，受到了上书房的那几位老师潜移默化的影响。

我们今天提到乾隆的老师，很多人的第一反应都是张廷玉。但其实老张是没怎么教过弘历的，他大部分精力都用来帮着雍正处理政务了。按乾隆自己的说法，他真正的老师只有 3 个人，就是福敏、朱轼和蔡世远。其中，福敏是弘历小时候在雍亲王府时的老师，虽然接触得早，但没教弘历几年。而朱轼后来在康熙朝升任吏部尚书兼管水利，在上书房教书的时间也不算长。

因此，和弘历相处时间最长的老师应该就是蔡世远了。他从雍正元年（1723）六月起担任弘历的老师，一直到雍正十一年（1733）因病去世。13 岁到 23 岁，弘历人生观、价值观形成的最重要的阶段，是蔡世远陪他度过的。不夸张地说，两人的相处时间，比弘历和父亲相处的时间都要多。而且他俩的师生关系还非常好。乾隆继位后没多久，就追封已经病故了两年多的蔡世远为礼部尚书。蔡世远有 7 个儿子，除了一个夭折的，剩下 6 位都接受过乾隆的赏赐。聪明伶俐的，就保送当官，比如蔡家老二，以廪生[1]身份选入太学，后来慢慢升迁到兵部侍郎的位置。其他不善学习的，乾隆直接赏赐举人身份，一样可以当老爷。可见在乾隆的心中，他是非常在意蔡世远的。

那蔡世远本人的政治理念是什么？他对乾隆的执政构想到底有什么影响呢？清朝官方史书上没有过明确的记载。但我们却能够通过一个人的经历发现一些蛛丝马迹。这个人就是雍正朝初年的云贵总督，杨名时。

杨总督是科甲出身，为官清廉，学问也很好，但他有一个缺点是会袒护乡绅，还会官官相护，是个典型的好好先生。于是，在雍正推行新政、打击官僚和乡绅知识分子时，杨名时总是有抵触情绪，出工不出力。最后，雍正就找碴儿把杨名时给革职了。跟杨名时情况类似的，还有我们的两位老熟人，就是影视剧《雍正王朝》中和田文镜叫板的李绂和谢济世[2]，他们都是因为对雍正的改革有抵触情绪，最终都被免职了。

他们三位后来的经历都颇有戏剧性。他们被免职的时间是在雍正四年（1726）与雍正五年（1727）。当时的弘历只有十六七岁，考虑到雍正严格限制皇子与大臣的来往，因此，在理论上，弘历最多听说过他们三位，但绝不可能和他们有多少接触。但出人意料的是，乾隆继位后，就把他们全召回了京城，不但给他们免了罪，还加官晋爵。三人都封了大官，杨名时封了礼部尚书兼国子监祭酒，李绂封了户部侍郎，谢济世封了江南道御史。朝野一片哗然，完全搞不懂发生了什么。

根据《清高宗实录》的记载，乾隆的说法是：朕觉得他们几个不错，这才给免罪封官的。可问题是，你是怎么知道他们不错的？谁告诉你的？且光是因为"觉得"就能给他们这么大的官吗？要知道他们可都是戴罪之身。

在一篇比较冷门的文献中，我们可以看到一段非常有意思的记载。乾隆朝的翰林院庶吉士全祖望曾经给杨名时写过一篇传记——《江阴杨文定

1　明清两代由公家给以膳食的生员。
2　谢济世，清朝官员。康熙五十一年（1712）进士，雍正四年考选浙江道御史，因坚持参劾田文镜被革职，在乾隆即位后补江南道御史。

公行述》。传记结尾处，有这样一句话：

> 漳浦蔡文勤公谓人曰："今世而时时有尧舜君民之念者，江阴一人而已。"

这里的"蔡文勤公"，指的就是蔡世远，"文勤"是乾隆赐给他的谥号。而"江阴一人"，指的就是杨名时。因此我们能发现，蔡世远生前是把雍正朝的这位罪臣杨名时比作了尧舜一样的圣人的。可见蔡世远大概率是反对严猛治国的，对雍正打压杨名时等科甲文官的行为是持反对意见的。鉴于乾隆初年乾隆对杨名时、李绂、谢济世等人的重新启用，我们也不难发现，乾隆大概率也不赞成父亲雍正的打压行为，当雍正与科甲知识分子发生对立时，他选择了和儒家士大夫站在一起。

不过，乾隆搞仁政、宽刑罚、重视读书人，像这样执政，最后的效果到底又是怎样的呢？

二、宽仁治国的幻想

我们在前一篇提过，乾隆早年间为了获得舆论支持，打着"宽仁"的旗号对雍正朝的很多旧事做了翻案。很明显，乾隆最初搞仁政，出发点就是你好我好大家好，我给你们松绑，但相应地，你们也给我支持。整个政局很快就在一种严猛的紧密秩序中打开了一道出口，很多之前压抑已久的人都长舒了一口气。但即便如此，我们为什么还是要说乾隆的"宽仁治国"只是一种幻想呢？

主要原因在于，乾隆尽管在翻案时打着父亲雍正的旗号，但明眼人一看就知道，乾隆这就是在"挂羊头卖狗肉"，嘴上说的是雍正的指导思想，可手上做的活明显全都基于乾隆自己的心思。尤其考虑到乾隆做的这些翻案文章还都是在雍正驾崩不到半年的时间内迅速完成的，短时间内在政治路线上的掉头，必然会导致官场的撕裂。

例如，乾隆初年任四川巡抚的王士俊，他是之前田文镜的助手，也是雍正严猛治国路线的绝对支持者，乾隆元年（1736）七月，在看到政治风向的猛烈转变，以及发现自己逐渐被边缘化后，王士俊没忍住发了个大牢骚：

> 近日条陈，惟在翻驳前案。甚有对众扬言，只须将世宗时事翻案，即系好条陈之说。传之天下，甚骇听闻。（《清高宗实录》卷二三，乾隆元年七月二十九日）

大意是，如今大臣们写文书就只干一件事，只知道批评前朝世宗皇帝的政策，还扬言说只要是这样的奏折那就是好奏折。这些说辞要是传出去，像什么话？岂不是要被天下人笑话？

那这番场景被别人笑话了吗？还真被笑话了，嘲笑者就是我们的邻居，朝鲜。当时就有朝鲜史官挖苦乾隆初年的政局道：

> 政令皆出要誉，臣下专事谀说。[1]

如今的清朝，皇帝就只想捞名声，大臣就只顾拍马屁。而当时国内国外的舆论似乎也印证了，乾隆初年的官场秩序，大概率是相对混乱的。

不过，乾隆的政治能力很强，强就强在他对很多事情都是很敏感的。乾隆很快就发现，自己那一套"宽仁治国"的方案好像出问题了，而且在宗室、乡绅、官场那儿全都出问题了。

首先，乾隆刚开始对宗室是很友好的，对十六叔允禄和十七叔允礼这两位老爹雍正留下来的老伙计更是尤其地好，均委以重任。经济上，乾隆给老十六、老十七都赏亲王双俸；政治上，乾隆更是干了件破天荒的大事。雍正十三年（1735）十月，在雍正刚驾崩没到两个月的情况下，乾隆就宣布要裁撤军机处。军机处可是中国古代中央集权最强盛时设立的中枢机构，这是雍正最杰出的政治设计之一。但当时乾隆说的是：

> 今西北二路既已无事，……大小事件，既交总理事务王大臣等办理。（《清高宗实录》卷五，雍正十三年十月二十九日）

1　吴晗辑《朝鲜李朝实录中的中国史料》（下编），《李朝实录》卷九，《英宗二》，中华书局，1980，第4518页。

如今天下太平，军机处也没什么用了，撤掉吧。于是乾隆就把军机处的权力直接平移给了以老十六庄亲王允禄为代表的辅政大臣。

乾隆放权的结局我们可想而知。老十六允禄的政治势力瞬间就空前膨胀，虽然允禄他自己多半没什么想法，但权力变大之后，底下的人自然就会主动扑上来。史书载：

> 见朕于王加恩优渥，群相趋奉。恐将来日甚一日，渐有尾大不掉之势。（《清高宗实录》卷一〇三，乾隆四年十月十六日）

后来连乾隆自己都意识到了，对宗室太好的话，很容易形成一股威胁皇权，并且难以把控的政治力量。

就在宗室势力抱团之后，乡绅地主那边也一样出了问题。相信乾隆最初废除"官绅一体当差，一体纳粮"、恢复乡绅特权时，他心中大概率想的是：朕对你们这么好，你们一定也会对朕感激涕零的吧？

然而现实是非常冰冷残酷的，乾隆很快就发现，自己是把这帮乡绅、这帮名义上的读书人代表想得太好了。

乾隆七年（1742）八月，江南闹水患，出了灾情。乾隆就安排人员赈灾。结果赈灾刚进行一半，时任两江总督的德沛就上奏说，皇上，不好了，出事了。乾隆一看奏折，直接给气乐了。按惯例，赈灾这种事，向来是救急救穷不救富的：

> 在城居民，有力之家，例不在赈恤之列者。（《清高宗实录》卷一七三，乾隆七年八月十九日）

家里有粮食的，就别过来抢穷人拿来活命的这口吃的了。可最后江南的地主士绅干了件什么事呢？

> 聚众罢市抬神，哄闹公堂衙署，勒要散赈。（《清高宗实录》卷一七三，乾隆七年八月十九日）

他们聚众闹事，索要赈灾粮食，并且义正词严道：政府不能因为我们有钱就不给我们发口粮啊，我们也都是良民啊。

这要是放在雍正活着的时候，地方闹灾，不把你们这些乡绅赶到河堤上去当差修坝就不错了，你们居然还敢闹事？还敢抢灾民的口粮？都不用雍正发话，李卫出手即可解决。可到了乾隆朝，这帮乡绅地主还真就敢这么干了，显然，他们把乾隆的宽仁当成认怂了。

到了这个时候，乾隆也终于理解父亲雍正当年为什么要专门打压这帮乡绅了——

> 绅衿之家，……此等恶习，自我皇考整饬以来，已渐次改易。今岂可使之复萌潜长？（《清高宗实录》卷一七三，乾隆七年八月十九日）

这帮乡绅地主的臭毛病，我爸当初不是都教育过他们了吗？他们不是都改了吗？怎么到今天又死灰复燃了？乾隆意识到这定是当地的学政官员没有教育好，干脆直接宣布当地的学政和聚众的乡绅全部交刑部议罪。但在这里，我们还是得说一句，此时的乾隆仍然保持了极大的耐心，他最后对这些人，也只是关押、教育了事，并没有杀人。

宗室和乡绅产生变化之后，接下来要改变的就是最重要的官场。在某种程度上，真正让乾隆产生警觉的，其实就是官场的不良风气。一个典型的代表就是李绂。

李绂当年在雍正朝因为和河南巡抚田文镜产生矛盾，与几位大臣联手参劾田文镜而被雍正怀疑其结党，进而被免职。但因为李绂的学问确实很好，为官也算清廉，所以自雍正十三年九月他被乾隆重新启用后，一直是深受乾隆信任的。只不过，时间才过了 8 个月，李绂就捅了娄子。

事情发生在乾隆元年的五月，当时新一届的科举选拔刚结束，乾隆就想选几个人才以便培养新人。出于信任，乾隆安排李绂去新科进士中挑一挑选一选，推荐几个可造之才呈上。

按常理，李绂办的这事应该是个美差。很简单，在素质过硬的人中找几个好的，保举一两个，最多三四个，这样对上不负皇恩，对下也有个顺水人情。可李绂倒好，他不但给了乾隆一串特别长的保举名单，而且为了让乾隆相信这名单上的人都是可造之才，他还搞串联，拉着六部九卿的官员一起签字保举。意思就是说，皇上您别看这名单上的人多，但这都是大臣们公认的优秀人才啊。

我们完全可以想象，以"章总"的政治头脑，在看到这么一份推荐名单时，他会是怎样的心情。

我们不妨想象一下，乾隆此时的心理情景剧，大概是这样的——好你个李绂，父皇当年说你结党，朕还以为你是冤枉的，没想到你还真的喜欢结党搞串联啊？朕让你推荐学子，你拉着这么多官员一起上书是什么意思？你能耐大？你威望高？你开了这么长一串推荐名单，朕是该叫它"李选"，还是叫它"绂选"？将来朕用了这些人，他们是会感谢朕的重用，还是会感谢你李绂的举荐呢？你以为朕年轻缺心眼，什么都不懂吗？

于是乾隆立刻就把李绂叫来问话，而李绂当时的答话也特别有意思：

> 惟有永绝妄言等语。（《清高宗实录》卷一八，乾隆元年五月初七日）

皇上，我说错话了，我以后再也不乱说话了。

乾隆听完就更火大了，李绂你明不明白什么是重点？你的问题是话说得不对吗？你的问题是事做得不对啊！之后乾隆实在气不过，就发表了一篇公开的上谕：

> 朕即位以来，并未有因臣工多言，即加以处分者。今李绂明系妄举，乃自谓妄言，避重就轻，希图朦混。著交部严察议奏。（《清高宗实录》卷一八，乾隆元年五月初七日）

朕这么宽仁的皇帝，什么时候会因为大臣话说多了就加以处分？李绂你拉帮结派、保举官员，明明是个典型的政治问题，结果你只认为自己是话说多了，你这是避重就轻，企图蒙混过关！机智如朕，怎么可能上当？朕最终下令，将李绂送审，你们这些大臣也仔细想想该怎么处理。不过，乾隆最后的处理倒比较宽仁，只是将李绂降两级，调岗处理罢了。

我们总结一下就能发现，乾隆朝初期的宽仁政治，在表面的舆论吹捧背后，其实是潜藏着很多危机的。宗室出现了政治团体，乡绅再次集体闹事，连文官大臣也敢随意而放肆地串联了。早在乾隆二年（1737），乾隆就不由得发出了一句感慨：

> 崇尚宽大，则启废弛之渐。（《清高宗实录》卷四二，乾隆二年五月
> 十四日）

朕这是笑脸给多了，对你们太好，再这么下去，局面怕是控制不住了。

那"章总"最终又是如何把局面再次牢牢攥在自己手中的呢？

三、幡然悔悟地整顿

尽管"章总"早年间的"仁政"看起来你好我好大家好，但这并不代表"章总"就放松了对朝堂的管理。恰恰相反，"章总"在执政初期跟他父亲雍正一样，是非常勤政的。

按照学者对乾隆《御制诗集》[1] 的统计，乾隆在位 60 年，他一共写了 41863 首诗，平均每年约写 698 首，产量非常高。但如果把目光聚焦在乾隆执政的前 4 年，那段时间他平均每年的诗作产量却只有几十首。以乾隆对诗歌的热衷，他早年间没怎么写诗，那他干什么去了呢？忙着批奏折去了。乾隆自己就曾在诗里感慨说：

> 剩有忧怀批奏牍，那余逸兴赋诗篇。[2]

唉，朕稍有点工夫全批折子去了，根本没时间写我的诗了。

处置了李绂后，"章总"决心整顿官场，也由此开启了一个大工程。简单来说，就是乾隆用了三年的时间，把当时全国各省的主要部门的官员，全部轮流叫来京城见了一面。而且从召见这批官员的过程就能看出来，尽管乾隆此时年纪尚轻，但他的政治手腕和布局能力是十分强悍的。且从他召见官员的顺序就能看出，此番运作明显是早有预谋的。

---

1 收录乾隆帝诗文的官修作品集。共有 5 集，434 卷。
2 弘历：《览旧作志怀》，收入《御制诗初集》卷一，四库全书本，第 4 页 a。

首先是各省的督抚，他们是主政一方的一把手，乾隆最开始是一个都不见的。因为这些人基本都是雍正的拥趸，并且在当地是一手遮天的，一上来就召见这些封疆大吏，既没办法贯彻乾隆自己的政治意志，又不容易了解到当地的真实情况。

那乾隆最先召见的是哪些人呢？是各省的军事长官。乾隆元年五月，乾隆发布上谕：

> 各省提督总兵官，朕未经认识者甚多，……酌量先后，轮流来京。（《清高宗实录》卷一九，乾隆元年五月二十日）

大半年之后，乾隆总算是把各省的提督、总兵都见了一遍。

乾隆二年二月，"章总"又发布了一道新的上谕：

> 外省藩臬，所以佐督抚理一省钱粮刑名之事，责至重也。（《清高宗实录》卷三六，乾隆二年二月初八日）

这里的"外省藩臬"，"藩"指的是各省的布政使，"臬"指的是各省的按察使，是各省的二把手和三把手。乾隆说这俩职务一个负责钱粮民政，一个负责刑名司法，责任都很重大。

> 其中尚有未曾引见者居多。（《清高宗实录》卷三六，乾隆二年二月初八日）

> 著该督抚酌量，何时令其陛见。（《清高宗实录》卷三六，乾隆二年二月初八日）

可各省的这些二、三把手，有很多人朕还都没见过，你们各省的一把手们都商量一下，排个班，赶紧让手底下的这些老二、老三，得力干将们，都速来京城见朕。

乾隆不找督抚，找藩臬，绝对是憋着坏呢。

道理很简单，哪个老二、老三不想当老大呢？又有哪个老大，不担心老二、老三出卖自己，把自己顶替了呢？乾隆整这么一出，来京的藩臬大概率都会找机会向乾隆表达自己的忠诚，出卖一些情报；而仍在外省的督抚，也大概率会如坐针毡地赶紧写各种折子上奏，表达自己对乾隆的拥护。

而且即便某个省的督抚和藩臬之间本来是关系要好的，没有出卖彼此，但只要乾隆在密折的朱批里挑拨几句，那也一定能在彼此的心里埋下一颗怀疑的种子。这一年的乾隆刚刚27岁，但在处理人事问题的方面却异常老成。乾隆三年（1738），乾隆又发起狠来，连各地的知府知县也都叫来京城问话了。身为皇帝，底下大臣之间彼此的怀疑越多，乾隆收到的情报也就越多，臣子对皇权的威胁也就越小。

在召见各省官员的同时，乾隆还办了一件大事。因为乾隆终于意识到了，自己当初撤销军机处的行为实在是太蠢了。老爹留下来的这么好用的机构，怎么就给撤了呢？

乾隆二年十一月，在雍正27个月的丧期正式结束之后，乾隆立刻下旨，表示自己要重组军机处。而且这时的乾隆明显不是一时兴起才重组的，他绝对筹划已久了。乾隆当时的上谕是：

> 皇考当日，原派有办理军机大臣。今仍著大学士鄂尔泰、张廷玉、公讷亲、尚书海望、侍郎纳延泰、班第办理。（《清高宗实录》卷五七，乾隆二年十一月二十八日）

这个名单一出来，尽管乾隆什么具体的规定都没说，但朝野就都意识到了，官场要起变化了，而且多半是系统性的变化。

因为这份名单中的两个改变，实在是太明显了。

军机处重组人员名单

1. 西林觉罗·鄂尔泰
2. 张廷玉
3. 钮祜禄·讷亲
4. 乌雅·海望
5. 萨尔图克·纳延泰
6. 博尔济吉特·班第

第一个改变就是，这份名单里没有宗室的王公。当时位高权重的老十六允禄和老十七允礼都不在其中。潜台词很明显，乾隆要开始约束宗室了，军机处的国家政务，宗室皇亲就不要再插手了。当时，允禄爱好多、允礼身体差，且都目睹过上一代的夺嫡惨剧，他们二人很平静地就接受了。也因此，整个宗室基本上没有什么反对的声音。

除了没有宗室王公之外，这份名单的第二个改变就是，在雍正朝德高望重的首席军机大臣张廷玉，他的排位从第一位降到了第二位。也许最初人们会觉得这是乾隆对张廷玉个人有意见，但很快人们就发现了，这不是一个个体问题，这是一个有关某个群体的问题。乾隆不仅对张廷玉个人缺乏信任，他对整个汉族官僚群体都缺乏信任。在乾隆朝的军机处，始终有一个不成文的规定，就是首席军机大臣必须是满洲人，不能是汉人。在乾隆漫长的63年的执政生涯中，只有刘统勋和于敏中两个汉人曾经当过首席军机大臣。总的来说，乾隆这次重组军机处后的变化，概括来说就是"两打压一扶持"，打压宗室王公，打压汉族士大夫，扶持满洲官僚。

乾隆这么做的好处是显而易见的。首先，打压宗室可以避免宗室王公凭借血统优势威胁皇权；其次，打压汉族士大夫，可以避免汉人官僚凭借人数优势威胁皇权；至于扶持满洲官僚，这些人一方面没有皇室血统，另一方面又和汉人天然对立，同时受到文化水平的限制，平均能力又普遍低于汉族官僚，他们的政治地位的跃升，很大程度上依赖于皇帝个人的重视与喜好。因此只要专注扶持于这些人，就能在最大程度上巩固满洲，巩固皇族，尤其能巩固皇帝本人的统治地位。这也是为什么在乾隆朝后期，乾隆会任用和珅这种官员。因为和珅符合"章总"一贯的用人偏好而已。

尽管从掌权者的角度而言，乾隆这么做无可厚非。但同时我们也要认识到，乾隆这种优先看血统，其次看能力的用人模式，明显是让权力远远凌驾于国家的正常发展之上的。而且，这种模式还被他本人执行了60多年。

由此导致的一个严重问题就是，在乾隆朝，官僚集团的自我纠错能力和进取心都被无限降低了。当乾隆有活力时，这个国家才会有活力；当乾隆变得老态龙钟时，这个国家也就逐渐趋于萎靡了。

但截止到乾隆二年重组军机处时，乾隆也顶多是在提防宗室，提防汉族官僚而已，他统治国家的责任心还远没有到破罐子破摔的程度。但接下来发生了几件事，最终导致了乾隆的执政理念彻底转型，使得他对宗室、汉族士大夫、满洲官僚的信任度都降到了最低。今天我们说乾隆在某种意义上是一台没有感情的政治机器时，基本上指的是乾隆十三年（1748）之后的乾隆。

那么从乾隆二年到乾隆十三年，在这11年间，"章总"又经历了些什么呢？

"章总"的一生丰富而漫长，两个章节写下来，也只写到了他执政的前几年。

究其原因，主要是因为乾隆这个人，他既有本身的复杂性，也有他在漫长的生命岁月中的前后变化。而且比起我们提到的其他那些"冷门"人物，乾隆的相关史料实在是太丰富了，方方面面都要关注到位。像是前面提到的全祖望的《江阴杨文定公行述》，只有在这些细枝末节中，我们才能理解蔡世远具体的政治立场，以及他可能对乾隆所造成的影响。

如果只是把乾隆的形象以粗线条手法来勾勒，不仅容易出现一些比较大的争议，也无法真正认识乾隆这个人。乾隆作为一个专制君主，他出生于1711年，驾崩于1799年，他的人生经历在某种程度上，就是一部18世纪的中国政治史。我们读历史，不要说绕过乾隆了，甚至不夸张地说，曾经有大半个世纪的中国人，其实都是笼罩在他一个人的身影之下的。

那到底发生了什么事，使乾隆彻底变成了一台没有感情的政治机器呢？

四阿哥弘历:
夺嫡时代的最终结局——弘晳逆案

正如前文我们所说的,乾隆的政治手腕与策略,都是在一次次的政治斗争中磨炼出来的。在他成为我们脑海中浮现的那个大权在握、玩弄各方大臣于股掌之中的政治强人前,在他成为真正的乾隆大帝之前,他一路披荆斩棘,走了很长的路。

而打通帝王心术的第一关,就是乾隆执政以来所面临的第一次政治斗争。他斗争的对象既不是朝中的大臣,也不是地方的乡绅,而是他那些爱新觉罗家族的亲戚,宗室王公们。

那么,在继位之初标榜着要"宽仁治国",要"敦睦一本,加恩九族"(《清高宗实录》卷一〇六,乾隆四年十二月初六日)的乾隆,为什么会掀起大狱狂潮,打击宗室呢?这就关乎乾隆朝初期最大的一场宗室政治风波——"弘晳逆案"。也正是这场"弘晳逆案",为波及了三朝的"九子夺嫡"画上了真正的句号。

一、"命中注恨"的堂兄

故事的一开始,我们得先认识一下这位相对冷门的人物——爱新觉罗·弘晳。

弘晳出生于康熙三十三年（1694），是当时的康熙朝太子老二胤礽的儿子，他比乾隆大了 17 岁，算是乾隆的堂兄。在某种程度上，弘晳是一个被命运逼疯了的人。

首先，弘晳的童年对任何一个皇孙而言，几乎是满分的开局。

第一，他有一个好爹。弘晳的父亲胤礽是太子，是当时公认的下一任皇帝，在康熙朝的夺嫡斗争中，一度拥有着绝对的领先地位。

第二，命好。弘晳虽然在排行上是胤礽的二儿子，但命运无常，胤礽的大儿子、四儿子、五儿子，不是童年夭折，就是少年早夭，一个都没活成，全死了。而排在后面的那些儿子，岁数又太小。因此，弘晳从一出生没多久，就成了胤礽唯一的继承人。

第三，这也是最重要的一点，弘晳得到了爷爷的关注。我们别看乾隆说自己小时候和康熙的关系是：

> 见即惊爱，……亲授书课，教牖有加。（《清高宗实录》卷一，雍正十三年八月）

乾隆说康熙一见到他就喜欢得不得了。但事实上，弘晳才是那个康熙最喜欢的孙子。乾隆和康熙一共就相处过 8 个月，但弘晳却是从小就子凭父贵，被康熙亲自抚育。从这点来看，他俩完全不是一个段位。

即便因为"章总"的"心胸开阔"导致我们今天在清朝的官方文献上已经看不到任何关于康熙与弘晳祖孙关系的相关记载了，但我们仍然能从其他地方捕捉到康熙对弘晳独特的疼爱。

一个典型的证据就是，朝鲜方面针对康熙晚年间不再册立太子的政局，曾有过这样的猜测：

> 或云太子之子甚贤，故不忍立他子。[1]

意思是说，在胤礽的太子之位被废后，康熙之所以晚年不立太子，很可能

1　吴晗辑《朝鲜李朝实录中的中国史料》（下编），《李朝实录》卷六，《肃宗四》，中华书局，1980，第 4334 页。

是因为他太喜欢弘晳了。前文我们也提到过，康熙晚年不立太子主要还是为了避免引发新的夺嫡之争。但是这种传言的出现，至少证明了当时在朝鲜人的消息源和判断中，康熙是非常喜欢弘晳的，以至于喜欢到了足以影响继承人归属的程度。

我们站在幼年弘晳的立场上便知：爷爷康熙是现任皇帝，父亲太子胤礽是下任皇帝，且父祖两代人都很喜欢他。在这种环境下，不管把谁放在弘晳那个位置上，都会默认自己就是将来的皇上。

但也就是这种"我一定能当皇帝"的执念，把弘晳给害了。

先是从弘晳15岁到19岁，他眼睁睁看着父亲胤礽的太子之位两次被废，最后一家人都惨遭圈禁，弘晳直接从热炕头掉进了冰窟窿。可弘晳放弃了自己当皇帝的执念了吗？不但没有，他反而更加昏了头。证据就是，在康熙朝内务府的满文档案中，记载了一起非常离奇的宫廷案件。

康熙五十五年（1716）十一月，被圈禁在咸安宫里的弘晳居然穿过层层封锁，找到了一个太监传话，让内务府的工匠华色[1]为他偷偷打造了一件御用的珐琅火链。一方面，这是绝对的僭越之举；另一方面，这也暴露出弘晳的脑子此时已经相当不清醒了。因为打造这样一件敏感的物件，除了摆在家里玩模仿秀，满足一下心理需求之外，对夺嫡是没有任何实际帮助的，还会让自己陷入无端的危险之中。

而通过这件事，我们也能看出康熙对弘晳这个孙子确实是喜欢。案发之后，康熙除了让工匠背锅，把他流放之外，对弘晳本人是没有任何处罚的。甚至对帮弘晳传话的那个小太监，也只是稍加处罚。康熙对弘晳的有意保护，显然也会让弘晳心存幻想——我爷爷仍然爱我，我还有机会。

6年后，康熙六十一年（1722），康熙驾崩。弘晳的四叔胤禛继位，成了雍正皇帝。按理说，都到了这个时候，弘晳的皇帝梦也该破碎了。但雍正的一些做法又让自己这位傻侄子产生了一些不切实际的幻想。

雍正继位之初，他的得力助手、最亲爱的弟弟老十三允祥曾经是"太

1　华色，康熙朝养心殿的工匠，康熙五十五年违制为弘晳打造珐琅火链，事发后被杖答、流放。

子党"的核心人物，而如今雍正手底下用的人，大多是当初的"太子党"成员。也就是说，雍正初年的核心政治班底有相当一部分人员都是允礽曾经的手下。为了安抚他们，雍正自然要善待老二允礽一家。但同时，考虑到当时老八允禩的"八爷党"仍然树大根深，老九允禟又一直在找雍正的别扭，不是抗命就是抬杠，一场新朝的政治清洗在所难免。为了保障宗室的稳定，雍正必须缩小打击范围，他要找准帮扶对象，来展示自己的宽仁。考虑到允礽是被康熙圈禁的，他本人又当过38年的太子，放他出来的话，政治风险太大，不如帮扶他的儿子。于是，雍正就把自己丰沛的爱和热情都送给了弘晳。

雍正不但在登基那年就封了弘晳做郡王，后来在雍正六年（1728）又加封亲王。这也让弘晳成了"弘"字辈一代中第一个亲王，比弘历封王都要早。

面对雍正的恩赏，弘晳就表现得太没有下限了。他为了讨好雍正，居然在奏折里直接称呼雍正为"皇父"。例如，在某一谢恩折子中，弘晳是这样写的：

> 仰蒙皇父之恩授封为王。因臣子弟众多，皇父又思虑周详，赏赐一年给养。臣弘晳全仰赖皇父养育之恩而生存。[1]

弘晳的这几声"皇父"，实在令人感到不适。难不成这是满洲人的某种习俗？皇族内的所有子侄，都得管皇帝叫爸爸？但只消查阅相关文献后我们就能发现，其他"弘"字辈的皇侄，对雍正的称呼都是"我皇上"，或是"圣主"，只有弘晳他一个人管雍正叫"皇父"。雍正倒也不拦着，弘晳你爱怎么叫就怎么叫吧。

可雍正不拦着，流言就散开了。到今天都有人怀疑雍正是不是抢了自己的嫂子，把弘晳的妈妈给娶了，才逼着弘晳改口的。可考虑到当初连曾静罗列雍正的"十大罪状"时，都没出现过雍正"盗嫂"之类的字眼，所以这种怀疑也实属无稽之谈。

1　中国第一历史档案馆译编《雍正朝满文朱批奏折全译》《和硕廉亲王允禩等奏请供给理郡王弘晳生活用品事折》，黄山书社，1998，第910页。

更重要的是，弘晳这一声声"皇父"，旁人尚且无法忍受，当年的"章总"听到后，其心情可想而知。弘晳你什么意思？你管我爸叫爸，难道你还想接着当太子吗？

从祖父到父亲，乾隆真是方方面面都烦透了弘晳。更关键的是，弘晳看"章总"也很是不爽。论出身，我爸爸当太子的时候，你爸爸还只是个不受宠的阿哥；论经历，我跟皇爷爷朝夕相处的时候，你还没生出来；论岁数，我比你大了17岁，凭什么你是皇上，而我就只能是个王爷呢？最后，哪怕已经到了乾隆朝，弘晳还是没忘了自己的皇帝梦，他找人算卦，问道：

将来我还升腾与否？（《清高宗实录》卷一〇六，乾隆四年十二月初六日）

此时的弘晳已是亲王，他还想往哪儿升腾？野心昭然若揭。

所以为什么说弘晳是"命中注恨的堂兄"，因为早在"章总"登基前，他和弘晳就已经产生了不可调和的矛盾。

其实雍正活着的时候，他也考虑过弘晳的问题。说到底是前朝太子的儿子，留着呢，多少有一点政治风险；处理了吧，以弘晳所展现出来的能力和水平之低，也确实是没必要，反而显得自己这个当叔叔的没气量。最后，雍正安排弘晳住到了距京城20里外的郑家庄，弘晳成了一个既不住在京城，又无兵无权的闲散王爷。

既然弘晳已经没有任何政治威胁，且乾隆执政之初又一向以宽仁示人，那"弘晳逆案"又从何说起呢？这就关系到乾隆初年宗室里的另外一位重要人物了，他就是老十六庄亲王允禄。

二、"摸鱼"、错付的叔叔

我们前文专门讲过老十六允禄。这是康熙朝晚年一位隐藏的"四爷党"，且文武双全。论学业，能解析几何；论才艺，能谱曲唱歌；论武力，能单枪刺虎；论爱好，能操办丧仪。

总的来说，允禄几乎擅长一切和政治不相关的事情。

但最后没办法，在雍正八年（1730）老十三允祥死后，老十六允禄和老十七允礼就成了雍正在宗室内唯有的两个信得过的弟弟了。最终，在雍正驾崩后，允禄和允礼就成了遗诏中专门指定的两位辅政亲王。雍正在遗诏中还特别嘱咐说，老十七身体不好，得养着，别让工作上的事把老十七给累着。如此一来，宗室里真正管事的，就只剩老十六允禄一个人了。

巧了，乾隆还挺信任允禄，因为他们叔侄之间是有感情基础的。根据《清高宗实录》卷首的记载：

> （弘历）年十二，……学火器于庄亲王允禄。（《清高宗实录》卷一，雍正十三年八月）

弘历小时候学打枪，都是老十六手把手教的。

在乾隆二年（1737），乾隆在重建军机处时是有意把宗室王公排除在外的，但这也并没有影响他对允禄的信任。

乾隆三年（1738），老十七允礼病重去世后，本来由允礼主管的理藩院，乾隆并没有转交给其他人进行权力拆分，反而是直接划给了老十六允禄。让允禄在已经是议政大臣兼内务府总管的情况下，又多了一个理藩院主管的职务。老十六的权势又上升了一个层级。

也许有人会想，这是不是乾隆准备"捧杀"允禄？可能性不大。一方面，允禄始终没有表现出任何越界的地方，例如，当乾隆将允禄主管的工部转交给他人时，允禄二话没说就把工部交出去了。因此，乾隆若是想打击允禄，是根本不需要"捧杀"的，因为允禄压根不会反抗。而另一方面，综合来看允禄一生，乾隆对允禄一直是很信任的，在允禄死后，乾隆给允禄赐的谥号都是"恪"。意思就是恭敬、谨慎。

那乾隆对允禄予以重用的最合理的解释就是，乾隆执政之初，因为年纪尚轻，便产生了一个比较单纯的想法，就是想通过对允禄施以信任和恩赏，来获得允禄的忠诚与配合，并借助允禄的威望达到间接控制宗室的目的。

但很快乾隆就发现自己想多了，就允禄这个乐呵呵的性格，别说控制宗室了，他连控制自己手底下的太监都费劲。

有一回，乾隆去内务府遛弯，看见身为内务府总管的允禄和手底下的领侍太监苏培盛，老哥俩坐在同一张板凳上聊天呢。乾隆大火，我的亲叔叔啊，您是王爷，还是铁帽子亲王，怎么能让一个太监跟您平起平坐？这些奴才都是蹬鼻子就上脸的，您这个样子，还怎么树立皇家威信呢？

于是乾隆立刻组织太监们开会，要批斗苏培盛：

> （苏培盛与）庄亲王并坐接谈，毫无礼节。庄亲王总管内务府事务，凡内廷大小太监，均属统辖。而苏培盛即目无内务府，独不思庄亲王乃圣祖仁皇帝之子。（《清高宗实录》卷四，雍正十三年十月十一日）

即便你苏培盛乱了规矩，忘了庄亲王是内务府总管，难道你连庄亲王是圣祖仁皇帝的儿子也忘了吗？你是怎么敢跟他坐在同一张板凳上的。

乾隆这段发言不只是为了骂苏培盛，其实也是骂给允禄听的，庄亲王需要时刻注意自己的身份，不能这么不靠谱。

可是允禄吸取教训了吗？显然没有。允禄在乾隆朝初年的个人形象，用一句话来形容就是：宗室喝酒，场场都到；朝堂政务，处处应付；到了紧要关头，立刻化身老好人，和和稀泥，谁也不得罪。用乾隆自己的话来形容就是：

> 惟务取悦于人，遇事模棱两可。（《清高宗实录》卷一〇三，乾隆四年十月十六日）

允禄天天上班"摸鱼"，碰上事了就和稀泥，一点正事也不干。

可"摸鱼"、和稀泥也就算了，真正让乾隆火大的是，那个自己最讨厌的、家住京城20里外的郑家庄的弘晳，居然也开始没事就往允禄的庄亲王府里钻，偏偏允禄还来者不拒，带着弘晳一起玩。

允禄带着弘晳一起玩的原因也很简单。允禄虽然在辈分上是叔叔，但他出生于康熙三十四年（1695），实际上是比侄子弘晳还小一岁的；又因为年龄相近，他俩大概率是从小玩到大的，成长轨迹完全重合，是真正的发小儿。而且以弘晳当年在宫中的地位，没准小时候他对允禄还是照顾有加的。

如此，这二人搅在一起，是再正常不过的了。

可乾隆实在难以接受。十六叔我重用你，是为了让你给我当心腹，去管控宗室的，不是为了让你和弘晳"鸳梦重温"，给他当靠山，在宗室里另立山头的。

除了允禄之外，还有一个人也同样伤了乾隆的心。他就是乾隆五大爷允祺的长子弘昇。按辈分，这位也是乾隆的堂兄。

但和弘晳有一点不同，雍正在世时就特别瞧不上弘昇，尽管当初弘昇在军事上也表现出了一些才能，但雍正仍然批评他道：

> 多方教训，不知悛改。著革去世子，交与伊父允祺，在家严加训诲。
> （《清世宗实录》卷五五，雍正五年闰三月三十日）

这弘昇不但做事容易出错，还屡教不改！雍正不但革除了弘昇的世子身份，还直接让老五允祺把弘昇领回家闭门思过去了。

而在面对这样一个堂兄时，乾隆却产生了一个特别奇妙的想法。这位老哥还是有才华的，他在我爸那儿郁郁不得志，如今要是由我来重用，他必定感恩戴德，对我无比忠诚。于是，乾隆在雍正十三年（1735）八月继位后，九月就封弘昇做了正黄旗满洲都统；同年十一月，乾隆更是连火器营也一起交给了弘昇来管。可结果怎么样呢？结果是弘昇在得到重用后，也和弘晳搞到一起去了。

还是刚才那个道理，弘昇出生于康熙三十五年（1696），只比弘晳小两岁，而且弘昇的父亲允祺当初还是由康熙朝的皇太后博尔济吉特氏抚养长大的，因此弘昇的童年大概率也是在宫中度过的，他和弘晳也是从小玩到大的玩伴。

而乾隆此时的龙颜不悦也就很好理解了。他没当皇上的时候就讨厌弘晳；现在他当了皇上，他在宗室中重用的两个人，允禄和弘昇，居然都能视自己的重用于不顾，选择和弘晳搅在一起。你们俩难道不知道弘晳有称帝的野心吗？朕这次要是不好好把你们仨给办了，这以后在宗室中还有人把朕当回事吗？你们真当朕的刀不会捅人？

三、蓄谋已久的爆发

说蓄谋已久，是因为允禄、弘晳、弘昇搅在一起这件事，"章总"在乾隆三年就已经知道了，但他愣是忍到乾隆四年（1739）的下半年才发难。"章总"当时才二十八九岁，正是容易冲动的时候，而且按他的性格，一般都是吃了亏马上就会报复的。现在能忍这么久，目的只有一个，就是要多方布局，集齐证据，以办成铁案，一次性咬死弘晳，要让宗室内的人都知道，如今的爱新觉罗家族到底谁是话事人。

当时的老十六允禄也许提前听到了风声，在乾隆四年的五月初六，乾隆正式动手之前，允禄就突然主动去找乾隆，说要申请辞职：

> 臣忝窃要职，乞罢议政大臣及理藩院、内务府之任。（《清高宗实录》卷九二，乾隆四年五月初六日）

如今叔叔老了，能力不济，实在干不动了，议政大臣我不想当了，理藩院、内务府，我都不管了，请圣上收回交由他人管理吧。

结果乾隆是怎么答复的呢？

> 王持躬恪勤，办事谙练。简畀重任，正资料理。著照旧供职。（《清高宗实录》卷九二，乾隆四年五月初六日）

别介，叔叔如此优秀的人才，这官怎么能说不当就不当了呢？不许辞职，请继续帮朕料理政务，朕离不开你啊。这话说出来像是一种安慰和信任，但允禄听完估计心都凉透了。辞职没答应，看来这次怕是连最后一丝体面都保不住了。

果不其然，就在允禄辞职未遂，仅仅4个月后，乾隆的抓捕行动就开始了。

乾隆四年九月，在毫无征兆的情况下，乾隆突然抓捕了弘昇，并且进行秘密审问。乾隆此时放着最有野心的弘晳和最有权势的允禄不抓，去抓相对弱势的弘昇，这是为什么？就是要套口供。乾隆要撬开弘昇的嘴，好给弘晳送一口更大的锅。

尽管我们今天已经很难知道弘昇招供的具体内容是什么了，但不论怎样，弘昇应该是把自己知道的全招了。因为在这次审判之后，尽管弘昇遭到暂时圈禁，但他在晚年却突然被乾隆晋升为正一品的领侍卫内大臣。这可是只有皇帝的绝对亲信才能担任的职位。一个曾经的政治犯，能有这样的待遇，最大的可能就是在当年的政治审判中，他出卖了自己人，并明确站队乾隆。

而就在弘昇被抓之后，乾隆又一口气在同年十月逮捕了包括允禄和弘晳在内的6位王公。皇族宗室瞬间就引发了大地震。更惊人的是，此时宗室中的另外一个人，立刻就旗帜鲜明地支持乾隆，平息了宗室的动荡。

乾隆四年十月抓捕记录

1. 庄亲王允禄

2. 理亲王弘晳

3. 宁郡王弘晈

4. 贝勒弘昌

5. 贝子弘普

6. 镇国公宁和

这个人不知道大家还有没有印象，他就是和乾隆同龄、从小玩到大的一位王爷——慎郡王允禧。允禧从康熙朝开始，就是宗室内绝对的文艺门面了。他本身的声望也是不低的。而此时的允禧还有另外一个身份，就是宗人府的主管。当允禄等6位王公被抓之后，宗人府迅速审理，并表态说这次的案情是"私相交结，往来诡秘"。也就是严重的政治结党，要顶格严惩。当时宗人府给出的处理意见是："请将庄亲王允禄及弘晳、弘昇俱革去王爵，永远圈禁。"至于其他4位王公的处理方式，也都是要革除一切爵位。（见《清高宗实录》卷一○三，乾隆四年十月十六日）

可乾隆能批准吗？不能，至少对允禄的处置不能批准。允禄毕竟是雍正指定的辅政大臣，之后又被乾隆重用了多年。在允禄没有明显错误的情况下，若是对允禄处罚得过重，那不仅打了自己和父亲雍正的脸，且不利于宗室的稳定。

那乾隆该怎么处理允禄呢？肯定其忠诚，批评其能力。

于是，几个月前在乾隆口中还"办事谙练"的允禄，此刻在乾隆口中就变成了"朕看王乃一庸碌之辈",朕看庄亲王就是个糊涂虫。不过,他虽然犯了一些错误,但"若谓其胸有他念,此时尚可料其必无"。说他想结党造反、谋逆,这是断不可能的。乾隆最后对允禄的处理意见则是:"庄亲王从宽免革亲王,仍管内务府事。其亲王双俸及议政大臣、理藩院尚书,俱著革退。"亲王照当、内务府照管,之前的双倍工资取消,其他职务一律撤销。(见《清高宗实录》卷一○三,乾隆四年十月十六日)

这就属于典型的"高高举起,轻轻放下"了。同时,这也展现了乾隆的政治手腕,既敲打了允禄,又稳住了宗室,最后还平稳地完成了权力的回收。

但接下来乾隆对弘皙的处理就没这么简单了,乾隆是有着绝对的泄愤倾向的。

因为乾隆当时并没能查出弘皙有任何谋逆的行为,却强行说弘皙一定有谋逆的想法。比如,乾隆批评弘皙说:

> 胸中自以为旧日东宫之嫡子,居心甚不可问。(《清高宗实录》卷一○三,乾隆四年十月十六日)

弘皙每天在心里想着自己是前朝太子的儿子,谁知道他脑子里装没装什么虎狼想法?

而最后乾隆给弘皙判刑的理由就更有意思了:

> 本年遇朕诞辰。伊欲进献,何所不可?乃制鹅黄肩舆一乘以进。朕若不受,伊即将留以自用矣。(《清高宗实录》卷一○三,乾隆四年十月十六日)

朕今年过生日时,弘皙你送什么不行,非要送一顶鹅黄色的轿子?朕要是没收下这份礼,你是不是就准备自己坐这顶轿子了?

客观讲,乾隆这里就是纯属找碴儿了。因为这轿子即便乾隆没收,后续怎么处理,也得听乾隆安排。而且弘皙要是真想坐这轿子,他还能给乾隆送上来吗?等宗人府审问的时候,弘皙也说他确实没想坐那轿子,就单纯是送礼。可乾隆抓住便不松口,说弘皙这就是在狡辩,属于典型的"不知畏惧,抗不实供,此尤负恩之甚者"。(《清高宗实录》卷一○三,乾隆四年十月十六日）好你个弘晳，被抓了都不老实交代，真是有负皇恩。

最终乾隆宣布，既然弘晳如此有负皇恩，那朕也是实在不得已了：

> 弘晳，着革去亲王，不必在高墙圈禁。仍准其郑家庄居住，不许出城。（《清高宗实录》卷一〇三，乾隆四年十月十六日）

要不怎么说"欲加之罪，何患无辞"呢？随便找个罪名，你要是认，咱们就按罪处理；你要是不认，那就是有负皇恩，罪加一等，照样按罪处理。总之，这份革爵圈禁的套餐，弘晳是无论如何也躲不开的。

可弘晳真的冤吗？他也不算冤，因为就在两个月后，有个原本是弘晳的亲信，名为福宁的人，看到弘晳失势之后，就主动到宗人府把弘晳举报了。刚收到举报的时候，乾隆真是无比亢奋，心说这下肯定是能证据确凿地严惩弘晳了，可真等查出结果的时候，乾隆快被气蒙了。

顺着举报线索，查到了一个叫安泰的巫师。据安泰交代，弘晳找他算过命，并且还问了他 4 个问题，分别是"准噶尔能否到京？""天下太平与否？""皇上寿算如何？""将来我还升腾与否？"这 4 个问题，真是一个比一个过分。

"准噶尔能否到京？"前文提过，同准噶尔的战争失败，八旗子弟家家戴孝，几乎就是雍正一生最大的黑点了，是全体满洲人的伤痛。而你弘晳居然敢问准噶尔能不能打到京城来？"天下太平与否？"弘晳这到底是在期盼着什么？"皇上寿算如何？"乾隆还不到 30 岁，弘晳就开始盼着乾隆的寿终之日了？最后一问更是叫人胆战心惊，你还想升腾去哪儿呢？

一瞬间，这不禁让人犯起了嘀咕，当年老大胤禔魇镇东宫的时候，可能是魇镇错了方向？没镇到胤礽，反而把弘晳的脑子给镇坏了。

除了"算卦四问"之外，更震惊乾隆的是，弘晳居然在郑家庄还设置了一个缩小版的内务府，其中，掌仪司、会计司等，一应俱全，弘晳在家里"重操旧业"，玩起了皇帝的模仿秀。

乾隆破口大骂，我早就猜到弘晳狼子野心，没想到还真能僭越成这个样子！乾隆还纳闷呢，即便弘晳想玩模仿秀，可他家里哪里来的这么多的内务府摆件？结果一查才发现，全是老十六允禄换给弘晳的。

允禄啊允禄，我的亲叔叔，这种糊涂事您也干得出来！乾隆最后把允禄叫来，又扣了5年的工资以示惩戒。只不过在具体执行的时候，只扣了两年多就照常发放了。这对允禄而言，基本也算不上什么处罚。

但对弘晳，乾隆这回可算是攥到把柄了，可以下死手了。乾隆不但把弘晳的圈禁地点从郑家庄改成了景山东果园，还把弘晳的宗籍直接开除了，并且把弘晳的名字也给改了。雍正当年给弟弟改名的时候，"阿其那"这个名字是老八自己起的，老九"塞思黑"这个名字是老三允祉给起的，可弘晳的新名字，极大可能是乾隆给起的。

因为这个新名字的侮辱性比较强。弘晳当初觉得自己年纪大，就时常在乾隆的面前表现得很不恭敬。所以大概率是当时29岁的乾隆给弘晳起了"四十六"这么一个新名字。弘晳你今年不是46岁吗？朕祝你永远年方四十六。最后弘晳活到了49岁，死在了景山东果园。"弘晳逆案"到此终于结束。

在这个案子里，乾隆先后处理了7位宗室成员，并且最终还给弘晳送上了"革爵、圈禁、除籍、改名"的四合一大套餐。相当于乾隆正式向宗室公布：都别惹我，当初我爸能干的事，如今我也一样都能干得出来。

而"弘晳逆案"的完结，最终也标志着乾隆对宗室的宽仁态度彻底终结。

随着老十七允礼在前一年去世，如今的老十六允禄也在惨遭打击后退了场，在乾隆朝的宗室中，终于再也没有任何一位能够在政治上鹤立鸡群了。而且从此之后，乾隆再也没给过任何一位宗室王公过大的权力和信任。

以至于我们今天在回顾清朝的历史时会发现，努尔哈赤时期，有四大贝勒；皇太极及顺治时期，有多尔衮；康熙朝，早期有福全，后期有夺嫡九子；雍正朝，也有怡亲王老十三允祥等。可到了乾隆朝，在"弘晳逆案"之后，我们几乎很难发现任何一个具有政治影响力的宗室王公了。满洲入关以来，宗室对皇权的影响力也就此落到了最低点。

然而，对宗室的打击还只是乾隆初年政治斗争的第一步，接下来的他还会去完成一场我们知晓的更大规模的政治清洗。而在那次斗争中被针对的对象，就是雍正心爱的张廷玉和鄂尔泰。

《大义觉迷录》始末：一个皇帝的自我辩白

　　没有人希望自己被冤枉，每当有谣言出现，我们总是忍不住去替自己辩白，皇帝也是一样的。说起来，雍正皇帝在位仅 13 年，却至今都倍受人们关注，一方面是因为他卓越的政绩，另一方面也是因为他当年所遭遇的一场造谣和他本人的亲自辩白。

　　当年到底发生了什么呢？这就不得不提雍正帝自己亲手整理而成的这本清朝名著——《大义觉迷录》。当时，雍正编完这本书后，还动用了从中央到地方各级政府的力量疯狂推广，以至于《大义觉迷录》成了雍正朝晚期风靡全国的畅销书。

　　书中的内容恰恰就是雍正的一次深情辟谣，以图粉碎当时围绕着他的种种谣言。我们从《大义觉迷录》的书名就能看出来："大义"即"君臣大义"，指一个好皇帝应该是什么样的；"觉迷"，即"迷途知返"，旨在让大家认清谁是好皇帝。总的来说，"大义觉迷"就是雍正希望那些听信谣言误会了他的百姓，都能在迷雾中觉醒，且能认识到，他，爱新觉罗·胤禛，真的是一个好人，是一个兢兢业业的好皇帝。

　　那么问题来了，当年到底传出了怎样的谣言，才会逼得雍正写下《大义觉迷录》这样一本书呢？雍正帝真情辩白的"大义"，到底有没有换来人们的"觉迷"呢？

一、荒唐、儿戏的造反

故事要从雍正六年（1728）讲起。说起来，在当时的清朝，如果要找出两个心情最舒畅的人，可能一个是在北京的雍正皇帝，另一个就是在陕西西安的川陕总督岳钟琪了。

雍正开心，是因为此时的他不但在政治上清除了宗室里的老八、老九和官场上的年羹尧、隆科多，完成了中央内部的高度团结；而且在经济上，雍正也基本完成了制度改革的总体框架，国家的财政收入也在逐年上升。他达成了政治和经济的双丰收。

而另一边，岳钟琪开心，则是因为自从大将军年羹尧被赐死之后，岳钟琪就成了雍正的新一代军事宠臣，他本人不仅接过了川陕总督和抚远大将军的官职，还深受雍正的信任。用雍正自己的话说就是：

> 朕与岳钟琪，君臣之际，一德一心。[1]

只可惜，雍正皇帝和岳钟琪君臣二人的好心情，都因为一个人的突然出现戛然而止。

这个人自称"张倬"，是个普通书生。但他却在雍正六年九月二十六日的清晨，干了一件并不普通的事。当时，作为川陕两省的最高行政长官，手握四川、陕西、甘肃三省大军的岳钟琪，在西安城里，一个照常上班的早晨，他居然被这个张倬拦住了。

张倬说他要越级上访，他手上有一封他老师的亲笔信，要交给岳钟琪。当时的岳钟琪可能心情不错，就接过了这封信。然而，等岳钟琪打开信读完后，我们相信岳钟琪本人一定是无比后悔的，因为这封信的内容，实在太触目惊心了。

因为，整封信的核心思想只有一个，就是劝岳钟琪造反。并且还给出了三点理由：

1　胤禛:《大义觉迷录》卷三，哈佛大学汉和图书馆藏本，第 13 页 a。

一、华夷有别。民族矛盾大于君臣名分。雍正是满人，岳将军您是汉人，所以您得替咱们汉人反清复明，驱除鞑虏、推翻满洲。

二、皇帝昏庸残暴。张倬的老师在信中说岳将军不够了解雍正，并罗列了雍正的十大罪状，即"谋父""逼母""弑兄""屠弟""贪财""好杀""酗酒""淫色""怀疑诛忠""好谀任佞"。那么面对这样一个十恶不赦的皇帝，岳将军您向来刚正不阿，自然是要替百姓诛杀这个残暴昏君的。

三、光复祖辈荣光。南宋岳飞曾经抗击金人，是抗金英雄。岳钟琪将军您正是岳飞后人，而雍正皇帝又恰好是金人的子孙。那么，岳将军，您为了不辱祖先的荣光，也应当起兵造反，为宋朝，为明朝，为过去的汉人王朝报仇雪恨。

> 谓臣（岳钟琪）系宋武穆王岳飞后裔，今握重兵，居要地，当乘时反叛，为宋明复仇。[1]

看完信件，岳钟琪可能人都蒙了。自己好好上着班，怎么就莫名其妙地被卷进谋反案里了？尤其是考虑到清朝满人和汉人之间原本就微妙而脆弱的关系，这事情若处理不好，即便岳钟琪是无辜的，也难免会被人借题发挥。

当时岳钟琪的反应可谓极其敏锐，他不但当场就让人逮捕了张倬，而且立刻派人叫来了时任陕西巡抚的西琳[2]和时任陕西按察使的硕色[3]这二位满人官员，通报了这一案件。并且在当天夜里，岳钟琪就当着这两位满洲大臣的面，突击审讯张倬，来证明自己的清白。

结果，岳钟琪虽然通过自己的快速反应和坦诚之态证明了自己的清白，但却也审出了一个爆炸性的消息——在审问过程中，张倬宣称他们已经动员了6个省的人马，参与本次造反活动。按《笔记小说大观》的说法，张

1　故宫博物院编《〈文献丛编〉全编》（第三册），《文献丛编》第二辑《张倬投书案》，北京图书馆出版社，2008，第79页。
2　西琳，满洲官员，参与"张倬投书案"的会审，在乾隆朝因遣家人诈索钱财而获罪抄家。
3　硕色，满洲正黄旗人，乌雅氏，乾隆朝官至云贵总督、湖广总督。

倬称：

> 六省在我，一呼可定！

这造反的规模可就太大了，于是，岳钟琪、西琳、硕色三个人都有些慌了。这么大一起谋逆案件，如果没能审出什么有用的信息，最后到了雍正那里，肯定是没法交代的。

接着，岳钟琪他们仨在连续几天的严刑逼供都没有什么效果的情况下，就想出了一个损招：让岳钟琪先假装答应张倬的造反请求，在获得其信任后，再骗出张倬的口供；而西琳和硕色则在隔壁房间监听、做笔录，证明岳钟琪的清白。

至于岳钟琪是如何骗取张倬信任的？史书没有详细记载，只留下了这么一句话：

> （岳钟琪）令张倬入署，与之盟誓，伪为激切之言。[1]

意思是说，岳钟琪赌咒发誓，假意说了很多过分的话。考虑到张倬最后真的被岳钟琪骗到了，我们完全可以推测，岳总督这一晚上，肯定是没少胡说八道的，以至于张倬真把岳钟琪当成了自己的结义兄弟，他把自己的老师和同伙的姓名、家庭住址、爱好特长、思想来源等全都说了，说不定连他亲爹的家庭住址都告诉岳钟琪了。用岳钟琪的话来说就是：

> （张倬）将其师实在姓名、居址，并平素与伊师往来交好诋毁天朝之人各姓名、居址一一吐出。[2]

到这里，岳钟琪也终于对这次的"张倬投书案"有了一个全面的认识：首先，眼前的书生，他的本名并不叫张倬，而是叫张熙，写信给岳钟琪的人，也就是张熙口中的老师，叫曾静，曾静也不是什么大人物，只是湖南

1　中国第一历史档案馆编《雍正朝汉文朱批奏折汇编》（第一三册），《川陕总督岳钟琪奏报张倬供吐伙党情由折》，江苏古籍出版社，1991，第 571 页。
2　同上。

的一个山野秀才。曾静、张熙二人，之所以想造反，是因为读了浙江已故文人吕留良的书，深受"华夷有别"的思想影响，才想反清复明的。至于张熙口中的"六省人马"，则纯属子虚乌有，就是拿来忽悠人的。他们这个团伙实际上只有十几个人。

相当于曾静和张熙这师徒二人，其实是在没有任何兵马组织的情况下，就想忽悠岳钟琪，让岳钟琪领着清朝的军队造清朝的反。最终，当岳钟琪确认情报无误后，当即再次扣押了张熙，严加看管，并起草奏折，将案情的来龙去脉全部上呈给了雍正。并且，岳钟琪还在奏折的最后，附上了这个造反团伙的案犯名单。

总的来说，曾静、张熙的策反行动，说是谋反，倒不如说是一场闹剧。因为它还没开始，就已经胎死腹中了，还被岳钟琪查了个干干净净。

那雍正为什么在案件调查清楚之后，还要刊出《大义觉迷录》呢？

二、越查越乱的案情

说起来，当雍正刚收到岳钟琪的汇报奏折时，心情还是很不错的。因为他看到的都是岳钟琪的转述，并没有看到曾静所写信件的原件，也并不知道关于自己那"十大罪状"的具体描述。所以，当雍正看到这样一对妄图造反的笨蛋师徒时，他还在岳钟琪的奏折上写了句朱批，感慨说：

> 竟有如此可笑之事！ [1]

甚至，比起自己被诽谤，雍正最开始是更心疼岳钟琪的。我们在前文提到过，雍正本人是非常迷信这些赌咒发誓的鬼怪之说的，所以，当他看到岳钟琪为了破案不惜跟张熙赌咒发誓、欺瞒上天时，雍正是特别感动的，

---

[1]　故宫博物院编《〈文献丛编〉全编》（第三册），《文献丛编》第二辑《张倬投书案》，北京图书馆出版社，2008，第 84 页。

他还专门宽慰岳钟琪道：

> 览至（誓盟），朕不禁泪流满面，卿此一心，天祖鉴之。此等誓盟再无不消灾灭罪、赐福延生之理。[1]

岳爱卿，你的委屈朕看到了，朕心疼你啊，相信你的忠心上天也会看在眼里的。因此，你的誓言非但不会伤害你，反而是会让你延年益寿的。

不过曾静、张熙毕竟意图谋反，所以，雍正安慰完岳钟琪之后，也立刻采取了行动，按照岳钟琪给的名单抓人去了。

首先，雍正先派了位叫海兰[2]的钦差，到湖南抓捕首犯曾静；接着，又让浙江总督李卫去把张熙口供中提到的已故文人吕留良的家人抓起来，并且还要把吕氏的书籍也全部没收，检查其中的问题；最后，雍正让两江总督范时绎派人按图索骥，将剩下的涉案人员一网打尽。

然而就是这样声势浩大的一场造反，最后的抓捕行动竟无比顺利，连雍正自己都感慨：

> 大奇事，……凡张熙开列名单所有之人，一人未曾免脱，皆就擒矣。[3]

张熙供出来的十几个人，包括曾静在内，全部抓捕归案，无一人逃脱。可就当雍正为案件顺利侦破而开心的时候，让他难受的事马上就来了。

首先，在雍正的催促下，岳钟琪最终还是把曾静写有雍正"十大罪状"的那封信寄到了中央。待雍正读完后，他瞬间就蒙了：

> 朕览逆书，惊讶堕泪览之，梦中亦未料天下有人如此论朕也！[4]

朕做梦都想不到，有人会把朕说成这个样子！于是，雍正立刻传旨给海兰，让他抓到曾静后务必问清楚，信中的这些胡言乱语，尤其是涉及皇家宫廷

1 中国第一历史档案馆编《雍正朝汉文朱批奏折汇编》（第一三册），《川陕总督岳钟琪奏报张倬供吐伙党情由折》，江苏古籍出版社，1991，第571页。
2 指正白旗副都统觉罗海兰。
3 故宫博物院编《〈文献丛编〉全编》（第二册），《文献丛编》第一辑《张倬投书岳钟琪案》，北京图书馆出版社，2008，第536页。
4 同上书，第531页。

之事的那些，曾静他一个山野秀才，到底是从哪儿听来的。

然而，海兰审问曾静的口供还没到，李卫倒是把刚查收的吕留良的作品集先给雍正寄来了。接着，雍正再次火大。因为吕留良的书中，许多内容都充斥着"华夷之分，大于君臣之伦"的理论，潜台词就是：满洲人不配做中国的皇帝。同时，更让雍正"破防"的是，他还接到密报称：多年以来，吕留良在浙江当地的影响力一直非常巨大，吕留良死后不但有百姓给他修祠堂、供香火，甚至连清朝的地方官上任时，也往往会前去祭拜他，以示对当地读书人的尊重。更要命的是，据可靠情报说，雍正最信任的李卫在就任浙江总督时，也去祭拜过吕留良。

这一下子，雍正就受不了了。他倒不是觉得李卫背叛了自己，而是觉得吕留良太具迷惑性了。连李卫这么忠诚的人，居然都被蒙骗了！雍正的原话就是：

> 吕留良一人为之倡导于前，是以举乡从风而靡也。……总督李卫为大臣中公正刚直之人，亦于到任之时循沿往例，不得不为之赠送祠堂匾额，况他人乎？[1]

雍正对吕留良的恨意，又上了一个台阶。

可一波未平一波又起，雍正这边还没想好怎么处理吕留良，海兰就把曾静最新的口供给送来了。说实话，曾静的口供本身写得还不错。因为曾静本就是个山野秀才，颇有文采，被抓了之后，他立刻就怂了，主动承认错误，不但自称"弥天重犯"，而且一上来就说：

> 弥天重犯……平常有志于圣贤、大学之道，期勉躬行实践，以副朝廷之望。[2]

其实我一直都是坚持努力学习，想报效朝廷的。他甚至在监狱中还回忆起

1　胤禛:《大义觉迷录》卷四，哈佛大学汉和图书馆藏本，第 13 页 b—14 页 a。
2　同上书，卷三，第 14 页 b。

了青春往事：

> 圣祖皇帝宾天诏到，虽深山穷谷，亦莫不奔走悲号，如丧考妣。[1]

当初听到康熙帝驾崩时，罪臣我哭得可伤心了！我完全是因为信了吕留良的歪理邪说，才误入歧途的。

然而曾静的证词本身虽然没问题，可雍正往下一查，就发现不对劲了。他发现关于自己的那"十大罪状"，并不是曾静自己编出来的，而是老八允禩和老九允禟手下那些被问罪发配的喽啰编造的。而且这帮喽啰，是从京城发配到广西等地的过程中，沿途一路散播的。最后一传十、十传百，等曾静听到的时候，都已经是湖南当地的第四手信息了。雍正无比慌张，因为谣言传播的范围太大了，相当于自己这"十大罪状"的谣言在某种程度上已经传遍半个中国了。

至此，"曾静造反案"本身已经非常明晰了，只是该如何解决、如何收场却成了一大难题。首先，案件的始作俑者曾静正在疯狂认罪，处理他倒是不难。可宣扬"满洲人不配统治中国"的吕留良，人早就死了，这该咋处理？同时，最要命的，就是雍正"十大罪状"的谣言，极有可能已经尽人皆知了。要不要辟谣，怎么辟谣，这都是问题。

当雍正面对这一团乱麻时，他究竟会如何抉择呢？

三、"出奇料理"的结局

"出奇料理"这个词，其实是雍正本人说的。

当时的雍正为了彻查"十大罪状"之谣言的来源，把曾静的发疯信找人反复誊抄，接着给从北京到广西的省级行政长官每人都发了一份。最为

1　胤禛:《大义觉迷录》卷一，哈佛大学汉和图书馆藏本，第 55 页 b。

感念雍正知遇之恩的河东总督田文镜，一收到信，就立刻回复雍正说：

> 臣跪读之下，实不禁切齿痛心，眦裂发指，恨勿食其肉而寝其皮也。[1]

这曾静，必须杀，不杀不足以平民愤。这也是当时朝堂上的共识，曾静意图谋反，别说是死刑了，就是株连九族也是合理合法的。

可偏偏此时，雍正却在奏折朱批上答复田文镜说：

> 遇此异物，自然有一番奇料理。[2]

换句话说，对曾静的最终处理，雍正并不想采用常规手段。那么，雍正他到底是怎么做的呢？简单来说就是：对曾静，要轻放；对吕留良，要重惩；对谣言，则要亲自辟谣。

而雍正之所以做出这样一个决定，是他发现案子审到最后，其实要解决的并不是某个具体的人，而是一种思想。所以，需要他雍正来回答"满人到底配不配当中国的皇帝？"这个问题。

所以，雍正当时先把宣扬"华夷有别"的吕留良一家都给重惩了。当时雍正主持的判决原文是：

> 吕留良、吕葆中俱著戮尸枭示。吕毅中著改斩立决。其孙辈俱应即正典型，朕以人数众多，心有不忍，著从宽免死，发遣宁古塔，给与披甲人为奴。[3]

这里的吕葆中是吕留良的儿子。他们父子二人，虽然当时已经死了，但仍要扒出尸体，枭首示众。并且，吕留良唯一在世的儿子吕毅中，也被判了死刑并立即执行。吕留良的孙辈堪堪逃过死刑，被判集体流放。可实话实说，吕留良一家人实际上是并没参与造反的，雍正的判决多少有些重了。

而另一边，雍正对真正意图谋反的曾静、张熙师徒，非但没杀，反而还主动给了曾静一千两银子当安家费。

---

1   中国第一历史档案馆编《雍正朝汉文朱批奏折汇编》（一五册），《河东总督田文镜奏覆圣训事宜并缴朱批折》，江苏古籍出版社，1991，第345页。

2   同上。

3   卞僧慧：《吕留良年谱长编·后谱》卷十四，中华书局，2003，第397页。

这里雍正不杀曾静、张熙的原因，只有一个，就是在他眼中，曾静活着比死了更有用，他要用曾静去打一场思想上的舆论战，向世人解释清楚——雍正皇帝，爱新觉罗·胤禛——到底是一个什么样的人，以及满洲人到底配不配统治中原。

在正式靠曾静打舆论战之前，雍正还要先做一件事。他要亲自出一本书，对各种针对他本人的谣言逐条进行辟谣。而这本书，就是我们最开始提到的《大义觉迷录》。说起来，雍正这个皇帝还真是挺有意思的，翻开《大义觉迷录》，我们会发现，不管多敏感的问题，雍正都敢毫不避讳地亲自跟你辩论个底朝天，直到掰扯清楚。

比如《大义觉迷录》开篇，他回应的问题就是"华夷之辩"和"君臣之分"到底哪个更重要，满洲人到底配不配统治中原。这完全是古代版"真·清朝粉丝头子"在正面回应清朝的最大争议。

而雍正笔下的回应文章，也是一板一眼、有理有据的。它从最开始就引经据典："孔子曰：'故大德者必受命。'"意思是说，一个人、一个群体配不配统治天下，要看其德行功绩，而不能单纯地看其地域血统。紧接着，雍正又说，满洲人虽然在地域上属于蛮夷，但"本朝之为满洲，犹中国之有籍贯"。你们汉人，不能对我们搞地域歧视。像历史上，"舜为东夷之人，文王为西夷之人，曾何损于圣德乎？"，意思是说，舜和周文王其实也是蛮夷，难道他们就不是圣明的君主了吗？[1]

随后，雍正就开始讲述清朝的德行功绩。核心论点一共有三点：

第一，从道义上讲，

> 明之天下丧于流贼之手。[2]

明朝的天下不是我们满洲人抢的，是他们老朱家自己弄丢的，我们入主中原只是顺应天时。

---

1 胤禛:《大义觉迷录》卷一，哈佛大学汉和图书馆藏本，第 2 页 b—4 页 a。
2 同上书，第 6 页 b。

第二，从民生上讲，

> 明代自嘉靖以后，君臣失德，盗贼四起，……本朝定鼎以来，扫除群
> 寇，寰宇乂安，……黄童白叟，一生不见兵革。[1]

我们满洲人，能让天下更太平。

第三，从版图上讲，

> 汉唐宋全盛之时，北狄西戎世为边患。……自我朝入主中土，君临天
> 下，并蒙古极边诸部落俱归版图，是中国之疆土开拓广远，乃中国臣民之
> 大幸。[2]

满洲开疆拓土，扩张的也是中国的版图，之前的汉唐宋时期，哪个朝代统治下的中国版图也没有我们满洲人统治下的大，我们满洲人对中国是有功的。

雍正当年的这套逻辑，因为他是皇帝，自然没人敢反驳。但我们站在今天的角度来看，会发现雍正其实有意忽略了一个非常重要的问题，就是"功绩"是一个概念，"道德合法性"是另外一个概念，有功绩不代表政权合法。"华夷之辩"的流传不是"吕留良们"故意搞事情，而是因为满洲人从多尔衮入关开始，就实行了非常明显的满汉有别的民族压迫政策。因此，不是汉人先搞民族对立的，恰恰是满人最早先预设了满汉之分，才激起了汉民族的"华夷之辩"。

只不过，考虑到雍正作为满洲皇帝的独特身份，他既不可能背叛自己的阶级，也不可能背叛自己的民族，他愿意跟汉族知识分子去讨论民族问题和满洲的合法性问题，还提出了朴素的不分地域、血统的统一的多民族国家的概念，认同中国人的身份，这在清朝的皇帝中，就已经是难能可贵的了。而清朝的其他皇帝，大多数压根就不想讨论什么"华夷之辩"的问题，往往选择杀人了事、消灭肉体。

假如说，在讨论"华夷之辩"时，雍正还算头脑清醒的话，那后面他

1　胤禛:《大义觉迷录》卷一，哈佛大学汉和图书馆藏本，第 3 页 b—4 页 a。
2　同上书，第 5 页。

在辩解自己的"十大罪状"时，就多少是有些失态的了。因为其中很多内容，都是雍正最初刚看到曾静的信件时，在极度气愤的状态下所写的。雍正在开篇就写道：

> 今以全无影响之谈加之于朕，朕之心可以对上天，可以对皇考，可以共白于天下之亿万臣民。[1]

朕活到如今，年过五十，执政也有六七年了，朕对自己做过的事问心无愧，上对得起老天，中间对得起我父亲，下对得起黎民百姓，朕做过的事，没什么是不能公之于众的。并且，雍正之后还解释了自己为什么要亲自来澄清这一切：

> 若不就其所言明目张胆宣示播告，则魑魅魍魉不公然狂肆于光天化日之下乎？[2]

意思是说，朕要是不逐一辟谣，只怕他们的恶语中伤会愈演愈烈。

然而，就在雍正将关于自己的"十大罪状"逐一进行反驳辩白时，他也不可避免地将许多不足为外人道的宫廷秘闻也写进去了：

人家说他"谋父"，他就说从小到大康熙到底有多喜欢他，以及康熙驾崩的那天晚上到底发生了什么。

人家说他"逼母"，他就说在乌雅氏生病时，他是如何在床前伺候母亲喝药的，乌雅氏病故时，他又是如何哭到昏迷的。

人家说他"弑兄"，他就说他大哥、二哥当初是如何惹怒了父亲，以至于最后被圈禁的。

人家说他"贪财"，他就开始细数自己执政以来修河堤、兴水利、开农田、置军备的多项大笔却没向百姓们加过赋税的开支。

人家说他"好杀"，他就说朕一共在位六七年，其中有 4 年的秋决问斩，刑部和廷议都暂停了处决人犯，这岂能算是"好杀"？

---

1   胤禛:《大义觉迷录》卷一，哈佛大学汉和图书馆藏本，第 15 页 a。
2   同上书，第 15 页 a。

人家说他"酗酒""淫色"，他就说，按历史的记载，尧、舜，还有孔子这些先贤圣人全都会喝酒，喝酒根本不是过错，而且更重要的是，朕压根就不喝酒，哪来的"酗酒"之说？还有说朕好色的，谁不知道朕向来清心寡欲、崇尚佛法，谁来说说，朕到底好哪个妃子的色了？此处，特别是说他"淫色"的这一罪状，估计雍正是被气蒙的，因为截至"曾静案"爆发之前，雍正登基的六七年里，他一共只生过一个孩子，且孩子在当天就夭折了。

人家说他"怀疑诛忠"，他又特别实诚地回答说，朕真正处死过的近臣只有三个，年羹尧、鄂伦岱和阿尔松阿。被判无期徒刑后死去的，也只有两个，苏努[1]和隆科多。可你们又知道他们五人当初有多过分吗？便顺势将这些国家高官当年为非作歹的诸多故事倾诉而出。

人家说他"好谀任佞"，他就说朕又不是娃娃皇帝，朕当了40多年的皇子，遭了多少罪才最后登基大宝，朕一天要批多少折子，看多少人，朕这双眼睛还能分不出来忠奸？在朕手底下的大臣，哪个不是靠勤政能干升官的？有谁是靠拍马屁而平步青云的？

最后，雍正唯一没反驳的就是"屠弟"这一条，但雍正的相关表述，也相当坦诚。雍正直接说老八允禩和老九允禟这两个弟弟：

> 假使二人不死，将来未必不明正典刑。但二人之死，实系冥诛，众所共知共见，朕尚未加以诛戮也！[2]

对阿其那和塞思黑这两人，朕就是动了杀心了，不过他俩确实是暴毙而死的，所以朕还没来得及动手，

> 今逆贼乃加朕以屠弟之名，……朕不辩亦不受也。[3]

但今天要是非有人说朕残杀弟弟，朕不反驳，但也不接受。

待把所有罪状都逐一批驳完了之后，雍正就觉得，这下总算都解释清

1 苏努，满洲镶红旗人，清宗室，在康熙末年被封为贝勒。雍正即位后，苏努作为"八爷党"成员被清算，于雍正二年（1724）在发配地死去。
2 胤禛:《大义觉迷录》卷一，哈佛大学汉和图书馆藏本，第28页a。
3 同上书，第29页b。

楚了，天下人也一定知道自己是清白的了。以至于，当雍正辟谣辟到最后，还特别感慨地说：

> 朕见逆贼之书，坦然于中，并不忿怒，且可因其悖逆之语明白晓谕。俾朕数年来食寝不遑，为宗社苍生忧勤惕厉之心，得白于天下后世，亦朕不幸中之大幸事也！ [1]

哼！就借着这次机会，倒是要让天下人都知道，朕是个多么好的皇帝。

等到《大义觉迷录》正式出版之后，此前逃过一死的曾静、张熙师徒就派上用场。这两个人带着这本书，开始到处"现身说法"，表明书中说的全是真的，自己此前的造反行为完全是被谣言蒙蔽和听信了吕留良之胡言的结果。

与此同时，光靠曾静、张熙去宣讲还不够，雍正还动用了国家机器，从雍正八年（1730）开始，他要求全国各省各州县，每个月都要派官员向百姓宣讲《大义觉迷录》，并且表示本书的版权免费，全国各地都可以自行刊印。以至于《大义觉迷录》在雍正朝后期直接成了风靡全国的第一畅销书。

那么雍正这次舆论战的效果怎么样呢？我们只能说，《大义觉迷录》肯定是广受欢迎、倍受追捧的。只可惜，老百姓对雍正夸自己的话，并没什么兴趣，他们的关注点全在雍正亲口说的那些宫廷秘史、朝廷八卦上了——原来康熙死的时候，畅春园那么乱啊，就这还是皇家呢？满人果然是蛮夷啊！还有年羹尧、隆科多，看看他们这些国家官员，出事前人模狗样的，原来背后还干这些勾当啊！雍正不喝酒是真的吗？他真能不喝酒？他肯定撒谎了，别的辟谣估计也有问题，这"十大罪状"保不齐就全是真的……

总之，《大义觉迷录》的大规模宣讲，非但没像雍正所期待的那样树立起自己的良好形象，反倒是让关于自己的"十大罪状"的谣言传遍了中国的每一个角落。

到最后，雍正十三年（1735），这场关于《大义觉迷录》的宣讲都已经持续整整 5 年了，雍正本人都驾崩了，新登基的乾隆帝实在是忍不了了，

1　胤禛:《大义觉迷录》卷一，哈佛大学汉和图书馆藏本，第52页。

才终止了这一系列荒唐的宣讲。

因为在乾隆的行事逻辑中，雍正亲自辟谣这事实在是办得太蠢了，就这些谣言，有什么可辩论的？敢诽谤皇家的人，有一个杀一个就完了。告诉天下，皇家是不允许讨论的，时间长了，没人说了，神秘感就浮上来了，这样皇家才能有威严。

于是，雍正十三年十二月，乾隆连续下了两道圣旨：一是把曾静和张熙立刻抓起来，凌迟处死，诽谤皇家、鼓动造反，这怎么可能平安无事呢？二是把《大义觉迷录》的所有副本全部收缴，放进宫存档，民间一本也不许留，也不允许再有任何宣讲和讨论。

然而乾隆的想法，或许是想弥补雍正的错误、捍卫皇家尊严，但他强行收缴《大义觉迷录》的行为，反倒让百姓有了一种奇妙的想法，就是：你看，关于雍正的罪状果然都是真的，不然他儿子为什么要把书都收回去呢？这相当于在面对"曾静案"时，父亲雍正选择了下场辩论；而儿子乾隆则选择了重刑威慑，最后两个人都没能洗白雍正，反而让谣言愈演愈烈。

于是问题来了，在面对铺天盖地的谣言与"华夷之辩"的冲击时，这两位皇帝的不同做法，究竟谁对谁错呢？

无论是雍正推广《大义觉迷录》的做法，还是乾隆禁绝《大义觉迷录》的做法，他们父子的目的都是一样的，那就是要维护满洲统治的合法性。只不过，雍正在某种程度上自视为中原文化的继承者，所以他才会用儒家的观点去论证自己的合法性；而乾隆则认为满洲对中原的统治本就是天命所归，根本就没有讨论的必要，有些事情越讨论，合法性就会越模糊，倒不如直接杀人了事。

从实际效果而言，雍正的做法在当年肯定是没达到效果的，直到今天，《大义觉迷录》这篇澄清声明都属于"越描越黑"的典型；可乾隆的做法就一定对吗？也许在当年，乾隆可能压住了民间的声音，但在此后乾隆的统治期间，满洲统治者的舆论环境始终在持续恶化，乾隆一共在位60年，但触发的文字狱却超过130起，而康熙、雍正两朝加在一起，一共也才发生二三十起。

好了，雍正的故事，就以《大义觉迷录》作为句号吧。

图书在版编目（CIP）数据

成为雍正 / 李正著 . — 长沙：岳麓书社，2023.9
ISBN 978-7-5538-1917-4

Ⅰ . ①成… Ⅱ . ①李… Ⅲ . ①雍正帝（1678-1735）
－人物研究 Ⅳ . ① K827=49

中国国家版本馆 CIP 数据核字（2023）第 148344 号

CHENGWEI YONGZHENG
成为雍正

著　　者：李　正
责任编辑：丁　利
项目支持：李骏立
监　　制：秦　青
特约编辑：列　夫　盛　柔
营销支持：陈可垚　kk
图书装帧：X+1 的 X
内文排版：蚂蚁字坊
岳麓书社出版
地址：湖南省长沙市爱民路 47 号
直销电话：0731-88804152　88885616
邮编：410006
2023 年 9 月第 1 版　2023 年 9 月第 1 次印刷
开本：680×955　1/16
印张：26
字数：398 千字
书号：ISBN 978-7-5538-1917-4
定价：78.00 元
承印：北京嘉业印刷厂

若有质量问题，请致电质量监督电话：010-59096394
团购电话：010-59320018